高等学校"十三五"规划教材

经 济 法

主 编 文绪武 程勤华

副主编 胡林梅

参 编 朱喜明 高 然 高 放

任小军 许玉灵

西安电子科技大学出版社

内 容 简 介

本书遵循马克思主义基本原理，贯彻全面依法治国和法治中国的要求，反映了经济立法的新成果。全书共 12 章，主要介绍和阐述法与经济法的基本理论、合同法律制度、个人独资企业与合伙企业法律制度、公司法律制度、外商投资法律制度、企业破产法律制度、市场监管法律制度、竞争法律制度、知识产权法律制度、电子商务法律制度、能源法律制度、劳动与社会保障法律制度。

本书适合作为高等学校经济管理类专业大学生学习我国经济法律的基本教材，也可以作为国家机关及企事业单位从事法律、经济管理等工作的相关人员的参考书。

图书在版编目(CIP)数据

经济法 / 文绪武，程勤华主编. —西安：西安电子科技大学出版社，2019.8(2020.1 重印)
ISBN 978-7-5606-5444-7

Ⅰ. ①经… Ⅱ. ①文… ②程… Ⅲ. ①经济法—中国—高等学校—教材 Ⅳ. ①D922.29

中国版本图书馆 CIP 数据核字(2019)第 180654 号

策划编辑 陈 婷
责任编辑 聂玉霞 雷鸿俊
出版发行 西安电子科技大学出版社(西安市太白南路 2 号)
电 话 (029)88242885 88201467 邮 编 710071
网 址 www.xduph.com 电子邮箱 xdupfxb001@163.com
经 销 新华书店
印刷单位 咸阳华盛印务有限责任公司
版 次 2019 年 8 月第 1 版 2020 年 1 月第 2 次印刷
开 本 787 毫米×1092 毫米 1/16 印 张 22
字 数 520 千字
印 数 501～2500 册
定 价 46.00 元

ISBN 978 - 7 - 5606 - 5444 - 7 / D

XDUP 5746001-2

如有印装问题可调换

前言 PREFACE

经济法是高等学校经济管理类专业基础课程之一。理解、掌握、使用经济法是经济管理类专业大学生培养社会主义法治理念、完善知识结构、提高法律风险意识、提升自身综合能力和竞争力的有效途径。

本书编写中体现了以下四个特色：

1. 考虑到经济管理类大学生学习、掌握、应用经济法的客观需要，本书内容依据法的基本理论和经济法体系脉络安排。经济法是相对年轻的法律部门，学术界针对经济法的理论体系框架展开了诸多探讨，理论成果颇丰，但在有些方面尚未形成广泛共识。考虑到法的基本范畴和经济法基本理论在学习经济法中的基础性地位，本书以此为开篇，并以经济法调整对象的四类社会关系作为基本参照安排章节。这四类社会关系分别是市场主体调控关系、市场监管关系、宏观调控关系和社会保障关系。

2. 突出与实际应用的紧密联系。本书强调经济法基础知识的学习和应用，不过多追求理论讲解，编入了经济管理类专业需要掌握的基本经济法律制度；注重能解决实际问题，构建解决问题的思维方式，增强本书的可读性。

3. 正文中穿插了案例和讲解，有利于更好地阐释和掌握知识点。编者在编写中广泛收集工作实例并予以分析讲解，引导读者思考，增强对理论知识的感性认识，增加本书的生动性。每章结尾设定了有启发性和知识性的练习题，有助于培养学生运用所学的知识分析、判断、提出处理方案，提升解决问题的能力。

4. 本书内容涵盖了一些最新经济立法成果和法律制度。书中编入了新近通过的一些经济法律、法规及相关司法解释，如《公司法》（2018 年修正）、《电子商务法》（2018 年通过）、《外商投资法》（2019 年通过）、《石油天然气管道保护法》（2010 年通过）、《反不正当竞争法》（2017 年修订）、《食品安全法》（2018 年修正）、《电力法》（2018 年修改）、《最高人民法院关于适用〈中华人民共和国公司法〉若干问题的规定（四）》（2016 年通过）等，读者可以学习、掌握最新的经济法律制度。

全书分为 12 章。第一章为法与经济法基本理论，第二章至第十二章依次讲解合同法律制度、个人独资企业与合伙企业法律制度、公司法律制度、外商投资法律制度、企业破产法律制度、市场监管法律制度、竞争法律制度、知识产权法律制度、电子商务法律制度、能源法律制度、劳动与社会保障法律制度。

本书由文绪武、程勤华担任主编，胡林梅担任副主编。参加编写的有朱喜明、高然、高放、任小军、许玉灵等。全书由文绪武统稿，各编写人员对编写体例和章节安排提出了意见和建议。

在编写本书的过程中，编者参考了大量相关书籍、司法案例和研究资料，主要参考文献附于书后。在此，向所有参考文献的作者表示感谢！

编者大部分是教学和科研一线教研人员，也有来自法律界的律师，有良好的理论功底和实务经验，一定程度上保障了本书理论和实践的有机结合。在实际教学过程中，教师可以根据实际情况选择使用本书的全部或部分章节。

由于编者水平和时间有限，书中可能还存在不足和疏漏之处，敬请读者批评指正。

编 者

2019 年 4 月

目 录　CONTENTS

第一章

法与经济法基本理论

本章教学要点：

(1) 掌握法的概念与特征，理解法律规范、法律体系、法律关系、法律权利、义务与责任。

(2) 掌握经济法的调整对象与经济法责任。

(3) 能列举经济诉讼与仲裁基本原则和制度，区分经济诉讼的管辖，通过诉讼和仲裁程序维护自己的合法权益。

导入案例

2014 年 10 月 23 日，中国共产党第十八届中央委员会第四次全体会议通过了《中共中央关于全面推进依法治国若干重大问题的决定》，指出全面推进依法治国，总目标是建设中国特色社会主义法治体系，建设社会主义法治国家，即在中国共产党领导下，坚持中国特色社会主义制度，贯彻中国特色社会主义法治理论，形成完备的法律规范体系、高效的法治实施体系、严密的法治监督体系、有力的法治保障体系，形成完善的党内法规体系，坚持依法治国、依法执政、依法行政共同推进，坚持法治国家、法治政府、法治社会一体建设，实现科学立法、严格执法、公正司法、全民守法，促进国家治理体系和治理能力现代化。

第一节　法的基本理论

一、法的概念与特征

（一）法的概念

法是由国家制定或认可，并由国家强制力保证实施的，反映统治阶级意志的规范体系。这一意志的内容是由统治阶级的物质生活条件决定的，它通过规定人们在社会关系中的权利和义务，确认保护和发展有利于统治阶级的社会关系和社会秩序。

法是人类社会发展到一定阶段的产物。在人类社会的早期，人的行为和社会关系的调整主要是依赖于习惯；习惯被人类的社会组织赋予一种强制执行的效力时，就被称之为习惯法；法律是从习惯法发展而来并以成文法的形式体现的，以国家的产生、诉讼与审判的出现、权利与义务的分离等为最终形成标志。在调整人的行为和社会关系的社会规范中，除了法律规范之外，还有道德规范、宗教规范、风俗习惯等。

（二）法的特征

法具有如下特征：

(1) 法是由国家制定或认可的行为规范。

法是国家制定或认可的行为规范，是国家意志的体现。国家制定就是指有权制定法律的国家机关在其权限范围内，依照一定程序创制不同的规范性文件。国家认可则是国家立法机关或司法机关赋予社会上既存的某些习惯、教义、礼仪等以法律效力而形成的法律规范。国家意志的属性是法律不同于其他社会规范所独有的特征。

(2) 法是国家强制力保证实施的行为规范。

任何一种社会规范都有保证其实施的社会力量，即具有某种强制性。法律是由国家强制力保证实施的。但是，国家强制力保证实施并不意味法律的每一个实施过程，每一个法律规范的实施都要借助于国家系统化的暴力机器，也不等于国家强制力是保证法律实施的唯一力量。只有相关社会主体不遵守法律规范，并依照法律规范应当承担相应的法律后果时，才会由国家机器保证实施。

(3) 法是具有高度的概括性、规范性和普遍性的行为规范。

法的概括性是指法的对象是抽象的，一般的，并非指定具体的人，在同样的条件下可反复适用。所谓规范性，是指法律规定人们可以这样行为，应该这样行为或不应该这样行为，对何种行为予以保护，对何种行为予以制裁等，从而为人们的行为规定出一个模式。法的普遍性则是指在国家权力管辖和法所界定的范围之内，具有普遍的约束力，任何人的违法行为都将受到法律的制裁。

(4) 法是规定人们权利和义务的行为规范。

法律以权利和义务为机制，影响人们的行为动机，指引人们的行为，调节社会关系。法律所规定的权利和义务不仅指个人、组织(法人和其他组织)及国家的权利和义务，而且包括国家机关及其公职人员在依法执行公务时所行使的职权和职责。

【例1-1】 下列哪些属于法的普遍性的含义？

    A. 法的效力对象的广泛性   B. 法的效力的重复性

    C. 一切具体的法的效力是相同的   D. 相同的事项适用相同的法律

【分析】 具体的法的效力并不是相同的，由不同国家机关制定或者认可的法的效力等级和效力范围存在差别。因此，选项C不应选。其他三项表述了法的普遍性含义。

二、法律权利、法律义务与法律责任

（一）法律权利

权利是国家通过法律规定对法律主体可以自主决定作出某种行为的许可和保障手段。它表现为权利享有者可以自己作出一定行为，也可以要求他人作出或不作出一定行为。法律权利具有如下特征：

(1) 法定性。权利的取得来自法律的规定，权利的行使与法律义务的履行密切相关，权利的实现由国家强制力作为保障。

(2) 求利性。权利的行使以追求和维护一定的利益为目的。

(3) 限度性。权利人必须在法律允许的范围内行使权利，超出范围则非法或不受法律保护。

(二) 法律义务

法律义务是指法律所规定或认可的义务人以满足权利人的利益所必须从事的一定行为或不行为。法律义务具有如下特征：

(1) 法定性。义务来源于法律的规定，可以是直接的，也可以是间接的，间接的义务即当事人之间可以依据法律的规定约定义务。

(2) 强制性。义务主体必须为某种行为或不为某种行为。

(3) 从属性。义务是为了保障权利主体获得利益而采取的一种手段。

(三) 法律责任

法律责任有广义和狭义两种理解。广义法律责任的概念与法律义务的概念接近，可以从必须作为的法律义务角度理解，也可以从必须接受否定性法律后果的角度理解。狭义的法律责任仅指必须接受否定性的法律后果。法律责任的特点表现为特定国家机构即司法机关和国家授权的专门机关依法制裁当事人的违法行为，由国家的强制力予以保障，违法者对其违法行为承担不同形式的刑事、民事、行政、违宪等法律责任。

【例1-2】　下列有关法律权利和法律义务关系的表述中，哪一项是错误的？

  A. 享有权利是为了更好地履行义务

  B. 权利义务在法律关系中的地位有主次之分

  C. 义务的设定是为了保障权利的实现

  D. 权利和义务的存在以另一方的存在为条件

【分析】　选项A颠倒了权利、义务的主次关系，不符合现代法治国家精神，因而是错误的。

三、法律规范

(一) 法律规范的含义

法律规范是对人的行为自由及其限度的规定，由国家制定或认可，反映国家意志，是具体规定权利义务及法律后果的行为准则。法律规范是法律的基本构成单位。离开了法律，法律规范不复存在，法律规范只有在整体的法律中方能显示其基本内容。

(二) 法律规范分类

按照规范内容的不同，法律规范分为授权性规范与义务性规范。授权性规范是规定人们可以作出一定行为或者要求他人作出一定行为的法律规范。义务性规范是规定人们必须作出某种行为或不得作出某种行为的法律规范。义务性规范包括命令性规范和禁止性规范两种。命令性规范规定人们的积极义务即人们必须或应当作出某种行为的规范。禁止性规范规定人们的消极义务(不作为义务)即禁止人们作出一定行为的规范。

按照规范对人们行为规定或限定的范围或程度不同,法律规范分为强行性规范与任意性规范。强行性规范规定的义务具有确定性,不允许任意变动和伸缩。义务性规范属于强行性规范。任意性规范允许行为人在法定范围内自行确定其权利义务具体内容,允许人们自行选择或协商确定为与不为、为的方式以及法律关系中具体权利义务。授权性规范中就有大量任意性规范。

按照规范内容确定性程度不同,法律规范分为确定性规范、委任性规范与准用性规范。确定性规范的内容已经完备明确,无需再援引或参照其他规范来确定其内容。委任性规范的内容尚未确定,只规定某种概括性指示,由相应国家机关通过一定途径或程序予以确定。准用性规范的内容本身没有规定具体的行为模式,而是通过援引或参照其他相应规定确定其内容。

(三) 法律规范的逻辑结构

法律规范的逻辑结构是指法律规范的构成要素,说明法律规范的组成部分以及各部分之间的关系。一般认为,法律规范由条件假设、行为模式和法律后果三个部分构成。条件假设是指法律规范中有关适用该规范的条件和情况的部分。行为模式是指法律规范中规定人们如何具体行为的部分,是任何法律规范的核心。法律后果是指法律规范中规定人们在作出符合或者不符合行为模式的要求时应当承担的相应结果的部分,包括合法后果和违法后果。

【例 1-3】 下列哪个属于法律规范的核心部分?

 A. 假定条件　　　　　　　　B. 行为模式
 C. 否定性法律后果　　　　　D. 肯定性法律后果

【分析】 应选 B。行为模式是法律规范的核心部分。法律规范的其他两个部分是围绕行为模式展开的。假定条件是行为模式的适用条件,法律后果是对遵守或违反行为模式的评价。

四、法律体系

(一) 法律体系的概念与特征

法律体系是指由一国现行的全部法律规范按照不同的法律部门分类组合而形成的一个呈体系化的有机联系的统一整体。

法律体系具有以下特点:

(1) 法律体系是一个国家的全部现行法律构成的整体。

(2) 法律体系是一个由法律部门分类组合而形成的呈体系化的有机整体。

(3) 法律体系的理想化要求是门类齐全、结构严密、内在协调。

（二）法律部门

法律部门也称部门法，是根据一定标准和原则所划定的调整某一类社会关系的法律规范的总称。法律部门是法律体系的基本组成要素，各个不同法律部门的有机组合，便成为一国的法律体系。一般认为，划分法律部门的主要标准是法律所调整的不同社会关系，即调整对象，其次是法律调整方法。

（三）当代中国法律体系的部门划分

根据九届全国人大常委会的意见，中国特色社会主义法律体系划分为七个法律部门，即宪法及宪法相关法、民商法、行政法、经济法、社会法、刑法、诉讼与非诉讼程序法。

【例1-4】　下列哪项不属于我国的法律部门？

　　A. 宪法　　　B. 经济法　　　C. 婚姻法　　　D. 劳动与社会保障法

【分析】　婚姻法不是独立的法律部门，其包含在民商法中，属于民商法的子法律部门。应选C。

五、法律关系

（一）法律关系的概念和特征

法律关系是在法律规范调整社会关系的过程中所形成的人们之间的权利义务关系，有主体、客体和内容三个构成要素。法律关系具有以下特征：

(1) 法律关系是根据法律规范建立的一种社会关系，具有合法性。

根据法律规范建立，或称合法性，是法律关系区别于其他社会关系的重要特征。法律关系最本质的特征是其与法律规范的联系，是法律对被纳入其调整范围的社会关系加以调整而产生的过程和结果，法律关系的产生必须以有相应的法律规范的存在为前提。

(2) 法律关系具有国家意志关系的属性。

法律关系是根据法律规范建立的，所以法律关系和法律规范一样，体现了国家意志。同时法律关系又是现实的、特定的法律主体所参与的具体社会关系。在判断一种权利义务关系是否是法律关系时，依据是其是否符合国家的现行法律。

(3) 法律关系是特定主体之间法律上的权利义务关系。

法律关系的内容是特定法律主体之间的权利和义务。法律规范为同一类不特定的主体设定了法律上的权利和义务，但是这种权利和义务是抽象的，处于可能性领域。一旦特定主体按照法律规范的指示活动，在彼此之间设定具体的权利义务，法律关系就产生了。

（二）法律关系的主体

法律关系的主体是法律关系的参加者，是在法律关系中一定权利的享有者和一定义务的承担者。法律关系的主体及其种类经历了一个历史的演变过程。现阶段我国法律关系主体多种多样，主要包括自然人、法人和国家。

1. 自然人

法律关系是人与人之间的关系，能够成为法律关系主体的人的最基本体现是作为个体的自然人或公民，具体包括我国公民和居住在我国的外国人及无国籍人。

2. 法人

法人是具有民事权利能力和民事行为能力，依法独立享有民事权利和承担民事义务的组织。《中华人民共和国民法总则》设立了法人制度，将法人分为三类：一是营利法人，是以取得利润并分配给股东等出资人为目的成立的法人，包括有限责任公司、股份有限公司和其他企业法人；二是非营利法人，是为公益目的或者其他非营利目的成立，不向出资人、设立人或者会员分配所取得利润的法人，包括事业单位、社会团体、基金会、社会服务机构等；三是特别法人，包括机关法人、农村集体经济组织法人、城镇农村的合作经济组织法人、基层群众性自治组织法人等。

3. 国家

国家是一个特殊的整体，也是构成某些重要法律关系的主体。它可以成为一国国内民事法律关系(如发行国库券)、刑事法律关系等的构成主体，国家还是构成国际法律关系最主要的主体。

（三）法律关系的客体

法律关系的客体是法律关系主体之间权利和义务所指向的对象。实际的法律关系多种多样，客体也多种多样，即使在同一法律关系中也有可能存在两个或两个以上客体。法律关系的客体主要有以下几类：

1. 物

物是指能满足人们的需要，具有一定稀缺性，并能为人们现实支配和控制的各种物质资源。它既可以是固定形态的，也可以是没有固定形态的，如天然气、电力等；既可以是人们通过劳动创造的，也可以是天然存在的，如土地、河流等。

2. 行为

行为是指主体为达到一定目的而进行的有意识的活动，包括积极行为和消极不行为或抑制一定的行为。如在运输合同中承运人运送乘客与货物的行为，即是运输合同法律关系的客体。

3. 智力成果

智力成果主要包括人们通过脑力劳动创造的非物质财富，如科学发明、技术成果、文学艺术作品等。

【例 1-5】 甲、乙两公司签订一份建造 2 万平方米商品房的合同，由此形成的法律关系的客体是(   )。

    A. 乙公司承建的该 2 万平方米商品房   B. 承建该商品房的工程劳务

    C. 甲乙双方   D. 该合同中规定的双方的权利义务

【分析】 甲、乙两公司签订建造商品房合同而形成法律关系的客体是行为，该法律关系的客体并不是承建的商品房，而是承建商品房的行为。应选 B。

六、法律行为

(一) 法律行为的界定和特征

法律行为是人们所实施的、能够发生法律上效力、产生一定法律效果的行为。

法律行为能够产生社会效果，造成社会影响，具有社会性。法律行为由法律规定、受法律调整、能够发生法律效力或产生法律效果，具有法律性。法律行为是能够为人们意志所控制的行为，具有意志性。

(二) 法律行为的构成要件

法律行为是主体与客体、主观因素与客观因素交互作用的复杂过程。法律行为的构成要件是法律规定的或通过法律解释确定的构成法律行为的要素，分为客观要件和主观要件两类。

1. 法律行为的客观要件

法律行为的客观要件是法律行为外在表现的一切方面，包括外在行动、行为方式和具有法律意义的结果三方面。外在行动是人们通过身体或言语或意思而表现于外部的举动。行为方式是行为人为达到预设的目的而在实施行为过程中所采取的各种方式和方法。法律通常根据行为的有益或有害结果及其程度来区分行为的法律性质和行为人对行为负责的界限和范围。

2. 法律行为的主观要件

法律行为的主观要件是法律行为内在表现的一切方面，是行为主体在实施行为时一切心理活动、精神状态和认知能力的总和，主要包括行为意思和行为认知两个方面。行为意思是人们基于需要、受动机支配、为达到目的而实施行为的心理状态。行为认知是行为人对自己行为的法律意义和后果的认识。

(三) 法律行为的基本分类

1. 合法行为和违法行为

根据行为是否符合法律的内容要求，法律行为可分为合法行为和违法行为。合法行为是指行为人所实施的具有一定法律意义、与法律规范内容要求相符合的行为。违法行为是指行为人所实施的违反法律规范内容要求、应受惩罚的行为。

2. 积极法律行为和消极法律行为

根据行为的表现形式，法律行为可分为积极法律行为和消极法律行为。积极法律行为是指行为人以积极、主动作用于客体的形式表现的具有法律意义的行为，表现为一定的动作或动作系列，能够引起客体内容或性质的变化。消极法律行为是指行为人以消极、抑制的形式表现的具有法律意义的行为，表现为不作出一定的动作，保持客体不变或者容许、不阻止客体发生变化。这两种行为不能反向选择，即当法律要求行为人作出积极行为时不能作出消极行为，当法律要求行为人作出消极行为时不能作出积极行为，否则就构成违法。

3．表意行为与非表意行为

根据行为是否通过意思表示，法律行为可分为表意行为和非表意行为。表意行为是指行为人基于意思表示而作出的具有法律意义的行为。非表意行为是指非经行为人意思表示而是基于某种事实状态即具有法律效果的行为，又称为事实行为，如民法上的先占、遗失物的拾得、埋藏物的发现等。

4．个人行为、集体行为和国家行为

根据行为主体的特征，法律行为可分为个人行为、集体行为和国家行为。个人行为是指公民(自然人)基于个人意志和认识所从事的具有法律意义的行为。集体行为是指机关、组织或团体所从事的具有法律效果、产生法律效力的行为。国家行为是指国家作为一个整体或由其代表机关(国家机关)以自己的名义所从事的具有法律意义的行为。

第二节   经济法基本理论

一、经济法的概念与特征

(一) 经济法的概念

经济法是调整国家在经济管理与协调经济活动过程中发生的经济关系的法律规范的总称。这一概念包括三方面的基本含义：

第一，经济法属于法的范畴。经济法同其他任何法的部门一样，都是由法律规范组成的，都是各有特定调整对象的法律规范的总称。因此，经济法属于法的范畴，与其他法的部门有着普遍联系。

第二，经济法属于国内法体系。经济法调整的经济关系是在本国经济运行而不是国际经济运行过程中发生的。对这种经济运行的协调是一个国家的协调，即国家协调，而不是国际协调，即两个以上国家的协调。为了运用法律手段进行这种国家协调，制定或认可经济法律规范的是一个国家，而不是两个以上国家。经济法体现的是一个国家的意志而不是两个以上国家的意志。

第三，经济法不同于国内法体系中的其他法律部门。作为经济法调整对象的社会关系是经济关系，而不是政治关系、人身关系等非经济关系，这种经济关系是在本国经济运行过程中发生的。同时，这种本国经济运行过程体现了国家协调和干预。经济法不同于国内法体系的民法、行政法等法律部门。

【例1-6】   经济法是独立的法律部门吗？

【分析】   20世纪80年代到90年代，中国法学界围绕经济法的法律地位问题展开过激烈争论。在80年代之前，我国实行计划经济，在法律领域基本没有经济法的存在，经济活动由国家统一管制。改革开放以来，随着市场经济的兴起和政府权力在经济领域的不断退出，国家开始制定大量调整经济活动的法律规范。在此背景下，法学家开始探讨经济法

的地位问题。一部分法学家主张经济法没有独立的法律地位，也没有自己特有的调整方法，所谓经济法只不过是一部分民法内容和一部分行政法内容的简单拼凑；另外一部分法学家则认为经济法与民法及行政法存在本质区别，它利用市场和行政的独特手段，专门调整国民经济运行中出现的社会问题，具体包括市场主体、市场竞争、宏观调控、社会保障等方面，因此它具有自己独立地位，是独立的法律部门。到了 21 世纪，随着国家经济立法的增长和法学研究的深入，经济法独立法律部门的地位得到了法学界的认可。

（二）经济法的特征

经济法的本质特征是经济法区别于其他法律部门的特有现象，是反映经济法本质属性的概括性标志。

1. 经济法具有经济性

经济法具有经济性，这是不言而喻的，因为经济法的对象发生在直接物质再生产领域，并具有经济目的性。经济性的重要表现，是经济法往往把经济制度、经济活动的内容和要求直接规定为法律，这就使得经济法必然要反映基本经济规律，揭示基本经济问题。

2. 经济法具有社会本位性

社会本位假定人作为社会成员彼此之间是联系的，因而强调法应当以维护社会利益为基点。经济法是社会化的产物，是适应经济和市场社会化的迫切要求，为解决社会化引起的矛盾和冲突应运而生的。它是社会价值的体现，重在维护社会经济总体结构和运行的秩序、效率、公平、正义，侧重于从社会整体角度来协调和处理个体与社会的关系，并超越统治阶级的"国家利益"，而关注真正的社会利益，其固有的基本价值取向是社会本位。

3. 经济法具有综合性

经济法是综合调整法，这是从横向平面、纵向过程和整体上来谈经济法的调整机制属性。随着社会化和现代市场经济的发展，经济关系复杂多变、相互连接、相互渗透，产生了对经济关系进行综合管理、系统调整的要求，经济法正反映了经济关系分化和综合这两种发展趋势的要求。

4. 经济法具有国家适度干预性

经济法是国家干预、从事经济活动、参与经济关系的产物，经济法规范国家组织管理、国家协调、国家调控、国家规制、国家调节、国家参与经济关系等都体现了经济法具有国家适度干预性。

二、经济法的调整对象

经济法的调整对象是经济法区别于其他法律部门而存在的根据。但如何界定经济法的调整对象一直存在争议。基于上述对经济法概念和本质特征的认识，本书认为，经济法的调整对象是国家在管理与协调经济运行过程中发生的经济关系。其具体包括：

（1）市场主体调控关系。市场主体调控关系是指国家在对市场主体的活动进行管理以及市场主体自身运行过程中所发生的经济关系，如个人独资企业法、合伙企业法、公司法、外商投资法等。

(2) 市场监管关系。市场监管关系是在国家进行市场监督管理过程中发生的经济关系。这种经济关系由经济法调整，有助于完善市场规则，有效地反对垄断，制止不正当竞争，保护消费者合法权益，维护市场经济秩序，实现市场功能，如消费者权益保护法、食品安全法、反不正当竞争法、反垄断法等。

(3) 宏观调控关系。宏观调控是指国家为了实现经济总量的基本平衡，促进经济结构的优化，推动经济社会的协调发展，对国民经济总体活动进行的调节和控制。在国家对国民经济总体经济活动进行调节和控制过程中发生的经济关系就是宏观调控关系，如国民经济计划法、金融法、能源法、财政法等。

(4) 社会保障关系。社会保障关系是国家在从事社会保障各项事业的过程中与劳动者及全体社会成员之间所形成的物质利益关系。市场经济强调效率、兼顾公平，既要克服平均主义，又要保障全体社会成员的基本生活。由经济法调整社会保障关系，有利于充分开发和合理利用劳动力资源，保护劳动者的基本生活权利，维护社会稳定，促进经济发展，如劳动法、社会保险法等。

三、经济法的渊源

法律渊源亦称法的形式，指法律的存在或表现形式。我国法律制度在形式上属于成文法，判例不作为法律渊源。经济法的法律渊源主要有以下几种。

(一) 宪法

宪法是国家根本大法，具有最高法律效力。经济法以宪法为渊源，除与其他法律、法规、规章、命令、指示等一样，不得与宪法相违背外，主要是从宪法中吸收有关经济制度的精神。

(二) 法律

法律是由全国人民代表大会及其常务委员会制定的规范性文件，在地位和效力上仅次于宪法。以法律形式表现的经济法构成经济法的主体和核心部分。

(三) 行政法规

行政法规是作为国家最高行政机关的国务院制定的规范性文件，其地位和效力仅次于宪法和法律。经济法大量以该种形式存在，这是由经济活动的广泛性和政府对经济的全方位管理和参与的客观条件决定的。

(四) 地方性法规

地方性法规是地方国家权力机关制定的规范性文件。地方性法规不得与宪法、法律和行政法规相抵触。全国人民代表大会及其常务委员会还专门制定了一些授权法，授权有关地方国家机关就经济体制改革和对外开放方面的问题制定专门法规。

(五) 规章

规章是行政性法律规范文件，依其制定机关不同，可分为部门规章和地方政府规章。

部门规章是国务院的组成部门及其具有行政管理职能的直属机构在其职权范围内制定的规范性文件，内容主要限于执行法律或者国务院的行政法规、决定、命令的事项，如中国人民银行颁布的《支付结算办法》。地方政府规章是省、自治区、直辖市和设区的市、自治州的人民政府依照法定职权和程序制定的规范性文件。

（六）司法解释

司法解释是最高人民法院、最高人民检察院在总结审判经验基础上发布的指导性文件和法律解释，如最高人民法院发布的《关于审理不正当竞争民事案件应用法律若干问题的解释》、《关于审理劳动争议案件适用法律若干问题的解释》等。

（七）国际条约或协定

国际条约或协定生效后对缔约国的国家机关、团体和公民具有法律上的约束力。我国作为国际法主体同外国或地区缔结的双边、多边协议或协定生效后，对我国具有法律约束力，从而成为经济法的重要形式之一，如我国加入世界贸易组织与相关国家签订的协议、我国与有关国家签订的投资保护协定等。

【例 1-7】 下列规范性文件中，属于部门规章的是(　　)。
　A. 深圳市人民代表大会制定的《深圳经济特区注册会计师条例》
　B. 国务院制定的《中华人民共和国外汇管理条例》
　C. 全国人民代表大会常务委员会制定的《中华人民共和国公司法》
　D. 中国人民银行制定的《人民币银行结算账户管理办法》

【分析】　本题考查不同规范性文件的制定主体。规章包括由国务院部委及具有行政管理职能的直属机构依据法律、行政法规制定的国务院部门规章，以及由省、自治区、直辖市人民政府所在地的市，某些经济特区所在地的市和经国务院批准较大市的人民政府制定的地方政府规章。选项 D 属于部门规章。

四、经济法律关系

（一）经济法律关系的概念与特征

经济法律关系是指由经济法律规范确认和调整之后所形成的，由国家强制力保障其存在和运行的，经济法主体之间经济权利和经济义务关系。

经济法律关系具有以下特征：经济法律关系的参加者是法律主体；经济法律关系是由经济法律规范所确认，并受经济法律规范保护；经济法律关系是主体之间法律上的经济权利和经济义务关系；经济法律关系产生于特定经济活动中，是特定经济活动在法律上的体现。

（二）经济法律关系的构成要素

经济法律关系同一般法律关系一样，也是由主体、内容和客体这三种要素构成。

1. 经济法律关系的主体

经济法律关系的主体即经济法主体，是指依法参加经济法律关系，享有经济权利和承担经济义务的当事人。一般包括国家机关、社会组织(包括企业、公司、事业单位、社会团体等)、企业内部组织、个体工商户、农村承包经营户和公民个人。

作为经济法主体的组织和个人，必须具有相应的主体资格。经济法主体资格是经济法主体所具有的参加经济法律关系、享有经济权利和承担经济义务的资格与能力。

经济法主体资格取得的途径有法定取得和授权取得两种。法定取得即某种主体依照法律规定，不通过其他程序而直接具备经济法主体资格。授权取得即某种主体符合法律规定的条件而被国家审批机关授予其具备经济法主体资格。

2．经济法律关系的内容

经济法律关系的内容是指经济法主体依法享有的经济权利和承担的经济义务。经济权利是经济法主体依法享有的自己为或不为一定行为和要求他人为或不为一定行为的资格。经济权利的本质在于满足经济权利主体的经济利益，经济利益是经济权利的实质和核心内容，经济权利则是反映和确保一定经济利益的法律形式。经济义务是指经济法主体在法律规定的范围内，为实现特定权利主体的权利所承担的必须为一定行为或不为一定行为的义务。经济义务是法律对经济法主体的行为给予一定程度的强行限制和约束，这种限制和约束是实现权利主体的经济权利并满足其经济利益所必需的。

3．经济法律关系的客体

经济法律关系的客体是指经济法主体享有的经济权利和承担的经济义务所共同指向的目标或对象。没有经济法律关系的客体，经济法律关系就失去了必要的依附。经济法律关系客体多种多样，概括起来可以分为物、行为和智力成果三方面。

五、经济法的制定和实施

(一) 经济法的制定

经济法的制定是指国家机关依照法定的职权和程序制定、修改、废止经济法律规范的活动。

经济法的制定不能等同于经济法的立法。立法包括法的制定和认可，经济法的制定包含于经济法的立法之中。经济法的立法也不等同于经济立法，经济立法是对所有经济关系进行立法，经济立法的概念和内涵要大于经济法立法的概念和内涵，经济立法除了经济法立法以外，还包括民事立法和商事立法等一切有关经济方面的立法。

(二) 经济法的实施

经济法的实施是指经济法律关系主体实际施行经济法律规范的活动。它包括经济守法、经济执法和经济司法三个环节。

经济守法是指经济法主体遵守经济法律规范的活动。

经济执法是指国家行政机关和国家授权单位按照法定职权和程序执行经济法律规范的活动。

经济司法是指国家司法机关依法对经济纠纷案件和经济犯罪案件进行经济检察和经济

审判的活动。

六、经济法责任

（一）经济法责任的含义与特点

经济法责任是由于违反经济法义务而引起的经济法规定的不利后果。这种后果的种类和内容是由经济法规定的，具有法定性。这种后果的承担是由国家强制力保证实施的，具有国家强制性。引起经济法规定的不利后果是由于违反了经济法义务，具有违法性。经济法责任是对民事责任、行政责任、刑事责任的综合，具有综合性。

（二）经济法责任的种类

根据我国经济法的有关规定，违反经济法律、法规应当承担的法律责任可分为民事责任、行政责任和刑事责任三种。

1. 民事责任

民事责任是指由于违反民事法律、违约或者根据法律规定所应承担的不利民事法律后果。承担民事责任的主要形式有停止侵害、排除妨碍、消除危险、返还财产、恢复原状、修理、重作、更换、赔偿损失、消除影响、恢复名誉、赔礼道歉等。

2. 行政责任

行政责任是指违反经济法律法规规定的单位和个人所应承受的由国家行政机关或国家授权单位对其依行政程序所给予的制裁后果。行政责任大体可以分为行政处罚和行政处分两类。行政处罚是由特定行政机关对违反行政法律规定的责任主体所实施的惩罚措施，主要有警告、罚款、没收违法所得、责令停产停业、暂扣或吊销许可证、行政拘留等。行政处分是对违反法律规定的国家机关工作人员或被授权、委托的执法人员所实施的惩罚措施，主要有警告、记过、记大过、降级、降职、撤职、留用察看、开除等。

3. 刑事责任

刑事责任是指触犯国家刑法的犯罪人所应承受的由国家审判机关即人民法院给予的制裁后果。根据我国刑法规定，刑事责任分为主刑和附加刑两类。主刑有管制、拘役、有期徒刑、无期徒刑和死刑五种。附加刑有罚金、剥夺政治权利、没收财产等。

第三节　经 济 诉 讼

一、概述

（一）经济诉讼的概念

经济诉讼也称经济审判，是指人民法院在当事人和其他诉讼参与人的参加下，依法审理经济纠纷并作出裁判的诉讼活动。

经济诉讼主要发生在平等的民事主体之间。因此，其诉讼活动主要适用《中华人民共和国民事诉讼法》及其相关规定。《中华人民共和国民事诉讼法》(以下简称《民事诉讼法》)是 1991 年 4 月 9 日第七届全国人民代表大会第四次会议通过的，自 1991 年 4 月 9 日起施行。2007 年 10 月 28 日第十届全国人民代表大会常务委员会第三十次会议对它进行了第一次修正。2012 年 8 月 31 日第十一届全国人民代表大会常务委员会第二十八次会议对《民事诉讼法》做了第二次修正。根据 2017 年 6 月 27 日第十二届全国人民代表大会常务委员会第二十八次会议《关于修改〈中华人民共和国民事诉讼法〉的决定》做了第三次修正，修改后的《民事诉讼法》自 2017 年 7 月 1 日起施行。这部法律与《中华人民共和国行政诉讼法》、《中华人民共和国刑事诉讼法》一起构成了我国的三大诉讼法，分别维护着当事人的不同权利。

(二) 经济诉讼的受案范围

经济诉讼的受案范围是指哪些纠纷可以通过民事诉讼的方式来解决。《民事诉讼法》第 3 条规定：人民法院受理公民之间、法人之间、其他组织之间以及他们相互之间因财产关系和人身关系提起的民事诉讼，适用本法的规定。由此可见，当事人之间的经济纠纷、民事纠纷都适用《民事诉讼法》，而行政案件和刑事案件则分别适用《中华人民共和国行政诉讼法》、《中华人民共和国刑事诉讼法》。

【例 1-8】 某市食品卫生监督部门在对当地食品卫生进行检查时，发现一家商店销售的肉类食品有严重的质量问题，于是对该商店进行了相应的行政处罚，并在当晚的地方新闻中播出了该信息。信息中如实说明了该商店的产品质量的状况，并提醒消费者注意，防止受骗上当。该商店负责人看到新闻后非常生气，认为食品卫生监督部门对他们商店的处罚是违法的，随后就以某市食品卫生监督部门为被告向法院提起了民事诉讼。

【分析】 本案中食品卫生监督部门与商店之间的争议不属于民事纠纷，而是属于行政纠纷。所以，就不属于《民事诉讼法》的调整范围。该商店向法院提起民事诉讼的行为不正确。

(三) 经济诉讼的基本原则

1. 诉讼权利平等原则

《民事诉讼法》第 8 条规定：民事诉讼当事人有平等的诉讼权利。人民法院审理民事案件，应当保障和便利当事人行使诉讼权利，对当事人在适用法律上一律平等。

【例 1-9】 王五和刘三是案件的原告和被告，在法庭上，法官总是质问被告，原告要表达的内容全部都让法官代劳了。本案中法官的做法就是违背了诉讼权利的平等原则，因为当事人应该平等地行使民事权利，平等地履行其诉讼义务。

当然，当事人的诉讼权利平等并不是指诉讼权利完全相等，而是表现为当事人之间诉讼权利的同一性和对等性。所谓"同一性"是指双方当事人有完全相同的诉讼权利，如委托诉讼代理人、申请回避、进行辩论等。而"对等性"是指一方当事人享有的权利对方当事人并非当然具有，但必然有一个相对应的权利与之抗衡，如原告有起诉权，则被告有答辩权与之相抗衡，原告可以放弃或者变更诉讼请求，而被告可以承认或反驳诉讼请求。

2. 同等与对等原则

《民事诉讼法》第 5 条规定：外国人、无国籍人、外国企业和组织在人民法院起诉、应诉，同中华人民共和国公民、法人和其他组织有同等的诉讼权利义务。外国法院对中华人民共和国公民、法人和其他组织的民事诉讼权利加以限制的，中华人民共和国人民法院对该国公民、企业和组织的民事诉讼权利实行对等原则。这一原则是适用于涉外民事诉讼程序的一项基本原则。同等原则体现的是国民待遇原则，它使外国人和外国的组织在民事诉讼中与我国公民和组织享有同样的待遇，具有同等的诉讼地位。对等原则是各国处理涉外民事诉讼问题时的一种自我保护的方法。

【例 1-10】 某国规定，凡是中国的律师在他们国家不得以律师的身份代理案件。为此，中国的法律也规定，凡是某国的律师在中国参加诉讼也不得以律师的身份参加诉讼。这样的规定也就体现了一种对等原则。

3. 自愿、合法调解原则

《民事诉讼法》第 9 条规定：人民法院审理民事案件，应当根据自愿和合法的原则进行调解；调解不成的，应当及时判决。通过调解的方式解决争议可以避免当事人之间的矛盾激化。

【例 1-11】 陈某和章某是多年的房东和房客的关系。后来，由于陈某的儿女都长大了，结婚需要房子，所以，陈某要求章某退租，收回房子。但是，承租人章某以双方的房屋租赁合同没有约定租期并且自己没有房子可以居住为理由，不肯交回房子。双方为此发生争议，章某于是将陈某告上法庭。法院受理了此案。考虑到陈某和章某多年来的关系，法院一直要求章某和陈某进行调解，但是两人始终难以达成调解协议。案件就这样一直拖了 9 个月都没有得到解决。

【分析】 本案中法院的做法违背了调解的自愿和合法原则。法院应该根据当事人的意愿来进行调解，不能强制要求当事人进行调解，对于调解不成的，应该及时判决。

4. 辩论原则

《民事诉讼法》第 12 条规定：人民法院审理民事案件时，当事人有权进行辩论。通过辩论，可以使法官对双方的意见得以充分的听取，从而为法官的裁判提供一定的依据。辩论的形式既可以是口头的，也可以是书面的。辩论的内容既包括实体问题，也包括程序问题，而且辩论原则贯穿诉讼的全过程。

【例 1-12】 某汽车公司司机王某，因公司经理要他驾驶刹车不灵的汽车执行任务，结果在途中把装有 10 吨高浓度冰醋酸的车厢撞坏，酸液流入附近的水库，导致水库中的鱼全部死亡。受害者鱼塘承包户李某向汽车公司索赔，未得结果。于是向县法院起诉，要求汽车公司赔偿损失。法院受理此案后，开庭审理。由于双方意见不一致，于是展开了辩论。汽车公司认为：水库中的鱼是否因酸液中毒死亡值得怀疑，因为酸液沿途流失，到水库已剩下不多，因此，不同意赔偿。原告李某的律师答辩认为：被告否认鱼是中毒死亡，毫无根据，而原告认定鱼是中毒死亡，则有充分的证据。律师举出两个证据：一是水产研究所对水库水分的鉴定结论，该鉴定认为，水库中水的酸液含量可以致鱼死亡；二是有 5 个证人的证言都说在鱼中毒后，李某曾把水放干，未发现一条活鱼。

【分析】 本案中双方就是通过辩论，辩清了鱼中毒死亡的事实，分清了责任。法院也在此基础上，促成双方达成了调解协议，最终由汽车公司赔偿鱼塘承包户李某经济损失人民币15万元。

5. 处分原则

《民事诉讼法》第13条规定：民事诉讼应当遵循诚实信用原则。当事人有权在法律规定的范围内处分自己的民事权利和诉讼权利。处分原则是民事诉讼法所特有的原则。由于民事诉讼解决的是平等主体之间的人身纠纷和财产纠纷，双方当事人所发生碰撞的利益是纯粹的个人私利。而私利根本不影响国家的公共利益，因此，个人可以根据自己的实际情况对个人利益进行处分。可以主张利益，也可以放弃利益。

【例1-13】 某中级人民法院规定以二审改判率(二审改判案件数与该院受案总数之比)为评比条件之一，二审改判率低则分数高，于是法院就采取多判案的办法降低二审改判率。为此，院长让法院干警主动下去动员辖区各厂矿起诉。

【分析】 本案中法院院长的行为是不正确的，动员起诉的行为就是违背了当事人的处分原则，因为是否需要起诉应当由当事人自己来决定，当事人可以起诉也可以不起诉。

6. 检察监督原则

《民事诉讼法》第14条规定：人民检察院有权对民事诉讼实行法律监督。

【例1-14】 小黄是某县检察院民行科的检察员，其职责是对同级人民法院的民事案件进行检察监督，提起抗诉。有一次小黄了解到该县法院的某一法官在审理案件时有贪赃枉法、徇私舞弊以后对法官的审判活动进行了监督。

7. 支持起诉原则

《民事诉讼法》第15条规定：机关、社会团体、企业事业单位对损害国家、集体或者个人民事权益的行为，可以支持受损害的单位或者个人向人民法院起诉。

【例1-15】 汪某在家里长期遭到丈夫周某的虐待，经常被丈夫打骂，由于不堪忍受丈夫的暴行，便打算离婚，但是苦于自己不懂法律，不知道该如何处理。当地妇联得知此事后，便给她提供很多的帮助，给她讲解一些相关的法律知识，使汪某通过法律途径，维护了自身的合法权益。本案中妇联的行为便是支持起诉的行为。

二、经济诉讼的基本制度

(一) 合议制

合议制是指由3个以上的审判人员组成审判庭，具体对民事案件进行审理和裁判的制度。与其相对的概念为"独任制"，是指由一名法官单独对案件进行审理。合议制的确立是为了利用集体的智慧来对案件进行审理。

《民事诉讼法》第39条明确规定：人民法院审理第一审民事案件，由审判员、陪审员共同组成合议庭或者由审判员组成合议庭。合议庭的成员人数必须是单数。适用简易程序审理的民事案件，由审判员一人独任审理。《民事诉讼法》第157条的规定：基层人民法院和它派出的法庭审理事实清楚、权利义务关系明确、争议不大的简单的民事案件，适用本章规定。基层人民法院和它派出的法庭审理前款规定以外的民事案件，当事人双方也可以约定适用简易程序。

从以上两条规定可以看出：一审法院如果是基层法院的，它采用普通程序就要用合议制，如果一审法院是中级法院以上的法院则全部都要用合议制，二审案件全部采用合议制；只有一审法院适用简易程序审理案件时，才会适用独任制。

【例 1-16】　某地中级法院在审理一起人身伤害案时，由于两名审判员"有事"，最后只有一名审判员对案件进行了审理。本案就是违反了合议制。

（二）回避制

回避制度是指在诉讼当中与当事人具有某些利害关系或者有着特殊联系的工作人员，不能参加审判工作的制度。回避制度的确立是为了保证诉讼的公正性。

可以被申请回避或者应当自行回避的人员包括审判人员、书记员、鉴定人、翻译人员和勘查人员。同时《民事诉讼法》第 44 条规定了必须具备以下的条件才可以自行回避或者被申请回避：① 是本案当事人或者当事人、诉讼代理人近亲属的；② 与本案有利害关系的；③ 与本案当事人、诉讼代理人有其他关系，可能影响对案件公正审理的。

审判人员接受当事人、诉讼代理人请客送礼，或者违反规定会见当事人、诉讼代理人的，当事人有权要求他们回避。

【例 1-17】　某县法院在审理一件借贷合同纠纷案件时，审判员高某是被告余某的表弟。但是高某并没有自行回避，而余某也没有申请回避。本案就是违反了回避制度。

（三）公开审判制

公开审判制是指人民法院依法对民事案件实行公开审理和公开宣判的制度。审判公开制度包括审理的过程要公开、判决结果要公开，即公开审理和公开宣判。但是由于一些案件比较特殊，所以《民事诉讼法》规定对于以下案件一律不公开审理：① 涉及国家秘密的案件；② 涉及个人隐私的案件；③ 法律另有规定不得公开审理的案件。

同时《民事诉讼法》还规定对于以下案件当事人申请不公开审理的，就可以不公开审理。① 离婚案件；② 涉及商业秘密的案件。这两类案件如果当事人不申请，法院就推定当事人同意公开审理。

【例 1-18】　小沈和小洪是情侣，两人原来感情很好，并且已经同居。但是，后来小沈调到外地工作，两人感情慢慢淡了下来。小沈提出分手，但是小洪不答应，小沈坚持。后来，小洪拿出他们同居时发生性关系所拍的照片作为威胁，说不肯分手，否则将照片公开。小沈没有办法，只好和小洪继续保持男女朋友的关系。但是，后来两人经常吵架，而小洪动辄以照片相威胁，小沈忍无可忍，将小洪告上了法院，请求解除两人的非法同居关系。法院受理了此案，并进行了非公开审理，作出了判决，并且认为由于案件没有进行公开审理，所以不公开判决结果。

【分析】　本案中由于涉及个人隐私，所以法院不公开审理的做法是正确的。但是即使对于不公开审理的案件，审理结果也应该公开。所以，法院不公开审理结果的做法是不正确的。

（四）两审终审制

两审终审制是指一个案件经过两级法院审判后，即告终结的制度。

【例1-19】　某二审法院在审理案件的过程中，原审被告提出反诉，法院就反诉调解不成，于是作出了终审判决。本案中法院的做法就是违背了两审终审制，因为对于被告的反诉，只经过了一级法院的审理，不应当终结。

三、经济诉讼的主管

（一）主管的概念

所谓"主管"，就是人民法院依法受理、审判，解决一定范围内的经济、民事纠纷的权限，即确定人民法院和其他国家机关、社会团体解决经济、民事纠纷的分工和职权范围。而主管问题就是判断有关案件法院是否会受理、法院是不是管这个案件，而且要判断这个案件法院是不是通过民事程序，由法院内部的民事审判庭来解决这个纠纷。

（二）我国经济诉讼主管的标准

经济诉讼主管强调有两个要件，只要同时符合两个要件，法院就应当通过《民事诉讼法》去解决有关纠纷：① 有关纠纷应当发生在平等主体之间；② 有关纠纷是涉及人身权利或财产权利的纠纷。因此，只要纠纷是平等主体之间的人身纠纷或财产纠纷，法院就应当适用《民事诉讼法》去解决有关纠纷。

四、经济诉讼的案件管辖

经济诉讼的案件管辖是指规定上、下级人民法院之间、同级人民法院之间受理第一审经济纠纷案件的分工和权限，它可以分为以下几种情况。

（一）级别管辖

级别管辖是指根据案件的大小、繁简程度、影响大小、当事人的行政隶属关系等情况，划分上、下级人民法院之间受理第一审民事案件的分工和权限：

(1) 基层人民法院管辖除上级人民法院管辖外的所有第一审经济纠纷案件。

(2) 中级人民法院管辖下列第一审经济纠纷案件：① 重大涉外案件。所谓"重大"是指争议标的额大，或者案情复杂，或者居住在国外的当事人人数众多的涉外案件，上述标准只要满足其中一个，我们就称之为重大涉外案件。② 在本辖区有重大影响的案件。③ 最高人民法院确定由中级人民法院管辖的案件，这类案件主要有海事、海商案件，专利纠纷案件和重大的涉港澳台民事案件。

【例1-20】　云南省某市曾经发生过一起硫酸毁容案。妹妹因嫉妒姐姐的生活，于是某一天全家人一起吃饭时，用自己购买的浓硫酸泼向自己的姐姐和姐姐家的小孩，还有自己的妈妈。导致三人受到不同程度的伤害。该案在当地影响极大，最后一审就是由当地的中级人民法院进行的。

(3) 高级人民法院管辖在本辖区有重大影响的第一审经济纠纷案件。

【例1-21】　安徽省曾经发生过一起假种子案，在安徽省境内近千名农民购买了一家种子公司的种子，种了以后发现这是假种子，颗粒无收。这些农民是分布在安徽的全境之内的，由任何一个人所在地的基层法院或中级法院来审理都不太合适，最后就由安徽省的高级人民法院作为了这个案件的一审法院。

(4) 最高人民法院管辖下列第一审案件：① 在全国有重大影响的案件；② 认为应当由其审理的案件。

最高人民法院的主要工作不是审理案件，而是在于指导地方法院进行审判，所以由最高人民法院审理的案件非常少。

根据法律规定，当事人不服第一审人民法院的判决、裁定的，可向其上一级人民法院提起上诉。由铁路运输中级法院和海事法院进行第一审的，当事人不服判决、裁定的，可向其所在地的高级人民法院提起上诉。而最高人民法院管辖的第一审案件，其所作出的判决、裁定是终审的判决、裁定，一旦送达当事人即发生法律效力。

(二) 地域管辖

地域管辖是指根据当事人以及标的物与地域之间的关系，确定同级人民法院之间受理第一审经济纠纷案件的分工和权限。地域管辖具体有以下几种。

1. 一般地域管辖

一般地域管辖实行的是"原告就被告"原则，即原告必须到被告住所地的人民法院起诉，即由被告住所地人民法院管辖。

所谓住所地，是指公民的户籍所在地，对于法人和其他组织来说是指该法人和其他组织的主要营业地或者主要办事机构所在地。如被告是公民，其住所地与经常居住地不一致的，由经常居住地人民法院管辖。经常居住地是指公民离开住所地至起诉时已连续居住一年以上的地方，但公民住院就医的地方除外。

实行"原告就被告"这一原则一方面是为了避免原告滥诉，使被告免受原告不当诉讼的侵扰，另一方面也有利于人民法院传唤被告参与诉讼，对诉讼标的物进行保全或勘察，从而有利于判决的执行。

【例 1-22】　家住 A 区的王某与家住 B 区的李某因为借款问题发生了争议，王某将李某告上了法院。那么按照"原告就被告"的原则，本案就应当由 B 区的法院进行管辖。

2. 特殊地域管辖

特殊地域管辖是指某些特殊的民事案件采用特殊的标准来确定管辖的制度。特殊地域管辖优于一般地域管辖。采用这种管辖原则的主要有以下 10 类案件：

(1) 因合同纠纷提起的诉讼，由被告住所地或者合同履行地的人民法院管辖。

(2) 因保险合同纠纷提起的诉讼，由被告住所地或保险标的物所在地人民法院管辖。

(3) 因票据纠纷提起的诉讼，由票据支付地或被告住所地人民法院管辖。

(4) 因铁路、公路、水上、航空运输和联合运输合同纠纷提起的诉讼，由运输始发地、目的地或者被告住所地人民法院管辖。

(5) 因侵权行为提起的诉讼，由侵权行为地或者被告住所地人民法院管辖。

(6) 因铁路、公路、水上和航空事故请求损害赔偿提起的诉讼，由事故发生地或者车辆、船舶最先到达地、航空器最先降落地或者被告住所地人民法院管辖。

(7) 因船舶碰撞或其他海损事故损害赔偿纠纷提起的诉讼，由碰撞发生地、碰撞船舶最先到达地、加害船舶被扣地或被告住所地人民法院管辖。

(8) 因海难救助费提起的诉讼，由救助地或被救助船舶最先到达地人民法院管辖。

(9) 因共同海损提起的诉讼，由船舶最先到达地、共同海损理算地或航程终止地人民法院管辖。

(10) 因公司设立、确认股东资格、分配利润、解散等纠纷提起的诉讼，由公司住所地人民法院管辖。

3. 专属地域管辖

专属地域管辖是指因不动产纠纷提起的诉讼由不动产所在地人民法院管辖；因港口作业中发生纠纷提起的诉讼由港口所在地人民法院管辖；因继承遗产纠纷提起的诉讼由被继承人死亡时住所地或主要遗产所在地人民法院管辖。

4. 协议地域管辖

协议地域管辖是指合同的双方当事人可以在书面合同中协议选择被告住所地、合同履行地、合同签订地、原告住所地、标的物所在地人民法院管辖，但不得违反有关级别管辖和专属管辖的规定。

5. 共同地域管辖

共同地域管辖是指同一诉讼的几个被告住所地、经常居住地在两个以上人民法院辖区的，各人民法院都有管辖权。两个以上人民法院都有管辖权的诉讼，原告可以向其中一个人民法院起诉；原告向两个以上有管辖权的人民法院起诉的，由最先立案的人民法院管辖。

(三) 移送管辖

移送管辖是指人民法院受理某一案件后，发现自己对此案并无管辖权，便移送给有管辖权的人民法院审理，或者在特定情况下，下级人民法院将自己有管辖权的案件报请上级人民法院审理，或者上级人民法院将自己有管辖权的案件交给下级人民法院审理。

(四) 指定管辖

指定管辖是指人民法院之间因管辖权发生争议，或者有管辖权的人民法院由于特殊原因不能行使审判权，由它们的共同上级人民法院指定某一人民法院审理。

【例1-23】 方某和朱某因为争夺一间房子的所有权发生了争议。该房子比较特殊，房屋的左边属于A市，房屋的右边属于B市，由于这个房屋还没有进行产权登记，而根据专属管辖的规定，涉及不动产的纠纷，应当由不动产所在地的人民法院进行管辖，所以这个房产争议究竟是属于A市法院管辖还是属于B市法院管辖，两地的法院就发生了争执。

【分析】 如果这个案件是比较简单的，同时案件受理费用比较高，那么这两个法院就会抢着管辖这个案件，于是就发生了管辖权的积极冲突，大家都想管；如果这个案件的标的额比较小，法院受理的案件费比较低，但是案件牵涉的法律关系比较复杂，审理比较困难，这时两个法院可能都不想审理这个案件了，互相推诿，这就形成了管辖权的消极冲突。不管是消极冲突还是积极冲突，最后都是由A、B两市法院的共同上级法院来指定谁来管辖，这就是指定管辖。

五、经济诉讼的当事人

(一) 当事人的定义

当事人是指因民事权利和义务发生争议，以自己的名义进行诉讼，并受法院裁决拘束的人。狭义的当事人仅仅是指原告和被告，而广义的当事人是指原告、被告、共同诉讼人和第三人。

(二) 诉讼权利能力和诉讼行为能力

1. 诉讼权利能力

诉讼权利能力又称当事人能力，是指能够成为民事诉讼当事人，享有民事诉讼权利和承担民事诉讼义务的法律上的资格。如果一个主体有资格成为当事人，有资格享有民事诉讼权利和承担民事诉讼义务，那么这样的主体就具有当事人能力。诉讼权利能力强调的是一种资格，而不是一种亲身行使的一种能力。

享有诉讼权利能力的当事人包括自然人、法人和其他非法人组织。非法人组织主要指一些公司的分公司，银行、保险公司的分支机构等。

2. 诉讼行为能力

诉讼行为能力又称诉讼能力，是指当事人亲自进行诉讼活动，以自己的行为行使诉讼权利和承担诉讼义务的法律上的资格。这一能力强调的是有关的主体不但要有资格成为当事人，并且还要有能力自己从事诉讼的事务。也就是自己去起诉，自己去立案，自己去应诉，自己进行调解，而不需要别人代理。

当事人如果没有诉讼权利能力，他就必然没有诉讼行为能力。因为他连当事人资格都没有，就更谈不上亲自进行诉讼活动了。而如果一个人有了诉讼权利能力，也不一定有诉讼行为能力，比如一个 5 岁的小孩，他有资格做当事人，他具有了民事诉讼权利能力，但由于他太小，就必须由他的法定代理人去代理他从事相应的活动。所以，实践中应该正确地区分诉讼权利能力和诉讼行为能力。

(三) 当事人的种类

1. 原告

原告是指为了保护自己的或者自己所管理的他人的权益，以自己的名义提起诉讼，从而引起诉讼程序开始的人。

2. 被告

被告是指被原告诉称侵犯了其合法权益，由法院通知应诉的人。

【例 1-24】　3 岁的小孩杜某在学校不慎将同学李某的头部打伤，双方父母因赔偿问题起诉至当地法院。本案中李某就是原告，而杜某就是被告。

3. 共同诉讼人

所谓共同诉讼人，是指当事人一方或双方为两人以上的诉讼。原告为两人以上，成为共同原告；被告为两人以上，成为共同被告。这种当事人总称为共同诉讼人。

共同诉讼可以分为两类：① 必要共同诉讼。必要共同诉讼是指诉讼标的为同一个标的的共同诉讼。② 普通共同诉讼。普通共同诉讼是指诉讼标的为同一类的共同诉讼。

【例1-25】 罗家三兄弟共同继承了父亲遗留下来的坐落在某地一间房屋。某一天，司机韩某驾车途经此地，由于刹车失灵，将该房屋的墙壁撞破。因为赔偿问题最后罗家三兄弟将韩某告上了法院。

【分析】 本案就是一种必要的共同诉讼，因为诉讼的标的只有一个，即该房屋的损害关系，罗家三兄弟就称为共同原告。

【例1-26】 某市为了保护环境，对摩托车上牌照严格限制。该市一家摩托车经销商在其广告中称他们销售的某一品牌摩托车全部可以上牌照。消费者于是纷纷前来购买，但是之后却发现根本就不能上牌照。于是消费者又纷纷前来退货，但是经销商却不同意。双方因此发生争议，众多的消费者于是将这家单位告上了法院。

【分析】 本案就是一起普通共同诉讼。它们就是单个的案件，法院可以对每一个案件进行单独审理。但是因为诉讼标的是同一类，该法院为了提高诉讼效率，节约司法资源，防止产生矛盾的判决，才把这类案件合并在一起进行审理。

4．第三人

第三人是指对他人的诉讼标的主张独立的权利，或虽不能主张独立的权利但案件的处理结果与其有法律上的利害关系，因而参加到已经开始的民事诉讼中去的人。

根据第三人能否主张独立的诉讼请求，可以分为有独立请求权的第三人和无独立请求权的第三人。有独立请求权的第三人是指对他人之间的诉讼标的(称为"本诉")的全部或者一部分主张独立的实体权利，而以起诉的方式参加已经开始的本诉中去。有独立请求权的第三人在诉讼中的地位相当于原告，即以本诉中的原告与被告作为被告。

【例1-27】 楼某和林某因为争夺一头牛起诉到了法院，来某得知之后，认为楼某和林某所争夺的牛是他们家走失的，根本就不是楼某和林某的，于是参加到诉讼中去，请求法院判决楼某和林某将牛还给他们。

【分析】 本案中的来某就是一个有独立请求权的第三人。因为他参加到诉讼中去既不是为了支持原告，也不是为了支持被告，而是提出了一个独立的请求。

无独立请求权的第三人是指对本诉的诉讼标的没有独立的权利，但案件的处理结果同他有法律上的利害关系，因而参加到本诉中要求法院保护其合法权益的人。无独立请求权的人可以申请参加诉讼，也可以由人民法院通知他参加诉讼。

【例1-28】 王某与李某是多年的邻居，两人都是古董爱好者。在王某的收藏中，有一玉器最为珍贵，王某常拿出去与李某共同鉴赏。2018年9月，王某的儿子来电话让王某过去住一段时间，临行前，王某为提防小偷盗走玉器，便将该玉器委托李某代为保管。2018年11月，一位古董商路过，听闻此玉器，便前去拜访了李某。见到玉器后古董商爱不释手，提出愿意以高价购买，李某以此玉器是老友之物，自己仅代为保管为由，不同意出卖。古董商提出能否让自己带回去鉴赏一段时日，再行奉还，并留下联系方式和押金。李某欣然同意。2018年12月3日，古董商来电告知李某：该古董不慎被盗。于是李某于12月8日向人民法院起诉，要求古董商返还原物或者赔偿损失。2018年12月25日，王某返回，听说此事后申请参加诉讼，要求古董商返还原物。

【分析】 本案中王某就是无独立请求权的第三人，因为法院的判决如果支持了李某，那么王某的权利可能就会得到保护，而如果法院的判决不予支持李某，那么王某的权利就不会得到保护，所以说法院的判决会影响他的利益。

5．诉讼代理人

诉讼代理人是指以当事人的名义进行诉讼活动，由当事人承担法律后果的人。

根据代理权的来源不同，诉讼代理人可分为法定代理人、指定代理人和委托代理人。

法定代理人是根据法律的规定享有代理权的人，如无诉讼行为能力人由他的监护人作为法定代理人。

指定代理人是指经人民法院指定享有代理权的人。

委托代理人是指基于当事人、法定代理人的委托享有代理权的人。委托代理人的诉讼权限由委托人决定，其诉讼资格的取得必须以向人民法院提交的由委托人签名或盖章的授权委托书为前提。

【例1-29】 13岁的精神病患者丰某将吕某打伤，因为伤害赔偿问题发生争执。吕某将丰某告上了法院。丰某的监护人其父亲代理丰某出庭应诉，同时，丰某的父亲还聘请了律师王某参加诉讼。本案中丰某的父亲是法定代理人，而律师王某就是委托代理人。

六、经济诉讼程序

经济诉讼程序是指人民法院依照法律的规定，对经济、民事纠纷案件进行审理的过程。主要包括第一审普通程序、第二审程序、审判监督程序和执行程序。

（一）第一审普通程序

第一审普通程序是指人民法院审理当事人起诉案件所适用的程序。其通常包括如下几个阶段。

1．起诉和受理

起诉是指当事人的合法权益受到侵害或者与他人发生争议时，向法院提出诉讼，请求法院通过审判予以保护的行为。当事人起诉必须符合以下四个条件：① 原告必须与本案有直接的利害关系；② 应该有明确的被告；③ 起诉应该有具体的诉讼请求和事实、理由；④ 起诉应该向有管辖权的人民法院提起。

当事人起诉以书面形式为原则，口头起诉例外。即除了书面起诉确有困难的可以口头起诉以外，其他的都应提交起诉状和副本。以下为民事起诉状的格式。

民事起诉状（适用于自然人）

原告：（姓名、性别、出生年月日、民族、籍贯、职业或工作单位和职务、住址、身份证号、联系电话等基本情况）

被告：（姓名、性别等情况，出生年月日不详者写其年龄）

案由：

诉讼请求：

事实和理由：

此致

××人民法院

附：(1) 本诉状副本_____份。

(2) 证据和证据来源，证人姓名和地址。

起诉人：

年　月　日

民事起诉状(适用于非自然人)

原告名称：　　　　　　　　地址：

法定代表人(或代表人)　　　姓名：　　　　职务：　　　　电话：

企业性质：　　　　　　　　统一社会信用代码：

经营范围和方式：

开户银行：　　　　　　　　账号：

被告名称：　　　　　　　　地址：

法定代表人(或代表人)　　　姓名：　　　　职务：　　　　电话：

案由：

诉讼请求：

事实和理由：

此致

××人民法院

附：(1) 本诉状副本_____份。

(2) 证据和证据来源，证人姓名和地址。

起诉人：

年　月　日

受理是指人民法院通过对当事人起诉进行审查，对符合规定条件的，决定立案审理的行为。人民法院经审查后，认为符合起诉条件的，应当在 7 日内立案，并通知当事人；认为不符合受理条件的，则应当在 7 日内裁定不予受理，当事人对裁定不服的，可以向法院提起上诉。

2. 审理前的准备

人民法院受理案件后应当在立案之日起 5 日内将起诉状副本发送被告，由被告针对原告请求的事实和理由，在收到起诉状副本之日起 15 日内提出答辩状。被告不提出答辩状的，不影响法院对案件的审理。

同时案件受理后，人民法院审判人员必须认真审核诉讼材料，调查收集必要的证据，并根据当事人自愿的原则，在事实清楚的基础上，分清是非，进行调解。调解达成协议，必须双方自愿，调解协议的内容不得违反法律规定。对调解达成协议的，人民法院应当制作调解书。调解书经双方当事人签收后，即具有法律效力，对调解未达成协议或调解书送达前一方反悔的，人民法院应当及时审理，作出判决。

3．开庭审理

开庭审理是经济诉讼中的核心环节，具体包括以下阶段。

(1) 开庭前的准备。人民法院应当在开庭 3 日前通知当事人和其他诉讼参与人。凡公开审理的，应当公告当事人姓名、案由和开庭的时间、地点。开庭前，书记员应查明当事人和其他诉讼参与人是否到庭，宣布法庭纪律。

(2) 开始审理。开始审理时，由审判长核对当事人，宣布案由，宣布审判人员、书记员名单，告知当事人有关的诉讼权利义务，询问当事人是否申请回避。

(3) 法庭调查和质证。法庭调查按下列顺序进行：当事人陈述；证人作证，宣读未到庭的证人证言；出示书证、物证和视听资料；宣读鉴定结论；宣读勘验笔录。当事人在法庭上可以提出新的证据，也可以要求重新进行调查、鉴定或勘验。如原告增加诉讼请求或被告提出反诉，可以合并审理。

(4) 法庭辩论。在法庭辩论中，原、被告依次发言、答辩，再互相辩论。辩论终结，由审判长按原、被告先后顺序征询双方最后意见，进行法庭调解，调解不成的，应当及时判决。法院可以当庭宣判，也可以定期宣判。

当然，基层人民法院及其派出法庭在审理简单的民事、经济纠纷案件时，如果案件的事实清楚、权利义务关系明确、争议不大的，则可以使用简易程序。简易程序没有上诉普通程序那么复杂。在简易程序中原告可以口头起诉、法院可以口头或者书面通知被告，法院还可以用口头或者其他简便的方式传唤当事人，并且只由一个审判员独任审判。

(二) 第二审程序

第二审程序是指当事人不服地方各级人民法院和专门法院的第一审判决、裁定而上诉至上一级人民法院进行审理所适用的程序。对判决的上诉期限为 15 日，对裁定的上诉期限为 10 日。当事人必须在法定的期限内以提交上诉状的方式提起上诉。上诉状的内容具体包括：当事人的姓名，法人的名称及其法定代表人的姓名或者其他组织的名称及其主要负责人的姓名，原审人民法院名称、案件的编号和案由，上诉的请求和理由。

第二审人民法院对上诉案件进行审理后做出如下处理：① 判决驳回上诉，维持原判决；② 依法改判；③ 裁定撤销原判决，发回原审人民法院重审。

第二审人民法院的判决、裁定是终审的判决、裁定，当事人不得再上诉。所以第二审又称"上诉审"和"终审"。对发回原审人民法院重审的案件，由于适用第一审程序，当事人对其判决、裁定不服，仍可以上诉。

(三) 审判监督程序

审判监督程序是指人民法院对已经发生法律效力的判决、裁定发现确有错误，依法对案件再行审理的程序，也被称为"再审程序"，这一程序是为了纠错，它的提起通常有以下四种情况：① 由本院院长提出，提交审判委员会讨论决定；② 由最高人民法院、上级人民法院提审或指令下级人民法院再审；③ 由最高人民检察院、上级人民检察院按审判监督程序提出抗诉；④ 由当事人申请，经人民法院审查决定是否再审。但当事人申请再审必须在判决、裁定发生法律效力两年内提出，并不得因申请再审停止判决、裁定的执行。

（四）执行程序

对已经发生法律效力的判决、裁定和调解书，义务人应自动执行。如拒不执行，权利人可以在法定期限内向人民法院申请执行。所谓执行程序，就是人民法院依法强制经济纠纷案件的义务人履行义务的特殊程序。执行的具体措施有扣留、提取、划拨被执行人的收入或银行、信用合作社存款，查封、扣押、冻结、拍卖、变卖被执行人的财产等。对于人民法院发出的协助执行通知书，有关单位和个人必须办理。

【例 1-30】 王某被李某撞伤，法院判决李某赔偿王某各项损失共计 13 万元，判决生效后由于李某一直不执行判决，王某就不能得到相应的赔偿。为了治病，王某的家人将法院的判决书拿到大街上出卖，而且申明只要卖 3 万元即可。

【分析】 本案中，王某家人的行为就是明显的不正确。因为法院判决生效后，如果义务人不履行义务的，权利人应当积极地向法院申请执行，只有这样才能保护自己的合法权益，同时不损害法律的尊严。

（五）涉外经济诉讼的特别规定

人民法院审理涉外经济诉讼案件(即法律关系三要素中有一个以上具有涉外因素的经济纠纷案件)，适用我国《民事诉讼法》第四编的特别规定。特别规定包括的主要内容如下。

1. 一般原则

涉外经济纠纷审判的一般原则是：① 国际条约优先适用的原则；② 司法豁免权原则；③ 委托律师代理诉讼必须委托中华人民共和国律师的原则；④ 人民法院使用中华人民共和国通用的语言、文字审理案件的原则。

2. 管辖

(1) 牵连管辖。因合同或其他财产权益纠纷，对在我国领域内没有住所的被告提起的诉讼，可由在我国领域内的合同签订地、合同履行地，诉讼标的物所在地、侵权行为地、可供扣押财产所在地或其代表机构住所地人民法院管辖。

(2) 协议管辖。涉外合同或者涉外财产权益纠纷的当事人，可以用书面协议选择与争议有实际联系地点的法院管辖。选择我国人民法院管辖的，不得违反关于级别管辖和专属管辖的规定。

(3) 专属管辖。因在我国履行的中外合资经营企业合同、中外合作经营企业合同和中外合作勘探开发自然资源合同发生纠纷提起的诉讼，应由我国人民法院管辖。

3. 诉讼期间

涉外经济纠纷案件规定了较长的诉讼期间，即在我国领域内没有住所的被告、当事人或被上诉人，提出答辩状或上诉的期间均为 30 日。

4．司法协助

司法协助是指不同国家的法院之间，根据本国缔结或者参加的国家条约，或者按照互惠原则，相互协助完成司法事务，代为一定的诉讼行为。具体表现为：我国的人民法院作出的发生法律效力的判决、裁定，如果被执行人或其财产不在我国领域内，当事人可以直接向有管辖权的外国法院申请承认和执行，也可由我国的人民法院依照我国缔结或参加的国际条约的规定，或按照互惠原则，请求外国法院承认和执行。外国法院的判决和仲裁裁决如果需要在我国承认和执行的，当事人可以直接向我国的中级人民法院提出，或者按照互惠原则办理。

七、诉讼时效

（一）诉讼时效的概念

诉讼时效是指权利人在法定期间内不向法院提起诉讼、行使自己的权利，即丧失了请求法院依法保护其合法权益的权利。这里的"法定期间"也称为"诉讼时效期间"。这一制度是为了督促当事人及时地行使自己的权利。

诉讼时效也被称为"消灭时效"，因为诉讼时效届满，就会消灭请求诉讼保护的权利，即胜诉权，不过起诉权不会消灭。起诉权是权利主体向法院起诉的权利，任何时候任何公民和法人的起诉权都不会丧失和被剥夺。超过诉讼时效期间，权利人提出诉讼，法院仍应受理。法院审查这种诉讼案件的时效是否已过期，如查明时效确已届满，又无可以延长的正当理由，应以此为根据判决权利人败诉。

同时，我国法律上还规定，胜诉权消灭后(即诉讼时效期间届满后)，义务人自愿履行义务的，不受诉讼时效限制。如债务人自愿履行超过诉讼时效期间的债务，事后债务人不能以超过诉讼时效期间为理由，请求权利人按不当得利返还已交付的财产。因诉讼时效期间届满，消灭的是诉讼保护权，而不是所请求保护的权利本身。

（二）诉讼时效的种类

1．一般的诉讼时效

一般的诉讼时效为 3 年，从权利受到侵害的自然人或者法人知道或者应当知道自己的权利被侵害以及义务人之日起算。

2．特殊的诉讼时效

下列的诉讼时效期间为 1 年：身体受到伤害要求赔偿的；出售质量不合格的商品未声明的；延付或者拒付租金的；寄存财物被丢失或者损毁的。

同样，1 年的诉讼时效也是从权利受到侵害的自然人或者法人知道或者应当知道自己的权利被侵害时起算。

【例1-31】　张某由于出生时从生殖器上看分不出是男是女，他的母亲就带他到当地的一家大医院去做了治疗手术。医生检查后认为张某应该是男性，但是他的生殖器发育不完全，酷似女性，所以称为"男性假两性畸形"，最后给张某做了手术，将张某的生殖器做成了女性。但是，张某长大后越来越像男性，所以在生活中出现了一系列尴尬的情况。为此，张某的家人及邻居怀疑当初医院的手术有误，将医院告上了法院。

【分析】 法院在审理的过程中发现，该案已经超过了 1 年的诉讼时效。虽然张某的母亲称当时在实施手术时医生并没有将具体的情况告诉她，但由于张某的母亲当时已经在手术同意书上签了字，所以法律就认为她对于医生将张某做成女性的结果是知情的，诉讼时效就应当从当时开始计算。因此，法律最后没有支持原告的诉讼请求。

另外，法律还特别规定了人身损害赔偿的诉讼时效期间，伤害明显的，从受伤害之日起算；伤害当时未曾发现，后经检查确诊并能证明是由侵害引起的，从伤势确诊之日起算。

3. 最长的诉讼时效

诉讼时效从权利被侵害时即事情发生之日起开始计算，最长不得超过 20 年。

(三) 诉讼时效中止

诉讼时效中止是指在诉讼时效期间的最后 6 个月内，因不可抗力或者其他障碍不能行使请求权的，诉讼时效暂停。从中止时效的原因消除之日起，诉讼时效期间继续计算。

上述的不可抗力是指交通断绝、战争、疾病等因素。而其他障碍则包括：权利人死亡，尚未确定继承人，权利人是无民事行为能力人或限制民事行为能力人而又没有法定代理人等情况。

【例 1-32】 吕某与王某发生了一起债权债务纠纷，诉讼时效至 2018 年 10 月 31 日届满(诉讼时效最后 6 个月，从 2018 年 5 月 1 日起算)，而在 2018 年 9 月 1 日吕某发生了一场大病，此病至 2018 年 12 月 31 日才完全被医治好，则此时诉讼时效从 2019 年 1 月 1 日起延长 2 个月，至 2019 年 2 月 28 日诉讼时效届满。

当然，如果在诉讼时效期间届满前 6 个月以上发生中止原因，而这原因一直到诉讼时效期间届满仍未消除，则在原因消除后，仍只延长 6 个月，因为 6 个月期间足够可以用于起诉、索债。

【例 1-33】 2018 年 10 月 31 日诉讼时效期间届满，而在 2018 年 1 月 1 日发生中止原因，此原因至 2019 年 1 月 1 日消除，则从 2019 年 1 月 2 日起诉讼时效仍只延长 6 个月。

(四) 诉讼时效的中断

诉讼时效中断是指在诉讼时效进行中，因提起诉讼、当事人一方提出要求或者另一方同意履行义务，而导致已经进行的诉讼时效全部归于无效，诉讼时效期间重新计算。

【例 1-34】 2016 年 6 月 3 日，林某向吕某借款 30 万元，林某出具了欠条，写明 2017 年 6 月 3 日还款。但是到期后，林某没有按约定如期还款。此时诉讼期间就是 2017 年 6 月 3 日起到 2020 年 6 月 3 日结束。如果吕某于 2018 年 6 月 3 日提出了诉讼，则此时诉讼时效就发生了中断，前面经过的时效即从 2017 年 6 月 3 日至 2018 年 6 月 3 日就归于无效，诉讼时效重新计算，即从 2018 年 6 月 3 日起至 2021 年 6 月 3 日结束。

(五) 诉讼时效的延长

诉讼时效的延长是指在诉讼时效期间届满以后，权利人基于某种正当的理由，向法院提起诉讼时，经过人民法院调查确有正当理由而把法定时效期间予以延长。

第四节　仲　　裁

一、概述

仲裁法是调整仲裁机构和当事人之间在仲裁民(商)事活动中产生的各种关系的法律规范的总称。《中华人民共和国仲裁法》(以下简称《仲裁法》)于 1994 年 8 月 31 日第八届全国人大常委会第九次会议通过，2009 年 8 月 27 日第十一届全国人民代表大会常务委员会第十次会议作了第一次修正，2017 年 9 月 1 日第十二届全国人民代表大会常务委员会第二十九次会议作了第二次修正，自 2018 年 1 月 1 日起施行。《仲裁法》的颁布和施行，对于保证公正、及时地仲裁经济纠纷，保护当事人的合法权益，保障社会主义市场经济健康发展，具有十分重要的意义。

(一) 仲裁的概念

仲裁(Arbitration)又称"公断"，是指双方当事人在争议发生前或争议发生后达成协议，自愿将争议提交给仲裁机构作出具有法律约束力的裁决，以解决当事人之间争议的方法。

仲裁包括民(商)事仲裁和劳动争议仲裁等种类，本节所讲的仲裁只限于民(商)事纠纷的仲裁，即经济仲裁。

(二) 仲裁的受案范围

所谓的受案范围，是指哪些纠纷可以通过仲裁的方式来解决。

我国《仲裁法》第 2 条明确规定：平等主体的公民、法人和其他组织之间发生的合同纠纷和其他财产权益纠纷，可以仲裁。

但是《仲裁法》第 3 条又规定：有关婚姻、收养、监护、扶养、继承纠纷，以及依法应当由行政机关处理的行政争议纠纷不能仲裁。这里的"行政争议"是指劳动争议和农业承包合同争议。

【例 1-35】　家住天津的王某与张某达成协议：双方如果就祖传古董的继承权发生争议，则提请北京仲裁委员会进行裁决，并将自动履行其裁决。后来双方果然在继承问题上发生争议，于是双方就打算到北京进行仲裁。

【分析】　对于本案，北京仲裁委员会不应当受理，因为双方是因为继承问题发生的纠纷，不属于仲裁委员会的受案范围。

(三) 仲裁法的基本原则

《仲裁法》的基本原则是仲裁立法的指导思想，它贯穿整个仲裁过程，是仲裁机构和双方当事人必须遵循的基本准则。其主要包括以下原则。

1. 自愿仲裁原则

《仲裁法》第 4 条规定：当事人如果要采用仲裁方式解决纠纷，应当双方自愿，达成仲裁协议。没有仲裁协议，一方申请仲裁的，仲裁委员会不予受理。

这一原则也称为"意思自治原则"，即当事人在很多的事项上都可以自愿决定。如是否选择仲裁作为解决纠纷的途径，选择哪家仲裁机构仲裁，将哪些争议事项提交仲裁，选择哪个仲裁员和哪种形式的仲裁庭，以及选择哪种审理方式和开庭方式等。甚至仲裁时间、仲裁地点，当事人也可以选择。因此，仲裁裁决一旦作出，当事人一般能够自觉履行，与诉讼相比，仲裁较少出现执行难的情形。

2. 独立仲裁原则

独立仲裁指的是从仲裁机构的设置到仲裁纠纷的整个过程，都具有法定的独立性，具体体现为：

(1) 仲裁独立于行政机关。

《仲裁法》第8条规定：仲裁依法独立进行，不受行政机关、社会团体和个人的干涉。同时，《仲裁法》第14条也规定：仲裁委员会独立于行政机关，与行政机关没有隶属关系，仲裁委员会之间也没有隶属关系。

(2) 仲裁不实行级别管辖和地域管辖。

《仲裁法》第6条规定：仲裁委员会应当由当事人协议选定，仲裁不实行级别管辖和地域管辖。同时，《仲裁法》第10条第1款也规定：仲裁委员会可以在直辖市和省、自治区人民政府所在地的市设立，也可以根据需要在其他设区的市设立，不按行政区划层层设立。而且，仲裁组织体系中的仲裁协会、仲裁委员会和仲裁庭三者之间相对独立。

(3) 仲裁独立于审判。

《仲裁法》第9条第2款明确规定：(仲裁)裁决被人民法院依法裁定撤销或者不予执行的，当事人就该纠纷可以根据双方重新达成的仲裁协议申请仲裁，也可以向人民法院起诉。

当然，这一条的规定并不是意味着仲裁附属于审判，而仅仅是指法律赋予了法院审查仲裁裁决的权力，但法院对仲裁裁决的审查是事后审查，必须基于当事人的申请，撤销仲裁裁决要基于充分的证据。因此，撤销仲裁裁决体现的是法律赋予法院的监督权。

3. 公平合理原则

《仲裁法》第7条规定：仲裁应当根据事实，符合法律规定，公平合理地解决纠纷。

因此，仲裁要坚持以事实为依据，以法律为准绳的原则，在法律没有规定或者规定不完备的情况下，仲裁庭可以按照公平合理的原则来解决纠纷。

(四) 仲裁法的基本制度

《仲裁法》在我国原有法律对仲裁的基本制度规定的基础上，在进一步借鉴国际通行做法的情况下，确立和完善了以下制度。

1. 协议仲裁制度

《仲裁法》第4条规定：当事人采用仲裁方式解决纠纷，应当双方自愿，达成仲裁协议；没有仲裁协议，一方申请仲裁的，仲裁委员会不予受理。

因此，当事人申请仲裁、仲裁委员会受理仲裁案件以及仲裁庭对仲裁案件的审理和裁决，都必须依据当事人之间订立的有效的仲裁协议。没有仲裁协议就没有仲裁制度。

【例 1-36】 李某与宋某签订了一份买卖电视机的合同，后双方在履行的过程中发生了争议，李某于是向当地的仲裁委员会提请仲裁。仲裁委员会审查后发现双方当事人没有达成仲裁协议，所以不予受理。

【分析】 本案中，仲裁委员会的做法是正确的。没有仲裁协议，仲裁委员会一律不予受理。

2. 裁审择一制度

《仲裁法》第 5 条规定：当事人达成仲裁协议，一方向人民法院起诉的，人民法院不予受理，但仲裁协议无效的除外。

由于仲裁和诉讼是两种不同的解决争议的方式，因此当事人只能选择其中的一种方式来解决。当事人达成仲裁协议的，就应当向仲裁机构申请仲裁，不能向法院起诉，一方向人民法院起诉的，人民法院不予受理。也就是说，有效的仲裁协议排除了法院的管辖权，只有在没有仲裁协议或者仲裁协议无效的情况下，当事人才可直接向人民法院起诉，法院才可以行使管辖权。

【例 1-37】 向某和来某签订了一份借款合同，双方在合同中规定：如果发生争议，将向仲裁机构或者法院提出仲裁或者诉讼。后来双方果然发生了争议。向某于是向当地的仲裁委员会提出仲裁，而来某则是向当地的法院提起诉讼。

【分析】 本案应当由法院管辖，因为当事人在合同中对到底采用仲裁还是采用诉讼没有明确的约定。所以，这一仲裁条款是无效的，法院有权审理此案。

3. 一裁终局制度

《仲裁法》第 9 条明确规定：仲裁实行一裁终局的制度。这一制度包括两层含义：一是仲裁裁决一旦作出，案件就算终结，当事人不得就同一争议事项向仲裁机构再次申请仲裁；二是仲裁裁决一旦作出，当事人也不得就同一争议事项向法院提起诉讼。

因此，仲裁裁决作出后，就发生法律效力，当事人不能就同一纠纷再申请仲裁或者向人民法院起诉。只有在特殊的情况下，当事人才可以重新达成协议进行仲裁或起诉。而且对于已经发生效力的仲裁裁决，当事人应当自动履行，如果一方当事人不履行的，另一方当事人可以向法院申请强行执行。

【例 1-38】 胡某与王某因合同发生了纠纷，双方按照事先约定好的协议，向上海仲裁委员会提请仲裁。仲裁委员会依法作出了裁决后，胡某觉得仲裁委员会的裁决不够公平，于是又向当地的法院提起诉讼。

【分析】 本案中，胡某的做法是不正确的。因为仲裁裁决已经作出，所以他不应该再向法院起诉。

二、仲裁机构

(一) 仲裁委员会

仲裁委员会是由人民政府组织有关部门和商会统一组建的，对当事人之间的财产权益争议进行审理并依法作出裁决的专门机构。

《仲裁法》第 10 条明确规定：仲裁委员会可以在直辖市和省、自治区人民政府所在地的市设立，也可以根据需要在其他设区的市设立，不按行政区划层层设立。设立仲裁委员会，应当经省、自治区、直辖市的司法行政部门登记。

《仲裁法》第 12 条规定：仲裁委员会由主任 1 人、副主任 2～4 人和委员 7～11 人组成。仲裁委员会的主任、副主任和委员由法律、经济贸易专家和有实际工作经验的人员担任。仲裁委员会的组成人员中，法律、经济贸易专家不得少于 2/3。

《仲裁法》第 13 条规定：仲裁委员会应当从公道正派的人员中聘任仲裁员。作为仲裁员应当符合下列条件之一：① 通过国家统一法律职业资格考试取得法律职业资格，从事仲裁工作满八年的；② 从事律师工作满八年的；③ 曾任法官满八年的；④ 从事法律研究、教学工作并具有高级职称的；⑤ 具有法律知识、从事经济贸易等专业工作并具有高级职称或者具有同等专业水平的。同时，仲裁委员会按照不同专业设仲裁员名册。

（二）仲裁协会

仲裁协会是由全国的仲裁委员会组成的社会团体法人，它是仲裁委员会的自律性组织，其章程由全国会员大会制定。

仲裁协会的主要职责是根据章程对仲裁委员会及其组成人员、仲裁员的违纪行为进行监督，以及依照《仲裁法》和《中华人民共和国民事诉讼法》的有关规定制定仲裁规则。

三、仲裁协议

仲裁实行的是"协议仲裁"制度，即没有仲裁协议，仲裁委员会就不能仲裁。由此可见，仲裁协议的重要性体现在：它既是当事人将争议提交仲裁的依据，也是仲裁机构对某一案件取得管辖权的前提。

（一）仲裁协议的概念

仲裁协议是双方当事人以书面方式请求仲裁委员会仲裁合同纠纷和其他财产权益纠纷的共同意思表示。

（二）仲裁协议的形式和内容

1．仲裁协议的形式

仲裁协议可以采取多种形式，具体表现为以下几种：

(1) 仲裁条款。仲裁条款是指双方当事人在签订的合同中，将今后可能因该合同所发生的争议提交仲裁的条款，即仲裁条款是合同的一部分。这也是最常见的一种仲裁协议的形式。

(2) 仲裁协议书。仲裁协议书是指在争议发生之前或者争议发生之后，双方当事人在自愿的基础上订立的，同意将可能发生或者已经发生的争议提交仲裁的一种独立的协议。仲裁协议书独立于合同。

(3) 其他有关书面文件中包括的仲裁协议。由于现代通信技术的发展，当事人之间以信函、电传、传真、电子数据交换、电子邮件等方式进行交往已经变得越来越普遍。而通过这些形式达成的仲裁协议也越来越多。以下为仲裁协议书的实例。

仲裁协议书

甲方：××省××有限公司

地址：××省××市××路××号

法定代表人：A 　职务：经理

乙方：××省××县××经贸公司

地址：××省××县××路××号

法定代表人：B 　职务：经理

　　当事人双方愿意提请上海仲裁委员会按照《中华人民共和国仲裁法》规定，仲裁如下争议：

　　双方于××年××月签订××合同。合同履行中，因买方对卖方提供的××的质量等级提出异议，导致双方发生争议，经协商解决不成。故双方一致同意选择上海仲裁委员会依据《中华人民共和国仲裁法》及该会仲裁规则，对双方合同中所涉××的质量等级和双方如何继续履行合同作出判断。

甲方：×× 　　　　　　　　　　　　　　乙方：××

(盖章) 　　　　　　　　　　　　　　　(盖章)

法定代表人：A(签字) 　　　　　　　　法定代表人：B(签字)

××××年××月××日 　　　　　　　　××××年××月××日

　　【例 1-39】 A 公司与 B 公司签订了一份买卖合同，A 公司在给 B 公司的传真中写明：如双方因合同发生纠纷，应提交北京仲裁委员会仲裁。B 公司也在其传真中表示同意将双方可能发生争议提交北京仲裁委员会仲裁。后来双方果然因合同发生了争议，A 公司提交仲裁，B 公司则向法院起诉。

　　【分析】 本案中，B 公司的行为是不正确的。因为双方在传真中已经达成了有效的仲裁协议，所以双方应当向仲裁委员会提请仲裁。

　　2. 仲裁协议的内容

　　仲裁协议应当具有下列内容：① 请求仲裁的意思表示；② 仲裁事项；③ 选定的仲裁委员会。

　　仲裁协议对仲裁事项或者仲裁委员会没有约定或者约定不明确的，双方当事人可以达成补充协议；达不成补充协议的，仲裁协议无效。

　　【例 1-40】 湖北的 A 公司与南京的 B 公司签订了一份合同，合同中约定：因合同发生的争议提交华东地区的仲裁委员会仲裁。后合同在履行过程中发生了争议，A 公司向上海的仲裁委员会申请仲裁，B 公司则向南京市鼓楼区法院提起诉讼。

　　【分析】 本案应当由法院管辖，因为当事人在仲裁协议中约定的仲裁委员会不够明确，华东地区的仲裁委员会不止一个，所以，该仲裁协议应该是无效的。

　　(三) 仲裁协议的效力

　　1. 有效的仲裁协议

　　当事人在自愿、合法基础上达成的有效的仲裁协议，具有一定的约束力。具体包括：

(1) 它使仲裁机构取得了管辖权。有效的仲裁协议是仲裁机构受理案件的依据。如果没有仲裁协议或者仲裁协议无效，而仲裁机构受理了案件就是一种非法受理的行为。对此，法院可以撤销仲裁所作出的裁决或者裁定不予执行。

(2) 它排除了法院的管辖权。当事人如果达成了有效的协议，又就协议范围内的事项向法院起诉的，法院就应当驳回起诉，不予受理。

(3) 排除了当事人的起诉权。仲裁协议一经合法成立，当事人就丧失了向法院起诉的权利。如果起诉了，法院应当不予受理。

仲裁协议的效力还有一个特殊性，即它是独立存在的，合同的变更、解除、终止或者无效，都不影响它的效力。

【例 1-41】 大力公司与牛二公司签订了一份合同，合同中订立有仲裁条款。后双方协议解除了原合同。两个月后，上述两家公司因为合同已经履行的部分发生了争议，大力公司依据原来合同中的仲裁条款向有关仲裁委员会提起仲裁，而牛二公司则向法院提起诉讼。

【分析】 本案应当由仲裁委员会进行仲裁，因为虽然合同解除了，但是仲裁条款仍然是有效的。

2. 无效的仲裁协议

无效的仲裁协议是指仲裁协议的订立存在瑕疵，因而不具有相应约束力的仲裁协议。

《仲裁法》第 17 条规定：有下列情形之一的，仲裁协议无效：① 约定的仲裁事项超出法律规定的仲裁范围的；② 无民事行为能力人或者限制民事行为能力人订立的仲裁协议；③ 一方采取胁迫手段，迫使对方订立仲裁协议的。

《仲裁法》第 18 条同时规定：仲裁协议对仲裁事项或者仲裁委员会没有约定或者约定不明确的，当事人可以补充协议；达不成补充协议的，仲裁协议无效。《仲裁法》第 20 条又规定：当事人对仲裁协议的效力有异议的，可以请求仲裁委员会作出决定或者请求人民法院作出裁定。一方请求仲裁委员会作出决定，另一方请求法院作出裁定的，由人民法院裁定。当事人对仲裁协议的效力有异议，应当在仲裁庭首次开庭前提出。

四、仲裁程序

(一) 申请仲裁

1. 申请仲裁

申请仲裁是仲裁程序开始的第一步。当事人可以向双方约定的仲裁机构申请仲裁。当事人申请仲裁应当符合下列条件：① 有仲裁协议。如没有仲裁协议，仲裁委员会将不予受理。② 有具体的仲裁请求和事实理由。当事人请求仲裁的具体事项应该是明确的，如请求确认合同有效或者合同无效，请求义务方支付货款、支付赔偿金等。③ 属仲裁委员会的受案范围。如果超出了受案范围，比如将劳动争议提请仲裁，仲裁委员会将不予受理。

此外，当事人还应当向仲裁委员会递交仲裁协议、协议申请书及副本。以下为仲裁申请书的格式。

仲 裁 申 请 书

申请人：姓名、性别、出生年月、民族、文化程度、工作单位、职业、住址、身份证号、联系电话。(申请人如为单位，应写明单位名称、法定代表人姓名及职务、单位地址)

被申请人：姓名、性别、出生年月、民族、文化程度、工作单位、职业、住址、身份证号、联系电话。(被申请人如为单位，应写明单位名称、法定代表人姓名及职务、单位地址)

请求事项：(写明申请仲裁所要达到的目的)

事实和理由：(写明申请仲裁或提出主张的事实依据和法律依据，包括证据情况和证人姓名及联系地址。特别要注意写明申请仲裁所依据的仲裁协议)

此致

××××仲裁委员会

申请人：(签名或盖章)
××××年××月××日

附：(1) 申请书副本×份(按被申请人人数确定份数)；

　　(2) 证据××份；

　　(3) 其他材料××份。

2. 仲裁的受理

仲裁委员会收到仲裁申请书之日起 5 日内，认为符合受理条件的，应当受理，并通知当事人；认为不符合受理条件的，应当书面通知当事人不予受理，并说明理由。

【例 1-42】 某仲裁委员会收到 A 公司请求仲裁其与 B 公司合同纠纷的申请书后，认为不符合受理条件，于是就在第 7 天打电话通知 A 公司，并且未说明不予受理的理由。

【分析】 本案中，仲裁委员会的做法有很多错误，它没有在 5 天内通知，而且未以书面方式通知，并且未说明理由。

仲裁委员会受理仲裁申请后，应当在仲裁规则规定的期限内将仲裁规则和仲裁员名册送达申请人，并将仲裁申请书副本和仲裁规则、仲裁员名册送达被申请人。被申请人应当在规定的期限内提交答辩书，并由仲裁委员会按规定将答辩书副本送达申请人。被申请人未提交答辩书的，不影响仲裁程序的进行。

(二) 组成仲裁庭

1. 仲裁庭的组成

仲裁庭的组成有两种形式：一种是合议仲裁庭，是指由 3 名仲裁员组成的仲裁庭。这 3 名仲裁员的产生如下：双方当事人各自选定或者各自委托仲裁委员会主任指定一名仲裁员，第 3 名仲裁员是由当事人共同选定或者共同委托仲裁委员会主任指定，第 3 名仲裁员是首席仲裁员。另一种是由 1 名仲裁员组成的独任仲裁庭。独任仲裁员应当由当事人共同选定或者共同委托仲裁委员会主任指定。

当事人没有在仲裁规则规定的期限内约定仲裁庭的组成方式或者选定仲裁员的，由仲裁委员会主任指定。仲裁庭组成后，仲裁委员会应当将仲裁庭的组成情况书面通知当事人。

2．仲裁员的回避

尽管仲裁员是由当事人自己选定的，但是如果有下列情形之一的，必须回避，当事人也有权申请回避：① 是本案当事人或者当事人、代理人的近亲属；② 与本案有利害关系；③ 与本案当事人、代理人有其他关系，可能影响工作仲裁的；④ 私自会见当事人、代理人，或者接受当事人、代理人请客送礼的。

当事人提出回避申请，应当说明理由，在首次开庭前提出。回避事由在首次开庭后知道的，可以在最后一次开庭终结前提出。仲裁员是否回避，由仲裁委员会主任决定；仲裁委员会主任担任仲裁员时，由仲裁委员会集体决定。

【例1-43】 某仲裁委员会主任包某在仲裁一起案件时，发现仲裁申请人某公司的经理邓某与自己共事多年，于是决定回避。

【分析】 本案中，对于包某的回避应当由仲裁委员会集体决定。

(三) 仲裁审理和裁决

1．审理的方式

仲裁审理可以通过开庭审理和书面审理两种方式进行。

《仲裁法》第39条规定：仲裁应当开庭进行。当事人协议不开庭的，仲裁庭可以根据仲裁申请书、答辩书以及其他材料作出裁决。《仲裁法》第40条规定：仲裁不公开进行。当事人协议公开的，可以公开进行，但涉及国家秘密的除外。

从上面的规定可以看出，仲裁是以不公开开庭审理为原则，以公开开庭审理为例外。不公开的目的在于保护当事人的商业秘密，维护当事人的商业信誉。

2．开庭通知

《仲裁法》第41条规定：仲裁委员会应当在仲裁规则规定的期限内将开庭日期通知双方当事人。当事人有正当理由的，可以在仲裁规则规定的期限内请求延期开庭。是否延期由仲裁庭决定。

《仲裁法》第42条规定：申请人经书面通知，无正当理由不到庭或者未经仲裁庭许可中途退庭的，可以视为撤回仲裁申请。被申请人经书面通知，无正当理由不到庭或者未经仲裁庭许可中途退庭的，可以缺席裁决。

当事人申请仲裁后，可以自行和解，也可以撤回仲裁申请。当事人达成和解协议，撤回仲裁申请后反悔的，还可以根据仲裁协议申请仲裁。

3．开庭仲裁

仲裁首先是由首席仲裁员或者独任仲裁员宣布开庭。随后核对当事人，宣布案由、宣布仲裁庭组成人员和记录人员的名单，告知当事人权利和义务，并询问当事人是否申请回避。接下来仲裁庭进行仲裁庭调查。然后由当事人举证，并互相质证。在此基础上，当事人再进行辩论。

4．裁决

在经过仲裁庭调查，当事人举证和辩论之后，仲裁庭可以先行调解。当事人自愿调解的，仲裁庭应当调解。调解达成协议的，仲裁庭应当制作调解书或者根据协议的结果制作裁决书。调解书与裁决书具有同等法律效力，仲裁庭应当依法作出相应的裁决。

调解书经双方当事人签收后，即发生法律效力。调解不成或者在调解书签收前当事人反悔的，仲裁庭应当及时作出裁决。裁决应当按照多数仲裁员的意见作出，少数仲裁员的不同意见可以记入笔录。仲裁庭不能形成多数意见时，裁决应当按照首席仲裁员的意见作出。裁决书作出之日起发生法律效力。

(四) 仲裁裁决的执行

仲裁裁决生效后，当事人应当积极地履行。《仲裁法》第 62 条规定：当事人应当履行裁决，一方当事人不履行的，另一方当事人可以依照民事诉讼法的有关规定向人民法院申请执行，受理申请的人民法院应当执行。

但被申请人提出证据证明裁决有下列情况的，法院经审查核实后，应当裁定不予执行：① 当事人在合同中没有仲裁条款或者没有在事后达成书面仲裁协议的；② 裁决的事项不属于仲裁协议的范围或者仲裁机构无权仲裁的；③ 仲裁庭的组成或者仲裁的程序违反法定程序的；④ 认定事实的主要证据不足的；⑤ 适用法律确有错误的；⑥ 仲裁员在仲裁该案件时有索贿受贿、徇私舞弊、枉法裁决行为的。

【例 1-44】 甲、乙公司签订了一份货物买卖合同，合同约定：如果对货物质量发生争议，由天津市仲裁委员会进行仲裁。后双方发生争议，甲公司请求天津市仲裁委员会作出裁决，认定货物不合格，并且运输方式严重不当，并请求解除与乙公司的合同。天津市仲裁委员会经审理后作出裁决确认货物不合格且运输方式不当，合同应当解除，乙公司应当赔付甲公司的损失。

【分析】 本案中，仲裁委员会的裁决已经超过了仲裁条款的范围，因为合同中只约定了对因货物质量发生的争议提请仲裁。因此，当事人可以对仲裁委员会裁决中超过范围的那部分向法院申请不予执行。

(五) 仲裁裁决的撤销

1. 申请撤销仲裁的情形

由于仲裁实行的是"一裁终局"的原则，所以仲裁比较快捷、高效。但是由于各种各样的原因，仲裁中难免会出现不公平和不合理的情况。所以《仲裁法》第 58 条规定，仲裁裁决生效后，当事人如果有证据证明裁决有下列情形之一的，可以依照规定的事由向法院提出撤销仲裁裁决：① 没有仲裁协议的；② 裁决的事项不属于仲裁协议的范围或者仲裁委员会无权仲裁的；③ 仲裁庭的组成或者仲裁的程序违反法定程序的；④ 裁决根据的证据是伪造的；⑤ 对当事人隐瞒了足以影响公正裁决的证据的；⑥ 仲裁员在仲裁该案时有索贿受贿的、徇私舞弊的、枉法裁决行为的。

当事人申请撤销仲裁裁决，应当自收到裁决书之日起的 6 个月内提出。

2. 人民法院撤销仲裁裁决的程序

对当事人撤销仲裁裁决的申请，人民法院应当组成合议庭审查核实，如果认为确实有违背上述几项规定、可以撤销仲裁裁决的情形，应当裁定撤销。如果认定仲裁裁决违背社会公共利益的，也应当裁定撤销。如果认定可以由仲裁庭重新仲裁的，应当通知仲裁庭在一定期限内重新仲裁，并裁定中止撤销程序。仲裁庭拒绝重新仲裁的，人民法院应当裁定恢复撤销程序。

人民法院应该在受理撤销裁决申请日之日起两个月内作出撤销裁决或者驳回申请的裁定。

一方当事人申请执行裁决，另一方当事人申请撤销裁决的，人民法院应当裁定中止执行。人民法院裁定撤销裁决的，应当裁定终结执行。撤销裁决的申请被裁定驳回的，人民法院应当裁定恢复执行。

五、涉外仲裁的特别规定

(一) 涉外仲裁概述

涉外仲裁是指当事人依据仲裁协议将涉外经济贸易、运输和海事中发生的纠纷提交仲裁机构进行审理并作出裁决的制度。所谓的"涉外"是指纠纷具有涉外因素，具体包括以下几种：① 争议的主体(包括法人和自然人)属于不同国家；② 争议的标的物位于国外或者跨越国界；③ 争议的法律关系的产生、变更、或者消灭在国外，如合同的订立、履行和终止在国外。同时，涉港、澳、台案件根据我国法律参考涉外案件处理。

(二) 涉外仲裁的特殊性

涉外仲裁的证据保全由涉外仲裁委员会将当事人的申请提交证据所在地的中级人民法院办理。

涉外仲裁委员会作出的发生法律效力的仲裁裁决，当事人请求执行，如果被执行人或者其财产不在我国境内的，应当由当事人直接向有管辖权的外国法院申请承认和执行。

(三) 涉外仲裁委员会

涉外仲裁委员会是我国仲裁涉外经济贸易、运输和海事贸易中发生纠纷的国际性民间仲裁机构，它可以由中国国际商会组织设立。涉外仲裁委员会具体由主任 1 人、副主任若干人和委员若干人组成，他们可以由中国国际商会聘任，仲裁员则由涉外仲裁委员会从具有法律、经济贸易、科学技术等专门知识的中外人士中聘任。我国的涉外仲裁机构有中国国际贸易促进委员会(中国国际商会)内设定的中国国际经济贸易仲裁委员会和中国海事仲裁委员会。

思 考 与 练 习

一、思考题

1. 怎样理解法的概念？法与其他社会规范相比有哪些典型特征？
2. 什么是法律权利与法律义务？它们有什么特征？
3. 经济法作为独立法律部门，其调整的社会关系有哪些？
4. 经济法律关系的构成要素是什么？这些要素有什么含义？
5. 什么是诉讼？它有哪些原则和制度？

6. 如何正确地区分诉讼中的当事人？

7. 什么是仲裁？它有哪些基本原则和制度？

8. 仲裁与诉讼的区别是什么？

9. 当事人如何通过仲裁来解决争议？

二、单项选择题

1. 马克思曾说："社会不是以法律为基础，那是法学家的幻想。相反，法律应该以社会为基础。法律应该是社会共同的，由一定的物质生产方式所产生的利益需要的表现，而不是单个人的恣意横行。"根据这段话所表达的马克思主义法学原理，下列选项正确的是（　　）。

  A．强调法律以社会为基础，这是马克思主义法学与其他派别法学的根本区别

  B．法律在本质上是社会共同体意志的体现

  C．在任何社会，利益需要实际上都是法律内容的决定性因素

  D．特定时空下的特定国家的法律都是由一定的社会物质生活条件所决定的

2. 下列（　　）文件是我国法律体系的组成部分。

  A．《中华人民共和国经济合同法》

  B．《香港特别行政区基本法》

  C．《联合国国际货物销售合同公约》

  D．《中华人民共和国能源法(征求意见稿)》

3. 关于法律责任，以下说法正确的是（　　）。

  A．法律责任都是由违反法定义务转化而来的

  B．法律责任和法律权利是一一对应的，有责任必然有权利

  C．法律责任是行为人应承受的某种不利的法律后果

  D．法律责任与法律制裁是相同概念，有责任必有制裁

4. 我国《证券法》规定，证券业和银行业、信托业、保险业实行分业经营、分业管理，证券公司与银行、信托、保险业务机构分别设立。该规范属于下列选项的是（　　）。

  A．授权性规范　　　　　　　　B．任意性规范

  C．命令性规范　　　　　　　　D．准用性规范

5. 下列（　　）社会关系属于法律关系。

  A．未经国家认可的收养关系　　B．合唱团内部的团长与团员关系

  C．老金与小王的忘年交关系　　D．老人张某与其成年子女赵某的赡养关系

6. 全面依法治国必须坚持从中国实际出发。对此，下列理解正确的是（　　）。

  A．从实际出发不能因循守旧、墨守成规，法治建设可适当超越社会发展阶段

  B．全面依法治国的制度基础是中华法系，实践基础是中国传统社会的治理经验

  C．从中国实际出发不等于"关起门来搞法治"，应移植外国法律制度和法律文化

  D．从实际出发要求凸显法治的中国特色，坚持中国特色社会主义道路、理论体系和制度

三、多项选择题

1. 法律部门是法律体系的组成单位，划分法律部门的标准包括（　　）。

    A．法律的调整对象   B．法律的效力等级

    C．法律的制定机关   D．法律的调整方法或调整手段

2．下列关于作为法律规范内容的权利义务与法律关系主体的权利义务说法中正确的是（   ）。

    A．作为规范内容的权利义务属于现实性领域

    B．作为规范内容的权利义务针对一国之内所有不特定主体

    C．法律关系主体的权利义务针对特定的主体

    D．作为规范内容的权利义务具有一般的、普遍的法律效力

3．下列说法不正确的是（   ）。

    A．有违法行为必然产生法律责任

    B．法律责任的认定依赖于国家权力的行使

    C．法律责任必然产生于违法行为（包括违约行为）

    D．义务的不履行依法导致法律责任的产生

4．关于司法的表述，下列选项可以成立的是（   ）。

    A．司法的依据主要是正式的法律渊源

    B．司法是司法机关以国家名义对社会进行全面管理的活动

    C．司法权不是一种决策权、执行权，而是一种判断权

    D．当代中国司法追求法律效果与社会效果的统一

四、案例分析题

1．2005年11月7日，我国商务部发布了《酒类流通管理办法》（以下简称《办法》），该《办法》第19条规定：酒类经营者不得向未成年人销售酒类商品，并应在经营场所显著位置予以明示。第30条规定：违反本办法第19条规定的，由商务主管部门或会同有关部门予以警告，责令改正；情节严重的，处2000元以下罚款。

问题：

(1)《酒类流通管理办法》属于我国法律渊源的哪一类？

(2) 运用法律规则逻辑结构理论，分析材料给定的法律规则的逻辑结构。

(3) 从行为模式角度分析材料给定的法律规则的种类。

(4) 材料给定的法律规则所确定的法律责任属于哪一种？为什么？

2．2016年7月，原告某工厂与被告某公司签订了买卖打桩机的合同，原告以16万元从被告处买得打桩机一台，双方货款两清。后原告在使用中发现打桩机质量不符合约定标准，便提出退货，被告不同意，原告于同年10月向法院起诉。在诉讼中，原告得知被告已经停产，担心被告无还款能力，提出将打桩机退回，只要被告一个月内退款12万元。被告同意，双方达成协议。法院对这一协议有两种意见：一种认为，此调解协议虽不合理，但符合处分原则，是合法的，法院应予认可；另一种认为，此协议虽系自愿达成，但损害了无过错一方的合法权益，违背了处分原则，法院不应认可。

问题：你怎么看待这一问题？

3．某县国有农场与个体承包经营户陈某签订了来料加工制糖合同。合同规定陈某投资15万元购买制糖机械设备，农场提供场地、甘蔗、劳力等。当陈某把机械设备买回来之后，农场单方面宣布取消合同，说他们要自己办糖厂。陈某买了机器没有用处，蒙受了很大的

损失。于是起诉到法院，法院审理后，确认双方签订的合同有效，农场不能单方面宣布取消合同，农场的行为构成违约。经调解不成后，法院判决：由农场向陈某支付违约金和赔偿金共 4000 元。判决后，有人指责法院偏袒个人，支持个体户打官司，损害了国家利益。

问题：你是如何看待这个问题的？

4．A 诉 B 案件中，由于案件比较复杂，该案件被提交给审判委员会讨论。A 聘请的代理人是王五，王五的叔叔 C 是该院院长。B 向法院提出要求 C 回避。

问题：这一申请的理由是否成立？

5．上海市天南公司与海北公司于 2016 年 8 月签订了一份融资租赁合同，约定天南公司进口一套化工生产设备，租给海北公司使用，海北公司按年交付租金。上海市 A 银行出具担保函，为海北公司提供担保。后来天南公司与海北公司因履行合同发生争议。

请根据以下设问所给的假设条件回答：

(1) 如果天南公司与海北公司的合同中约定了仲裁条款"因本合同的履行所发生的一切争议，均提交上海仲裁委员会仲裁"，天南公司因海北公司无力支付租金，向上海仲裁委员会申请仲裁，将海北公司和 A 银行作为被申请人，请求裁决被申请人给付拖欠的租金，天南公司的行为是否正确？为什么？

(2) 如果存在上问中所说的仲裁条款，天南公司能否向人民法院起诉海北公司和 A 银行，请求支付拖欠的租金？为什么？

6．某市仲裁委员会仲裁某一合同争议案件，首席仲裁员某甲认为应裁决合同无效，仲裁庭组成人员某乙、某丙认为应裁决合同有效，但某乙认为应裁决解除合同，某丙认为应裁决继续履行合同。

问题：本案应如何作出裁决？

7．庆风商贸公司与长安机械设备公司签订一份包含有仲裁条款的设备购销合同，合同签订后，长安机械设备公司因对外大量欠款决定进行资产重组，改为股份制公司，因此不能按期交付设备。经过协商，庆风商贸公司与长安机械设备公司决定解除合同，但是就解除合同给庆风商贸公司造成损失的赔偿问题，双方发生争议。

问题：合同中仲裁条款的效力如何？

8．2016 年 11 月 12 日，某机电公司与某机械加工公司签订一份机电设备加工合同，合同约定，机械加工公司于 2017 年 2 月底之前为机电公司完成一套机电设备加工任务，部分原材料及加工费总计为 56 万元，于设备交付后 7 日内一次性付清，如果一方违约，应向对方支付合同标的额总价 10% 的违约金。合同签订后，双方又单独签订一份仲裁协议，约定在合同履行过程中，如果就标的物的质量问题发生争议，协商解决不成时，应提交北京仲裁委员会仲裁。合同履行后，就机电设备质量问题双方发生争议。机电公司于 2017 年 5 月 10 日向人民法院起诉。

请问：

(1) 机械公司向法院提起诉讼的行为是否正确？为什么？

(2) 如果就上述争议，机电公司申请北京仲裁委员会仲裁解决，仲裁委员会受理案件后，经过审理作出责令机械加工公司重新加工设备并支付违约金的仲裁裁决，那么该仲裁裁决是否有效？为什么？

第二章

合同法律制度

本章教学要点：

(1) 了解合同、合同法的概念及特征，要约、承诺的概念及有效要件。

(2) 了解合同订立的方式，合同的主要条款，缔约过失责任。

(3) 合同的成立与效力，合同的履行规则及合同履行中的抗辩权。

(4) 合同债权的保全和担保。

(5) 合同的变更、转让和终止，违约责任。

导入案例

A 市酒店刚刚落成，需要安装 500 台 21 寸彩电，便于 2000 年 4 月 1 日分别向 B、C、D 三家电视机厂发出了信函，称："我酒店急需 500 台 21 寸彩电，如贵厂有充足的货源，请来电或发传真，并报告彩电价格。"三家电视机厂收到信函后，都回复告知自己厂可供货并报告了彩电价格。B 电视机厂在发出回函的同时，向 A 市酒店发送了 500 台彩电。在该批彩电送达 A 市酒店之前，A 市酒店经过比较，认为 C 电视机厂的彩电质量较好，且价格合理，就向 C 电视机厂发出传真，称："我酒店愿购买你厂 500 台 21 寸彩电，请速送货，运费由我方承担。"第二天，C 电视机厂复函给 A 市酒店，称准备发货。该日下午，B 电视机厂的 500 台彩电也运抵了 A 市酒店。A 市酒店称，他们已经决定购买 C 电视机厂的彩电，因此，不能接收 B 电视机厂的彩电。B 电视机厂起诉到法院，认为其与 A 市酒店已经形成了购销合同关系，要求 A 市酒店承担违约责任。思考：B 电视机厂与 A 市酒店是否形成了购销合同关系？

第一节　合同法概述

一、合同的概念和特征

合同的含义十分广泛，在不同的法律部门都有合同这一概念，如劳动法、行政法、民法。合同法规定的是民法意义上的合同。根据《中华人民共和国合同法》(以下简称《合同法》)第 2 条规定，合同是平等主体的自然人、法人、其他组织之间设立、变更、终止民事权利义务关系的协议。

据此，合同具有以下法律特征：

(1) 合同是一种民事法律行为。民事法律行为作为一种最重要的法律事实，是民事主体实施的能够引起民事权利和民事义务的产生、变更或终止的合法行为。合同作为民事法律行为，在本质上属于合法行为，这就是说，只有在合同当事人所作出的意思表示是合法的、符合法律要求的情况下，合同才具有法律约束力，并应受到国家法律的保护。如果当事人作出了违法的意思表示，即使达成协议，也不能产生合同的效力。

(2) 合同是两方以上当事人的意思表示一致的民事法律行为。所谓意思表示一致又叫合意，指当事人各方作出的意思表示在内容上相互吻合。合意是合同成立的一个标志。合同是当事人协商一致的产物。

【例 2-1】 甲要卖给乙一头牛，乙以为甲要把这头牛送给他，就到甲的牛棚里把牛牵回了家，双方发生了争议。这是因重大误解成立的合同还是合同未成立？

【分析】 因为两个表示意思没有取得一致，也就是说没有达成合意，所以这个合同没有成立。

(3) 合同是以设立、变更、终止民事权利义务关系为目的的民事法律行为。合同不仅导致民事法律关系的产生，而且可以成为民事法律关系变更和终止的原因。

(4) 合同是双方当事人在平等、自愿的基础上实施的民事法律行为。当事人在订立合同时，法律地位完全是平等的，双方不存在隶属关系，任何一方不能把自己的意愿强加于他方，并且当事人是完全出于自愿的，是内心效果意思的真实表示。

二、合同的分类

根据不同的标准，合同可以分为不同的种类。合同的分类有助于我们从整体上加深对合同的认识，可以使我们更加准确地掌握同一类合同的共同特征及其成立、生效条件，有助于正确适用法律处理合同纠纷。另外，要注意的是不同种类的合同有不同的规则。通常在立法与合同理论上对合同作以下分类。

1. 双务合同与单务合同

根据当事人是否互负给付义务，合同可分为双务合同与单务合同。双务合同是指当事人互负义务的合同，如买卖、租赁、保险合同。单务合同是指仅一方负担义务，对方不承担义务的合同，如赠与、借用合同。

2. 有偿合同与无偿合同

依合同当事人之间的权利义务关系是否存在对价关系，合同可分为有偿合同与无偿合同。有偿合同是指当事人一方享有合同规定的权益，须向对方当事人偿付相应代价的合同。如买卖、租赁合同。无偿合同是指当事人一方享有合同规定的权益，不必向对方当事人偿付相应代价的合同。无偿合同不是典型的交易形式，实践中主要有赠与合同、无偿借用合同、无偿保管合同。在无偿合同中一方不支付对价但也要承担义务，如无偿借用他人物品，借用人负有正当使用和按期返还的义务。

3. 诺成性合同与实践性合同

从合同成立条件的角度，合同可分为诺成性合同与实践性合同。诺成性合同是指当事人各方的意思表示一致即成立的合同。实践中，大多数合同均为诺成性合同。实践性合同是指除双方当事人的意思表示一致以外，还须交付标的物或完成其他给付才能成立的合同。实践性合同仅限于法律规定的少数合同，如保管合同、自然人之间的借款合同。

【例2-2】 丰起商场给张某无偿保管一辆自行车；张某借给李某500元钱不要利息；李某把价值2万元的柑橘交给铁路部门运输；铁路部门找木器加工厂加工制作100条长椅，以上四种合同：（　）

  A. 第一个合同是实践性合同   B. 第二个合同是实践性合同
  C. 第三个合同是实践性合同   D. 第四个合同是实践性合同

【分析】 正确答案是AB。《合同法》第367条规定，保管合同自保管物交付时成立，但当事人另有约定的除外。故A项正确。《合同法》第210条规定，自然人之间的借款合同，自贷款人提供借款时生效。故B项正确。诺成性合同是一般状态，实践性合同是特殊状态，法律一般只对特殊状态作出规定，法律没有规定货物运输合同是实践性合同。因此，可以反推运输合同是诺成性合同。这也符合理论界的一般认识。故C、D项错误。

4. 要式合同与不要式合同

以合同的成立是否须采取一定的形式，合同可分为要式合同与不要式合同。要式合同是指法律要求必须具备一定形式的合同。这里所指的形式，既包括书面形式，也包括批准、备案等形式。不要式合同是指法律不要求必须具备一定形式的合同。需指出的是，不要式合同并非排斥合同采取书面、公证等形式，当事人完全可以约定合同采取书面、公证等形式。

【例2-3】 甲公司租给乙公司一个车间，双方口头约定租期为1年。至租期半年时，甲方觉得租金太低，想要提高租金，但无法与乙达成一致，就要赶乙方走，乙方不从。甲方起诉，要求法院认可合同的解除。

【分析】 根据合同法第215条规定，租赁期6个月以上的，应当采用书面形式。当事人未采用书面形式的，视为不定期租赁。本案当事人没有采用书面形式，即为不定期租赁，也就意味着任何一方都可以随时解除合同。

5. 有名合同与无名合同

根据法律是否赋予特定名称并设有规范，可以将合同分为有名合同和无名合同。有名合同又称典型合同，是指法律规定其内容并赋予一定名称的合同，如《合同法》分则确认的15类合同。无名合同是指法律尚未特别规定，也未赋予一定名称的合同。

6. 主合同和从合同

根据两个合同的从属关系，可以把合同分成主合同和从合同。能够独立存在的合同是主合同，依附于主合同才能存在的合同是从合同。如借款合同与保证合同(抵押合同)间，前者为主合同，后者为从合同。从合同不能独立存在，必须以主合同的成立为其成立和生效的前提；主合同转让，从合同不能单独存在；主合同终止，从合同也随之终止。

三、合同法概述

(一)《合同法》的概念

合同法是调整平等主体之间的交易关系的法律，主要规范合同的订立、合同的有效与无效及合同的履行、变更、解除、保全、违反合同的责任等问题。我国《合同法》于 1999年 3 月 15 日第九届全国人民代表大会审议通过。该法自 1999 年 10 月 1 日起施行。《合同法》由总则、分则、附则三部分组成，总则主要规定合同法的宗旨、基本原则及合同的订立、合同的效力、合同的履行、合同的救济等规范；分则对具体的合同予以规定；附则是对合同的施行日期的规定。

根据《合同法》第 2 条规定，合同是平等主体的自然人、法人、其他组织之间设立、变更、终止民事权利义务关系的协议。婚姻、收养、监护等有关身份关系的协议，适用其他法律的规定。平等主体之间订立的民事权利义务关系的协议，包括自然人、法人、其他组织之间的合同关系，都适用《合同法》的规定。政府机关参与的合同中，政府机关作为平等的主体与对方签订合同时适用《合同法》的规定。政府依法维护经济秩序的管理活动，属于行政管理关系，不是民事关系，适用有关政府管理的法律，不适用《合同法》。《合同法》所规范的民事合同，是民事合同中的债权合同，排除了民事合同中的身份合同。涉及婚姻、收养、监护等有关身份关系的合同，适用其他法律的规定。如适龄男女之间的婚姻协议是身份合同，适用《婚姻法》的规定。但夫妻之间的财产协议、家庭之间的分家析产协议，适用《合同法》的规定。收养协议，适用《收养法》的规定。监护适用《民法通则》的规定。

【例 2-4】　下列合同适用《合同法》的是(　　　)。

A. 政府采购合同　　　　　　　　B. 以悬赏广告为要约订立的合同

C. 以招标、投标方式订立的合同　　D. 以拍卖方式订立的合同

【分析】　正确答案是 ABCD。A 项讲了买卖合同的一种类型，B、C、D 项讲了特殊缔约方式。政府采购合同是债权合同，是买卖合同的一种，适用《合同法》，故 A 项正确。根据《合同法》第 15 条规定，广告可以构成要约，悬赏广告是广告之一种，故 B 项正确。招标、投标方式和拍卖方式是竞争缔约方法，受合同法调整，故 C、D 项正确。

(二)《合同法》的基本原则

合同法的基本原则是指贯穿于整个合同法的根本准则，体现了合同法的基本理念和价值，是制定、适用、解释和研究合同法的依据和出发点，是进行合同立法、司法和守法的总方针。

1. 平等原则

《合同法》第 3 条规定：合同当事人的法律地位平等，一方不得将自己的意志强加给另一方。各方应在权利义务对等的基础上订立合同。平等原则要求合同双方当事人之间的权利义务要公平合理，要大体上平衡，强调一方给付与对方给付之间的等值性，合同上的负担和风险的合理分配。具体包括：第一，在订立合同时，要根据公平原则确定双方的权利和义务，不得滥用权利，不得欺诈，不得假借订立合同恶意进行磋商；第二，根据公平原则确定风险的合理分配；第三，根据公平原则确定违约责任。

2. 自愿原则

《合同法》第 4 条规定：当事人享有自愿订立合同的权利，任何单位和个人不得非法干预。合同自愿，包括订立合同的自愿、确立合同条件的自愿、选择合同形式的自愿等。自愿原则是贯彻合同活动的全过程的，包括：第一，订不订立合同自愿，当事人依自己意

愿自主决定是否签订合同；第二，与谁订合同自愿，在签订合同时，有权选择对方当事人；第三，合同内容由当事人在不违法的情况下自愿约定；第四，在合同履行过程中，当事人可以协议补充、协议变更有关内容；第五，双方也可以协议解除合同；第六，可以约定违约责任，在发生争议时，当事人可以自愿选择解决争议的方式。总之，只要不违背法律、行政法规强制性的规定，合同当事人有权自愿决定。当然，自愿也不是绝对的，不是想怎样就怎样，当事人订立合同、履行合同，应当遵守法律、行政法规，尊重社会公德，不得扰乱社会经济秩序，损害社会公共利益。

3．公平原则

《合同法》第 5 条规定：当事人应当遵循公平原则确定各方的权利和义务。公平原则主要是规范当事人之间对价关系的原则。它要求合同当事人的权利义务要对等。公平原则是社会正义观念在合同中的反映，体现了道德对法律的影响。

4．诚实信用原则

《合同法》第 6 条规定：当事人行使权利、履行义务应当遵循诚实信用原则。诚实信用原则要求当事人在订立、履行合同，以及合同终止后的全过程中，都要诚实，讲信用，相互协作。诚实信用原则具体包括：第一，在订立合同时，不得有欺诈或其他违背诚实信用的行为；第二，在履行合同义务时，当事人应当遵循诚实信用的原则，根据合同的性质、目的和交易习惯履行及时通知、协助、提供必要的条件、防止损失扩大、保密等义务；第三，合同终止后，当事人也应当遵循诚实信用的原则，根据交易习惯履行通知、协助、保密等义务，称为后契约义务。

5．公序良俗原则

《合同法》第 7 条规定：当事人订立、履行合同，应当遵守法律、行政法规，遵守社会公德，不得扰乱社会经济秩序，损害社会公共利益。公序良俗是公共秩序与善良风俗的简称。该项原则要求当事人在合同订立、履行、变更、解除、解决争议等各个环节都要守法，不得违反法律法规的强行性规定，且应尊重社会公德，不损害社会公共利益。

第二节　合同的订立

一、合同订立的程序

合同的订立是指当事人互为意思表示并达成协议的方式和过程。《合同法》第 13 条规定：当事人订立合同，采取要约、承诺方式。订立合同的过程，就是双方当事人采用要约和承诺方式进行协商的过程。往往一方提出要约，另一方又提出新要约，反复多次最后有一方完全接受了对方的要约，这样才能使合同得以成立。这种过程，被称为合同订立的程序。

（一）要约

1．要约的概念与构成要件

要约在许多场合又称为发价、发盘。《合同法》第 14 条对要约的定义是：要约是希望和他人订立合同的意思表示。该定义强调了要约追求合同成立的目的，没有限定受要约人是特定的当事人。因为，按照《合同法》第15条第2款，向不特定多数人发出的广告，也可以构成要约。发出要约的人是要约人，要约所指向的对象是受要约人。

作为要约的意思表示应当具备以下要件：

(1) 要约必须是特定的人的意思表示。所谓特定的人并不是指某个具体特定的人，而是指凡能为外界客观确定的人，如正在工作的自动售货机，自选市场标价陈列由消费者自取的商品(现物要约)等，都是针对不特定当事人发出的要约。

(2) 要约必须是向要约人希望与之缔结合同的受要约人发出。要约的相对人包括特定的人和不特定的人。向不特定的人发出的要约，一般是指向社会公众发出的要约。例如，商店柜台里陈列的标价商品、自动售货机、市内公共交通运输、悬赏广告等。

(3) 要约必须具有缔结合同的目的。凡不具有以自己主动提出订立合同为目的的行为，尽管类似要约，也不应视为要约。

(4) 要约的内容必须具体确定和完整。合同的内容是以条款表现出来的，要约中应包含足以使合同成立的全部必要条款。哪些是必要条款，应当根据合同的性质和当事人的合同目的来确定，不可一概而论。标的条款是所有合同应当具备的条款，但只有标的尚不能构成合意，还需要设定其他条款。比如，买卖合同除标的条款外，还应有数量、价金条款。如果没有对数量、价金的具体约定，而有确定数量、价金的方法，合同也可以成立。如果有合理补救的基础和机会，合同中的某些条款可以暂付阙如。

(5) 要约必须表明要约人在得到承诺时即受其约束的意思。要约以追求合同的成立为直接目的，要约是为了唤起承诺，并接受承诺的约束。若一项提议没有这样的法律效果，那么这项提议可能是要约邀请，而不可能是要约。

在实践中，应根据要约所使用的语言、文字和其他情况进行判断其是否决定与受要约人订立合同。如果某甲对某乙称"我正考虑卖掉祖传家具一套"不是要约；如果某乙问"你真的愿意卖吗？"，某甲回答说"我愿意卖"，则表明其已决定订立合同。

【例2-5】　甲公司给乙公司去信，提出要把一台电机卖给乙公司，该信件内容具体、清楚。信件中提到，双方须签订确认书。乙公司回信，表示接受甲公司的一切条件。请问：甲、乙两公司之间是否成立了合同？

【分析】　甲公司的信件不构成要约。要约是把最终成立合同的权利交给对方。而甲公司提出要签订确认书，并没有把最终成立合同的权利交给乙方。《合同法》第33条规定：当事人采用信件、数据电文等形式订立合同的，可以在合同成立之前要求签订确认书。签订确认书时合同成立。乙公司回信，表示接受甲公司的一切条件，并不产生合同成立的结果。

2. 要约邀请

要约邀请又称为要约引诱，是希望他人向自己发出要约的意思表示。要约邀请的目的不是订立合同，而是诱使对方当事人向其为要约的意思表示。所以，要约邀请只是当事人订立合同的预备行为，其本身并不发生法律效果。《合同法》第15条规定：普通商业广告、商品价目表、招标公告、拍卖公告、招股说明书等均为要约邀请。但若商业广告的内容符合要约的规定，如悬赏广告，则视为要约。

3．要约的生效

要约自到达受要约人时生效。采用数据电文形式订立合同，收件人指定特定系统接收数据电文的，该数据电文进入该特定系统的时间，视为到达时间；未指定特定系统的，该数据电文进入收件人的任何系统的首次时间，视为到达时间。这里所说的到达，是指到达受要约人及其代理人可控制的区域范围内，至于受要约人及其代理人是否看到，在此不论。

4．要约的撤回、撤销与失效

要约的撤回是指在要约生效之前，要约人使要约不发生法律效力的行为。撤回要约的通知必须在要约到达受要约人之前或与要约同时到达受要约人。

要约的撤销是指要约人在要约生效后，将该项要约取消，使要约的法律效力归于消灭的意思表示。《合同法》第 18 条规定：要约可以撤销，但撤销要约的通知应当于受要约人发出承诺通知前到达受要约人。但在下列情况下，要约不得撤销：① 要约中规定了承诺期限或者以其他形式明示要约不可撤销；② 受要约人有理由相信该项要约是不可撤销的，而且受要约人已经为履行合同做了准备工作。

要约的失效是指要约丧失其法律效力，要约人和受要约人均不再受其约束。要约失效的原因主要有以下几种：① 拒绝要约的通知到达要约人；② 要约人依法撤销要约；③ 承诺期限届满，受要约人未作出承诺；④ 受要约人对要约的内容作出实质性变更。

【例 2-6】 甲公司于 2 月 5 日以普通信件向乙公司发出要约，要约中表示以 2000 元一吨的价格卖给乙公司某种型号钢材 100 吨，甲公司随即又发了一封快件给乙公司，表示原要约中的价格作废，现改为 2100 元一吨，其他条件不变。普通信件于 2 月 8 日到达，快信于 2 月 7 日到达，乙公司均已收到两封信，但秘书忘了把第二封信交给董事长，乙公司董事长回信对普通信件发出的要约予以承诺。请问：甲、乙之间的合同是否成立？

【分析】 《合同法》第 17 条规定，要约可以撤回。撤回要约的通知应当在要约到达受要约人之前或者与要约同时到达受要约人。本题中，甲公司是以新要约撤回原要约。乙公司董事长未看到快件，不影响该快件的效力。因此，合同未成立，原要约被新要约撤回。

（二）承诺

1．承诺的概念与构成要件

承诺是对要约的接受，是指受要约人接受要约中的全部条款，向要约人作出的同意按要约成立合同的意思表示。承诺与要约结合方能构成合同。《合同法》第 21 条规定：承诺是受要约人同意要约的意思表示。要约是一个诺言，承诺也是一个诺言，一个诺言代表一项债务，两个诺言取得了一致，就构成了一个合同。

承诺必须具备以下要件：① 承诺人须为受要约人；② 承诺必须向要约人作出；③ 承诺的内容应当与要约的内容一致。如果受要约人对要约内容作出实质性变更的，为新要约。所谓实质性变更，是指对合同标的、数量、质量、价格或者报酬、履行期限、履行地点和方式、违约责任和解决争议方法的变更。④ 承诺必须在要约的存续期间内作出。要约以信件方式或者电报方式作出的，承诺期限自信件载明的日期或者电报交发之日开始计算。要约以电话、传真等快速通讯方式作出的，承诺期限自要约到达受要约人时开始计算。如果未规定存续期间,在对话人间,承诺应立即作出;在非对话人间,承诺应在合理的期间内作出。

受要约人超过承诺期限发出承诺的,除要约人及时通知受要约人该承诺有效的以外,为新要约。但是,受要约人在承诺期限内发出承诺,按照通常情形能够到达要约人,但因其他原因承诺到达要约人时超过承诺期限的,除要约人及时通知受要约人因承诺超过期限不接受该承诺的以外,该承诺有效。

【例 2-7】 甲公司欲将一批服装售与乙公司。10 月 14 日,甲公司以信件的方式向乙公司发出要约,信的落款日期是 10 月 14 日,该信件于 10 月 16 日发出,邮戳日期是 10 月 16 日。要约中规定承诺的期限为 10 日,该信于 10 月 20 日到达乙公司。则该要约的生效日期和承诺的起算期间分别是什么时间?

【分析】 《合同法》第 16 条规定:要约到达受要约人时生效,因而要约应于 10 月 20 日到达受要约人时生效。第 24 条规定:要约以信件或者电报作出的,承诺期限自信件载明的日期或者电报交发之日开始计算。信件未载明日期的,自投寄该信件的邮戳日期开始计算。本案中,信件的落款日期是 10 月 14 日,应该是承诺的起算日期。

2. 承诺的方式

原则上,承诺应以通知的方式作出,通知的方式可以是口头的,也可是书面的。但根据交易习惯或者要约表明,承诺也可以通过行为作出。这里所说的行为,通常是指履行行为,如预付价款、装运货物等。

3. 承诺的生效与撤回

承诺通知到达要约人时生效。承诺不需要通知的,根据交易习惯或者要约的要求作出承诺的行为时生效。

采用数据电文形式订立合同的,收件人指定特定系统接收数据电文的,该数据电文进入该特定系统的时间,视为承诺到达时间;未指定特定系统的,该数据电文进入收件人的任何系统的首次时间,视为承诺到达时间。承诺生效时合同成立。承诺可以撤回,但撤回承诺的通知应当在承诺通知到达要约人之前或者与承诺通知同时到达要约人。

(三) 合同成立的时间与地点

1. 合同成立的时间

依据合同订立方式的不同,合同成立的时间有以下几种:① 当事人采合同书形式订立合同的,自双方当事人签字或者盖章时合同成立。② 当事人采数据电文等形式订立合同的,可以在合同成立之前要求签订确认书。签订确认书时合同成立。

此外,《合同法》第 36 条规定:法律、行政法规或者当事人约定采用书面形式订立合同,当事人未采用书面形式但一方已履行主要义务,对方接受的,该合同成立。《合同法》第 37 条规定:当事人采用合同书形式订立合同,在签字或者盖章之前,当事人一方已履行主要义务,对方接受的,该合同成立。

2. 合同成立的地点

合同成立的地点和时间常常是密切联系在一起的。根据《合同法》第 34 条规定,承诺生效的地点为合同成立的地点。可见，承诺生效地就是合同成立地，由于合同的成立地有可能影响到法院的管辖权。因此，明确合同成立的地点十分重要。

从原则上说，承诺生效的地点就是合同成立的地点。但也要根据合同为不要式或要式而有所区别。不要式合同应以承诺发生效力的地点为合同成立地点，而要式合同则应以法定或者约定形式的地点为合同成立地点。根据我国合同法规定，当事人采用合同书面形式订立合同的，双方当事人签字或者盖章的地点为合同成立的地点。而采用数据电文形式订立合同的，收件人的主营业地为合同的成立地点；没有主营业地的，其经常居住地为合同成立的地点。当事人另有约定的，按照其约定。

二、合同的内容与形式

(一) 合同的内容

合同的内容是当事人的权利和义务。我国《合同法》第 12 条规定：合同的内容由当事人约定，一般包括以下条款：① 当事人的姓名或者名称和住所；② 标的；③ 数量；④ 质量；⑤ 价款与报酬；⑥ 履行期限、地点和方式；⑦ 违约责任；⑧ 解决争议的方法。需要指出的是，上述条款并不是每一个合同所必须包括的条款。有些条款甚至是某个或某些合同所不需要的。但是，当事人和标的这两个条款是每个合同所必备的。缺乏其余条款，是可以予以补充的。

现代社会随着生产力的发展，交易活动日益频繁。人们对交易效率的关注开始成为交易活动的一个重要组成部分。于是开始出现了一些简化交易过程、节约交易成本、提高交易效率的尝试。同时一些交易主体利用自己的优势地位强迫处于劣势地位的另一方当事人接受自己提出的不公平、不合理的条件。于是格式条款便应运而生。《合同法》第 39 条第 2 款规定：格式条款是指当事人为了重复使用而预先拟定，并在订立合同时未与对方协商的条款。格式条款的优点是可以简化交易程序，加快交易速度，减少纠纷，使合同的订立更加规范。

由于格式条款由一方事先拟定，且不与对方当事人协商，因此，事实上可能会造成不公平结果。法律从公平角度出发，对其使用作了以下三方面的限制：

(1) 采用格式条款订立合同的，提供方对于其中的免除责任、限制责任条款要尽到两个义务：提示义务和说明义务。

(2) 格式条款具有《合同法》规定的合同无效和免除责任条款无效的情形，或者提供格式条款一方免除其责任、加重对方责任、排除对方主要权利的，该条款无效。

(3) 对格式条款的理解发生争议的，应当按照通常理解予以解释，即对格式条款的解释应以一般人的惯常的理解为准。对格式条款有两种以上解释的，应当作出不利于提供格式条款一方的解释。格式条款与非格式条款不一致的，应当采用非格式条款。

(二) 合同的形式

合同的形式是合意的外在表现方式。合意是当事人意思表示的结合，是当事人思想意志的结合。这种结合不能只停留在脑海之中，需要外在的形式表现出来。这种外在的表现形式就是合同的形式。《合同法》第 10 条规定：当事人订立合同，有书面形式、口头形式和其他形式。法律、行政法规规定采用书面形式的，应当采用书面形式。当事人约定采用书面形式的，应当采用书面形式。

1．书面形式

书面形式的合同是当事人以书面文字形式达成合意的合同。《合同法》第 11 条规定：书面形式是指合同书、信件和数据电文(包括电报、电传、传真、电子数据交换和电子邮件)等可以有形地表现所载内容的形式。实践中，书面形式是当事人最为普遍采用的一种合同约定形式。

2．口头形式

口头形式是指当事人就合同内容面对面或以通讯设备交谈达成的协议。口头形式多用于即时清结的合同。即时清结的合同是指订立与履行同时完成的合同。口头形式的优点是迅速、简便，提高交易的效率；缺点是发生纠纷的时候举证困难，不易分清是非，不利于交易安全的保护。

3．其他形式

除了书面形式和口头形式，合同还可以其他形式订立，即以默示的形式或混合形式订立。以行为表示意思而成立的合同为默示形式的合同。行为可以构成要约，也可以构成承诺。默示合同是与用语言、文字为意思表示的明示合同相对应的概念，如商店安装自动售货机，顾客将规定的货币投入机器内，买卖合同即成立。合同还可以混合形式即明示与默示形式的混合订立，如一方以书面通知的方式发出要约，另一方以行为承诺。

三、缔约过失责任

缔约过失责任是指在合同订立过程中，一方因违背其依据诚实信用原则所应尽的义务，而致另一方信赖利益的损失，并应承担民事责任。

根据我国《合同法》第 42、43 条的规定，缔约过失责任主要有如下几种类型：

(1) 假借订立合同，恶意进行磋商。所谓"假借"是指根本没有与对方订立合同的目的，与对方进行谈判只是个借口，目的是损害对方或者他人利益。

(2) 故意隐瞒与订立合同有关的重要事实或者提供虚假情况。当事人在履行合同过程中，应当依据诚实信用原则，尽到重要事实的告知义务。比如如实告知对方自己的财产状况、履约能力等。如果故意隐瞒与订立合同有关的重要情况，则可能构成欺诈，对因此造成对方的财产损失应负赔偿责任。

(3) 泄露或不正当地使用商业秘密。所谓"泄露"是指将商业秘密透露给他人，所谓"不正当地使用"是指未经授权而使用该秘密或将该秘密转让给他人。

(4) 有其他违背诚实信用原则的行为。比如顾客进入商店购买商品时，因该商店电梯故障导致其摔伤。对此，由于商店未尽到保护和照顾义务，应负缔约过失责任。再如缔约当事人在缔约过程中应及时告知对方谈判时间或谈判地点的变动，以免空费往返的车马费用等等。

缔约过失责任损害赔偿的范围一般为信赖利益的损失，包括直接利益的减少和间接利益的损害。

【例 2-8】　甲、乙同为儿童玩具生产商。六一节前夕，丙与甲商谈进货事宜。乙知道后向丙提出更优惠条件，并指使丁假借订货与甲接洽，报价高于丙以阻止甲与丙签约。丙经比较与乙签约，丁随即终止与甲的谈判，甲因此遭受损失。乙要对甲承担赔偿责任吗？

【分析】　丁应该对甲承担缔约过失责任，乙不是订约当事人，无需对甲承担赔偿责任，缔约过失责任的责任主体为订约当事人。

第三节　合同的效力

合同的效力指已经成立的合同在当事人之间产生的法律拘束力。

一、合同的生效

合同的生效是指已依法成立的合同，发生法律上的效力。合同的成立不能等同于合同的生效。合同成立是解决合同是否存在的问题，合同成立制度主要表现了合同当事人的意志，合同生效是解决合同效力的问题，它体现了国家对合同的肯定或者否定的评价。即便合同已经成立，如果不符合法律规定的生效要件，仍然不能产生效力。合法合同从成立时起具有法律效力，而违法合同虽经成立也不会发生法律效力。由此可见，合同成立后并不当然生效。

《合同法》第44条规定：依法成立的合同，自成立时生效。未依法成立的合同，虽已成立，但不一定产生法律约束力，这需要按欠缺合同生效条件的程度，分别按无效合同、可撤销合同、效力待定合同处理。法律、行政法规规定应办理批准、登记手续后合同生效的，依照规定在办理批准、登记手续后生效。附生效条件的合同，自条件成就时生效。附解除条件的合同，自条件成就时失效。附生效期限的合同，自期限届至时生效。附终止期限的合同，自期限届满时失效。

二、无效合同

（一）无效合同的概念

无效合同是指合同虽然已经成立，但因违反法律、行政法规的强制性规定或者社会公共利益，自始不能产生法律约束力的合同。无效合同自始无效，在法律上不能产生当事人预期追求的效果。合同部分无效，不影响其他部分效力的，其他部分仍然有效。

（二）无效合同的情形

无效合同有以下几种情形：

(1) 一方以欺诈、胁迫的手段订立合同，损害国家利益。

所谓欺诈是指一方当事人采取隐瞒事实真相或者捏造虚假情况的手段，使他人陷于错误而订立的合同，如出售假冒伪劣产品。胁迫是指以将来要发生的损害或以直接施加损害相威胁，使对方产生恐惧并因此而订立的合同。这里所说的损害包括对受胁迫者本人、受胁迫者的近亲属造成生命、身体、财产、名誉、自由、健康等方面的损害。

(2) 恶意串通，损害国家、集体或者第三人利益。

恶意串通是指合同当事人或代理人在订立合同过程中，为谋取不法利益与对方当事人、代理人合谋实施的违法行为。恶意串通的合同要求当事人有通谋的故意、通谋的行为以及损害国家、集体或第三人利益的目的。行为人恶意串通是为了谋取非法利益，如在招标投标过程中，投标人之间恶意串通，以抬高或压低标价，或者投标人与招标人恶意串通以排挤其他投标人等。

(3) 以合法形式掩盖非法目的。

当事人订立的合同在形式上、表面上是合法的，但缔约目的是非法的，称为以合法的形式掩盖非法目的的合同，例如订立假的房屋租赁合同以逃避税收。

(4) 损害社会公共利益。

所谓社会公共利益是指社会公共秩序和善良风俗。此类行为的范围相当广泛，如约定断绝亲子关系的合同、婚姻关系中违约金、从事犯罪或者帮助犯罪的合同、赌博合同的约定等。损害社会利益的合同，当事人主观上可能是故意，也可能是过失。

(5) 违反法律、行政法规的强制性规定。

(三) 无效的免责条款

免责条款是当事人在合同中确立的排除或者限制其未来责任的条款。《合同法》第53条规定：合同中的下列免责条款无效：① 造成对方人身伤害的；② 因故意或者重大过失造成对方财产损失的。

人身安全权是不可转让、不可放弃的权利，也是法律重点保护的权利。因此，不能允许当事人以免责条款的方式事先约定免除这种责任。对于财产权，不允许当事人预先约定免除一方故意或因重大过失而给对方造成的损失，否则，会给一方当事人提供滥用权利的机会。

(四) 无效合同的法律后果

无效合同自始无效，确定无效。当事人因无效合同取得的财产，应当予以返还；不能返还或者没有必要返还的，应当折价补偿。有过错的一方应当赔偿对方因此所受到的损失，双方都有过错的，应当各自承担相应的责任。

【例 2-9】　公民甲与房地产开发商乙签订一份商品房买卖合同，乙提出，为少交契税建议将部分购房款算作装修费用，甲未表示反对。后发生纠纷，甲以所付装修费用远远高于装修标准为由，请求法院对装修费用予以变更。该装修费用条款效力应如何认定？

【分析】　当事人订立的合同在形式上、表面上是合法的，但缔约目的是非法的，称为"以合法的形式掩盖非法目的"的合同。该装修费用条款名为装修费用，实为少交契税，属于以合法形式掩盖非法目的，并且违反了法律的禁止性规定，所以无效。

三、可撤销合同

(一) 可撤销合同的概念

可撤销合同是指因合同当事人意思表示的瑕疵，撤销权人可以请求人民法院或者仲裁机构予以撤销或者变更的合同。

（二）可撤销合同的情形

可撤销合同有以下几种情形：

(1) 因重大误解订立的。

所谓重大误解，是指行为人因对行为的性质、对方当事人、标的物的品种、质量、规格和数量等的错误认识，使行为的后果与自己的意思相悖，并造成较大损失的情形，如出卖人将某一标的物误当作另一标的物。

(2) 在订立合同时显失公平的。

所谓显失公平是指一方当事人利用优势或者利用对方没有经验，致使双方的权利和义务明显违反公平、等价有偿原则的情形。

(3) 一方以欺诈、胁迫的手段或者乘人之危，使对方在违背真实意思的情况下订立的合同。

所谓乘人之危是指行为人利用他人的为难处境或紧迫需要，强迫对方接受某种明显不公平的条件并作出违背其真实意思的表示。

（三）撤销权的行使

在欺诈、胁迫、乘人之危的合同中，仅受害方可以行使撤销权；在显失公平、重大误解的合同中，当事人双方均可行使撤销权。合同能否撤销必须经人民法院或仲裁机构确认，不得由当事人自己确认。当事人请求变更的，人民法院、仲裁机构可予以变更，但不得撤销。当事人请求撤销的，人民法院、仲裁机构可酌情予以变更或撤销。

（四）撤销权的消灭

当事人行使撤销权必须在法定期限内进行，依据《合同法》第 55 条规定，撤销权人自知道或者应当知道撤销事由之日起 1 年内没有行使撤销权，或者撤销权人明确表示或以自己的行为表示放弃撤销权的，撤销权消灭。

【例 2-10】 下列哪些合同不属于可撤销的合同？

A. 杨某因为认为单位将分给自己一套房屋，因此就到商场购买了一些纯毛地毯，结果没有分到房屋，因此到商场以重大误解为由要求退货。

B. 姚某与某食品公司签订一份供应牛奶的合同。在合同履行过程中，双方对于是否应当送货上门产生争议。于是姚某以重大误解为由要求撤销合同。

C. 姚某与某汽车交易商签订一买卖汽车的合同，当时双方商定价格为 10 万元。但是当第二天提货时，市场价格发生了 20% 的波动，姚某遂以显失公平为由，要求撤销买卖合同。

D. 李某因为父亲生病，急需钱用，遂决定将家中祖传的字画一幅出售，于是找到文物贩子张某，对他说："我父亲生病了，没办法，只好将这幅字画卖了，这幅字画实际价值为 30 万元，我 10 万元钱卖给你，帮个忙，怎么样？"张某非常爽快答应了。事后李某反悔。欲以乘人之危为由要求撤销合同。

【分析】 ABCD 四项都不属于可撤销合同。重大误解是指当事人因对标的物等产生错误认识，致使该行为结果与自己的意思相悖，并造成较大损失的情形。AB 不构成重大误解。显失公平是一方当事人利用优势或者利用对方没有经验，致使双方的权利与义务明显不对等(对价不充分)。显失公平是指自始(合同订立时)显失公平。这种合同违反了公平原则的要求。20%的市场价格波动不构成显失公平。乘人之危订立的合同，是指一方当事人乘对方处于危难之机，为谋取不正当利益，迫使对方违背自己的真实意愿与己订立的合同。在乘人之危的情形下，行为人趁火打劫，提出苛刻条件，对方出于无奈而违背真实意愿与之订立合同，而本案是李某主动提出的，不构成乘人之危。

四、效力待定合同

(一) 效力待定合同的概念

所谓效力待定合同是指合同虽已成立，但因其不完全符合有关生效要件的规定。因此，其效力能否发生尚未确定，一般须经权利人追认才能生效。

(二) 效力待定合同的情形

效力待定合同有以下几种情形：

(1) 限制民事行为能力人订立的合同，经法定代理人追认后，该合同有效，但纯获利益的合同或者与其年龄、智力、精神健康状况相适应而订立的合同，不必经法定代理人追认。相对人可以催告法定代理人在一个月内予以追认。法定代理人未作表示的，视为拒绝追认。合同被追认之前，善意相对人有撤销的权利，但撤销应当以通知的方式作出。

(2) 行为人没有代理权、超越代理权或者代理权终止后以被代理人名义订立的合同，未经代理人追认，对被代理人不发生效力，由行为人承担责任。相对人可以催告被代理人在一个月内予以追认。被代理人未作表示的，视为拒绝追认，合同被追认之前，善意相对人有撤销的权利，撤销应当以通知的方式作出。

(3) 无处分权的人处分他人财产，经权利人追认或者无处分权的人订立合同后取得处分权的，该合同有效。

【例2-11】　甲在其承包的商店里向乙出售一套价值2000元的西服，恰好有人找甲，甲去隔壁接电话，甲嘱咐前来看望他的朋友丙说，"请帮我看管一下店，我马上回来"。甲出去以后，乙提出其有事不能久待，要求丙尽快将西服卖给他，丙提出要等待甲回来。后来丙见乙要走，于是答应代替甲出售该西服。双方经过协商以1800元的价格出售给乙。甲回来以后，得知西服以1800元的价格被出售，觉得卖亏了，立即找到乙要求退款并取回西服。如何认定买卖西服的合同效力？

【分析】　本案涉及狭义无权代理和表见代理之间的区别以及无权代理人签订的合同和表见代理人签订的合同的效力，另外还涉及无权代理和无权处分的区别。在本案中，甲在离店接电话时对丙嘱咐"请帮我看管一下店，我马上回来"。从此言语中我们无法看出甲对丙有让其出售西服的意思表示和授权。因此，丙出售西服的行为欠缺相应的代理权。同时，丙在出售西服时明确表示是代替甲出售该西服的，即该合同是丙以甲的名义订立的，因此，应当构成广义上的无权代理，而非表见代理。表见代理订立的合同是有效合同，而无权代理订立的合同则是效力待定的，需要经追认才有效。

第四节　合同的履行

一、合同履行的原则

合同的履行是指债务人全面地、适当地完成其合同义务，债权人的合同债权得到完全实现。合同的履行是依法成立的合同所必然发生的法律效果，构成合同法律效力的主要内容，是整个合同法的核心。无论是合同的成立，还是合同的生效、担保、保全等，最终都是为了合同的履行。

合同履行的原则是当事人在履行合同债务时所应遵循的基本准则。《合同法》第 60 条规定：当事人应当按照约定全面履行自己义务。当事人应当遵循诚信原则，根据合同的性质、目的和交易习惯履行通知、协助、保密等义务。

1．适当履行原则

适当履行原则又称正确履行原则或全面履行原则，是指当事人按照合同规定的标的、质量、数量，由适当的主体在适当的履行期限、履行地点，以适当的履行方式，全面完成合同义务的原则。只有当事人全面适当履行义务，才能使得合同目的得到圆满和全面的实现。

2．协作履行原则

协作履行原则是指当事人不仅适当履行自己的合同债务，而且应基于诚实信用原则要求对方当事人协助履行其履行债务的履行原则。在合同履行中，只有债务人的给付行为，而没有债权人的受领给付，合同内容仍难以实现。同时，在一些合同中，如建设工程承包合同、技术开发合同等，债务人实施给付行为需要债权人的配合。

协作履行原则要求：① 债务人履行合同债务，债权人应当适当受领给付；② 债务人履行债务，债权人应提供方便，创造条件；③ 因故不能履行或不能完全履行时，应采取措施避免或减少损失；④ 发生合同纠纷时，各自应主动承担责任，不得推诿。

二、合同履行的有关规定

（一）合同的补充性解释

《合同法》第 61 条规定：合同生效后，当事人就质量、价款者报酬、履行地点等内容没有约定或者约定不明确的可以协议补充；不能达成补充协议的，按照合同有关条款或者交易习惯确定。《合同法》第 62 条规定：当事人就有关合同内容约定不明确，依照本法第 61 条的规定仍然不能确定的，适用下列规定：① 质量要求不明确的，按照国家标准、行业标准履行；没有国家标准、行业标准的，按照通常标准或者符合合同目的的特定标准履行；② 价款或者报酬不明确的，按照订立合同时履行地的市场价格履行；依法应当执行政府定价或者政府指导价的，按照规定履行；③ 履行地点不明确，给付货币的，在接受货币一方所在地履行；交付不动产的，在不动产所在地履行；其他标的，在履行义务一方所在地履行；④ 履行期限不明确的，债务人可以随时履行。债权人也可以随时要求履行，但应当给予对方必要的准备时间；⑤ 履行方式不明确的，按照有利于实现合同目的的方式履行；⑥ 履行费用的负担不明确的，由履行义务一方负担。

【例2-12】 上海某工厂向广州某公司购买一批物品，合同对付款地点和交货期限没有约定，发生争议时，依据《合同法》规定，下列说法正确的是( )。

    A. 上海某工厂付款给广州某公司应在上海履行

    B. 上海某工厂可以随时请求广州某公司交货，而且可以不给该厂必要的准备时间

    C. 上海某工厂付款给广州某公司应在广州履行

    D. 广州某公司可以随时交货给上海某工厂，而且可以不给该厂必要的准备时间

【分析】 本题答案为 C。理由是：履行地点不明确，给付货币的，在接受货币一方所在地履行；履行期限不明确的，债务人可以随时履行。债权人也可以随时要求履行，但应当给予对方必要的准备时间。

（二）政府定价、政府指导价的执行

政府定价是指依照《中华人民共和国价格法》(以下简称《价格法》)的规定，由政府价格主管部门或者其他有关部门，按照定价权限和范围制定的价格。政府指导价是指依照《价格法》的规定，由政府价格主管部门或者其他有关部门，按照定价权限和范围规定其基准价及其浮动幅度，指导经营者制定的价格。政府定价与政府指导价都是具有强制性的价格，合同当事人都必须执行。《合同法》第 63 条规定：执行政府定价或者政府指导价的，在合同约定的交付期限内政府价格调整时，按照交付时的价格计算。逾期交付标的物的，遇价格上涨时，按照原价格执行；价格下降时，按照新价格执行。逾期提取标的物或者逾期付款的，遇价格上涨时，按新价格执行，价格下降时，按原价格执行。

（三）向第三人履行与由第三人履行

1．向第三人履行

向第三人履行是指双方当事人约定，由债务人向第三人履行债务，第三人直接取得债权的合同。《合同法》第 64 条规定：当事人约定由债务人向第三人履行债务的，债务人未向第三人履行债务或者履行债务不符合约定，应当向债权人承担违约责任。

2．由第三人履行

由第三人履行是指双方当事人约定债务由第三人履行的合同，该合同必须征得第三人的同意。《合同法》第 65 条规定：当事人约定由第三人向债权人履行债务的，第三人不履行债务或者履行债务不符合约定，债务人应当向债权人承担违约责任。

【例2-13】 甲欲购买乙所有的电脑一台，双方就价款事宜已谈妥。由于乙已将该设备出租于丙，故双方约定待租赁期届满由丙负责交付。租赁期满后，丙未交付，甲应向谁请求给付？( )

    A. 乙   B. 丙   C. 乙或丙   D. 甲不能向任何人请求，合同无效

【分析】 本题答案为 A。《合同法》第 65 条规定：当事人约定由第三人向债权人履行

债务的，第三人不履行债务或者履行债务不符合约定，债务人应当向债权人承担违约责任。

（四）提前履行与部分履行

1. 提前履行

《合同法》第71条规定：债权人可以拒绝债务人提前履行债务，但提前履行不损害债权人利益的除外。债务人提前履行债务给债权人增加的费用，由债务人负担。

2. 部分履行

《合同法》第72条规定：债权人可以拒绝债务人部分履行债务，但部分履行不损害债权人利益的除外。债务人部分履行债务给债权人增加的费用，由债务人负担。

三、双务合同履行中的抗辩权

双务合同履行中的抗辩权是指当事人在满足特定条件时，暂时保留自己给付的权利。其功能在于通过行使这种权利使对方的请求权消灭，或使其效力延期发生。其包括同时履行抗辩权、先履行抗辩权和不安抗辩权。

（一）同时履行抗辩权

1. 同时履行抗辩权的概念

同时履行抗辩权是指双务合同的当事人在无先后履行顺序时，一方在对方未为对待给付之前，可拒绝履行自己的债务之权利。

2. 同时履行抗辩权的构成要件

行使同时履行抗辩权应当符合以下条件：

(1) 双方因同一合同互负债务，即只存在双务合同中。这是同时履行抗辩发生的前提条件。双方当事人的债务必须是基于同一合同而发生。

(2) 须双方互负的债务均已届清偿期。如果一方或者双方债务未到期，不能产生同时履行抗辩。

(3) 须对方未履行债务。

(4) 对方的债务是可能履行的。当对方当事人的对待给付已不可能时，因同时履行的目的已不可能达到，不发生同时履行抗辩权问题，由合同解除制度解决。

3. 同时履行抗辩权的效力

同时履行抗辩权一经行使，即发生阻却他方请求权的效力，即他方未履行前可拒绝自己给付。但也只是暂时性地阻止对方当事人请求权的行使，而不是永久性地终止合同。当对方当事人完全履行了合同义务，同时履行抗辩权即告消灭，主张抗辩权的当事人就应当履行自己的义务。

（二）先履行抗辩权

1. 先履行抗辩权的概念

先履行抗辩权是指当事人互负债务，有先后履行顺序的，先履行一方未履行之前，后履行一方有权拒绝其履行请求，先履行一方履行债务不符合债的约定的，后履行一方有权拒绝其相应的履行请求。

2. 先履行抗辩权的构成要件

行使先履行抗辩权应当符合以下条件：① 双方当事人互负债务；② 双方债务有先后履行顺序；③ 双方债务均届期满；④ 先履行一方未履行或者其履行不符合约定。

3. 先履行抗辩权的效力

先履行抗辩权一经行使，即发生阻却他方请求权的效力，即他方未先给付前，可拒绝自己给付，并不承担违约责任。但不是永久性的，只是暂时阻止了请求权的行使，当在先履行一方采取了补救措施、适当履行时，后履行一方须履行其债务。

【例 2-14】　甲公司与乙公司订立了一份买卖蜂蜜柚子茶的合同，合同约定，甲公司 2008 年 10 月 7 日发货，乙公司在收到货物后的 10 日内付款。乙公司收到货物后，经检验，发现货物与封存的样品差异巨大，乙公司因此而拒绝支付款项，乙方的行为构成(　　)。

　　A. 行使同时履行抗辩权　　　　　　　B. 行使不安抗辩权
　　C. 行使先履行抗辩权　　　　　　　　D. 违约行为

【分析】　本题答案为 C。当事人互负债务，有先后履行顺序的，先履行一方未履行之前，后履行一方有权拒绝其履行请求，先履行一方履行债务不符合债的约定的，后履行一方有权拒绝其相应的履行请求。本案中，甲乙双方互负债权债务，且有先后履行顺序。乙公司收到货物后发现甲的货物与封存的样品差异巨大，说明甲的履行不符合合同约定，乙公司拒付款项的行为是行使先履行抗辩权。

（三）不安抗辩权

1. 不安抗辩权的概念

不安抗辩权是指先给付义务人在有证据证明后给付义务人的经营状况严重恶化，或者转移财产、抽逃资金以逃避债务，或者谎称有履行能力的欺诈行为，以及其他丧失或者可能丧失履行债务能力的情况时，可中止自己的履行；后给付义务人接收到中止履行的通知后，在合理的期限内未恢复履行能力或者未提供适当担保的，先给付义务人可以解除合同。

2. 不安抗辩权的构成要件

行使不安抗辩权应当符合以下条件：

(1) 双方当事人因同一双务合同而互负债务。不安抗辩权的成立须双方当事人因同一双务合同而互负债务，并且该两项债务存在对价关系。

(2) 当事人的履行有先后顺序。

(3) 先给付义务人的债务已届期满。如果履行期未届至，先履行方只能暂时停止履行的准备，不能停止履行。

(4) 后给付义务人的履行能力明显降低，存在不能对待给付的风险。所谓后给付义务人的履行能力明显降低，有不能为对待给付的现实危险，包括：其经营状况严重恶化；转移财产、抽逃资金，以逃避债务；谎称有履行能力的欺诈行为；其他丧失或者可能丧失履行能力的情况。履行能力明显降低，有不能为对待给付的现实危险，须发生在合同成立以后。如果在订立合同时即已经存在，先给付义务人若明知而仍然缔约，法律则不对其进行特别保护；若不知情，则可以通过合同无效等制度解决。

3. 不安抗辩权的效力

先给付义务人中止履行。先给付义务人有确切证据证明后给付义务人的履行能力明显降低，有不能为对待给付的现实危险的，有权中止履行。所谓中止履行，就是暂停履行或者延期履行，履行义务仍然存在。在后给付义务人提供适当担保时，应当恢复履行。此处所谓适当担保，既指设定担保的时间适当，更指设定的担保能保障先给付义务人的债权得以实现。

先给付义务人解除合同。先给付义务人中止履行后，后给付义务人在合理期限内未恢复履行能力并且未提供适当担保的，先给付义务人可以解除合同。后给付义务人的行为构成违约时，应负违约责任。

【例2-15】 著名歌星王某和演出公司甲公司签订了一份合同，约定王某在甲主办的一场演出中演唱一首由王某创作、深受观众欢迎的歌曲，甲公司预先支付王某酬金10万元。而在合同约定支付酬金的期限到来之前，王某因发生车祸受伤住院。甲公司从医院得知，在演出日之前，王某的身体有可能康复，但也有可能会更加恶化。下列说法中正确的是(　　)。

        A. 甲公司可以行使不安抗辩权

        B. 甲公司可以暂时不支付约定的10万元酬金

        C. 如果王某在合理期限内伤情恶化不能参加演出，甲公司可以解除合同

        D. 如果王某在合理期限内身体康复，甲公司应该按约定支付10万元酬金

【分析】 本题答案为A、B、C、D。本题涉及不安抗辩权知识点。先给付义务人在有证据证明后给付义务人有可能丧失履行债务能力的情况时，可中止自己的履行。A、B正确；中止履行合同后，如果对方在合理期限内未恢复履行能力并且未提供适当担保的，中止履行合同的一方可以解除合同，对方提供适当担保或者恢复履行能力的，应当恢复履行。C、D正确。

四、合同的保全

所谓合同的保全，是指法律为了防止因债务人的财产不当减少而给债权人带来危害，允许债权人对债务人或第三人的行为行使代位权或撤销权，以保护其债权。合同保全制度是合同的相对性原则的例外，目的在于在特定情况下对确保合同债务的履行，保护债权人利益。合同保全主要发生在合同有效成立期间，合同保全的基本方法是确认债权人享有代位权或撤销权。

(一) 代位权

1. 代位权的概念

代位权是指债务人怠于行使其对第三人(次债务人)享有的到期债权，而有害于债权人的债权时，债权人为保障自己的债权而以自己的名义行使债务人对次债务人的债权的权利。债权人可以越过债务人以原告名义直接起诉次债务人，获得债权的清偿。因此，代位权对

解决三角债、连环债，避免当事人的诉累，维护债权人的利益，维护交易安全具有重要的作用。

2. 代位权的构成要件

债权人行使代位权应当符合下列条件：

(1) 债权人对债务人的债权合法。

(2) 债务人的债权已到期。

(3) 债务人对次债务人的债权不是专属于债务人自身的债权。专属于债务人自身的债权，是指基于扶养关系、抚养关系、赡养关系、继承关系产生的给付请求权和劳动报酬、退休金、养老金、抚恤金、安置费、人寿保险、人身伤害赔偿请求权等权利。

(4) 债务人怠于行使其到期债权。怠于行使是指应当而且能够行使权利却不行使。怠于行使的表现主要是通过诉讼或仲裁方式主张权利。因为债务人通过非诉讼的方式直接向次债务人请求，债权人很难知道，也很难证明债务人是否行使了权利。

(5) 债务人怠于行使债权已经危害到债权人的债权。如果债务人怠于行使权利并不会危害到债权人债权的实现，自己还有其他财产可供执行，则债权人不得行使代位权。

【例 2-16】　乙欠甲债务 3000 元到期未还，乙无其他财产，但丙欠乙养老金 3000 元，乙到期未主张。问：甲能否对丙行使代位权？

【分析】　不能。本题中养老金为专属债务人自身的债权范围。

【例 2-17】　甲公司欠乙公司贷款 900 万元不能偿还，乙公司几次催要，甲公司均以无财产可供偿还为由拒绝偿还。后乙公司得知丙公司欠甲公司 1000 万元，且因甲公司一直不催要，该债权诉讼时效期间即将届满。乙公司遂欲行使代位权。以下对于乙公司行使代位权说法不正确的是(　　)。

  A. 代位权诉讼中，丙公司对甲公司的抗辩，可以向乙公司主张

  B. 代位权的行使范围以 900 万元为限

  C. 乙公司应当向人民法院请求以自己的名义代位行使甲公司的债权

  D. 乙公司行使代位权的必要费用，由丙公司负担

【分析】　《合同法》第 73 条规定：因债务人怠于行使其到期债权，对债权人造成损害的，债权人可以向人民法院请求以自己的名义代位行使债务人的债权，但该债权专属于债务人自身的除外。代位权的行使范围以债权人的债权为限。债权人行使代位权的必要费用，由债务人负担。故 D 选项说法不正确。

3. 代位之诉的主体及管辖

在代位权诉讼中，原告是债权人，被告是债务人的债务人，即次债务人，债务人是诉讼中的第三人。代位权诉讼，由次债务人住所地人民法院管辖。

4. 代位权行使的法律效力

在代位权诉讼中，债权人胜诉的，诉讼费用由被告即次债务人负担，从实现债权中优先支付。次债务人对债务人的抗辩，可以向债权人主张。代位权经人民法院认定成立并作出判决后，那么次债务人向债权人清偿。在相应的数额内，次债务人不再向债务人清偿，债务人不再向债权人清偿。代位权成立后，债务人对相应债务免责，因为该债务已经转移给次债务人了。

(二) 撤销权

1. 撤销权的概念

撤销权是指因债务人放弃其到期债权或者无偿转让财产，对债权人造成损害的，债权人可以请求人民法院撤销债务人的行为。债务人以明显不合理的低价转让财产，对债权人造成损害，并且受让人知情的，债权人可以请求人民法院撤销债务人的行为。

代位权与撤销权都属于债的保全内容，但二者又有区别。前者针对的是债务人不行使债权的消极行为，通过行使代位权旨在保持债务人的财产。而后者则针对的是债务人不当处分财产的积极行为，目的在于恢复债务人的财产。

现实中，债务人欠下债务后，以无偿、低价转让或赠与财产的方式逃避债务的现象屡见不鲜。撤销权制度的确立，为债权人及时保护自己的权利提供了一个有效、便捷的途径。

2. 撤销权的构成要件

债权人行使撤销权，应当具备以下条件：

(1) 债权人对债务人存在有效债权。

(2) 债务人实施了一定的处分财产的行为。根据我国《合同法》第74条规定，债务人的处分行为包括三种：第一，放弃到期债权；第二，无偿转让财产；第三，以明显不合理的低价转让财产，且受让人知情的。

(3) 债务人的处分行为有害于债权人债权的实现。

3. 撤销权之诉的主体及管辖

在撤销权之诉中，原告是债权人，被告是债务人，受益人或受让人是诉讼上的第三人。撤销权诉讼，由被告住所地人民法院管辖。

4. 撤销权行使的法律效力

引起撤销权的情形包括放弃到期债权、无偿转让财产或以明显不合理的低价转让财产。无偿行为不论第三人善意还是恶意取得，均可撤销；有偿转让行为，以第三人的恶意取得为要件。一旦债务人的行为被撤销，该行为就自始无效。受益人应当返还从债务人处获得的财产。债权人行使撤销权所支付的律师代理费、差旅费等必要费用，由债务人负担；第三人有过错的，应当适当分担。

5. 撤销权的行使期限

债权人应当自知道或者应当知道撤销事由之日起1年内行使权利。自债务人的行为发生之日起5年内没有行使撤销权的，该撤销权消灭。

【例2-18】 甲公司需要装修办公大楼，乙公司与之洽商，提出预算：装修工程需要100万元的报酬，粉刷材料(油漆等)需要100万元。甲公司认可了乙公司的预算。乙公司又提出：只要100万元的报酬，自己仓库里有价值100万元的油漆等粉刷材料无偿奉送。甲公司欣然允诺，与乙公司签订了装修合同。装修完工，验收合格，但甲公司一分钱不给。乙公司曾通过黑社会势力(某法律事务所)要钱未果。在甲、乙订立合同之前，乙公司欠丙公司货款200万元，现乙公司无力偿还。请问：丙公司可以采取哪些法律手段保护自己的利益？

【分析】　甲公司欠乙公司 200 万元。其中 100 万元报酬，丙公司可以行使代位权；另外 100 万元材料费，丙公司可以行使撤销权。

第五节　合同的担保

一、合同担保的概念和方式

合同的担保是指基于法律规定或当事人的约定，为督促债务人履行债务，确保债权得以实现所采取的特别保障措施。我国《中华人民共和国担保法》(以下简称《担保法》)规定的担保形式有保证、抵押、质押、留置和定金五种形式。其中，保证、抵押、质押和定金都是根据当事人的合同而设立，称为约定担保；留置则是直接依据法律的规定而设立，无须当事人之间特别约定，称为法定担保。保证是以保证人的财产和信用为担保的基础，属于人的担保；抵押、质押、留置，是以一定的财产为担保的基础，属于物的担保。定金则是一种特殊的担保形式。对于保证合同、抵押合同、质押合同和定金合同来说，它们是所担保合同的从合同。

二、保证

（一）保证和保证人

根据《担保法》第 6 条规定，保证是指保证人和债权人约定，当债务人不履行债务时保证人按照约定履行债务或承担责任的行为。保证是合同当事人以外的第三人担保债务人履行债务，是以保证人的信用为基础，以保证人的一般财产为责任财产的担保方式，属于人的担保，具有从属性和补充性。这里的"第三人"叫做保证人，这里的债权人既是主合同中的债权人，又是保证合同中的债权人。

根据《担保法》的规定，具有代为清偿债务能力的法人、其他组织或者公民，可以作保证人。但以下为不可担当保证人的范围：

(1) 国家机关原则上不能担当保证人。这是因为国家机关主要从事国家活动，其财产和经费来源于国家财政和地方财政的拨款，并主要用于符合其设立宗旨的公务活动。因此，国家机关的财产和经费若用于清偿保证债务，不仅与其活动宗旨不符，也会影响其职能的正常发挥。但是，经国务院批准为使用外国政府、国际经济组织贷款而转贷的可以。

(2) 事业单位、社会团体、学校、幼儿园、医院等以公益为目的的事业单位、社会团体不得作保证人。这是因为公益为不特定之多数人的利益，一般是非经济利益。如果允许上述机构为担保人，极有可能减损其用于公益目的的财产，无疑有违公益法人的宗旨。但是，从事经营活动的事业单位、社会团体可以担当保证人。

(3) 企业法人的职能部门。企业法人的职能部门不可以担当保证人，因其不具有民事主体资格。

(4) 企业法人的分支机构。企业法人的分支机构原则上不能担当保证人，但是企业法人的分支机构有法人书面授权的，可以在授权范围内提供保证。

（二）保证的内容和方式

保证合同的内容包括：被保证的主债权种类、数额；债务人履行债务的期限；保证的方式；保证担保的范围；保证的期间；双方认为需要约定的其他事项如赔偿损失的范围及计算方法。

保证的方式有两种：一般保证与连带责任保证。一般保证是指双方当事人在保证合同中约定，在债务人不能履行债务时，由保证人承担保证责任的保证。具体来说，在主合同纠纷未经审判、仲裁，就债务人财产依法强制执行仍不能清偿债务前，债权人要求保证人承担责任的，保证人有权拒绝，此谓"先诉抗辩权"。而所谓"不能清偿债务"，是指对债务人的存款、现金、有价证券、成品、半成品、原材料、交通工具等可以执行的动产和其他方便执行的财产执行完毕后，债务仍未能得到清偿。但是，在以下三种情形下，保证人不得行使先诉抗辩权：第一，债务人住所变更，致使债权人主张债权发生重大困难的；第二，债务人破产案法院已经受理，中止执行程序的；第三，保证人书面弃权的。

连带责任保证是指当事人在保证合同中约定保证人与债务人对债务承担连带责任的保证。其与一般保证最大的区别在于保证人是否享有先诉抗辩权。一般保证情形下，保证人享有先诉抗辩权，而在连带责任保证下，保证人不享有。连带责任保证的债务人在主合同规定的债务履行期届满没有履行债务的，债权人可以要求债务人履行债务，也可以要求保证人在其保证范围内承担保证责任。需要注意的是，当事人对保证方式没有约定或者约定不明的，按照连带责任保证承担保证责任。

（三）保证责任

1. 保证责任的范围

依据《担保法》的规定，包括主债权及利息、违约金、损害赔偿金和实现债权的费用。当事人对保证担保的范围没有约定或者约定不明确的，保证人应当对全部债务承担责任。

2. 主合同变更时的保证责任承担

保证期间内，主债权转让的，保证人继续承担原保证责任。但是保证人与债权人事先约定仅对特定的债权人承担保证责任或者禁止债权转让的，保证人不再承担保证责任。主债务转让，保证人继续承担保证责任的条件是：① 经债权人许可；② 经保证人书面同意。

主合同内容发生变更的，应经保证人的书面同意，否则，保证人不再承担保证责任。未经保证人同意的主合同变更，如果减轻债务人的债务的，保证人仍应当对变更后的合同承担保证责任；如果加重债务人的债务的，保证人对加重的部分不承担保证责任。债权人与债务人对主合同期限作了变动，未经保证人书面同意的，保证期间为原合同约定的或者法律规定的期间。债权人与债务人协议变动主合同内容，但未实际履行的，保证人仍应当承担保证责任。

主合同当事人双方协议以新贷偿还旧贷，除保证人知道或者应当知道外，保证人不承担民事责任，但是新贷与旧贷系同一保证人的除外。

同一债权既有保证又有物的担保的，属于共同担保。该情形下，保证人对物的担保以外的债权承担保证责任。债权人放弃物的担保的，保证人在债权人放弃权利的范围内免除保证责任。债权人在主合同履行期满后怠于行使担保物权，致使担保物的价值减少或者毁损、灭失的，视为债权人放弃部分或者全部物的担保。保证人在债权人放弃权利的范围内减轻或者免除保证责任。

3．保证责任的免除

依据《担保法》的规定，在下列情形下保证人免除保证责任：① 主合同当事人双方恶意串通，骗取保证人提供保证的；② 主合同债权人采取欺诈、胁迫等手段，使保证人在违背真实意思的情况下提供保证的；③ 主债务人欺诈、胁迫保证人，且债权人知情的，保证人免责；④ 主债务人、保证人串通订立主合同、保证合同的，债权人可以请求人民法院予以撤销。因此给债权人造成损失的，保证人、主债务人承担连带责任。

4．保证期间

保证期间在性质上为除斥期间，不得适用诉讼时效期间关于中止、中断、延长的规定。保证期间经过，引起的后果是保证人的保证责任的永久性消灭。

当事人可以在合同中约定保证期间。如果没有约定的，保证期间为主债务履行期届满之日起 6 个月。当事人之间虽有约定，但早于或等于主债务履行期限的，等于无约定，推定为 6 个月。保证期间从主债务履行期限届满之日起算。

5．保证人的追偿权

保证人承担保证责任后，有权向债务人行使追偿权。对于追偿的范围，当事人有约定的，从约定；无约定的，对全部债务承担责任，包括主债权、利息、违约金、损害赔偿金、实现债权的费用。保证人在其保证范围内承担了现实的多少清偿责任，就向债务人追偿相应的数额。若保证人自行履行保证责任的，其实际清偿额大于保证范围的，只能就主债权范围内追偿。保证人对已经超过诉讼时效期间的债务承担保证责任或者提供保证的，不得以超过诉讼时效为由提出抗辩。

三、抵押

（一）抵押的概念

抵押是指债务人或者第三人不转移对财产的占有，将该财产作为债权担保的行为。当债务人不履行债务，债权人有权以该财产通过折价、拍卖或变卖的方式实现其债权。债务人或者第三人为抵押人，债权人为抵押权人，提供担保的财产为抵押物。

（二）抵押物的范围

能够作为抵押物的是当事人享有处分权的动产和不动产。《担保法》对可抵押物和不可抵押物作出了明确的规定。根据其规定，可以用于抵押的财产有：① 抵押人所有的房屋和其他地上定着物；② 抵押人所有的机器、交通运输工具和其他财产；③ 抵押人依法有权处分的国有的土地使用权、房屋和其他地上定着物；④ 抵押人依法有权处分的国有的机器、交通运输工具和其他财产；⑤ 抵押人依法承包并经发包方同意抵押的荒山、荒沟、荒丘、荒滩等荒地的土地使用权；⑥ 依法可以抵押的其他财产。

不可以抵押的财产有：① 土地所有权；② 耕地、宅基地、自留地、自留山等集体所有的土地使用权，但法律另有规定的除外；③ 学校、幼儿园、医院等以公益为目的的事业单位、社会团体的教育设施、医疗卫生设施和其他社会公益设施；④ 所有权、使用权不明或者有争议的财产；⑤ 依法被查封、扣押、监管的财产；⑥ 依法不得抵押的其他财产。

（三）抵押合同和抵押物登记

抵押人和抵押权人应当以书面形式订立抵押合同。抵押合同应当包括以下内容：① 被担保的主债权种类、数额；② 债务人履行债务的期限；③ 抵押物的名称、数量、质量、状况、所在地、所有权权属或者使用权权属；④ 抵押担保的范围；⑤ 当事人认为需要约定的其他事项。抵押合同不完全具备前款规定内容的，可以补正。

订立抵押合同时，抵押权人和抵押人在合同中不得约定在债务履行期届满抵押权人未受清偿时，抵押物的所有权转移为债权人所有。

办理抵押物登记的部门如下：以无地上定着物的土地使用权抵押的，为核发土地使用权证书的土地管理部门；以城市房地产或者乡(镇)、村企业的厂房等建筑物抵押的，为县级以上地方人民政府规定的部门；以林木抵押的，为县级以上林木主管部门；以航空器、船舶、车辆抵押的，为运输工具的登记部门；以企业的设备和其他动产抵押的，为财产所在地的工商行政管理部门。

当事人以其他财产抵押的，可以自愿办理抵押物登记，抵押合同自签订之日起生效。当事人未办理抵押物登记的，不得对抗第三人。当事人办理抵押物登记的，登记部门为抵押人所在地的公证部门。

（四）抵押的效力

抵押担保的范围包括主债权及利息、违约金、损害赔偿金和实现抵押权的费用。抵押合同另有约定的，按照约定。

债务履行期届满，债务人不履行债务致使抵押物被人民法院依法扣押的，自扣押之日起抵押权人有权收取由抵押物分离的天然孳息以及抵押人就抵押物可以收取的法定孳息。抵押权人未将扣押抵押物的事实通知应当清偿法定孳息的义务人的，抵押权的效力不及于该孳息。前述孳息应当先充抵收取孳息的费用。

抵押期间，抵押人转让已办理登记的抵押物的，应当通知抵押权人并告知受让人转让物已经抵押的情况；抵押人未通知抵押权人或者未告知受让人的，转让行为无效。转让抵押物的价款明显低于其价值的，抵押权人可以要求抵押人提供相应的担保；抵押人不提供的，不得转让抵押物。抵押人转让抵押物所得的价款，应当向抵押权人提前清偿所担保的债权或者向与抵押权人约定的第三人提存。超过债权数额的部分，归抵押人所有，不足部分由债务人清偿。

抵押人的行为足以使抵押物价值减少的，抵押权人有权要求抵押人停止其行为。抵押物价值减少时，抵押权人有权要求抵押人恢复抵押物的价值，或者提供与减少的价值相当的担保。抵押人对抵押物价值减少无过错的，抵押权人只能在抵押人因损害而得到的赔偿范围内要求提供担保。抵押物价值未减少的部分，仍作为债权的担保。抵押权与其担保的债权同时存在，债权消灭的，抵押权也消灭。

（五）抵押权的实现

债务履行期届满抵押权人未受清偿的，可以与抵押人协议以抵押物折价或者以拍卖、变卖该抵押物所得的价款受偿；协议不成的，抵押权人可以向人民法院提起诉讼。抵押物折价或者拍卖、变卖后，其价款超过债权数额的部分归抵押人所有，不足部分由债务人清偿。同一财产向两个以上债权人抵押的，拍卖、变卖抵押物所得的价款按照以下规定清偿：① 抵押合同以登记生效的，按照抵押物登记的先后顺序清偿；顺序相同的，按照债权比例清偿；② 抵押合同自签订之日起生效的，该抵押物已登记的，按照上述第①项规定清偿；未登记的，按照合同生效时间的先后顺序清偿，顺序相同的，按照债权比例清偿。抵押物已登记的先于未登记的受偿。

抵押权因抵押物灭失而消灭。因灭失所得的赔偿金，应当作为抵押财产。

四、质押

（一）质押的概念

质押是指债务人或者第三人将其动产或权利移交债权人占有，将该动产作为债权的担保，当债务人不履行债务时，债权人有权依照《担保法》规定以该财产变价所得优先受偿。上述债务人或者第三人为出质人，债权人为质权人，移交的动产为质物。质押包括动产质押和权利质押。

（二）动产质押

动产质押是指以动产作为标的物的质押。设立动产质押，出质人和质权人应当以书面形式订立质押合同。质押合同自质物移交于质权人占有时生效。质押合同包括以下内容：① 被担保的主债权种类、数额；② 债务人履行债务的期限；③ 质物的名称、数量、质量、状况；④ 质押担保的范围；⑤ 质物移交的时间；⑥ 当事人认为需要约定的其他事项。

质押合同不完全具备前述规定内容的，可以补正。质押担保的范围包括主债权及利息、违约金、损害赔偿金、质物保管费用和实现质权的费用。质押合同另有约定的，按照约定。质权人有权收取质物所生的孳息。质押合同另有约定的，按照约定。前述孳息应当先充抵收取孳息的费用。

质权人负有妥善保管质物的义务。因保管不善致使质物灭失或者毁损的，质权人应当承担民事责任。质权人不能妥善保管质物可能致使其灭失或者毁损的，出质人可以要求质权人将质物提存，或者要求提前清偿债权而返还质物。质物有损坏或者价值明显减少的可能，足以危害质权人权利的，质权人可以要求出质人提供相应的担保。出质人不提供的，质权人可以拍卖或者变卖质物，并与出质人协议将拍卖或者变卖所得的价款用于提前清偿所担保的债权或者向与出质人约定的第三人提存。

债务履行期届满债务人履行债务的，或者出质人提前清偿所担保的债权的，质权人应当返还质物。债务履行期届满质权人未受清偿的，可以与出质人协议以质物折价，也可以依法拍卖、变卖质物。质物折价或者拍卖、变卖后，其价款超过债权数额的部分归出质人所有，不足部分由债务人清偿。为债务人质押担保的第三人，在质权人实现质权后，有权向债务人追偿。质权因质物灭失而消灭。因灭失所得的赔偿金，应当作为出质财产。质权与其担保的债权同时存在，债权消灭的，质权也消灭。

（三）权利质押

权利质押是指以所有权之外的财产权为标的物而设定的质押。

依据法律规定，下列权利可以质押：① 汇票、支票、本票、债券、存款单、仓单、提单等动产类债权；② 依法可以转让的股份、股票；③ 依法可以转让的商标专用权，专利权、著作权中的财产权；④ 依法可以质押的其他权利。

上述规定的权利出质后，出质人不得转让或者许可他人使用，但经出质人与质权人协商同意的，可以转让或者许可他人使用。出质人所得的转让费、许可费应当向质权人提前清偿所担保的债权或者向与质权人约定的第三人提存。

以债权出质的，应当在合同约定的期限内将权利凭证交付质权人，质押合同自权利凭证交付之日起生效；以依法可以转让的股票出质的，质押合同自向证券机构办理出质登记之日起生效；以有限责任公司的股份出质的，质押合同自股份出质记载于股东名册之日起生效；以依法可以转让的商标专用权，专利权、著作权中的财产权出质的，质押合同自向其管理部门办理出质登记之日起生效。

五、留置

留置是指依照法律规定，债权人按照合同约定占有债务人的动产，债务人不按照合同约定的期限履行债务的，债权人有权依照《担保法》规定留置该财产，以该财产折价或者以拍卖、变卖该财产的价款优先受偿。

与抵押和质押不同的是，留置是法定的担保方法，不是约定的担保方法。只要符合留置的法定条件，债权人即可以运用留置的方式来担保自己债权的实现，而不必经过债务人的同意。除非当事人在合同中有相反的约定。依据法律规定，因保管合同、运输合同、加工承揽合同发生的债权，债务人不履行债务的，债权人有留置权。

留置权有二次效力，一是当符合法定条件时，债权人可以扣留债务人的动产并拒绝返还该动产的权利；二是经过一定的宽限期债务人仍不履行债务时，留置权人即可依法处分留置物，以该财产折价或者以拍卖、变卖该财产的价款中优先受偿。同时，留置权人负有妥善保管留置物的义务。如因保管不善致使留置物灭失或者毁损的，留置权人应当承担民事责任。

此外，债权人与债务人应当在合同中约定，债权人留置财产后，债务人应当在不少于两个月的期限内履行债务。债权人与债务人在合同中未约定的，债权人留置债务人财产后，应当确定两个月以上的期限，通知债务人在该期限内履行债务。债务人逾期仍不履行的，债权人可以与债务人协议以留置物折价，也可以依法拍卖、变卖留置物。留置物折价或者拍卖、变卖后，其价款超过债权数额的部分归债务人所有，不足部分由债务人清偿。

【例2-19】 张某将其"风神"轿车一部送维修店修理，共花修理费 2 万元整。双方约定，完成修理工作后，张某先将车提走，五日后付款。则下列说法不正确的是(　　)。

A. 因双方当事人约定排除留置权的适用，因此维修店不得对该轿车行使留置权

B. 因轿车的价值远远高于修理费，因此维修店不得对该轿车行使留置权

C. 根据双方当事人约定的履行顺序，维修店不得对该轿车行使留置权

D. 如果维修店能够证明张某无支付能力，则其可以对该轿车行使留置权

【分析】 A 错误，留置权是法定的，当事人不能约定排除。B 错误，不能因为轿车的价值高于修理费而阻碍留置权的行使。C 错误，留置权的行使与双方当事人约定的履行顺序无关。D 正确。

六、定金

(一) 定金的概念及种类

定金是指合同当事人为了确保合同的履行，依据法律规定或者当事人双方的约定，由当事人一方在合同订立时或订立后、履行前，按合同标的的一定比例，预先给付对方当事人的金钱或其他替代物。

按照定金的目的和功能，可以将定金分为立约定金、成约定金、证约定金、违约定金、解约定金等。当事人可以自由约定定金的性质。

1. 立约定金

依据《担保法解释》第 115 条规定，当事人约定以交付定金作为订立主合同担保的，给付定金的一方拒绝订立主合同的，无权要求返还定金；收受定金的一方拒绝订立合同的，应当双倍返还定金。

2. 成约定金

依据《担保法解释》第 116 条规定，当事人约定以交付定金作为主合同成立或者生效要件的，给付定金的一方未支付定金，但主合同已经履行或者已经履行主要部分的，不影响主合同的成立或者生效。

3. 解约定金

依据《担保法解释》第 117 条规定，定金交付后，交付定金的一方可以按照合同的约定以丧失定金为代价而解除主合同，收受定金的一方可以双倍返还定金为代价而解除主合同。对解除主合同后责任的处理，适用《中华人民共和国合同法》的规定。

4. 违约定金

《担保法》规定的定金原则上属于违约定金。

(二) 定金罚则

1. 定金罚则的基本含义

定金罚则是指当事人以交付定金作为主合同担保的，给付定金的一方拒绝订立主合同的，无权要求返还定金；接受定金的一方拒绝订立主合同的，应当双倍返还定金。

当事人约定的定金数额不得超过主合同标的额的 20%。超过 20% 的，超过部分无效。

2. 适用定金罚则的情形

以下情形适用定金罚则：① 当事人一方的违约行为导致合同目的不能实现；② 因第三人原因导致主合同不能履行。在该情形下受定金处罚一方可以依法向第三人追偿。

3. 不适用定金罚则的情形

因不可抗力、意外事件致使主合同不能履行的，不适用定金罚则。在迟延履行或者其他违约行为时，并不当然适用定金罚则。只有因当事人一方迟延履行或者其他违约行为，致使合同目的不能实现，才可以适用定金罚则。

第六节　合同的变更、转让和终止

一、合同的变更

广义的合同变更，除包括合同内容的变更以外，还包括合同主体的变更。合同主体的变更，是由合同某一主体与新的主体建立民事权利义务关系，实质上是合同的转让。狭义的变更是指合同内容的某些变化，是在主体不变、标的不变、法律性质不变的条件下，在合同没有履行或没有完全履行之前，由于一定的原因，由当事人对合同约定的权利义务进行局部调整。这种调整，通常表现为对合同某些条款的修改或补充，如买卖合同标的物数量的增加或减少、交货时间的提前、延期，运输方式和交货地点改变、标的物包装要求的改变等都可视为合同的变更。合同的变更是指在合同有效成立后，合同当事人不变，仅改变合同的内容。

合同变更应满足以下条件：

(1) 当事人之间原已存在着有效的合同关系。合同变更应是在原合同基础上由当事人对其非实质性内容加以改变。并且原合同应当是有效的合同。

(2) 合同内容发生变化，如标的物数量的增减、标的物品质的改变、价格或者酬金的增减以及履行期限的改变。

(3) 合同的变更须经当事人协商一致。当事人对合同变更的内容约定不明确的，推定为未变更。

二、合同的转让

合同转让即合同权利义务的转让，习惯上又称为合同主体的变更。主要有三种情况，第一种情况是以新的债权人代替原合同的债权人；第二种情况是新的债务人代替原合同的债务人；第三种情况是新的当事人承受债权，同时又承受债务。上述三种情况，第一种是债权转让；第二种是债务转移；第三种是概括承受。

合同的转让与合同的第三人履行或接受履行不同，第三人并不是合同的当事人，他只是代债务人履行义务或代债权人接受义务的履行。合同责任由当事人承担而不是由第三人承担。合同转让时，第三人成为合同的当事人。合同转让，虽然在合同内容上没有发生变化，但出现了新的债权人或债务人，故合同转让的效力在于成立了新的法律关系，即成立了新的合同，原合同应归于消灭，由新的债务人履行合同，或者由新的债权人享受权利。

（一）合同债权的转让

1. 合同债权转让的概念和条件

债权转让是指债权人将合同的权利全部或者部分转让给第三人。债权人是转让人，第三人是受让人。根据《合同法》规定，债权人转让权利的，无须债务人同意但应当通知债务人。未经通知，该转让对债务人不发生效力。合同债权转让应满足以下条件：① 当事人间存在有效的债权；② 被转让的债权具有可转让性；③ 转让人与受让人(第三人)达成债权转让协议。合同债权的让与本身需要由让与人和受让人之间达成合意才能完成。

2. 禁止债权转让的情形

《合同法》规定，下列情形的债权不得转让：① 根据合同性质不得转让。主要是指基于当事人特定的身份而订立的合同，如雇佣合同中雇主对雇员产生的债权；② 根据当事人约定不得转让的权利。只要这种约定不违背公序良俗及强制性规定，均有效；③ 法律规定不得转让。

3. 合同债权转让的法律效力

合同债权转让的法律效力问题有如下两种：① 内部效力。合同债权一经转让，原债权人脱离合同关系，受让人取得债权人地位。债权人转让权利的，受让人取得与债权有关的从权利，但专属于债权人自身的除外。并且，转让人对其让与的债权负瑕疵担保责任；② 外部效力。债务人接到债权转让通知后，债务人对让与人的抗辩可以向受让人主张。债务人接到债权转让通知时，债务人对让与人享有债权并且其债权先于转让的债权到期或者同时到期的，债务人可以向受让人主张抵销。

【例2-20】　甲公司卖给乙公司1万双棉鞋，价款为100万元。甲公司与丙公司协商，将该100万元债权转让给丙公司，甲公司将转让的事实通知乙公司。后丙公司向乙公司主张100万元的债权，乙公司对丙公司发出书面抵销通知，书面通知指出：甲公司尚欠乙公司60万元煤炭货款，在甲公司转让债权之前就已经到期，因此只能给丙公司40万元。丙公司表示反对，指出甲乙之间是另一纠纷，另一法律关系，与己无关，不得抵销。

【分析】　丙公司的观点是错误的。依据《合同法》第83条的规定，债务人接到债权转让通知时，债务人对让与人享有债权并且债务人的债权先于转让的债权到期或者同时到期的，债务人可以向受让人主张抵销。所以，乙公司主张抵销的通知是发生效力的。

（二）合同债务的转移

1. 合同债务转移的概念和条件

合同债务的转移是指债务人将合同的义务全部或者部分转移给第三人。通过合同转移债务的称为债务承担。合同债务转移，应该满足以下条件：债务人将合同的义务全部或者部分移转给第三人的，应当取得债权人的同意。否则债务人转移债务的行为对债权人不发生法律效力，债权人有权拒绝第三人向其履行，同时有权要求债务人履行义务并承担不履行或者承担不履行或迟延履行合同的法律责任。

2. 债务转移的种类

债务转移种类有两种：① 免责式债务承担。免责式债务承担是指债务人经过债权人同意，将债务转移给第三人，自己脱离债的关系的承担方式。② 并存式的债务承担。并存式的债务承担是指债务人并不脱离债的关系，而由第三人加入到债的关系当中与债务人共同承担债务的债务承担方式。并存式债务承担一般不需债权人同意，通知即可。

3. 合同债务转移的法律效力

债务发生转移后，如果作为债务人的第三人不履行或不适当履行合同义务，债权人可以向其请求履行债务或承担违约责任。同时，新债务人享有基于原合同关系对抗债权人的抗辩权。如果债务人移转义务的，新债务人应当承担与主债务有关的从债务，譬如附随于主债务的利息债务。

（三）债权债务的概括承受

概括承受是指当事人一方将其在合同中的债权债务一并移转于第三人。概括承受可以分为意定概括承受和法定概括承受。意定的概括承受是基于转让人和受让人(第三人)之间的合同产生的。《合同法》第 88 条规定：当事人一方经他方当事人同意，可以将自己在合同中的权利义务一并转让给第三人。法定概括转让是直接依据法律规定产生的。法定概括转让的原因，主要是当事人的合并和分立。《合同法》第 90 条规定：当事人订立合同后合并的，由合并后的法人或者其他组织行使合同权利，履行合同义务。当事人订立合同后分立的，除债权人和债务人另有约定的以外，由分立的法人或者其他组织对合同的权利和义务享有连带债权，承担连带债务。

【例 2-21】 时装公司用自己的布料，按清誉百货公司提供的样品为其制作服装；清誉公司交付预付款 10 万元，余款 40 万元在交货后 1 周内支付。合同签订后，时装公司提出要将所有服装制作工作移交给被服公司，自己退出合同，所收的 10 万元预付款也全部移交给被服公司，余款 40 万元也于清誉公司收货时支付给被服公司。清誉公司考虑到被服公司的实力更强，就表示同意。后被服公司违约，清誉公司认为被服公司和时装公司是共同承揽人，要求两家公司共同承担责任。

【分析】 共同承揽是两个以上的承揽人共同完成合同约定的工作任务，共同承揽人之间承担连带责任。本案中，时装公司已经退出了合同，实施了合同的概括转让行为。时装公司退出了合同，已不再是承揽合同的承揽人。被服公司作为承揽人违反合同，应当由其自己承担责任。

三、合同终止

（一）合同终止的概念

合同终止是指由于一定的法律事实发生，使合同设定的权利义务归于消灭的法律现象。合同是有期限的民事法律关系，不可能永久存续。合同是一个运动过程，因订立而产生，因履行、解除、抵销、免除、混同等事由而消灭。

（二）合同终止的原因

根据《合同法》第 91 条规定，合同权利义务终止有下列原因：

（1）债务已按照约定履行。

（2）合同解除。合同解除是指在合同有效成立后，当事人双方通过协议或行使法定解除权的方式，使当事人设定的权利义务关系终止的行为。合同的解除分为合同的法定解除与合同的合意解除两种情形。

合同的法定解除又称单方解除，是指在符合法定条件时，当事人一方有权通知另一方解除合同。有下列情形之一的，当事人可以解除合同：① 因不可抗力致使不能实现合同目的；② 在履行期限届满以前，当事人一方明确表示或者以自己的行为表明将不履行主要债务；③ 当事人迟延履行主要债务，经催告后在合理的期间内仍未履行；④ 当事人一方迟延履行债务或者有其他违约行为致使不能实现合同目的；⑤ 法律规定的其他情形。

合同的合意解除又称为双方解除，是指当事人在合同生效后、未履行或部分履行前，经过协商一致，订立一个解除原来合同的协议，使合同效力消灭；或者当事人在合同中约定，合同履行过程中出现某种情况，当事人一方或双方有解除合同权利的行为。

合同一旦解除，双方当事人设定的权利义务关系终止。合同解除后，尚未履行的，终止履行；已经履行的，根据履行的情况和合同性质，当事人可以要求恢复原状，采取其他补救措施，并有权要求赔偿损失。

（3）债务相互抵销。抵销是指双方当事人互负债务时，一方通知对方以其债权充当债务的清偿或者双方协商以债权充当债务的清偿，以使双方的债务在对等数额内消灭的行为。抵销具有重要的意义。其可以简化交换的过程，减少当事人的负担，节约交易成本，提高交易安全。

抵销分为法定抵销和合意抵销。① 法定抵销。《合同法》第 99 条规定：当事人互负到期债务，该债务的标的物种类、品质相同的，任何一方可以将自己的债务与对方的债务抵销，但依照法律规定或者按照合同性质不得抵销的除外。当事人主张抵销的，应当通知对方。通知到达对方时生效。抵销不得附条件或者附期限。② 合意抵销。合意抵销是指双方当事人协商一致将各自的债务抵销。《合同法》第 100 条规定：当事人互负债务，标的物种类、品质不相同的，经双方协商一致，也可以抵销。

（4）提存。提存是指由于债务人无法履行债务或者难以履行债务的情况下，将标的物交由提存机关保存，以终止合同权利义务关系的行为。

提存要有合法的原因。有下列情形之一，难以履行债务的，债务人可以将标的物提存：① 债权人无正当理由拒绝受领；② 债权人下落不明；③ 债权人死亡未确定继承人或者丧失民事行为能力未确定监护人；④ 法律规定的其他情形。

提存人办理提存后，其对债权人的债务就消灭了。提存机关与债权人发生债权债务关系。提存机关负妥善保管义务。提存费用由债权人负担，并且债权人应承担提存物的风险。提存期间，标的物的孳息归债权人所有。债权人应当自提存之日起 5 年内到提存机关领取提存物。逾期不领取的，提存物扣除提存费用后归国家所有。

【例 2-22】 甲与乙签订销售空调 100 台的合同，但当甲向乙交付时，乙以空调市场疲软为由，拒绝受领，要求甲返还货款。下列说法哪些是正确的？

    A. 甲可以向有关部门提存这批空调

    B. 空调在向当地公证机关提存后，因遇火灾，烧毁 5 台，其损失应由甲承担

    C. 提存费用应由乙支付

    D. 若自提存之日起 5 年内乙不领取空调，则归甲所有

【分析】　《合同法》第 316 条规定：收货人不明或者收货人无正当理由拒绝受领货物的，承运人可以提存货物。货物不适于提存的，可以变卖后提存价款。本案中，乙的理由不正当，甲可以向有关部门提存这批空调，提存费用由乙支付，正确答案是 A、C。

    (5) 免除、混同。债权人免除债务人部分或者全部债务的，合同的权利义务部分或者全部终止。债权和债务同归于一人，即债权债务发生混同时，合同的权利义务终止，但涉及第三人利益的除外。例如债权为他人质权的标的，为了保护质权人的利益，不使债权因混同消灭。

【例 2-23】　甲公司欠乙公司 100 万元，后甲公司被乙公司兼并。甲公司欠乙公司的债务因此而消灭的原因是(　　)。

    A. 免除　　　　B. 抵销　　　　　C. 混同　　　　　D. 解除

【分析】　本题答案为 C。因债权债务同归于一人。

第七节　违 约 责 任

一、违约责任的概念和构成要件

(一) 违约责任的概念

    一个有效成立的合同，其主要的法律效力就是当事人对合同的正确履行，否则就构成对合同的违反，而这种对合同义务的违反就是违约。违约是指合同当事人在无法定免责原因的情况下不履行合同义务或者不按合同约定条件履行合同义务的行为。违约责任又称为违反合同的民事责任，是指合同当事人因违反合同义务所承担的民事责任。违约责任是违约的当事人一方对另一方承担的责任，具有补偿性和一定的任意性。

(二) 违约责任的构成要件

1. 合同当事人有违约行为

    违约行为是指合同当事人不履行或者不适当履行合同义务的客观事实。包括不履行、迟延履行、不完全履行等。违约行为的发生以合同关系存在为前提。违约行为是构成违约责任的首要条件。无违约行为即无违约责任。违约行为的特点在于：

    (1) 违约行为的行为人是合同当事人。

    (2) 违约行为违反了合同义务。合同义务主要通过当事人之间的约定，具有任意性。对约定义务的违反构成违约行为。但是，对于合同没有明确约定，但是根据诚实信用原则产生的附随义务的违反，也可能构成违约行为。

(3) 与合同义务相对应的是合同债权，对合同义务的违反必然导致对合同债权的侵害。

2．不存在法定和约定的免责事由

合同法规定的法定的免责事由为不可抗力。

二、违约救济

合同虽然是当事人双方意思表示一致的结果，但这种结果一经成立并生效，就成为当事人各方意思的对立物而独立存在，任何一方无权任意改变它。当一方不按合同的约定履行义务时，另一方有权请求法律救济，要求其承担违约责任。违约责任的承担和救济是一个问题的两个方面。

《合同法》第 107 条规定：当事人一方不履行合同义务或者履行合同义务不符合约定的，应当承担继续履行、采取补救措施或者赔偿损失等违约责任。当然，对对方来讲还可以采取解除合同的方式。

（一）实际履行

实际履行又称继续履行，是指债务人不履行合同或者履行合同不符合约定时，债权人请求法院强制其继续履行原合同约定的债务。

实际履行包括金钱债务的实际履行和非金钱债务的实际履行。在金钱债务中，当事人一方不支付价款或者报酬的，另一方有权要求其实际履行，违约的一方不得以任何理由拒绝履行。在非金钱债务中，如果依据法律和合同的性质不能实际履行，则违约方也可以拒绝非违约方的继续履行的要求。具体来说：① 法律上或者事实上不能履行，如某演员拒绝按约定登台演出，则不能强制其实际履行，因为其具有人身性质。② 债务的标的不适于强制执行或者履行的费用过高。对于违约的补救来说，如果实际履行费用过高，在经济上是不合理的，就不适宜采取实际履行。③ 债权人在合理期限内未要求履行，如季节性物品之供应。

（二）修理、重作、更换、退货、减少价款或者报酬

在买卖、承揽等合同的履行中，质量不符合约定的，应当按照当事人的约定承担违约责任。对违约责任没有约定或者约定不明确的，依照《合同法》第 61 条关于补缺的规定仍不能确定的，受害方根据标的的性质以及损失的大小，可以合理选择要求对方承担修理、重作、更换、退货、减少价款或者报酬等违约责任。

（三）赔偿损失

当事人一方不履行合同义务或者履行合同义务不符合约定的，在履行义务或者采取补救措施后，对方还有其他损失的，应当赔偿损失。我国法律实行的是完全赔偿原则。完全赔偿原则要求赔偿范围包括两个部分。其一，被违约人现有财产的减少(实际损失)；其二，可得利益。现有财产的减少在法理上可称为实际损失、直接损失、现实损失和积极损害，是指被违约人因对方违约所支付的费用、财产的灭失或损害。现有财产的减少，还应包括缔约费用。可得利益损失在法理上可称为消极损害或预期利益损失。它是在正常履行合同

情况下必然实现的利益。可得利益损失是违约的必然后果，但不得超过违反合同一方订立合同时预见到的或者应当预见到的因违反合同可能造成的损失。

当事人一方违约后，对方应当采取适当措施防止损失的扩大；没有采取适当措施致使损失扩大的，不得就扩大的损失要求赔偿。当事人因防止损失扩大而支出的合理费用，由违约方承担。

（四）支付违约金

违约金是指由当事人通过协商预先确定的，在违约后作出的独立于履行以外的给付。当事人约定的违约金低于造成的损失的，当事人可以请求人民法院或者仲裁机构予以增加；约定的违约金过分高于造成的损失的，当事人可以请求人民法院或者仲裁机构予以适当减少。当事人就迟延履行约定违约金的，违约方支付违约金后，还应当履行债务。

【例 2-24】 甲公司与乙公司签订了一项农产品买卖合同，合同标的额为 50 万元，约定甲公司每迟延交货 1 天，依合同总金额千分之一承担迟延履行违约金。乙公司又与丙公司签订了农产品购销合同，将该批农产品转售给丙公司。但甲公司由于收购不畅，迟延了 30 天才向乙公司交货。乙公司因此未能及时向丙公司供货，根据其与丙公司的合同约定，共支付违约金 2 万元。则下列表述正确的是哪几项？

    A. 甲公司应向乙公司支付 15 万元违约金作为其违约而致乙公司损失应承担的全部赔偿责任

    B. 甲公司应向乙公司支付总计 35 万元的违约损害赔偿金

    C. 乙公司可依违约金条款要求甲公司支付 15 万元的违约金，由于该违约金低于乙公司所遭受的实际损失，因此乙公司还可以请求法院增加 5000 元的赔偿金

    D. 甲公司支付违约金后，还应当履行债务

【分析】 依据《合同法》第 114 条规定，当事人可以约定一方违约时应当根据违约情况向对方支付一定数额的违约金，也可以约定因违约产生的损失赔偿额的计算方法。约定的违约金低于造成的损失的，当事人可以请求人民法院或者仲裁机构予以增加；约定的违约金过分高于造成的损失的，当事人可以请求人民法院或者仲裁机构予以适当减少。当事人就迟延履行约定违约金的，违约方支付违约金后，还应当履行债务。在本题中，由于甲公司的迟延履行而给乙公司造成的损失高于约定的违约金。因此，乙公司有权要求甲公司按照合同支付 1.5 万元违约金，此外还可以请求法院增加 5000 元的赔偿金。而甲公司支付违约金后，按照《合同法》第 114 条的规定还应当履行债务。因此，正确选择项是 C、D。

（五）定金

《合同法》第 115 条规定：当事人可以依照《中华人民共和国担保法》约定一方向对方给付定金作为债权的担保。债务人履行债务后，定金应当抵作价款或者收回。给付定金的一方不履行约定的债务的，无权要求返还定金；收受定金的一方不履行约定的债务的，应当双倍返还定金。

如果在同一合同中，当事人既约定了违约金又约定了定金，二者能否同时适用呢？对此，《合同法》第 116 条明确规定：当一方违约时，对方可以选择适用违约金或者定金条款。也就是说，违约金和定金不可同时适用。

【例2-25】　甲乙双方签订了一份铜材买卖合同。合同约定：甲给乙交付100吨铜材，货款为200万元；乙向甲交付定金20万元；如任何一方违约应支付违约金30万元。而事后甲将该铜材卖给丙，无法向乙交货。乙向法院提起诉讼。乙提出怎样的诉讼请求能够既最大保护自己利益，又获得法院支持？

【分析】　请求甲支付违约金30万元，同时请求返还定金20万元。因为如果乙只请求甲双倍返还定金40万元，对甲的惩罚就只有20万元(另20万元是乙自己的)；如果只请求甲支付违约金30万元，对甲的惩罚就只有10万元(另20万元是乙的定金)；乙不可能既请求甲支付违约金30万元，又请求甲双倍返还定金40万元，因为违约金罚则和定金罚则不可同时并用。

三、免责事由

(一) 免责事由的概念

免责事由是指在合同履行过程中，因出现了法定的或合同约定的事由而导致合同不能履行，债务人将被免除履行义务。

(二) 免责事由的情形

1. 不可抗力

合同法规定的法定的免责事由为不可抗力。不可抗力是指不能预见、不能避免、不能克服的客观情况。如：① 自然灾害，比如地震、海啸、瘟疫等。② 政府行为，如合同订立后政府颁布的禁运法律。③ 社会异常现象，如罢工。

同时，《合同法》第117条第1款规定：因不可抗力不能履行合同的，根据不可抗力的影响，部分或者全部免除责任，但法律另有规定的除外。当事人迟延履行后发生不可抗力的，不能免除责任。

【例2-26】　甲公司与乙公司(建筑企业)于某年4月签订了一买卖合同，约定8月30日由甲向乙提供建筑水泥100吨。同年5月初，甲公司所在地发生洪水灾害，甲公司未将灾情之事通知乙公司。同年8月底，乙公司催促交货，甲公司未交。同年9月30日，甲公司发货，同时致函乙公司，表明因受水灾而致使迟延交货事实。乙公司因延期收到水泥而影响工程进度，被发包方扣罚工程款1万元，甲公司是否能以不可抗力承担违约责任。

【分析】　不可抗力在合同法上发生两个效力，一定条件下产生法定解除权和免除违约责任。发生不可抗力一方免除违约责任应尽到及时通知和举证责任。甲公司没有及时通知乙公司不能按时交货，应该向乙公司承担1万元损失的赔偿责任。

2. 免责条款

免责条款是指合同双方当事人在合同中约定，当出现一定的事由或条件时，可免除违约方的违约责任。合同法尊重当事人的意思自治，当事人可以依法放弃其权利，免除他人的民事义务、责任。因此，当事人在订立合同时，可以约定免责条款。只要具有免责条款规定的情形，当事人即使有违约行为，也不承担违约责任。但是，合同中免除造成对方人身伤害、因故意或者重大过失造成对方财产损失的违约责任的免责条款无效，当事人对该损害仍应当承担赔偿责任。

3．相对人有过错

相对人有过错是指相对人对损害的发生有故意或者过失，则当事人可以免责。如《合同法》第 302 条规定：承运人应当对运输过程中旅客的伤亡承担损失赔偿责任，但伤亡是旅客自身健康原因造成的或者承运人证明伤亡是旅客故意、重大过失造成的除外。

思考与练习

一、思考题

1．有效合同、无效合同、可撤销合同、效力待定合同之间有哪些区别？

2．合同的担保有哪些方式？

3．什么是违约责任？承担违约责任的主要形式有哪些？

二、单项选择题

1．在以下协议中，属于我国《合同法》调整范围的是(　　)。

  A．甲与乙签订的离婚协议   B．乙与丙签订的收养子女协议

  C．丙与丁企业签订的企业承包协议 D．丁与戊签订的转移监护权的协议

2．乙向甲借了一块手表，用了几天在甲不知道的情况下把它卖给了丙。乙、丙之间的买卖合同是(　　)。

  A．有效合同   B．代理合同

  C．为第三人利益而订立的合同 D．效力待定合同

3．甲公司与乙公司签订买卖合同。合同约定甲公司先交货。交货前夕，甲公司经过调查有确切证据证明乙公司负债累累，完全不能按时支付货款。甲公司遂暂时不向乙公司交货。甲公司的行为属于(　　)。

  A．违约行为   B．行使同时履行抗辩权

  C．行使先诉抗辩权   D．行使不安抗辩权

三、多项选择题

1．2000 年 1 月甲以分期付款的方式向乙公司购买潜水设备一套，价值 10 万元。约定首付 2 万元，余款分三期付清，分别为 2 万元、3 万元、3 万元，全部付清前乙公司保留所有权。甲收货后付了首付和第一期款，第二期款迟迟未付。2000 年 8 月甲以 2 万元将该设备卖给职业潜水员丙。根据有关规定，下列选项中，正确的是(　　)。

  A．乙可以解除合同，要求甲承担违约责任

  B．乙解除合同后可以要求甲支付设备的使用费

  C．乙可以请求丙返还原物，但须支付丙 2 万元购买费用

  D．丙返还潜水设备后可以要求甲承担违约责任

2．甲公司委托业务员张某到某地采购一批等离子电视机，张某到该地后意外发现当地乙公司的液晶电视机很畅销，就用盖有甲公司公章的空白介绍信和空白合同书与乙公司签订了购买 200 台液晶电视机的合同，并约定货到付款。货到后，甲公司拒绝付款。下列表

述中，正确的有(　　)。

  A．甲公司有权拒绝付款

  B．甲公司应接受货物并向乙公司付款

  C．张某无权代理签订购买液晶电视机合同

  D．若甲公司因该液晶电视机买卖合同受到损失，有权向张某追偿

3．根据合同法的规定，下列各项中，属于无效格式条款的是(　　)。

  A．有两种以上解释的格式条款 B．恶意串通损害国家利益的格式条款

  C．损害社会公共利益的格式条款 D．违反法律强制性规定的格式条款

四、案例分析题

1．甲公司向乙宾馆发出一封电报称：现有一批电器，其中电视机 80 台，每台售价 3400 元；电冰箱 100 台，每台售价 2800 元，总销售优惠价 52 万元。如有意购买，请告知。

乙宾馆接到该电报后，遂向甲公司回复称：只欲购买甲公司 50 台电视机，每台电视机付款 3200 元；60 台电冰箱，每台电冰箱付款 2500 元，共计支付总货款 31 万元，货到付款。

甲公司接到乙宾馆的电报后，决定接受乙宾馆的要求。甲乙签订了买卖合同，约定交货地点为乙宾馆，如双方发生纠纷，选择 A 仲裁机构仲裁解决。

甲公司同时与丙运输公司签订了合同，约定由丙公司将货物运至乙宾馆。丙公司在运输货物途中遭遇洪水，致使部分货物毁损。丙公司将剩余的未遭损失的货物运至乙宾馆，乙宾馆要求甲公司将货物补齐后一并付款。

甲公司迅速补齐了货物，但乙宾馆以资金周转困难为由，表示不能立即支付货款，甲公司同意乙宾馆推迟 1 个月付款。1 个月后经甲公司催告，乙宾馆仍未付款。于是，甲公司通知乙宾馆解除合同，乙宾馆不同意解除合同。甲公司拟向法院起诉，要求解除合同，并要求乙宾馆赔偿损失。

要求：根据上述情况及合同、仲裁法律制度的有关规定，回答下列问题。

(1) 甲公司向乙宾馆发出的电报是要约还是要约邀请？

(2) 乙宾馆的回复是承诺还是新的要约？为什么？

(3) 丙公司是否应对运货途中的货物毁损承担损害赔偿责任？为什么？

(4) 甲公司能否解除与乙宾馆的买卖合同？为什么？

(5) 甲公司能否向法院起诉？为什么？

2．2003 年 6 月，甲公司将一台价值 900 万元的机床委托乙仓库保管，双方签订的保管合同约定：保管期限从 6 月 21 日至 10 月 20 日，保管费 2 万元，由甲公司在保管到期提取机床时一次付清。

8 月，甲公司急需向丙公司购进一批原材料，但因资金紧张，暂时无法付款。经丙公司同意，甲公司以机床作抵押购入丙公司原材料。双方约定：至 12 月 8 日，如甲公司不能偿付全部原材料款，丙公司有权将机床变卖，以其价款抵偿原材料款。

10 月 10 日，甲公司与丁公司签订了转让机床合同(甲公司已通知丙公司转让机床的情况，同时也已向丁公司说明该机床已抵押的事实)，双方约定：甲公司将该机床作价 860 万元卖给丁公司，甲公司于 10 月 31 日前交货，丁公司在收货后 10 日内付清货款。

10 月下旬，甲公司发现丁公司经营状况恶化(有证据证明)，于是通知丁公司中止交货并要求丁公司提供担保，丁公司没有给予任何答复。11 月上旬，甲公司发现丁公司经营状况进一步恶化，于是向丁公司提出解除合同。丁公司遂向法院提起诉讼，要求甲公司履行合同并赔偿损失。

要求：根据上述事实及有关法律规定，回答下列问题。

(1) 如果甲公司到期不支付机床保管费，乙仓库可以行使什么权利？

(2) 甲公司向丁公司转让已抵押的机床，甲、丁公司订立的转让合同是否有效？为什么？

(3) 甲公司能否中止履行与丁公司订立的转让机床合同？为什么？

(4) 甲公司能否解除与丁公司订立的转让机床合同？为什么？

3. A 市甲公司因转产致使一台价值 1200 万元的精密机床闲置。6 月 1 日，甲公司与 B 市乙公司签订了一份机床转让合同。合同约定：精密机床作价 1000 万元，甲公司于 6 月 30 日前交货，交货地点在乙公司位于 C 市的生产车间；乙公司在收货后 15 日内付清货款；若甲公司的精密机床有质量问题，应按合同总价款的 30%向乙公司交付违约金。

在交货日前，甲公司发现乙公司经营状况严重恶化，遂通知乙公司中止履行合同并要求乙公司提供担保。乙公司请丙企业为其提供保证。6 月 20 日，甲公司与丙企业签订保证合同，合同未就保证方式和保证范围作出约定。6 月 21 日，乙公司还以公司董事长王某的一祖传古董(估价为 100 万元)为甲公司设定质押担保。双方签订了质押合同，并于 6 月 22 日将该古董交付于甲公司。

其后，甲公司如约交付了机床，但乙公司未能如约清偿货款。甲公司因此直接要求丙企业履行清偿货款的保证责任。丙企业主张：甲公司应先实现质权，对未获实现的债权再请求丙企业履行的清偿责任。双方因此争执不下。后为防止纠纷扩大，甲公司只好先通过拍卖古董实现质权，再请求丙企业清偿剩余未获实现的货款债权，丙企业履行了清偿义务。

随后在机床使用过程中，乙公司发现机床质量存有问题，与合同的约定严重不符，致使乙公司合同目的不能实现，并给其造成损失 100 万元。乙公司遂向 C 市人民法院起诉，要求解除合同，返还货款，并由甲公司按合同约定支付违约金 300 万元。甲公司在答辩中请求人民法院减少违约金数额。

要求：根据上述情况与《合同法》、《担保法》、《民事诉讼法》的有关规定，回答下列问题。

(1) 甲公司于交货日前通知乙公司中止履行合同的做法，属于行使什么权利？

(2) 在丙企业与甲公司签订的保证合同中，丙企业应承但何种方式的保证责任？简要说明理由。

(3) 甲公司与乙公司签订的质押合同何时生效？简要说明理由。

(4) 丙企业关于甲公司应先行实现质权的主张是否符合法律规定？简要说明理由。

(5) 乙公司就合同纠纷向 C 市人民法院提起诉讼是否符合法律规定？简要说明理由。

(6) 人民法院是否应该支持甲公司减少违约金数额的请求？简要说明理由。

4. 甲公司 2007 年 12 月 31 日的资产负债表显示的净资产为负，财务状况不断恶化。有关资产：商业用房一间，账面价值 100 万元；机器设备一套，账面价值 20 万元；银行存款 30 万元；应收乙的账款 30 万元(2008 年 1 月 20 日到期)；应收丙的账款 70 万元(2008 年

2月6日到期)。甲公司有关负债：应付丙的账款50万元(2008年3月5日到期)；应付丁的账款180万元(2008年1月10日到期)。

2008年以来，甲公司的资产处理及债权债务清偿情况如下：

(1) 1月20日，丁请求甲公司偿还欠款未果。但在1月28日丁发现甲公司曾于1月15日将机器设备赠送给了A。

(2) 2月3日，甲公司将拥有的商业用房以60万元的价格(市场价格为120万元)转让给非关联企业B公司，B公司在不知情的情况下，受让该房产，并办理了过户登记手续。

(3) 2月21日后，甲公司一直催告乙偿还债务，但乙到8月底仍未偿还，甲公司亦未采取其他法律措施。

(4) 3月15日，甲公司向丙提出就50万元债权债务予以抵销。

(5) 4月10日，甲公司与D公司签订债权转让合同，将对丙的20万元债权以18万元的价格转让给D。

要求：根据本题所述内容，分别回答下列问题。

(1) 丁是否有权请求人民法院撤销甲公司将机器设备赠送给A的行为？并说明理由。

(2) 丁是否有权请求人民法院撤销甲公司将商业用房转让给B公司的行为？并说明理由。

(3) 丁是否有权代位行使甲对乙的债权？并说明理由。

(4) 甲是否有权向丙主张就50万元的债权债务予以抵销？并说明理由。

(5) 甲、D之间的债权转让何时生效？何时对丙产生效力？并分别说明理由。

第三章

个人独资企业与合伙企业法律制度

本章教学要点：

(1) 了解个人独资企业和合伙企业的特点。

(2) 掌握个人独资企业的设立、投资人和事务管理。

(3) 重点掌握普通合伙企业的设立、财产、事务执行、与第三人的关系、入伙与退伙以及有限合伙的特殊规定。

导入案例

2012 年 9 月，甲、乙、丙、丁协商设立合伙企业。合伙协议约定：甲以劳务出资，乙、丁以实物出资，对企业债务承担无限责任，并由甲、乙负责企业的经营管理事务；丙以货币出资，对企业债务以其出资额承担有限责任，但不参与企业的经营管理。合伙企业成立开业不久，丁发现甲、乙的经营不符合自己的要求，遂提出退伙。2012 年 11 月下旬丁退伙的同时，合伙企业又接纳戊入伙。2012 年 11 月底，合伙企业的债权人 A 就 11 月前发生的债务要求现在的合伙人及退伙人共同承担连带清偿责任。对此，丁认为其已退伙，对合伙企业的债务不再承担责任；入伙人戊则认为，自己对入伙前发生的债务也不承担任何责任。对债权人 A 的请求，合伙人应当如何承担责任？

第一节　个人独资企业法

个人独资企业法有广义和狭义之分，广义的个人独资企业法是指国家关于个人独资企业的各种法律规范的总称，狭义的个人独资企业法是指 1999 年 8 月 30 日第九届全国人大常委会第十一次会议通过、并于 2000 年 1 月 1 日起实施的《中华人民共和国个人独资企业法》。

一、个人独资企业概述

(一) 个人独资企业的概念

根据《中华人民共和国个人独资企业法》(以下简称《个人独资企业法》)第 2 条的规定，个人独资企业是指依法在中国境内设立，由一个自然人投资，财产为投资人个人所有，投资人以其个人财产对企业债务承担无限责任的经营实体。

(二) 个人独资企业的特征

个人独资企业的法律特征概括起来主要包括以下四个方面:

1. 个人独资企业的出资人为一个自然人

根据《个人独资企业法》规定,个人独资企业的投资人只能是一个自然人,国家机关、国家授权投资的机构或者国家授权的部门、企业、事业单位等都不能作为个人独资企业的设立人。《个人独资企业法》第47条规定:外商独资企业不适用本法。因此,《个人独资企业法》所指的自然人是指中国公民。

2. 个人独资企业的财产为出资人个人所有

个人独资企业由一个自然人出资形成,其企业财产也归其个人所有,企业财产即是出资人的个人财产。

3. 个人独资企业的投资人对企业债务承担无限责任

由于个人独资企业的投资者对企业的财产拥有完全的所有权,因此,企业的财产与投资人的财产实际上难有一个明确的法律界限。个人独资企业既然没有独立的运营财产,因而也就不可能单独承担法律责任。所以,当企业的财产不足以清偿到期债务时,投资人应以个人的全部财产用于清偿企业债务,即投资人对企业的债务承担无限责任。

4. 个人独资企业不具备法人资格

个人独资企业是自然人从事经营活动的一种组织形式,虽然企业也有自己的名称或者商号,并可以以企业的名义从事生产经营活动或者诉讼活动,但其所从事的生产经营活动往往不能独立于企业主。因此,个人独资企业的企业财产及责任与投资人的个人财产和责任常常混同,企业的所有权与经营权都统一于企业主。个人独资企业不具有法人的资格,也无独立承担民事责任的能力。

【例3-1】 下列关于个人独资企业的表述中,正确的是( )。

A. 个人独资企业的投资人可以是自然人、法人或者其他组织

B. 个人独资企业的投资人对企业债务承担无限责任

C. 个人独资企业不能以自己的名义从事民事活动

D. 个人独资企业具有法人资格

【分析】 个人独资企业是指依照《个人独资企业法》在中国境内设立,由一个自然人投资、财产为投资人个人所有、投资人以其个人财产对企业债务承担无限责任的经营实体。因此,正确的选项为B。

二、个人独资企业的设立

个人独资企业的设立是指一个自然人依照法定程序设立个人独资企业的过程。

(一) 个人独资企业的设立条件

依照《个人独资企业法》规定,设立个人独资企业应具备下列条件。

1. 投资人为一个自然人

个人独资企业中的"人"只能是自然人，自然人之外的法人、其他组织不能投资设立个人独资企业。依据我国《民法总则》的规定，自然人作为民事主体参加市场经济活动，必须具备民事权利能力和相应的民事行为能力。因此，个人独资的投资人，应当是具有民事权利能力和完全民事行为能力的自然人。法律、行政法规禁止从事营利性活动的人不得作为投资人申请设立个人独资企业。

2. 有合法的企业名称

企业名称又称商号，是企业作为经营主体从事生产经营活动等所使用的名称。企业应具有自己的名称，并且企业名称应符合法律规定。个人独资企业的名称应与其责任形式及从事的营业相符合。在其名称中不得包含"有限"、"有限责任"、"公司"等字样。可以叫厂、工作室、中心等。

3. 有投资人申报的出资

《个人独资企业法》对设立个人独资企业的最低出资数额未作限制，也不要求验资，这是因为个人独资企业的投资人以其个人财产对企业债务承担无限责任，债权人完全可以通过追究投资人的财产责任来实现其债权。设立个人独资企业可以用货币出资，也可以用实物、土地使用权、知识产权或者其他财产权利出资。投资人申报的出资应与企业生产经营规模相适应。投资人可用个人财产出资，也可用家庭共有财产出资，投资人应在设立登记表上予以注明。

4. 有固定的生产经营场所和必要的生产经营条件

固定的生产经营场所和必要的生产经营条件是个人独资企业存续和经营的物质基础。生产经营场所包括企业的住所和与生产经营相适应的处所。住所是企业的主要办事机构所在地。

5. 有必要的从业人员

从业人员是企业开展经营活动必不可少的要素和条件，关于从业人员的人数，法律没有作具体规定，由企业视经营情况而定。

(二) 个人独资企业的设立程序

1. 设立申请

设立个人独资企业，应当首先由投资人或者其委托的代理人向个人独资企业所在地的登记机关提出设立登记。根据国家工商行政管理总局 2000 年通过的《个人独资企业登记管理办法》(2014 年修订)，设立个人独资企业应向登记机关提交下列文件：① 投资人签署的设立申请书。投资人的申请书应当载明：企业的名称和住所；投资人的姓名和居所；投资人的出资额和出资方式；经营范围及方式。投资人是以个人财产出资或者以家庭财产出资的，应在申请书中予以明确。② 投资人身份证明。③ 企业住所证明。④ 国家工商行政管理局规定的其他文件。从事法律、行政法规规定的必须报经有关部门审批的业务的，应当提交有关部门的批准文件。⑤ 委托代理人申请设立登记的，应提交投资人的委托书和代理人的身份证明或者资格证明。

2．工商登记

登记机关应在收到设立申请文件之日起 15 日内，对符合《个人独资企业法》规定条件的予以登记，颁发营业执照；不符合条件的，不予登记并发给企业登记驳回通知书。个人独资企业营业执照的签发日期，即为个人独资企业的成立日期。在营业执照领取之前，投资人不得以个人独资企业名义从事经营活动。

3．分支机构登记

个人独资企业设立分支机构，应当由投资人或者其委托的代理人向分支机构所在地的登记机关申请设立登记。分支机构登记后，应将登记情况报该分支机构隶属的个人独资企业的登记机关备案。分支机构的民事责任由设立该分支机构的个人独资企业承担。

三、个人独资企业的投资人及事务管理

（一）个人独资企业的投资人

《个人独资企业法》规定：个人独资企业的投资人为具有中国国籍的自然人，但法律、行政法规规定的禁止从事营利活动的人，不得作为投资人申请设立个人独资企业。根据我国有关法律、行政法规规定，下列人员不得从事营利性活动：国家公务员、党政机关领导干部、警官、法官、检察官、商业银行工作人员等。上述人员不得作为个人独资企业的投资人。

个人独资企业投资人对本企业的财产依法享有所有权，其有关权利可以依法转让和继承。个人独资企业的财产不论是投资人的原始投入，还是经营所得，均归投资人所有。因此，投资人有权对企业财产转让和继承。

个人独资企业的投资人在设立登记时明确以其家庭共同财产作为个人出资的，应当依法以其家庭共有财产对企业债务承担无限责任。家庭成员既然允许投资人将家庭财产投资到该企业，就意味着其许诺以该财产用于承担风险。投资人在登记时明确以个人财产出资的，则以个人财产对个人独资企业的债务承担无限责任。

（二）个人独资企业的事务管理

《个人独资企业法》规定：个人独资企业投资人可以自行管理企业事务，也可以委托或者聘用其他具有民事行为能力的人负责企业事务管理。

投资人委托或者聘用他人管理个人独资企业事务，应与受托人或者被聘用人签订书面合同。在合同中应明确委托的具体内容和授予权利的范围。投资人对受托人或者被聘用人员职权的限制，不得对抗善意第三人。所谓"第三人"，是指受托人或被聘用人员以外的与企业发生经济业务关系的人。"善意第三人"是指第三人在有关经济业务交易中，没有从事与委托人或者被聘用人员串通损害投资人利益的人。投资人与受托人或者被聘用人员有关权利义务的限制只对受托人或者被聘用人员有效，对第三人并无约束力。即受托人或者被聘用人员与善意第三人的超出限制的有关经济业务交易是有效的。当然，由于受托人或者被聘用人员超出对其职权的限制进行的活动，由此给投资人造成的损失，可以依合同要求受托人或者被聘用人员承担。

【例 3-2】　赵某因出国留学将自己的个人独资企业委托李某管理，并书面授权李某50 万元以内的交易可自行决定。李某受托期间未经赵某同意，以个人独资企业的名义向甲公司订购了 80 万元的货物。甲公司不知道赵某对李某的授权限制，依约供货，后赵某得知此事，以赵某超过授权为由，要求退货并拒绝付款。请问：赵某的要求是否有法律依据？

【分析】　根据《合伙企业法》，投资人对受托人或者被聘用人员职权的限制，不得对抗善意第三人。甲公司不知道赵某对李某的授权限制，则甲公司为善意第三人。所以，李某以个人独资企业的名义与甲公司签订的 80 万元的买卖合同有效，赵某的要求没有法律依据。

为了保护投资的合法权益，个人独资企业法规定了受托人或被聘用人员的义务和责任：

(1) 受托人或者被聘用人员应当履行诚信、勤勉义务。受托人或者被聘用人员应按照与投资人签订的合同约定负责个人独资企业的事务管理，违反合同给投资人造成损害的，应付赔偿责任。

(2) 受托人或者被聘用人员不得有下列行为：

① 利用职务便利，索取或者收受贿赂；② 利用职务和工作上的便利侵占企业财产；③ 挪用企业的资金归个人使用或者借贷给他人；④ 擅自将企业资金以个人名义或者以他人名义开立账户存储；⑤ 擅自以企业财产提供担保；⑥ 未经投资人同意，同本企业订立合同或者进行交易；⑦ 未经投资人同意，擅自将企业商标或者其他知识产权转让给他人使用；⑧ 泄漏本企业的商业秘密；⑨ 法律、行政法规禁止的其他行为。

投资人委托或者聘用人员违反规定，侵犯个人独资企业财产权益的，责令退还侵占的财产；给企业造成损失的，依法承担赔偿责任；有违法所得的，没收违法所得；构成犯罪的，依法追究刑事责任。

四、个人独资企业的解散和清算

(一) 个人独资企业的解散

个人独资企业的解散是指个人独资企业终止活动使其民事主体资格消灭的行为。个人独资企业一旦解散，即丧失了其经营主体资格，投资人也不得再以个人独资企业的名义从事生产经营活动。根据《个人独资企业法》第 26 条的规定，有下列情形之一的，个人独资企业应当解散：① 投资人决定解散；② 投资人死亡或者被宣告死亡，无继承人或者继承人决定放弃继承；③ 被依法吊销营业执照；④ 法律、行政法规规定的其他情形。

(二) 个人独资企业的清算

个人独资企业解散的，应当进行清算。《个人独资企业法》对清算的规定包括以下内容。

1. 清算人的确定

个人独资企业解散，由投资人自行清算或者由债权人申请人民法院指定清算人进行清算。

【例 3-3】　甲以个人财产设立一独资企业，后甲病故，其妻和其子女(已满 18 岁)都明确表示不愿继承该企业，该企业只得解散。该企业解散时，甲妻及子女能否做清算人？

【分析】 个人独资企业解散时，由投资人自行清算或者由债权人申请人民法院指定清算人进行清算。本案中，投资人已病故，不可能成为清算人。所以，只能由债权人申请人民法院指定清算人进行清算。甲妻及子女只有得到法院的指定才能作清算人。

2．通知或公告债权人

投资人自行清算的，应当在清算前 15 日内书面通知债权人，无法通知的，应当予以公告。债权人应当在接到通知之日起 30 日内，未接到通知的应当在公告之日起 60 日内，向投资人申报债权。

3．财产的清偿顺序

个人独资企业解散的，其财产按下列顺序清偿：① 所欠职工工资和社会保险费用；② 所欠税款；③ 其他债务。个人独资企业的财产不足以清偿债务的，投资人应当以其个人的其他财产予以清偿。

4．清算期间对投资人的要求

清算期间，个人独资企业不得进行与清算无关的经营活动，在按法定顺序清偿债务之前，投资人不得转移、隐匿财产。根据《个人独资企业法》第 42 条的规定，个人独资企业及其投资人在清算前或清算期间隐匿或转移财产，逃避债务的，依法追回其财产，并按照有关规定予以处罚；构成犯罪的，依法追究刑事责任。

5．投资人的持续清偿责任

个人独资企业解散后，原投资人对个人独资企业存续期间的债务仍应承担偿还责任，但债权人在 5 年内未向债务人提出清偿请求的，该责任消灭。

【例 3-4】 2015 年 1 月张三设立了个人独资企业甲，同年 9 月，甲企业与乙公司签订了一份买卖合同，合同约定：2015 年 10 月支付给乙公司货款 30 万，后甲企业一直未付款。2016 年 3 月甲企业因故解散。2018 年 5 月，乙公司起诉张三，要求张三偿还上述 30 万债务，问乙公司的诉讼请求能否得到法院的支持？

【分析】 个人独资企业解散后，原投资人对个人独资企业存续期间的债务仍应承担偿还责任，且乙公司在甲企业解散后的 5 年内提出了偿债请求。所以，乙公司的诉讼请求可以得到法院的支持。

6．注销登记

个人独资企业清算结束后，投资人或者人民法院指定的清算人应当编制清算报告，并于 15 日内到登记机关办理注销登记。注销登记后，应当交回营业执照。

五、违反个人独资企业法的法律责任

（一）个人独资企业及投资人违法行为应承担的法律责任

个人独资企业及投资人违反以下情形，需承担的法律责任有：

(1) 投资人提交虚假文件或者采取其他欺骗手段，取得企业登记的，责令改正，处以 5000 元以下的罚款；情节严重的，并处吊销营业执照。

(2) 个人独资企业使用的企业名称与其在登记机关登记的名称不相符合的，责令限期改正，处以 2000 元以下的罚款。

(3) 涂改、出租、转让营业执照的，责令改正，没收违法所得，处以 3000 元以下的罚款；情节严重的，吊销营业执照；伪造营业执照的，责令停业，没收违法所得，处以 5000 元以下的罚款；构成犯罪的，依法追究刑事责任。

(4) 个人独资企业成立后无正当理由超过 6 个月未开业的，或者开业后自行停业连续 6 个月以上的，吊销营业执照。

(5) 未领取营业执照，以个人独资企业名义从事经营活动的，责令停止经营活动，处以 3000 元以下罚款。个人独资企业的登记事项发生变更时，未按规定办理变更登记的，责令限期办理变更登记；逾期不办理的，处以 2000 元以下的罚款。

(6) 个人独资企业侵犯职工合法权益，未保障职工安全、不缴纳社会保险费用的，按照有关规定予以处罚，并追究有关责任人员的责任。

(二) 管理人员对投资人造成损害或侵犯投资人权益的法律责任

管理人员违反以下情形，需承担的法律责任有：

(1) 受托人或者被聘用人员管理个人独资企业事务时违反双方订立的合同，给投资人造成损害的，应承担民事赔偿责任。

(2) 受托人或者被聘用人员违反个人独资企业法的规定，侵犯个人独资企业的财产权益，应责令退还侵占的财产；给企业造成损失的，依法承担赔偿责任；有违法所得的，没收违法所得；构成犯罪的，依法追究刑事责任。

第二节 合伙企业法

广义的合伙企业法是指国家制定的调整合伙企业合伙关系的各种法律规范的总称。狭义的合伙企业法是指 1997 年 2 月 23 日由第八届全国人民代表大会常务委员会第二十四次会议通过，2006 年 8 月 27 日第十届全国人民代表大会常务委员会第二十三次会议修订的《中华人民共和国合伙企业法》。

一、合伙企业概述

(一) 合伙与合伙企业的概念

合伙是指两个以上的人为共同目的，相互约定共同出资、共同经营、共享收益、共担风险的自愿联合。它是一种以合同关系为基础的企业组织形式。

合伙企业是指自然人、法人和其他组织依照《中华人民共和国合伙企业法》(以下简称《合伙企业法》)在中国境内设立的普通合伙企业和有限合伙企业。

(二) 合伙企业的特征

合伙企业具有的特征如下：

（1）合伙企业必须有两个或两个以上的合伙人共同出资。

我国《合伙企业法》规定：普通合伙企业应当有 2 个以上合伙人。合伙人为自然人的，应当具有完全民事行为能力。有限合伙企业由 2 个以上 50 个以下合伙人设立。

（2）合伙企业设立的法律基础是合伙协议。

合伙协议依法由全体合伙人协商一致、以书面形式订立，是合伙企业赖以建立的法律基础。合伙协议涉及合伙人投资、经营、事务管理、利润分享及责任分担等内容，是处理合伙人相互之间的权利义务关系的内部法律文件，在订立合伙协议、设立合伙企业时，应当遵循自愿、平等、公平、诚实信用原则。

（3）合伙人可以采取多种方式承担企业的债务。

不同于公司的有限责任和个人独资企业的无限责任，合伙人对企业债务的承担，根据合伙的性质不同，存在多元化的承担方式。其中，普通合伙企业中，一般情况下合伙人对合伙企业债务承担无限责任；在特殊的普通合伙企业中，根据部分合伙人对执业活动中有无故意或重大过失而包括有限责任和无限责任两种情况；有限合伙企业中，普通合伙人对合伙企业债务承担无限责任，有限合伙人以其认缴的出资额为限对合伙企业债务承担责任。

（三）合伙企业的分类

合伙企业可分为普通合伙企业和有限合伙企业两类。

普通合伙企业是指由普通合伙人组成，合伙人对合伙企业的债务承担无限连带责任。《合伙企业法》对普通合伙人承担责任的形式有特殊规定的，从其规定。即普通合伙企业中还有特殊普通合伙企业。

有限合伙企业是指由普通合伙人和有限合伙人组成，普通合伙人对合伙企业的债务承担无限连带责任，有限合伙人以其认缴的出资额为限对合伙企业债务承担责任。

二、普通合伙企业

（一）普通合伙企业的设立

1. 合伙企业的设立条件

根据《合伙企业法》的规定，设立合伙企业应具备下列条件：

（1）有两个以上合伙人。

《合伙企业法》规定：合伙企业的合伙人至少为 2 人以上，对合伙人最高人数的限额，合伙企业法未作规定。由合伙人根据所设立企业的具体情况决定。

合伙人可以是自然人，也可以是法人或者其他组织。他们之间如何组成，除法律另有规定外不受限制。合伙人为自然人的，应当具有完全民事行为能力。无民事行为能力或者限制民事行为能力的人，法律规定禁止从事营利性活动的人，都不得成为合伙企业的合伙人。合伙人为法人或者其他组织的，国有企业、国有独资公司、上市公司以及公益性的事业单位、社会团体不得成为普通合伙人。

（2）有书面的合伙协议。

合伙协议是指由合伙人相互协商，共同约定相互间权利义务，具有法律约束力的协议。

合伙协议应当依法由全体合伙人协商一致，以书面形式订立。

《合伙企业法》规定，合伙协议应载明下列事项：合伙企业的名称和主要经营场所的地点；合伙目的和合伙经营范围；合伙人的姓名或者名称、住所；合伙人的出资方式、数额和缴付期限；利润分配、亏损分担方式；合伙事务的执行；入伙与退伙；争议解决办法；合伙企业的解散与清算；违约责任等。

合伙协议经全体合伙人签名、盖章后生效。经全体合伙人一致同意，可以对合伙协议进行修改或者补充，但合伙协议另有约定的除外。

合伙协议未约定或者约定不明确的事项，由合伙人协商决定，协商不成的，按《合伙企业法》和其他法律、行政法规的有关规定处理。

(3) 有合伙人认缴或者实际缴付的出资。

合伙人可以用货币、实物、知识产权或者其他财产权利出资，也可以用劳务出资。所谓货币是指充当一般等价物的特殊商品，是金钱的具体表现形式。实物是指企业经营中所需要的厂房和其他建筑物、机器设备、原材料、零部件等。知识产权是指人们智力活动所创造的由法律赋予知识产品权利人所享有的某些专有权利。主要包括商标权、专利权、著作权等权利。土地使用权是指公民、法人、其他组织依法对国有或者集体所有的土地所享有的使用和收益的权利。劳务是指出资人以自己的劳动和服务技能等并通过自己的劳动体现出来的一种形式，如职业经理人的管理技能、按摩师的按摩技能等。

合伙人以实物、知识产权、土地使用权或者其他财产权利出资，需要评估作价的，可以由全体合伙人协商确定，也可以由全体合伙人委托法定的评估机构评估。合伙人以劳务出资的，其评估办法由其他合伙人协商确定，并在合伙协议中载明。

合伙协议生效后，合伙人应当按照合伙协议约定的出资方式、数额和缴付期限缴纳出资，履行出资的义务。以非货币财产出资的，依照法律、行政法规的规定，需要办理财产权转移手续的，应当依法办理。

(4) 有合伙企业名称和生产经营场所。

普通合伙企业应在其名称中标明"普通合伙"字样，其中特殊普通合伙企业，应在其名称中标明"特殊普通合伙"字样。合伙企业登记的经营场所只能有一个，并且应当在其登记机关登记管辖区域内。

(5) 法律、行政法规规定的其他条件。

2．合伙企业的设立登记

(1) 向登记机关提交申请的相关文件。

申请设立合伙企业，应向登记机关提交的文件有：① 登记申请书；② 合伙人的身份证明。合伙人是自然人的，应提交本人的身份证明；是法人或者其他组织的，应提交法人、其他组织存在的合法证明，如营业执照等；③ 合伙协议；④ 出资权属证明；⑤ 经营场所证明；⑥ 审批文件。合伙企业的经营范围中有属于规定需要审批的项目的，应提交审批文件。合伙协议约定或者其他合伙人决定，委托一人或者数人执行合伙企业事务的，还应提交其他合伙人的委托书等。

(2) 登记机关核发营业执照。

申请人提交的申请材料齐全，符合法定形式，企业登记机关能够当场登记的，应当予以登记，发给营业执照。否则，企业登记机关应在受理申请之日起 20 日内，作出是否登记的决定。对符合登记条件的，予以登记，发给营业执照；不符合的，不予登记，并给予书面答复，说明理由。

合伙企业营业执照的签发之日即为合伙企业的成立之日。合伙企业领取营业执照前，不得以合伙企业名义从事经营活动。合伙企业设立分支机构，应当向分支机构所在地企业登记机关申请设立登记，领取营业执照。

（二）合伙企业的财产

1．合伙企业财产的构成

《合伙企业法》规定：合伙人的出资、以合伙企业名义所取得的收益和依法取得的其他财产，均为合伙企业的财产。由此规定可见合伙企业的财产由三部分构成：

（1）合伙人的出资。合伙人的出资是指合伙企业设立时由合伙人出资而形成的财产。它是合伙企业的原始财产，是指全体合伙人"认缴"的出资额，而非"实际缴纳"的出资额。

（2）以合伙企业名义取得的收益。合伙企业作为一个经营实体，当然会取得一定的收益。主要包括合伙企业的公共积累资金、未分配的盈余、合伙企业的债权、工业产权和非专利技术等各项财产权利。

（3）依法取得的其他财产。依法取得的其他财产是指企业合法取得的其他财产，如接受捐赠的财产等。

2．合伙企业财产的特征

（1）合伙企业财产的独立性。

合伙企业财产独立于出资人财产，合伙人将其出资投入合伙企业后，便丧失了对该财产的所有权或者持有权、占有权，该财产的财产权主体为合伙企业，合伙人享有的是财产份额。

（2）合伙企业财产的完整性。

依据《合伙企业法》规定，合伙人在合伙企业清算前，不得请求分割合伙企业的财产，但法律另有规定的除外。合伙人在合伙企业清算前私自转移或者处分合伙企业财产的，合伙企业不得对抗善意第三人。在确认善意第三人的情况下，合伙企业的损失只能向合伙人进行追索，而不能向善意第三人追索。合伙企业也不能以合伙人无权处分其财产为由而对善意第三人的权利要求对抗，即不能以合伙人无权处分其财产而主张其与善意第三人订立的合同无效。当然，如果第三人是恶意取得，即第三人明知合伙人无权处分仍与其交易的，或者与合伙人串通共同侵害合伙企业权益的，则合伙企业可以对抗第三人。

3．合伙人财产份额的转让

合伙企业财产的转让是指合伙人将自己在合伙企业中的财产份额转让给他人。由于合伙企业是由各合伙人共同出资、共同经营、共享收益、共担风险，并对合伙企业债务承担无限连带责任的营利性组织，合伙企业财产的转让，将会影响到合伙企业以及各合伙人的切身利益。因此，合伙企业法对合伙企业财产的转让作了以下限制性规定：

(1) 对外转让。

除合伙协议另有约定外，合伙人向合伙人以外的人转让其在合伙企业中的全部或者部分财产份额时，须经其他合伙人一致同意。

上述规定是合伙企业法的法定原则，并且这项原则是在合伙协议中没有规定的情况下才有法律效力。如果合伙协议另有约定的，则应按合伙协议的约定执行。比如合伙人在合伙协议中约定：合伙人向外转让其全部或者部分财产份额时，无须经过全体合伙人一致同意，只要 2/3 以上合伙人同意或者一定出资比例同意即可。合伙协议有此约定的，按约定办理。

合伙人向合伙人之外的人转让其财产份额时，在同等条件下，其他合伙人有优先购买权；但是，合伙企业法另有约定的除外。

合伙人以外的人依法受让合伙人在合伙企业中的财产份额的，经修改合伙协议即成为合伙企业的合伙人，依照《合伙企业法》和修改后的合伙协议享有权利，履行义务。未修改合伙协议的，受让人不能算作合伙企业的合伙人。

【例 3-5】 甲、乙、丙三人分别出资 1 万元成立一合伙企业，后甲想将自己的份额按 1 万元的价格转让。甲通知乙、丙后，乙表示愿意以 8000 元买下，丙同意甲转让份额，并同意以 1 万元买下。丁得知后，随即也向甲表示愿以 1 万元买下其份额，本案中说法正确的是(   )。

  A. 甲应当将其份额转让给丙   B. 甲应当将其份额转让给丁

  C. 甲应当将其份额转让给乙   D. 甲不能将其份额转让

【分析】 根据《合伙企业法》的规定，合伙人向合伙人之外的人转让其财产份额时，在同等条件下，其他合伙人有优先购买权；乙表示愿意以 8000 元买下，不构成同等条件。丁为合伙人之外的人，不享有优先购买权。正确选项为 A。

(2) 内部转让。

合伙人之间转让在合伙企业中的全部或者部分财产份额时，应当通知其他合伙人。合伙人财产份额只在合伙人内部转让，因为其转让不涉及合伙人之外的人，合伙企业存续的基础没有发生实质性的变化。因此，不需要经过其他合伙人一致同意，只需要通知其他合伙人即可产生法律效力。

4. 合伙人财产份额出质

合伙人财产份额的出质是指合伙人将其在合伙企业中的财产份额作为质押物来担保债权人债权实现的行为。由于合伙人以其合伙企业的财产份额出质可能导致该财产份额依法发生权利转移，因此，《合伙企业法》规定：合伙人以其在合伙企业中的财产份额出质的，须经其他合伙人一致同意。未经其他合伙人一致同意，其行为无效，由此给善意第三人造成损失的，由行为人依法承担赔偿责任。

(三) 合伙企业事务执行

1. 合伙企业事务执行的形式

合伙企业事务执行的形式主要有两种：共同执行和委托执行。

(1) 全体合伙人共同执行合伙事务。这是合伙企业基本的事务执行形式。这种形式意味着按照合伙协议的约定，各个合伙人都直接参与合伙企业的经营，处理合伙企业事务，对外代表合伙企业。

（2）委托执行合伙企业事务。由合伙协议约定或者全体合伙人决定，委托一名或者数名合伙人执行合伙企业事务。执行合伙企业事务的合伙人，对外代表合伙企业。委托执行的方式，可以委托合伙企业的合伙人执行事务；也可以委托合伙人以外的人执行事务。合伙企业聘任合伙人以外的人担任经营管理人员的，须经全体合伙人一致同意。未接受委托执行合伙企业事务的其他合伙人，不再执行合伙事务。不执行合伙事务的合伙人有权监督执行事务合伙人执行合伙事务的情况。

合伙人可以将合伙企业事务委托一个或者数个合伙人执行，但并非所有合伙事务都可以委托给部分合伙人决定。《合伙企业法》规定，除合伙协议另有约定外，合伙企业的下列事项应经全体合伙人一致同意：① 改变合伙企业名称；② 改变合伙企业的经营范围、主要经营场所的地点；③ 处分合伙企业的不动产；④ 转让或者处分合伙企业的知识产权和其他财产权利；⑤ 以合伙企业名义为他人提供担保；⑥ 聘任合伙人以外的人担任合伙企业的经营管理人员；⑦ 依照合伙协议约定的有关事项。

合伙人对《合伙企业法》规定或者合伙协议约定必须经全体合伙人同意才能执行的事务擅自处理，给合伙企业或者其他合伙人造成损失的，依法承担赔偿责任。

【例 3-6】　某普通合伙企业的合伙人董某在被授权单独执行企业事务时，未经其他合伙人同意，独自决定实施了下列行为。其中违反了《合伙企业法》规定的有(　　)。

  A. 为该合伙企业购置机动车

  B. 为扩大生产而向金融机构贷款

  C. 以企业的设备为某公司向银行借款提供抵押

  D. 聘请会计师对企业财务状况进行审查

【分析】　根据《合伙企业法》的规定：合伙企业的下列事务必须经全体合伙人同意；处分合伙企业的不动产；改变合伙企业名称；转让或者处分合伙企业的知识产权和其他财产权利；向企业登记机关申请办理变更登记手续；以合伙企业名义为他人提供担保；聘任合伙人以外的人担任合伙企业的经营管理人员；依照合伙协议约定的有关事项。以企业的设备为某公司向银行借款提供抵押需要经全体合伙人一致同意，董某不能独自决定。故正确选项为 C。

2. 合伙企业事务执行中的权利和义务

（1）合伙人在事务执行中的权利。合伙人对执行合伙企业事务享有同等的权利；执行合伙事务的合伙人有对外代表合伙企业的权利；不执行合伙事务的合伙人有监督执行事务合伙人执行事务情况的权利；合伙人有查阅合伙企业会计账簿等财务资料的权利；合伙人对其他合伙人执行事务有提出异议的权利和撤销委托的权利。

（2）合伙人在事务执行中的义务。合伙事务的执行人向不执行事务的合伙人报告合伙企业经营状况和财务状况；合伙人不得自己经营或者同他人合作经营与本合伙企业相竞争的业务；除合伙协议另有约定或者经全体合伙人一致同意外，合伙人不得同本合伙企业进行交易；合伙人在执行合伙事务中，不得为自己的私利，损害其他合伙人利益，也不得恶意串通，损害合伙企业利益。

3. 合伙企业事务执行的决议办法

《合伙企业法》规定：合伙人对合伙企业有关事项作出决议，按照合伙协议约定的表决办法办理。合伙协议未约定或者约定不明确的，实行合伙人一人一票并经全体合伙人过半数通过的表决办法。《合伙企业法》对合伙企业的表决办法另有规定的，从其规定。上述规定，明确了合伙企业事务执行的决议办法有以下三种：

(1) 由合伙协议对决议办法作出约定。这种约定有两个前提：一是不与法律相抵触，即法律有规定的按规定执行，法律未规定的可在合伙协议中约定。二是合伙协议中作出的约定，应当由全体合伙人协商一致，共同作出。

(2) 实行合伙人一人一票并经全体合伙人过半数通过的表决办法。这种办法也有一个前提，即合伙协议未约定或者约定不明确的，才实行合伙人一人一票过半数通过的表决办法。

(3) 依照《合伙企业法》的规定作出决议。如合伙企业法规定，处分合伙企业的不动产、改变合伙企业名称等，除合伙协议另有约定外应经全体合伙人一致同意等。

4. 合伙企业的损益分配

合伙企业的损益分配是指合伙企业的利润和合伙企业的亏损两个方面如何享有和承担的问题。《合伙企业法》规定合伙企业损益分配的原则如下：

(1) 合伙企业的利润分配、亏损分担，按照合伙协议的约定办理；合伙协议未约定或者约定不明确的，由合伙人协商决定；协商不成的，由合伙人按照实缴出资比例分配、分担；无法确定出资比例的，由合伙人平均分配、分担。

(2) 合伙协议不得约定将全部利润分配给部分合伙人或者由部分合伙人承担全部亏损。

【例 3-7】 根据合伙企业法律制度的规定，合伙协议未规定合伙人之间利润分配和亏损分担比例的，其利润分配和亏损分担的原则首先是(   )。

    A. 由各合伙人平均分配利润和分担亏损

    B. 按各合伙人实际出资比例分配利润和分担亏损

    C. 根据各合伙人对合伙企业的贡献大小分配利润和分担亏损

    D. 合伙人协商决定

【分析】 合伙企业的利润分配、亏损分担，按照合伙协议的约定办理；合伙协议未约定或者约定不明确的，由合伙人协商决定；协商不成的，由合伙人按照实缴出资比例分配、分担；无法确定出资比例的，由合伙人平均分配、分担。故正确答案为 D。

(四) 合伙企业与第三人的关系

合伙企业与第三人关系是指有关合伙企业的对外关系，涉及合伙企业对外代表权的效力、合伙企业和合伙人的债务清偿问题。

1. 合伙企业对外代表权效力

合伙企业在经营活动中，可以对外代表合伙企业的人，主要有三种情况：一是由全体合伙人共同执行合伙企业事务的，全体合伙人对外代表合伙企业，即全体合伙人都有对外代表权。二是由部分合伙人执行合伙企业事务的，只有受委托执行合伙企业事务的合伙人有对外代表合伙企业的权利，不参加执行合伙企业事务的人则不具有对外代表合伙企业的权利。三是由于特别授权在单项事务上有执行权的合伙人，依照授权范围可以对外代表合伙企业。

执行合伙企业事务的合伙人在取得对外代表权后，即可以合伙企业的名义进行经营活动，在其授权范围内作出法律行为。合伙人的这种代表行为对全体合伙人发生法律效力。即其执行合伙企业事务所产生的收益归合伙企业，所产生的费用和亏损也由合伙企业承担。

合伙人对执行合伙企业事务的权利和对外代表合伙企业的权利，都会有一定的内部限制。《合伙企业法》规定：合伙企业对合伙人执行合伙事务以及对外代表合伙企业权利的限制，不得对抗善意第三人。

【例 3-8】　甲、乙、丙、丁协商设立合伙企业。合伙协议约定只有甲和丁有权执行合伙事务，乙和丙无权执行合伙事务，而乙以合伙企业的名义与 A 公司签订一份买卖合同，A 公司并不知道合伙协议对乙的职权限制，甲、丁知悉后认为该合同不符合企业的利益，并明确地向 A 公司表示对该合同不予承认。请问：该合同是否有效？

【分析】　《合伙企业法》规定，合伙企业对合伙人执行合伙事务以及对外代表合伙企业权利的限制，不得对抗善意第三人。A 公司为善意第三人，甲、丁不得以内部约定对抗 A 公司。因此合同有效。

2. 合伙企业与合伙人的债务清偿

(1) 合伙企业的债务清偿与合伙人的关系。

合伙企业的债务是指合伙企业存续期间经营活动发生的债务。由于合伙人对合伙企业的债务承担无限连带责任，因此，当对合伙企业的债务进行清偿时，必然会涉及与合伙人的关系。《合伙企业法》对合伙企业的债务清偿与合伙人的关系有如下规定：① 合伙企业对其债务，应先以其全部财产进行清偿。即合伙企业的债务，首先用合伙企业的全部财产进行清偿，合伙企业的财产足以清偿其债务的，债权人就不能向合伙人个人直接请求清偿。② 合伙企业不能清偿到期债务的，合伙人承担无限连带责任。无限责任是指当合伙企业的全部财产不足以清偿其到期债务时，各合伙人不是以其出资额为限，而是以其自有财产来清偿合伙企业的债务。连带责任是指各合伙人均处于债务人位置，债权人可以向任何一个合伙人主张权利，该合伙人不得以自己的出资份额、协议约定等理由拒绝。③ 合伙人由于承担无限连带责任，其清偿数额超过其亏损分担比例的，有权向其他合伙人追偿。该规定实质上反映了《合伙企业法》对合伙人对外承担清偿责任后，合伙人之间对合伙企业债务的分担与追偿。

合伙人约定的分担比例对债权人无约束力。债权人可以根据自己的清偿利益，请求全体合伙人中的一人或者数人承担全部清偿责任，也可以按照自己确定的清偿比例向各合伙人分别追索。

【例 3-9】　根据《合伙企业法》的有关规定，普通合伙人承担合伙企业债务责任的方式是(　　)。

　　A. 对外承担连带责任，对内承担按份责任

　　B. 对内对外均承担连带责任

　　C. 对内对外均承担按份责任

　　D. 对内承担连带责任，对外承担按份责任

【分析】   合伙企业损益由合伙人依照合伙协议约定的比例分配和分担，合伙企业财产不足清偿到期债务的，各合伙人应当承担无限连带清偿责任。所以 A 选项正确。

(2) 合伙人的债务清偿和合伙企业的关系。

这里的"合伙人的债务"是指合伙人在合伙企业之外所发生的个人债务。由于合伙人在合伙企业中拥有财产权益，合伙人的债权人为实现其债权会向合伙企业提出清偿请求。《合伙企业法》对此作出如下规定：① 合伙人发生与合伙企业无关的债务，相关债权人不得以其债权抵销其对合伙企业的债务；也不得代位行使合伙人在合伙企业中的权利。② 合伙人个人债务的清偿。合伙人的个人债务首先用合伙人的自有财产清偿，当自有财产不足清偿的，该合伙人可以以其从合伙企业中分取的收益用于清偿，债权人也可以依法请求人民法院强制执行该合伙人在合伙企业中的财产份额用于清偿。人民法院强制执行合伙人的财产份额时，应当通知全体合伙人，其他合伙人有优先购买权；其他合伙人未购买，又不同意将该财产份额转让给他人的，依照《合伙企业法》的规定为该合伙人办理退伙结算，或者办理削减该合伙人相应财产份额的结算。

(五) 入伙与退伙

1. 入伙

入伙是指在合伙企业经营期间，合伙人以外的第三人加入合伙企业，从而取得合伙人资格。《合伙企业法》对入伙作出如下规定：

(1) 新合伙人入伙，除合伙协议另有约定外，应当经全体合伙人一致同意，并依法订立书面入伙协议。订立入伙协议时，原合伙人应当向新合伙人如实告知原合伙企业的经营状况和财务状况。这一规定，包含四个方面：一是新合伙人入伙，应经全体合伙人一致同意；否则，不能入伙。二是如果合伙协议对入伙另有约定的，则按合伙协议的约定执行，如合伙协议约定新合伙人入伙只需 2 / 3 以上合伙人同意即可，就按协议约定办理。三是新合伙人入伙，应依法订立书面的入伙协议，合伙企业的基础是合伙协议，有新合伙人加入，就应在原合伙协议的基础上作出相应的变更，明确各合伙人的权利义务。四是订立入伙协议时，原合伙人应当向新合伙人如实告知原合伙企业的经营状况和财务状况。

(2) 入伙的新合伙人与原合伙人享有同等权利，承担同等责任，入伙协议另有约定的，从其约定。这一规定是对合伙企业新合伙人的权利和责任作了明确规定。一般情况下，新合伙人入伙后，应与其他合伙人享有同等的权利，承担同等的责任。但法律同时规定，合伙协议另有规定的，从其规定。但《合伙企业法》同时规定，新合伙人对入伙前合伙企业的债务承担无限连带责任。

2. 退伙

退伙是指合伙人退出合伙企业，从而丧失合伙人资格。

(1) 退伙的原因。

退伙可以分为自愿退伙和法定退伙。

自愿退伙是指合伙人基于自己的意愿而退伙。自愿退伙又分为协议退伙和通知退伙。

协议退伙是指合伙人可以按合伙协议的约定退出合伙企业。合伙人在合伙协议中约定合伙期限的，在合伙企业存续期间，有下列情形之一的，合伙人可以退伙：① 合伙协议约定的退伙事由出现；② 经全体合伙人一致同意；③ 发生合伙人难以继续参加合伙的事由；④ 其他合伙人严重违反合伙协议约定的义务。

通知退伙是指在具备一定条件下通知其他合伙人就可退出合伙企业。《合伙企业法》规定，合伙协议未约定经营期限的，合伙人在不给合伙企业事务执行造成不利影响的情况下，可以退伙，但应当提前30日通知其他合伙人。由此可见，通知退伙需具备3个条件：① 合伙协议中未约定合伙企业的经营期限；② 合伙人的退伙不给合伙企业事务执行造成不利影响；③ 应提前30天通知其他合伙人。

合伙人不按《合伙企业法》规定退伙的，应当赔偿由此给合伙企业造成的损失。

法定退伙是指因为法律规定的事由出现而使合伙人退伙。法定退伙又分为当然退伙和除名退伙。

当然退伙是指发生了某种客观情况而导致的退伙。《合伙企业法》规定，合伙人有下列情况之一的，当然退伙：① 作为合伙人的自然人死亡或者被依法宣告死亡；② 个人丧失偿债能力；③ 作为合伙人的法人或者其他组织依法被吊销营业执照、责令关闭、撤销，或者被宣告破产；④ 法律规定或者合伙协议约定合伙人必须具有相关资格而丧失该资格；⑤ 合伙人在合伙企业中的全部财产份额被人民法院强制执行。此外，《合伙企业法》还规定：合伙人被依法认定为无民事行为能力人或者限制民事行为能力人的，经其他合伙人一致同意，可以依法转为有限合伙人，普通合伙企业依法转为有限合伙企业。其他合伙人未能一致同意的，该无民事行为能力或者限制民事行为能力的合伙人退伙。

除名退伙是指在合伙人出现法定事由的情形下，由其他合伙人决议将该合伙人除名。法律规定除名退伙的事由有：① 未履行出资义务；② 因故意或者重大过失给合伙企业造成损失；③ 执行合伙事务时有不正当行为；④ 发生合伙协议约定的事由。对合伙人的除名决议应当书面通知被除名人。被除名人接到除名通知之日，除名生效，被除名人退伙。被除名人对除名决议有异议的，可以自接到除名通知之日起30日内，向人民法院起诉。

(2) 退伙的法律效果。

退伙的法律效果是指退伙时退伙人在合伙企业中的财产份额和民事责任的归属变动。分为两类情况：

第一，财产继承。《合伙企业法》规定：合伙人死亡或者被依法宣告死亡的，对该合伙人在合伙企业中的财产份额享有合法继承权的继承人，按照合伙协议的约定或者经全体合伙人一致同意，从继承开始之日起，取得该合伙企业的合伙人资格。但有下列情形之一的，合伙企业应当向合伙人的继承人退还被继承合伙人的财产份额：① 继承人不愿意成为合伙人；② 法律规定或者合伙协议约定合伙人必须具有相关资格，而该继承人未取得该资格；③ 合伙协议约定不能成为合伙人的其他情形。合伙人的继承人为无民事行为能力人或者限制民事行为能力人的，经全体合伙人一致同意，可以依法成为有限合伙人，普通合伙企业依法转为有限合伙企业。全体合伙人未能一致同意的，合伙企业应当将被继承合伙人的财产份额退还该继承人。根据这一法律规定，合伙人死亡时其继承人可以依法定条件取得该合伙企业的合伙人资格：一是合法继承权；二是有合伙协议的约定或者全体合伙人的一致同意；三是继承人愿意。死亡合伙人的继承人取得该合伙企业的合伙人资格，从继承开始之日获得。

第二，退伙结算。《合伙企业法》规定主要包括：① 合伙人退伙，其他合伙人应当与该退伙人按照退伙时的合伙企业财产状况进行结算，退还退伙人的财产份额。退伙人对给合伙企业造成的损失负有赔偿责任的，相应扣减其应当赔偿的数额。退伙时有未了结的合伙企业事务的，待该事务了结后进行结算。② 退伙人在合伙企业中财产份额的退还办法，由合伙协议约定或者由全体合伙人决定，可以退还货币，也可以退还实物。③ 退伙人对基于其退伙前的原因发生的合伙企业债务，承担无限连带责任。④ 合伙人退伙时，合伙企业财产少于合伙企业债务的，退伙人应当依照法律规定分担亏损，即按《合伙企业法》规定损益分配原则分担亏损。

(六) 特殊的普通合伙企业

1. 特殊的普通合伙企业的概念

特殊普通合伙企业是指以专业知识和专门技能为客户提供有偿服务的专业服务机构，如律师事务所、会计师事务所等。特殊普通合伙企业名称中应标明"特殊普通合伙"字样。

2. 特殊的普通合伙企业承担责任的形式

(1) 责任承担。

《合伙企业法》规定：一个合伙人或者数个合伙人在执业活动中因故意或者重大过失造成合伙企业债务的，应当承担无限责任或者无限连带责任，其他合伙人以其在合伙企业中的财产份额为限承担责任；合伙人在执业活动中非因故意或者重大过失造成的合伙企业债务以及合伙企业的其他债务，由全体合伙人承担无限连带责任。由上述规定可见，特殊普通合伙企业在承担责任的形式上不同于普通合伙企业。其承担责任的形式有两种：① 有限责任与无限责任相结合。即一个合伙人或者数个合伙人在执业活动中因故意或者重大过失造成合伙企业债务的，应当承担无限责任或者无限连带责任，其他合伙人以其在合伙企业中的财产份额为限承担责任。这与普通合伙企业是不同的，在普通合伙企业中，合伙人即使是基于故意或者重大过失而给合伙企业造成债务，在对外责任的承担上依然是由全体合伙人承担无限连带责任，尽管对内其他合伙人可以追索有过错的合伙人，而在特殊的普通合伙企业中，出现由于个别合伙人的故意或者重大过失而导致的合伙企业债务时，没有过错的其他合伙人是不需要承担对外责任的，债权人也只能追索有过错的合伙人。② 无限连带责任。合伙人在执业活动中非因故意或者重大过失造成的合伙企业债务以及合伙企业的其他债务，由全体合伙人承担无限连带责任。这里强调的是合伙人在执业中既无故意，又无重大过失而造成的合伙企业债务，全体合伙人均承担无限连带责任。

【例 3-10】 注册会计师甲、乙、丙投资设立 A 会计师事务所，该会计师事务所的形式为特殊的普通合伙企业。后甲在对 B 上市公司的年度会计报告进行审计过程中，因接受 B 上市公司的贿赂出具了虚假的审计报告，经人民法院判决承担赔偿责任。对该债务责任的承担，根据《合伙企业法》的规定，下列对该债务责任的承担表述正确的是(   )。

    A. 甲承担无限责任或者无限连带责任，其他合伙人以其在合伙企业中的财产份额为限承担责任

    B. 甲以其在合伙企业中的财产份额为限承担责任，其他合伙人承担无限连带责任

    C. 全体合伙人以其在合伙企业中的财产份额为限承担责任

    D. 全体合伙人承担无限连带责任

【分析】 合伙人在执业活动中因故意或者重大过失造成的合伙企业债务以及合伙企业的其他债务，该合伙人应当承担无限责任或者无限连带责任，其他合伙人以其在合伙企业中的财产份额为限承担责任。故正确答案为 A。

(2) 责任追偿。

《合伙企业法》规定：合伙人执业活动中因故意或者重大过失造成的合伙企业债务，以合伙企业财产对外承担责任后，该合伙人应当按照合伙协议的约定对给合伙企业造成的损失承担赔偿责任。

3. 特殊的普通合伙企业执业风险防范

为了降低合伙企业和合伙人的经营风险以及保护债权人利益，《合伙企业法》还对特殊普通合伙企业的执业风险防范作了规定。规定特殊普通合伙企业应建立职业风险基金和办理执业保险。

执业风险基金是指特殊普通合伙企业从其经营收益中提取相应比例的资金留存或者根据相关规定上缴至指定机构所形成的资金，用于偿付合伙人执业过程中造成的债务。执业风险基金应单独立户管理。

执业保险是指职业责任保险，是以各种专业技术人员在从事职业技术工作时因疏忽或过失造成合同对方或他人的人身伤害或财产损失所导致的经济赔偿责任为承保风险的责任保险。

三、有限合伙企业

(一) 有限合伙企业的概念及法律适用

有限合伙企业是指由有限合伙人和普通合伙人共同组成，普通合伙人对合伙企业债务承担无限连带责任，有限合伙人以其认缴的出资额为限对合伙企业债务承担责任的合伙组织。

《合伙企业法》对有限合伙企业有特殊规定的，应当适用《合伙企业法》的有关有限合伙企业的特殊规定，无特殊规定的，适用有关普通合伙企业及其合伙人的一般规定。

(二) 有限合伙企业设立的特殊规定

1. 有限合伙企业人数

《合伙企业法》规定：有限合伙企业由 2 个以上 50 个以下合伙人设立；但是，法律另有规定的除外。有限合伙企业至少应当有 1 个普通合伙人。有限合伙企业的合伙人可以是自然人、法人和其他组织。但国有企业、国有独资公司、上市公司、以及公益性的事业单位、社会团体不得成为有限合伙企业的普通合伙人。

有限合伙企业存续期间，合伙人的人数可以变化，但必须始终由有限合伙人和普通合伙人两部分组成。如果有限合伙企业只剩下普通合伙人的，法律规定应变更为普通合伙企业；如果有限合伙企业只剩下有限合伙人的，应当解散。

2. 有限合伙企业名称

《合伙企业法》规定：有限合伙企业的名称中应标明"有限合伙"字样，而不能标明

"普通合伙"、"特殊普通合伙"、"有限公司"、"有限责任"等字样。

3．有限合伙企业协议

《合伙企业法》规定，有限合伙企业的协议除了符合普通合伙企业协议的规定外，还应载明下列事项：① 普通合伙人和有限合伙人的姓名或者名称、住所；执行事务合伙人应具备的条件和选择程序；② 执行事务合伙人权限与违约处理办法；③ 执行事务合伙人的除名条件和更换程序；④ 有限合伙人入伙、退伙的条件、程序以及相关责任；⑤ 有限合伙人和普通合伙人相互转变程序。

4．有限合伙企业的出资方式及义务

《合伙企业法》规定：有限合伙人可以用货币、实物、知识产权、土地使用权或者其他财产权利作价出资。有限合伙人不得以劳务出资。有限合伙人不得用劳务出资是因为劳务难以变现，当有限合伙人承担合伙企业债务时，是以其出资额为限承担有限责任的，用劳务出资时有限合伙人难以真正承担责任，这不利于债权人利益的保护。

有限合伙人应当按照合伙协议的约定按期足额缴纳出资；未按期足额缴纳的，应当承担补缴义务，并对其他合伙人承担违约责任。

5．有限合伙企业的登记事项

《合伙企业法》规定：有限合伙企业的登记事项中应当载明有限合伙人的姓名或者名称及认缴的出资额。

（三）有限合伙企业事务执行的特殊规定

1．禁止有限合伙人执行合伙事务

《合伙企业法》规定：有限合伙企业由普通合伙人执行合伙事务。执行事务合伙人可以要求在合伙协议中确定执行事务的报酬及报酬提取方式。同时规定，有限合伙人不执行合伙事务，不得对外代表有限合伙企业。有限合伙企业的事务执行人是普通合伙人，明确禁止有限合伙人执行有限合伙企业事务。但有限合伙人的下列行为，不视为执行合伙企业事务：① 参与决定普通合伙人入伙、退伙；② 对企业的经营管理提出建议；③ 参与选择承办有限合伙企业审计业务的会计师事务所；④ 获取经审计的有限合伙企业财务会计报告；⑤ 对涉及自身利益的情况，查阅有限合伙企业财务会计账簿等财务资料；⑥ 在有限合伙企业中的利益受到侵害时，向有责任的合伙人主张权利或者提起诉讼；⑦ 执行事务合伙人怠于行使权利时，督促其行使权利或者为了本企业的利益以自己的名义提起诉讼；⑧ 依法为本企业提供担保。

虽然有限合伙人不执行合伙企业事务，但《合伙企业法》规定：第三人有理由相信有限合伙人为普通合伙人并与其交易的，该有限合伙人对该笔交易承担与普通合伙人同样的责任。有限合伙人未经授权以有限合伙企业名义与他人进行交易，给有限合伙企业或者其他合伙人造成损失的，该有限合伙人应当承担赔偿责任。

【例3-11】 某有限合伙企业的有限合伙人王某，以普通合伙人的身份与甲公司进行交易，甲公司有理由相信其为普通合伙人。根据规定，下列说法正确的是(　　)。

　　A．甲公司自行承担责任

　　B．合伙企业不承担责任

C. 王某以其对合伙企业的出资额对该笔交易承担有限责任

D. 王某针对该笔交易承担与普通合伙人同样的责任

【分析】　根据合伙企业法的规定：第三人有理由相信有限合伙人为普通合伙人并与其交易的，该有限合伙人对该笔交易承担与普通合伙人同样的责任。因此，选项 D 是正确的。

2. 有限合伙人的权利

有限合伙人因为不参与有限合伙企业的事务的执行，对有限合伙企业的对外交易行为没有实际控制权，所以《合伙企业法》对有限合伙人的权利有特殊规定。其具体体现为：① 有限合伙人可以同本企业进行交易；但合伙协议另有约定的除外。② 有限合伙人可以自己经营或者同他人合作经营与本有限合伙企业相竞争的业务；但是，合伙协议另有约定的除外。

(四) 有限合伙企业财产出质与转让的特殊规定

1. 有限合伙人财产份额出质

所谓有限合伙人将在有限合伙企业中的财产份额出质，是指有限合伙人以其在合伙企业中的财产份额对外进行权利质押。《合伙企业法》规定：有限合伙人可以将其在有限合伙企业中的财产份额出质；但是，合伙协议另有约定的除外。

【例 3-12】　甲、乙、丙、丁共同投资设立一个有限合伙企业，甲、乙为普通合伙人，丙、丁为有限合伙人。下列有关合伙人以财产份额出质的表述中，符合合伙企业法律制度规定的有(　　)。

A. 经乙、丙、丁同意，甲可以其在合伙企业中的财产份额出质

B. 如果合伙协议没有约定，即使甲、乙均不同意，丁也可以其在合伙企业中的财产份额出质

C. 合伙协议可以约定，经两个以上合伙人同意，乙可以其在合伙企业中的财产份额出质

D. 合伙协议可以约定，未经两个以上合伙人同意，丙不得以其在合伙企业中的财产份额出质

【分析】　根据规定，普通合伙人以其在合伙企业中的财产份额出质的，须经其他合伙人一致同意(此处不能通过合伙协议约定)，因此选项 C 的说法是错误的；有限合伙人可以将其在有限合伙企业中的财产份额出质。但是合伙协议另有约定的除外。因此，选项 B、D 的说法正确。

2. 有限合伙人财产份额的转让

《合伙企业法》规定：有限合伙人可以按照合伙协议的约定向合伙人以外的人转让其在有限合伙企业中的财产份额，但应当提前 30 日通知其他合伙人。有限合伙人向外转让其有限合伙企业的财产份额的规定体现在以下两方面：一是要按照合伙协议的约定转让；二是应提前 30 天通知其他合伙人。

(五) 有限合伙企业债务清偿的特殊规定

《合伙企业法》规定：有限合伙人的自有财产不足清偿其与合伙企业无关的债务的，

该合伙人可以以其从有限合伙企业中分取的收益用于清偿；债权人也可以依法请求人民法院强制执行该合伙人在有限合伙企业中的财产份额用于清偿。由此可见，有限合伙人清偿其个人债务时，首先应用其自有财产进行清偿，当其自有财产不足清偿时，才可以用从有限合伙企业中分取的收益清偿，只有在有限合伙人自有财产不足清偿与合伙企业无关的债务时，人民法院才可以应债权人请求强制执行该合伙人在有限合伙企业中的财产份额用于清偿。《合伙企业法》规定：人民法院强制执行有限合伙人的财产份额时，应当通知全体合伙人，在同等条件下，其他合伙人有优先购买权。

（六）有限合伙企业入伙与退伙的特殊规定

1. 入伙

在有限合伙企业中，新入伙的有限合伙人对入伙前有限合伙企业的债务，以其认缴的出资额为限承担责任。而在普通合伙企业中，新入伙的合伙人对入伙前合伙企业的债务承担连带责任。

2. 退伙

有限合伙人的退伙情形与普通合伙企业的规定一样。但《合伙企业法》对有限合伙人丧失民事行为能力的处理、财产继承以及退伙后的责任承担等有特殊规定。

《合伙企业法》规定：作为有限合伙人的自然人在有限合伙企业存续期间丧失民事行为能力的，其他合伙人不得因此要求其退伙。这是因为有限合伙人不执行有限合伙企业事务，作为有限合伙人的自然人丧失民事行为能力，并不影响有限合伙企业的正常经营活动。所以，其他合伙人不得因此要求丧失民事行为能力的合伙人退伙。

《合伙企业法》规定：作为有限合伙人的自然人死亡、被依法宣告死亡或者作为有限合伙人的法人及其他组织终止时，其继承人或者权利承受人可以依法取得该有限合伙人在有限合伙企业中的资格。

《合伙企业法》规定：有限合伙人退伙后，对基于其退伙前的原因发生的有限合伙企业债务，以其退伙时从有限合伙企业中取回的财产承担责任。

【例3-13】 某有限合伙企业由甲、乙、丙、丁四人出资设立，其中，甲、乙为普通合伙人，丙、丁为有限合伙人。后丙因故退伙。对于在丙退伙前有限合伙企业既有的债务，丙应承担责任的正确表述是(   )。

    A. 丙以其认缴的出资额为限承担责任

    B. 丙以其实缴的出资额为限承担责任

    C. 丙以其退伙时从有限合伙企业中取回的财产承担责任

    D. 丙不承担责任

【分析】 根据规定，有限合伙人退伙后，对基于其退伙前的原因发生的有限合伙企业债务，以其退伙时从有限合伙企业中取回的财产承担责任。因此，答案为C。

（七）有限合伙人与普通合伙人的相互转变的特殊规定

《合伙企业法》规定：除合伙协议另有约定外，普通合伙人转变为有限合伙人，或者有限合伙人转变为普通合伙人，应当经全体合伙人一致同意。有限合伙人转变为普通合伙人的,对其作为有限合伙人期间有限合伙企业发生的债务承担无限连带责任。普通合伙人转变为有限合伙人的,对其作为普通合伙人期间合伙企业发生的债务承担无限连带责任。

【例3-14】 甲、乙、丙、丁成立一普通合伙企业,一年后甲转为有限合伙人。此前,合伙企业欠银行债务30万元,该债务直至合伙企业因严重资不抵债被宣告破产仍未偿还。对该30万元银行债务的偿还,下列哪一选项是正确的?

    A. 乙、丙、丁应按合伙份额对该笔债务承担清偿责任,甲无须承担责任

    B. 各合伙人均应对该笔债务承担无限连带责任

    C. 乙、丙、丁应对该笔债务承担无限连带责任,甲无须承担责任

    D. 合伙企业已宣告破产,债务归于消灭,各合伙人无须偿还该笔债务

【分析】 ① 合伙企业不能清偿到期债务的,合伙人承担无限连带责任;② 普通合伙人转变为有限合伙人的,对其作为普通合伙人期间合伙企业发生的债务承担无限连带责任。本题中,甲虽然从普通合伙人转变为有限合伙人,但是对于其作为普通合伙人期间合伙企业发生的债务仍然承担无限连带责任。因此,答案B是正确的。

四、合伙企业的解散与清算

(一) 合伙企业的解散

合伙企业的解散是指合伙人解除合伙协议,终止合伙企业活动的行为。

《合伙企业法》规定,合伙企业有下列情形之一的,应当解散:① 合伙期限届满,合伙人决定不再经营;② 合伙协议约定的解散事由出现;③ 全体合伙人决定解散;④ 合伙人已不具备法定人数满30天;⑤ 合伙协议约定的合伙目的已经实现或者无法实现;⑥ 依法被吊销营业执照、责令关闭或者被撤销;⑦ 法律、行政法规规定的其他原因。

(二) 合伙企业的清算

合伙企业解散后,应当按《合伙企业法》的规定进行清算。

1. 确定清算人

合伙企业解散后,应该由清算人进行清算,依据《合伙企业法》规定,合伙企业的清算人由全体合伙人担任;经全体合伙人过半数同意,可以自合伙企业解散事由出现后15日内指定一个或者数个合伙人,或者委托第三人担任清算人。自合伙企业解散事由出现之日起15日内未确定清算人的,合伙人或者其他利害关系人可以申请人民法院指定清算人。

清算人在清算期间,执行下列事务:① 清理合伙企业财产,分别编制资产负债表和财产清单;② 处理与清算有关的合伙企业未了结事务;③ 清缴所欠税款;④ 清理债权、债务;⑤ 处理合伙企业清偿债务后的剩余财产;⑥ 代表合伙企业参加诉讼或者仲裁活动。

2. 通知和公告债权人

清算人自被确定之日起10日内将合伙企业解散事项通知债权人,并于60日内在报纸上公告。债权人应当自接到通知书之日起30日内,未接到通知书的自公告之日起45日内,向清算人申报债权。债权人申报债权,应当说明债权的有关事项,并提供证明材料。清算人应当对债权进行登记。清算期间,合伙企业存续,但不得开展与清算无关的经营活动。

3. 财产清偿顺序

合伙企业的财产首先应当支付清算费用。所谓清算费用，主要是指清算中保管和处分合伙企业财产的费用，如仓储费、保管费等费用，以及清算过程中的其他费用，如通告债权人的费用、咨询费、诉讼费等。

在支付了清算费用以后，按照下列顺序进行清偿：① 职工工资、社会保险费用、法定补偿金；② 缴纳所欠税款；③ 合伙企业所欠债务；④ 合伙人分配剩余财产。

对剩余财产的分配，应按合伙协议的约定办理；合伙协议未约定的或者约定不明确的，由合伙人协商决定；协商不成的，由合伙人按照实缴出资比例分配；无法确定出资比例的，由合伙人平均分配。

4. 编制清算报告和注销登记

《合伙企业法》规定：清算结束，清算人应当编制清算报告，经全体合伙人签名、盖章后，在 15 日内向企业登记机关报送清算报告，申请办理合伙企业注销登记。

合伙企业注销后，原普通合伙人对合伙企业存续期间的债务仍应承担无限连带责任。

5. 合伙企业不能清偿到期债务的处理

合伙企业不能清偿到期债务的，债权人可以依法向人民法院提出破产清算申请，也可以要求普通合伙人清偿。

合伙企业依法被宣告破产的，普通合伙人对合伙企业债务仍应承担无限连带责任。

五、违反合伙企业法的法律责任

(一) 合伙企业及合伙人违法行为应承担的法律责任

合伙企业及合伙人违反下列情形，应承担的法律责任有：

(1) 违反《合伙企业法》规定，提交虚假文件或者采取其他欺骗手段，取得合伙企业登记的，由企业登记机关责令改正，处以 5000 元以上 5 万元以下的罚款；情节严重的，撤销企业登记，并处以 5 万元以上 20 万元以下的罚款。

(2) 违反《合伙企业法》规定，合伙企业未在其名称中标明"普通合伙"、"特殊普通合伙"或者"有限合伙"字样的，由企业登记机关责令限期改正，处以 2000 元以上 1 万元以下的罚款。

(3) 违反《合伙企业法》规定，未领取营业执照，而以合伙企业或者合伙企业分支机构名义从事合伙业务的，由企业登记机关责令停止，处以 5000 元以上 5 万元以下的罚款。

(4) 合伙企业登记事项发生变更时，未依照本法规定办理变更登记的，由企业登记机关责令限期登记；逾期不登记的，处以 2000 元以上 2 万元以下的罚款。合伙企业登记事项发生变更，执行合伙事务的合伙人未按期申请办理变更登记的，应当赔偿由此给合伙企业、其他合伙人或者善意第三人造成的损失。

(5) 合伙人执行合伙事务，或者合伙企业从业人员利用职务上的便利，将应当归合伙企业的利益据为己有的，或者采取其他手段侵占合伙企业财产的，应当将该利益和财产退还合伙企业；给合伙企业或者其他合伙人造成损失的，依法承担赔偿责任。

(6) 合伙人对本法规定或者合伙协议约定必须经全体合伙人一致同意才能执行的事务擅自处理，给合伙企业或者其他合伙人造成损失的，依法承担赔偿责任。

(7) 不具有事务执行权的合伙人擅自执行合伙事务，给合伙企业或者其他合伙人造成损失的，依法承担赔偿责任。

(8) 合伙人违反本法规定或者合伙协议的约定，从事与本合伙企业相竞争的业务或者与本合伙企业进行交易的，该收益归合伙企业所有；给合伙企业或者其他合伙人造成损失的，依法承担赔偿责任。

(9) 合伙人违反合伙协议的，应当依法承担违约责任。合伙人履行合伙协议发生争议的，合伙人可以通过协商或者调解解决。不愿通过协商、调解解决或者协商、调解不成的，可以按照合伙协议约定的仲裁条款或者事后达成的书面仲裁协议，向仲裁机构申请仲裁。合伙协议中未订立仲裁条款，事后又没有达成书面仲裁协议的，可以向人民法院起诉。

（二）合伙企业清算人违法行为应承担的法律责任

合伙企业清算人违反下列情形，应承担的法律责任有：

(1) 清算人未依照《合伙企业法》规定向企业登记机关报送清算报告，或者报送清算报告隐瞒重要事实，或者有重大遗漏的，由企业登记机关责令改正。由此产生的费用和损失，由清算人承担和赔偿。

(2) 清算人执行清算事务，牟取非法收入或者侵占合伙企业财产的，应当将该收入和侵占的财产退还合伙企业；给合伙企业或者其他合伙人造成损失的，依法承担赔偿责任。

(3) 清算人违反《合伙企业法》规定，隐匿、转移合伙企业财产，对资产负债表或者财产清单作虚假记载，或者在未清偿债务前分配财产，损害债权人利益的，依法承担赔偿责任。

（三）其他有关规定

(1) 有关行政管理机关的工作人员违反《合伙企业法》规定，滥用职权、徇私舞弊、收受贿赂、侵害合伙企业合法权益的，依法给予行政处分。

(2) 违反《合伙企业法》规定，构成犯罪的，依法追究刑事责任。

(3) 违反《合伙企业法》规定，应当承担民事赔偿责任和缴纳罚款、罚金，其财产不足以同时支付的，先承担民事赔偿责任。

思考与练习

一、思考题

1. 个人独资企业的设立条件有哪些？
2. 合伙人退伙的原因有哪些？
3. 合伙企业解散时，其财产应当如何清偿？

二、单项选择题

1. 甲以个人财产出资设立个人独资企业，该企业因经营不善被解散，其财产不足以清偿所负债务。对于尚未清偿的债务，下列表述中，符合个人独资企业法律制度规定的是（　　）。

  A．甲不再清偿

  B．甲应以个人的其他财产予以清偿，仍不足清偿的，则不再清偿

  C．甲应以家庭共有财产予以清偿，仍不足清偿的，则不再清偿

  D．甲应以个人的其他财产予以清偿，但债权人在该企业解散后 5 年内未提出偿债清求的，则不再清偿

 2．甲以夫妻共有的写字楼作为出资设立个人独资企业。企业设立后，其妻乙购体育彩票中奖 100 万元，后提出与甲离婚。离婚诉讼期间，甲的独资企业宣告解散，尚欠银行债务 120 万元。该项债务的清偿责任应如何确定（　　）。

  A．甲以其在家庭共有财产中应占的份额对银行承担无限责任

  B．甲以家庭共有财产承担无限责任，但乙中奖的 100 万元除外

  C．甲以全部家庭共有财产承担无限责任，包括乙中奖的 100 万元在内

  D．甲仅以写字楼对银行承担责任

 3．某有限合伙企业合伙协议的下列约定中，符合合伙企业法律制度规定的是（　　）。

  A．普通合伙人以现金出资，有限合伙人以劳务出资

  B．合伙企业成立后前 3 年的利润全部分配给普通合伙人

  C．有限合伙人甲对外代表本合伙企业，执行合伙事务

  D．合伙企业由普通合伙人 1 人、有限合伙人 99 人组成

 4．下列关于有限合伙企业的说法正确的是（　　）。

  A．有限合伙企业合伙人至少为 2 人，对于合伙企业合伙人数的最高限额，我国合伙企业法未作规定

  B．国有独资公司可以成为有限合伙企业的普通合伙人

  C．有限合伙人不执行合伙事务，不得对外代表有限合伙企业

  D．有限合伙人可以使用劳务作为出资

 三、多项选择题

 1．贾某是一有限合伙企业的有限合伙人。下列选项正确的是（　　）。

  A．若贾某被法院判决认定为无民事行为能力人，其他合伙人可以因此要求其退伙

  B．若贾某死亡，其继承人可以取得贾某在有限合伙企业中的资格

  C．若贾某转为普通合伙人，其必须对其作为有限合伙人期间企业发生的债务承担无限连带责任

  D．如果合伙协议没有限制，贾某可以不经过其他合伙人同意而将其在合伙企业中的财产份额出质

 2．甲、乙、丙、丁欲设立一有限合伙企业，合伙协议中约定了如下内容，其中符合法律规定的是（　　）。

  A．甲仅以出资额为限对企业债务承担责任，同时被推举为合伙事务执行人

  B．丙以其劳务出资，为普通合伙人，其出资份额经各合伙人商定为 5 万元

C. 合伙企业的利润由甲、乙、丁三人分配,丙仅按营业额提取一定比例的劳务报酬

D. 经全体合伙人同意,有限合伙人可以全部转为普通合伙人,普通合伙人也可以全部转为有限合伙人

3. 甲、乙、丙、丁四人合伙设立一粮油加工企业,甲出资 1 万元,乙负责购买机器,丙提供自家闲置的西房作为厂房,丁因为懂加工技术,由其负责日常的经营和维修工作。在企业创建的第一年,企业效益很好,共赢利 4 万元,甲、乙、丙、丁四人各分得 1 万元。然而市场变化莫测,粮油加工产品滞销,该合伙企业发生了一系列事情。请根据有关法律,回答:若甲为减少自己的出资损失,私自将合伙企业的产品低价出售于戊,则下列说法正确的是(　　)。

A. 合伙企业可以宣布甲与戊的买卖行为无效

B. 若戊为不知情的善意第三人,则合伙企业不得宣布甲与戊的买卖行为无效

C. 若戊明知甲为私自处分,则合伙企业可以宣布戊与甲的买卖行为无效

D. 若戊明知甲为私自处分,合伙企业仍不得宣布甲与戊的买卖行为无效

4. 已知背景(条件或其他表述)同上题,假如该企业发生亏损,则下列说法正确的是(　　)。

A. 因丁只提供技术性劳务,故对合伙经营的亏损对外不承担连带责任

B. 丁虽只提供技术性劳务,仍对合伙经营的亏损对外承担连带责任

C. 该企业的亏损应由甲、乙、丙三人连带承担

D. 丁对内应和其他合伙人按实际的盈余分配比例对合伙经营的亏损承担责任

5. 2002 年 3 月,甲、乙、丙共同设立一合伙企业,合伙协议约定:甲以现金 8 万元出资,乙以房屋作价人民币 6 万元出资,丙以劳务作价人民币 4 万元出资;各合伙人按照相同的比例分配利润、分担亏损,合伙企业于 2002 年 3 月向银行贷款人民币 2 万元,期限为 1 年。2002 年 9 月,甲经乙、丙同意退伙并办理了退伙结算手续。2002 年 10 月丁入伙,丁入伙后,因经营环境变化,企业严重亏损,2003 年 1 月,乙、丙、丁决定解散合伙企业。并将合伙企业现有资产价值人民币 10 万元予以分配,但对未到期的银行贷款未予清偿。基于以上情况,请回答:关于如何清偿银行贷款,下列说法正确的有(　　)。

A. 合伙企业所欠银行贷款首先应用合伙企业的财产清偿

B. 合伙企业财产不足清偿,由各合伙人承担无限连带责任

C. 乙、丙、丁在合伙企业解散时,未清偿债务便分配财产,是违法无效的,应全部退还已分得的财产

D. 退还的财产应首先用于清偿银行贷款,不足清偿的部分,由甲、乙、丙、丁承担无限连带责任

四、案例分析题

2016 年 1 月,注册会计师甲、乙、丙三人在北京成立了一家会计师事务所,性质为特殊的普通合伙。甲、乙、丙在合伙协议中约定:① 甲、丙分别以现金 300 万元和 50 万元出资,乙以一套房屋出资,作价 200 万元,作为会计师事务所的办公场所;② 会计师事务所的盈亏按照各自的出资比例享有和承担;③ 甲负责执行合伙事务。

2016 年 2 月，乙拟将其在会计师事务所中的财产份额转让给 A。丙表示同意，甲则对乙拟转让的财产份额主张优先购买权，乙以合伙协议中未约定优先购买权为由予以拒绝。

2016 年 3 月，丙在为 B 公司提供审计服务时，因重大过失给 B 公司造成 300 万元损失。该会计师事务所现有全部财产价值 250 万元，其中，乙用于出资的房屋变现价值为 230 万元。该会计师事务所在将全部财产用于赔偿 B 公司后，要求丙向 B 公司支付剩余的 50 万元赔偿金。丙则认为，合伙协议约定合伙人对于会计师事务所的亏损按照各自出资比例承担，自己不应对合伙企业财产不足清偿的债务承担全部责任。乙认为其对此债务只应以出资额为限承担责任，而其出资的房屋已经升值，目前变现价值为 230 万元，故丙应退还其 30 万元。

2016 年 5 月，因会计师事务所在北京的业务量下降，甲提出将会计师事务所的主要经营地点迁至上海。在合伙人会议上，乙对此表示赞同，丙则反对。甲、乙认为，其二人人数及所持出资额均超过半数，且合伙协议对此无特别约定，于是作出迁址决议。

根据上述内容，分别回答下列问题：

(1) 甲对乙拟转让给 A 的合伙企业财产份额是否享有优先购买权？并说明理由。

(2) 乙是否有权要求丙退还 30 万元？并说明理由。

(3) 丙是否应当单独承担对 B 公司剩余 50 万元的赔偿责任？并说明理由。

(4) 将会计师事务所迁至上海的决议是否有效？并说明理由。

第四章

公司法律制度

本章教学要点：

(1) 了解公司的概念、特征及分类，有关公司的立法及原则。

(2) 掌握有限责任公司和股份有限公司的设立和组织机构，股份的发行和转让。

(3) 掌握公司财务会计的有关法律规定。

导入案例

　　甲、乙、丙、丁、戊拟共同组建一有限责任性质的饮料公司，注册资本 200 万元，其中甲、乙各以货币 60 万元出资；丙以实物出资，经评估机构评估为 20 万元；丁以其专利技术出资，作价 50 万元；戊以劳务出资，经全体出资人同意作价 10 万元。公司拟不设董事会，由甲任执行董事；不设监事会，由丙担任公司的监事。饮料公司成立后经营一直不景气，已欠 A 银行贷款 100 万元未还。经股东会决议，决定把饮料公司唯一盈利的保健品车间分出去，另成立有独立法人资格的保健品厂。后饮料公司增资扩股，乙将其股份转让给大北公司。

　　结合以上描述回答问题：

　　(1) 饮料公司组建过程中，各股东的出资是否存在不符合公司法的规定之处？为什么？

　　(2) 饮料公司的组织机构设置是否符合公司法的规定？为什么？

　　(3) 饮料公司设立保健品厂的行为在公司法上属于什么性质的行为？设立后，饮料公司原有的债权债务应如何承担？

　　(4) 乙转让股份时应遵循股份转让的何种规则？

第一节　公司法概述

一、公司的概念与种类

（一）公司的概念与特征

　　根据我国立法的原则规定，公司是指依据公司立法所规定的条件和程序设立的、以营利为目的、由股东投资形成的企业法人。我国的公司主要有以下四个法律特征。

1. 依法设立

公司必须依法定条件、法定程序设立。这一方面要求公司的章程、资本、组织机构、活动原则等必须合法；另一方面，要求公司设立要经过法定程序进行工商登记。另外，公司依法设立有时还必须符合其他法律的规定，如商业银行法、保险法、证券法等行业管理法律，有时公司还可能是依据特别法或行政命令设立。

2. 以营利为目的

以营利为目的是指股东即出资者设立公司的目的是为营利，即从公司经营中取得利润。因此，营利目的不仅要求公司本身为营利而活动，而且要求公司有盈利时应当分配给股东。公司的营利活动应是具有连续性的营业，一次性的、间歇性的营利行为不构成经营性的营业活动。

3. 以股东投资设立为基础

公司由股东投资设立。股东投资行为形成的权利是股权。依据《中华人民共和国公司法》(以下简称《公司法》)第 4 条规定，公司股东依法享有资产受益、参与重大决策和选择管理者等权利。

4. 具有法人资格

公司是企业法人，应当符合《民法总则》规定的法人条件。法人是具有民事权利能力和民事行为能力，依法独立享有民事权利和承担民事义务的组织。我国《公司法》规定的有限责任公司和股份有限公司均具有法人资格，股东以其认缴的出资额或认购的股份为限对公司承担有限责任。

(二) 公司的分类

根据不同的标准，可将公司分为以下不同的种类：

(1) 按公司信用基础的不同，将公司分为人合公司、资合公司、人合兼资合公司。

人合公司是指以股东个人的财力、能力和信誉作为信用基础的公司，其典型的形式是无限公司。

资合公司是指以资本作为信用基础的公司，其典型形式是上市公司。

人合兼资合公司是指同时以股东个人信用和公司资本作为信用基础的公司，其典型形式是两合公司和规模小的有限公司。

(2) 按承担责任的不同，将公司分为无限公司、两合公司、有限公司、股份有限公司。

无限公司是指由两个以上股东组成，全体股东对公司债务承担无限连带清偿责任的公司。在出资人的责任承担方面，它与我国的普通合伙企业类似，但我国的普通合伙企业不具有法人资格。我国《公司法》没有确认无限公司这一公司形式。

两合公司是指公司由负有限责任的股东和无限责任的股东共同组成，无限责任股东对公司债务承担无限责任，而有限责任的股东仅以其认缴的出资额为限对公司债务承担有限责任的公司。类似于我国的有限合伙企业，值得注意的是，我国的有限合伙企业也不具有法人资格。

有限责任公司简称有限公司，是指股东以其出资额为限对公司承担责任，公司以其全部资产对公司的债务承担责任的公司。

股份有限公司简称股份公司，是指公司的全部资本分为等额股份，股东以其所持股份为限对公司承担责任，公司以其全部资产对公司的债务承担责任的公司。

我国《公司法》第 2 条规定：本法所称公司是指依照本法在中国境内设立的有限责任公司和股份有限公司。由此可见，我国法律仅承认有限责任公司和股份有限公司这两种形式。

(3) 按控制关系的不同，将公司分为母公司与子公司。

母公司是指拥有另一公司一定比例以上的股份，或者通过协议等方式能够对另一公司实行实际控制的公司，又可称为控股公司。母公司居于控制地位，母公司与子公司的控制主要体现在其股权上。"一定比例"通常指一个公司拥有另一个公司 50%以上有表决权股份，但实践中，对于股东人数众多、持股分散的公司，无需达 50%以上亦可取得实际控制权。"实际控制"通常指一个公司能够对另一个公司的重大事项产生决定性影响并能够据此获得利益，母公司与子公司由此形成关联公司。

子公司是指该公司一定比例以上的股份为另一公司持有或控制的公司。子公司虽受母公司控制，但具有独立的法人资格。子公司被实际控制的事实状态不影响其在人格、业务、财产及责任承担等方面法律上的独立性。

(4) 按管辖关系的不同，将公司分为总公司与分公司。

总公司又称本公司，是指依法设立管辖公司内部事项和组织机构的具有企业法人资格的总机构。总公司通常先于分公司而设立，在公司内部管辖系统中处于领导、支配地位。《企业名称登记管理规定》要求，在企业名称中使用"总"字的，必须下设 3 个以上分支机构。

分公司是指在业务、资金、人事等方面受总公司管辖而不具有法人资格的分支机构。分公司属于分支机构，在法律上、经济上没有独立性，仅仅是总公司的附属机构。分公司没有自己的名称、章程，没有自己的财产，并以总公司的财产对分公司的债务承担法律责任。

【例 4-1】 下列各项表述中，正确的是(   )。

　　A. 分公司、子公司都具有企业法人资格

　　B. 分公司、子公司都不具有企业法人资格

　　C. 分公司不具有企业法人资格，其民事责任由总公司承担

　　D. 子公司具有企业法人资格，其民事责任由母公司承担

【分析】 分公司不具有法人资格，其民事责任由总公司承担。子公司具有企业法人资格，其民事责任由自己承担。正确答案为 C。

(三) 我国《公司法》对有限责任公司与股份有限公司的不同规定

我国《公司法》规定的有限责任公司与股份有限公司主要存在以下区别：

(1) 股东或发起人人数的限制不同。《公司法》对有限责任公司的股东人数不作下限规定，仅作了 50 人以下的上限规定，并允许设立一人有限责任公司和国有独资公司。股份有限公司发起人的人数有上下限之规定，即 2 人以上 200 人以下，而且须有半数以上的发起人在中国境内有住所。

(2) 设立方式不同。有限责任公司只能以发起方式设立，公司资本只能由发起人认缴，

不允许向社会募集。股份有限公司既可以发起设立，也可以募集设立，即由发起人认缴公司设立时发行的一部分股份，其余股份向社会公开募集或者向特定对象募集而设立公司。

(3) 注册资本体现方式不同。有限责任公司的注册资本不划分为等额股份，股东一般依其投资比例行使权利。股份有限公司的注册资本划分为等额股份，股东一般依其所持股份数额行使权利。

(4) 出资证明形式不同。有限责任公司股东的出资证明为出资证明书，通常为纸面形式。股份有限公司股东的出资证明为股票。股票可以采用纸面形式，但目前通常为无纸化形式。有限责任公司股东的出资证明书必须采取记名方式。股份有限公司的股票除法律另有规定者外，既可以采取记名方式，也可以采取无记名方式。

(5) 股权转让方式不同。有限责任公司的股东转让其股权受到一定法律限制。除公司章程另有规定者外，在股东之间可以自由转让其全部或部分股权；股东向股东以外的人转让股权，应当经过其他股东过半数同意。经股东同意转让的股权，在同等条件下，其他股东有优先购买权。股份有限公司的股票以自由转让为原则，以法律限制为例外。股东向股东以外的人转让股票时，其他股东无优先购买权。股票还可以依法在证券交易所上市交易。

(6) 组织机构有所不同。有限责任公司的组织机构设置较股份有限公司更为灵活，如公司的股东人数较少或者规模较小，可以不设董事会，只设一名执行董事，可以不设监事会，而只设 1～2 名监事，在股东会的召集方式、通知时间等方面也较为灵活。此外，一人有限责任公司和国有独资公司不设股东会，机构运作模式也有差异。股份有限公司则必须设置股东大会、董事会、监事会，依法规范运作。

(7) 信息披露义务不同。股份有限公司具有开放性，尤其是向社会募集股份的公司，负有法律规定的信息披露义务，其财务状况和经营情况等要依法进行公开披露，以保障社会投资者的利益。有限责任公司则因其为非开放型公司而不受此限制。

(8) 企业所有权与经营权分离程度不同。股份有限公司尤其是向社会公众发行股票的上市公司，其所有权与经营权分离程度较高，所以必须强调组织机构与法人治理机制的完善，法律对其规定较多的强制性义务。有限责任公司的两权分离程度较低，其股东多通过出任经营职务直接参与公司的经营管理，决定公司事务，所以更强调当事人的意思自治。

二、公司法概述

(一) 公司法的概念

公司法是规定公司法律地位、调整公司组织关系、规范公司在设立、变更与终止过程中的组织行为的法律规范的总称。公司法的概念有广义与狭义之分。狭义的公司法，仅指专门调整公司问题的法典，如《公司法》。广义的公司法，除包括专门的公司法典外，还包括其他有关公司的法律、法规、行政规章、司法解释以及其他各法之中的调整公司组织关系、规范公司组织行为的法律规范，如《公司登记管理条例》、《民法总则》、《外商投资》等法中的相关规定。

我国的《公司法》由第八届全国人大常委会第五次会议于 1993 年 12 月 29 日通过，自 1994 年 7 月 1 日起施行。此后，《公司法》于 1999 年、2004 年进行了两次小的修订，于

2005 年、2013 年进行了两次大规模的修订，2018 年进行了第五次修订。《公司登记管理条例》于 1994 年颁布，并分别于 2005 年、2014 年、2016 年进行了三次修订。为正确适用《公司法》，最高人民法院结合审判实践，相继出台了 4 个《关于适用〈中华人民共和国公司法〉若干问题的规定》的司法解释。

（二）公司法人财产权和股东权利

1．公司法人财产权

法人财产权是指公司拥有由股东投资形成的法人财产，并依法对该财产行使占有、使用、收益、处分的权利。公司作为企业法人，对公司财产享有法人财产权。

现行《公司法》有关公司法人财产权有以下规定：

(1) 公司可以向其他企业投资，但是，除法律另有规定外，不得成为对所投资企业的债务承担连带责任的出资人。

(2) 公司向其他企业投资或者为他人提供担保，依照公司章程的规定，由董事会或者股东会、股东大会决议；公司章程对投资或者担保的总额及单项投资或者担保的数额有限额规定的，不得超过规定的限额。

(3) 公司为公司股东或者实际控制人提供担保的，必须经股东会或者股东大会决议。接受担保的股东或者受实际控制人支配的股东，不得参加该事项的表决。该项表决由出席会议的其他股东所持表决权的过半数通过。

2．公司股东的权利

公司股东是指持有公司股份或者出资的人。股东权利简称股东权，是指股东基于股东资格而享有的从公司获取经济利益并参与公司管理的权利。股东权包括股东与财产有关的各种权益和企业内部经营管理的各种权益，是集财产与经营两种权利于一体的一种综合性的新型的独立的权利形态。

《公司法》第 4 条概括地规定了股东权，即公司股东依法享有资产收益、参与重大决策和选择管理者等权利。具体股东的权利可以包括以下内容：发给股票或其他股权证明请求权；股份转让权；股息红利分配请求权；股东会临时召集请求权或自行召集权；出席股东会并行使表决权；对公司财务的监督检查权；公司章程和股东大会记录的查阅权；优先认购新股权；公司剩余财产分配权；权利损害救济权；公司重整申请权；对公司经营的建议与质询权等。

为保护股东权益，《公司法》第 22 条规定：公司股东会或股东大会、董事会的决议内容违反法律、行政法规的无效。股东会或股东大会、董事会的会议召集程序、表决方式违反法律、行政法规或者公司章程，或者决议内容违反公司章程的，股东可以自决议作出之日起 60 日内，请求人民法院撤销。股东据此规定提起诉讼的，人民法院可以应公司的请求，要求股东提供相应担保。

3．公司法人人格否认

《公司法》第 20 条规定：公司股东应当遵守法律、行政法规和公司章程，依法行使股东权利，不得滥用股东权利损害公司或者其他股东的利益；不得滥用公司法人独立地位和股东有限责任损害公司债权人的利益。公司股东滥用股东权利给公司或者其他股东造成损失的，应当依法承担赔偿责任。公司股东滥用公司法人独立地位和股东有限责任，逃避债务，严重损害公司债权人利益的，应当对公司债务承担连带责任。

这一规定实质上是在我国确立了公司法人人格否认制度。所谓公司法人人格否认，又称"揭开公司面纱"，是指对已具有独立法人资格的公司在具体的法律关系中如果由于股东不正当的目的而滥用法人人格并因此对债权人利益和社会公共利益造成了损害，法院可以基于公平正义原则的价值理念否认该法人的独立法人人格，并责令其股东直接对法人的债务承担连带责任的一种法律制度。

第二节　有限责任公司的设立和组织机构

一、有限责任公司的设立

（一）有限责任公司设立的条件

《公司法》规定，设立有限责任公司应具备下列条件。

1. 股东符合法定人数

《公司法》规定：有限责任公司由 50 个以下的股东出资设立。《公司法》规定了有限责任公司股东人数的上限，不得超过 50 个，而没有规定下限，即一个股东也可以设立有限责任公司。有限公司股东既可以是自然人，也可以是法人。

2. 有符合公司章程规定的全体股东认缴的出资额

注册资本是指公司成立时由公司章程记载并在公司登记机构登记的资本总额。《公司法》第 26 条规定：有限责任公司的注册资本为在公司登记机关登记的全体股东认缴的出资额。法律、行政法规以及国务院决定对有限责任公司注册资本实缴、注册资本最低限额另有规定的，从其规定。我国 2005 年的《公司法》曾对各类公司的最低注册资本额有明确规定：有限责任公司注册资本的最低限额为人民币 3 万元；一人有限责任公司，注册资本最低限额为 10 万元；股份有限公司的注册资本最低限额为 500 万元。《公司法》2013 年修订时，不再限制公司设立时股东(发起人)的首次出资比例和缴足出资的期限，公司实收资本也不再作为工商登记事项。但是对于一些特殊行业或从事某种特定业务的公司，仍有关于注册资本最低限额的规定，如证券公司、信托投资公司、与银行业相关的公司等。

《公司法》第 27 条规定：股东可以用货币出资，也可以用实物、知识产权、土地使用权等可以用货币估价并可以依法转让的非货币财产作价出资；但是，法律、行政法规规定不得作为出资的财产除外。对作为出资的非货币财产应当评估作价，核实财产，不得高估或者低估作价。法律、行政法规对评估作价有规定的，从其规定。《最高人民法院关于适用〈中华人民共和国公司法〉若干问题的规定(三)》第 9 条规定：出资人以非货币财产出资，未依法评估作价，公司、其他股东或者公司债权人请求认定出资人未履行出资义务的，人民法院应当委托具有合法资格的评估机构对该财产评估作价。评估确定的价额显著低于公司章程所定价额的，人民法院应当认定出资人未依法全面履行出资义务。《公司登记管理条例》第 14 条规定：股东不得以劳务、信用、自然人姓名、商誉、特许经营权或者设定担保的财产等作价出资。

3．股东共同制定公司章程

公司章程是规定公司组织及活动基本规则的公开性的法律文件，是公司对内对外活动的行为准则，对公司、股东、董事、监事、高管人员均具有约束力。《公司法》规定：设立有限责任公司应由股东共同制定公司章程，股东应当在章程上签名、盖章。

公司章程的内容分为必要记载事项和任意记载事项。必要记载事项是指法律规定的必须在章程中记载的事项。《公司法》规定，有限责任公司章程应当载明下列事项：① 公司名称和住所；② 公司经营范围；③ 公司注册资本；④ 股东的姓名或者名称；⑤ 股东的出资方式、出资额和出资时间；⑥ 公司的机构及其产生办法、职权、议事规则；⑦ 公司法定代表人；⑧ 股东会会议认为需要规定的其他事项。任意记载事项是指由公司自行决定是否记载在公司章程的事项。

4．有公司名称，建立符合有限责任公司要求的组织机构

公司名称是公司的标志。公司名称应当符合法律、法规的规定。《公司法》规定：依法设立的有限责任公司，必须在公司名称中标明"有限责任公司"的字样，依法设立的股份有限公司，必须在公司名称中标明"股份有限公司"的字样。《公司登记管理条例》规定：公司名称应当符合国家有关规定；公司只能使用一个名称；经公司登记机关核准登记的公司名称受法律保护。

有限公司应当设立符合有限责任公司要求的组织机构，即应设立股东会、董事会或者执行董事、监事会或者监事等。

5．有公司住所

设立公司必须要有住所，没有住所的公司不能设立。公司以其主要办事机构所在地为住所。经公司登记机关登记的公司的住所只能有一个，公司住所应当在其公司登记机关辖区内。

（二）有限责任公司的设立程序

有限责任公司的设立原则主要采用准则主义，即除法律法规明确规定须经审批的外，只要具备有限责任公司的设立条件即可向公司登记机关直接办理注册登记。根据《公司法》规定，设立有限责任公司一般应经过如下程序。

1．发起人发起

发起人发起是设立有限责任公司的预备阶段，由发起人明确设立公司的意向，并做出必要准备。如果发起人为多人的，发起人之间应签订发起人协议，以明确各发起人在公司设立过程中的权利与义务。

2．公司名称的预先核准

在我国，实行公司名称预先核准制度，在设立有限责任公司时，应向公司登记机关申请拟设立公司的名称的预先核准。只有待名称获得核准后，再进行设立公司的后续行为。

3．制定公司章程

公司章程应当由全体发起人共同商议起草，并经全体股东共同同意通过方可生效。全体股东应当在公司章程上签名、盖章。

4．必要的审批手续

如果设立的有限责任公司是法律、行政法规规定需要报经批准的有限责任公司，则应当按照法律、行政法规的规定在公司登记前依法办理批准手续。《公司登记管理条例》第22条规定：公司申请登记的经营范围中属于法律、行政法规或者国务院决定规定在登记前须经批准的项目的，应当在申请登记前报经国家有关部门批准，并向公司登记机关提交有关批准文件。

5．缴纳出资

股东以货币出资的，应当将货币出资足额存入有限责任公司在银行开设的账户；以非货币财产出资的，应当依法办理其财产权的转移手续。股东不按照规定缴纳出资的，除应当向公司足额缴纳外，还应当向已按期足额缴纳出资的股东承担违约责任。

6．选举或确立公司机关

公司发起人应当及时在公司章程中确定公司机关及其组成人员，选举董事、监事，组成董事会、监事会。公司董事、监事、经理可以由发起人出任，也可以由发起人之外的民事主体出任。

7．申请设立登记

《公司法》第29条规定：股东认足公司章程规定的出资后，由全体股东指定的代表或者共同委托的代理人向公司登记机关报送公司登记申请书、公司章程等文件，申请设立登记。

8．登记发照

公司登记机关对设立登记申请进行审查，对符合公司法规定条件的，予以登记，发给《企业法人营业执照》。营业执照签发之日为有限责任公司成立之日，公司取得法人资格，开始对外开展生产经营活动。公司成立后应向股东签发出资证明书。

【例4-2】 根据公司法的有关规定，下列有关公司成立日期的表述中，正确的是( )。

A．股东协议签订之日　　　　　　B．股东会议召开并作出决议之日

C．向工商机关申请登记之日　　　D．公司营业执照签发之日

【分析】 本题考核公司的成立。根据规定，依法设立的公司，由公司登记机关发给公司营业执照。公司营业执照签发日期为公司成立日期。因此，选项D的表述正确。

二、组织机构

公司组织机构又称公司机关，是代表公司活动、行使相应职权的自然人或自然人组成的集合体。有限责任公司的组织机构包括股东会、董事会、监事会及高级管理人员，但其设置较股份有限公司灵活，如可依法以执行董事代替董事会，以1~2名监事代替监事会。此外，在一人有限责任公司、国有独资公司中的组织机构设置也有不同。

（一）股东会

有限责任公司股东会由全体股东组成。股东会是公司的权力机构，行使下列职权：① 决定公司的经营方针和投资计划；② 选举和更换非由职工代表担任的董事、监事，决定有关董事、监事的报酬事项；③ 审议批准董事会或者执行董事的报告；④ 审议批准监事会或者监事的报告；⑤ 审议批准公司的年度财务预算方案、决算方案；⑥ 审议批准公司的利润分配方案和弥补亏损方案；⑦ 对公司增加或者减少注册资本作出决议；⑧ 对发行公司债券作出决议；⑨ 对公司合并、分立、变更公司形式、解散和清算等事项作出决议；⑩ 修改公司章程；⑪ 公司章程规定的其他职权。对上述事项股东以书面形式一致表示同意的，可以不召开股东会会议，直接作出决定，并由全体股东在决定文件上签名、盖章。

股东会会议分为定期会议和临时会议。定期会议应当按照公司章程的规定按时召开。代表 1/10 以上表决权的股东，1/3 以上的董事，监事会或者不设监事会的公司的监事提议召开临时会议的，应当召开临时会议。

首次股东会会议由出资最多的股东召集和主持，依法行使职权。以后的股东会会议，公司设立董事会的，由董事会召集，董事长主持；董事长不能或者不履行职务的，由副董事长主持；副董事长不能或者不履行职务的，由半数以上董事共同推举一名董事主持。公司不设董事会的，股东会会议由执行董事召集和主持。董事会或者执行董事不能或者不履行召集股东会会议职责的，由监事会或者不设监事会的公司的监事召集和主持；监事会或者监事不召集和主持的，代表 1/10 以上表决权的股东可以自行召集和主持。

召开股东会会议，应当于会议召开 15 日前通知全体股东，但公司章程另有规定或者全体股东另有约定的除外。股东会应当对所议事项的决定作成会议记录，出席会议的股东应当在会议记录上签名。

股东会会议由股东按照出资比例行使表决权，但公司章程另有规定的除外。股东会的议事方式和表决程序，除《公司法》有规定的外，由公司章程规定。

股东会会议作出修改公司章程、增加或者减少注册资本的决议，以及公司合并、分立、解散或者变更公司形式的决议，必须经代表 2/3 以上表决权的股东通过。

（二）董事会和高级管理人员

有限责任公司设董事会(依法不设董事会者除外)，其成员为 3～13 人。两个以上的国有企业或者其他两个以上的国有投资主体投资设立的有限责任公司，其董事会成员中应当有公司职工代表；其他有限责任公司董事会成员中也可以有公司职工代表。董事会中的职工代表由公司职工通过职工代表大会、职工大会或者其他形式民主选举产生。董事会设董事长 1 人，可以设副董事长。董事长、副董事长的产生办法由公司章程规定。

董事任期由公司章程规定，但每届任期不得超过 3 年。董事任期届满，连选可以连任。董事任期届满未及时改选，或者董事在任期内辞职导致董事会成员低于法定人数的，在改选出的董事就任前，原董事仍应当依照法律、行政法规和公司章程的规定，履行董事职务。

董事会对股东会负责，行使下列职权：① 召集股东会会议，并向股东会报告工作；② 执行股东会的决议；③ 决定公司的经营计划和投资方案；④ 制订公司的年度财务预算方案、决算方案；⑤ 制订公司的利润分配方案和弥补亏损方案；⑥ 制订公司增加或者减少注册资本以及发行公司债券的方案；⑦ 制订公司合并、分立、变更公司形式、解散的方案；⑧ 决定公司内部管理机构的设置；⑨ 决定聘任或者解聘公司经理及其报酬事项，并根据经理的提名决定聘任或者解聘公司副经理、财务负责人及其报酬事项；⑩ 制订公司的基本管理制度；⑪ 公司章程规定的其他职权。

董事会会议由董事长召集和主持；董事长不能或者不履行职务的，由副董事长召集和主持；副董事长不能或者不履行职务的，由半数以上董事共同推举一名董事召集和主持。

董事会的议事方式和表决程序，除《公司法》有规定的外，由公司章程规定。董事会决议的表决，实行一人一票。董事会应当对所议事项的决定作成会议记录，出席会议的董事应当在会议记录上签名。

有限责任公司可以设经理，由董事会决定聘任或者解聘。公司章程可以规定不设经理，而设总裁、首席执行官等职务，行使公司的管理职权。《公司法》第49条规定，经理对董事会负责，行使下列职权：① 主持公司的生产经营管理工作，组织实施董事会决议；② 组织实施公司年度经营计划和投资方案；③ 拟订公司内部管理机构设置方案；④ 拟订公司的基本管理制度；⑤ 制订公司的具体规章；⑥ 提请聘任或者解聘公司副经理、财务负责人；⑦ 决定聘任或者解聘除应由董事会决定聘任或者解聘以外的负责管理人员；⑧ 董事会授予的其他职权。经理列席董事会会议。公司章程对经理职权另有规定的，从其规定。

股东人数较少或者规模较小的有限责任公司，可以设一名执行董事，不设立董事会。执行董事可以兼任公司经理。执行董事的职权由公司章程规定。

（三）监事会

有限责任公司设立监事会，其成员不得少于3人。股东人数较少或者规模较小的有限责任公司，可以设1～2名监事，不设立监事会。监事会应当包括股东代表和适当比例的公司职工代表，其中职工代表的比例不得低于1/3，具体比例由公司章程规定。监事会中的职工代表由公司职工通过职工代表大会、职工大会或者其他形式民主选举产生。监事会设主席1人，由全体监事过半数选举产生。监事会主席召集和主持监事会会议；监事会主席不能或者不履行职务的，由半数以上监事共同推举一名监事召集和主持监事会会议。董事、高级管理人员不得兼任监事。

监事的任期每届为3年。监事任期届满，连选可以连任。监事任期届满未及时改选，或者监事在任期内辞职导致监事会成员低于法定人数的，在改选出的监事就任前，原监事仍应当依照法律、行政法规和公司章程的规定，履行监事职务。

监事会、不设监事会的公司的监事行使下列职权：① 检查公司财务；② 对董事、高级管理人员执行公司职务的行为进行监督，对违反法律、行政法规、公司章程或者股东会决议的董事、高级管理人员提出罢免的建议；③ 当董事、高级管理人员的行为损害公司的利益时，要求董事、高级管理人员予以纠正；④ 提议召开临时股东会会议，在董事会不履行法律规定的召集和主持股东会会议职责时召集和主持股东会会议；⑤ 向股东会会议提出提案；⑥ 依照《公司法》第151条的规定，对董事、高级管理人员提起诉讼；⑦ 公司章程规定的其他职权。监事可以列席董事会会议，并对董事会决议事项提出质询或者建议。监事会、不设监事会的公司的监事行使职权所必需的费用，由公司承担。

监事会每年度至少召开一次会议，监事可以提议召开临时监事会会议。监事会的议事方式和表决程序，除《公司法》有规定的外，由公司章程规定。监事会决议应当经半数以上监事通过。监事会应当对所议事项的决定作成会议记录，出席会议的监事应当在会议记录上签名。

三、一人有限责任公司的特别规定

所谓一人有限责任公司，是指只有一个自然人股东或者一个法人股东的有限责任公司。为维护债权人等利害关系人的权益，保障社会经济秩序，《公司法》对一人有限责任公司的设立和组织机构用专门一节作了特殊规定。

《公司法》规定一个自然人只能投资设立一个一人有限责任公司，禁止其设立多个一人有限责任公司，而且该一人有限责任公司不能投资设立新的一人有限责任公司。

一人有限责任公司应当在公司登记中注明自然人独资或者法人独资，并在公司营业执照中载明。一人有限责任公司章程由股东制订。

一人有限责任公司不设股东会。法律规定的股东会职权由股东行使，当股东行使相应职权作出决定时，应当采用书面形式，并由股东签字后置备于公司。一人有限责任公司应当在每一会计年度终了时编制财务会计报告，并经会计师事务所审计。

一人有限责任公司的股东不能证明公司财产独立于股东自己财产的，应当对公司债务承担连带责任。

【例 4-3】 刘某出资 12 万元设立了一个一人有限责任公司。公司存续期间，刘某的下列行为中，符合公司法律制度规定的是( )。

A. 决定由其本人担任公司经理和法定代表人

B. 决定用公司盈利再投资设立另一个一人有限责任公司

C. 决定减少注册资本 5 万元

D. 决定不编制财务会计报告

【分析】 本题考核一人有限责任公司的特别规定。根据规定，一个自然人只能投资设立一个一人有限责任公司，该一人有限责任公司不能投资设立新的一人有限责任公司，因此，选项 B 的表述不对。一人有限责任公司的注册资本最低限额已经取消，因此，选项 C 中决定符合规定。一人有限责任公司应当在每一会计年度终了时编制财务会计报告，并经会计师事务所审计，因此，选项 D 的表述不对。正确答案为 A、C。

四、国有独资公司的特别规定

国有独资公司是指国家单独出资、由国务院或者地方人民政府委托本级人民政府国有资产监督管理机构履行出资人职责的有限责任公司。《公司法》对国有独资公司的设立和组织机构也以专门一节作了特殊规定，特殊规定以外的问题，则适用对有限责任公司的一般规定。

国有独资公司章程由国有资产监督管理机构制订，或者由董事会制订报国有资产监督管理机构批准。

国有独资公司不设股东会，由国有资产监督管理机构行使股东会职权。

国有独资公司设立董事会，依照法律规定的有限责任公司董事会的职权和国有资产监督管理机构的授权行使职权。董事每届任期不得超过 3 年。董事会成员中应当有公司职工代表。董事会成员由国有资产监督管理机构委派；但是，董事会成员中的职工代表由公司职工代表大会选举产生。董事会设董事长一人，可以设副董事长。董事长、副董事长由国有资产监督管理机构从董事会成员中指定。

国有独资公司设经理，由董事会聘任或者解聘。国有独资公司经理的职权与普通有限责任公司相同。经国有资产监督管理机构同意，董事会成员可以兼任经理。

国有独资公司的董事长、副董事长、董事、高级管理人员，未经国有资产监督管理机构同意，不得在其他有限责任公司、股份有限公司或者其他经济组织兼职。

国有独资公司监事会成员不得少于 5 人，其中职工代表的比例不得低于 1/3，具体比例由公司章程规定。监事会成员由国有资产监督管理机构委派；但是，监事会中的职工代表由公司职工代表大会选举产生。监事会主席由国有资产监督管理机构从监事会成员中指定。国有独资公司监事会的职权范围小于普通有限责任公司的监事会，包括：检查公司财务；对董事、高级管理人员执行公司职务的行为进行监督，对违反法律、行政法规、公司章程或者股东会决议的董事、高级管理人员提出罢免的建议；当董事、高级管理人员的行为损害公司的利益时，要求董事、高级管理人员予以纠正；以及国务院规定的其他职权。

五、有限责任公司的股权转让

《公司法》第 71 条规定：有限责任公司的股东之间可以相互转让其全部或者部分股权。股东向股东以外的人转让股权，应当经其他股东过半数同意。股东应就其股权转让事项书面通知其他股东征求同意，其他股东自接到书面通知之日起满 30 日未答复的，视为同意转让。其他股东半数以上不同意转让的，不同意的股东应当购买该转让的股权；不购买的，视为同意转让。经股东同意转让的股权，在同等条件下，其他股东有优先购买权。两个以上股东主张行使优先购买权的，协商确定各自的购买比例；协商不成的，按照转让时各自的出资比例行使优先购买权。公司章程对股权转让另有规定的，从其规定。

判断"同等条件"时，应当考虑转让股权的数量、价格、支付方式及期限等因素。《最高人民法院关于适用〈中华人民共和国公司法〉若干问题的规定(四)》第 21 条规定：有限责任公司的股东向股东以外的人转让股权，未就其股权转让事项征求其他股东意见，或者以欺诈、恶意串通等手段，损害其他股东优先购买权，其他股东主张按照同等条件购买该转让股权的，人民法院应当予以支持，但其他股东自知道或者应当知道行使优先购买权的同等条件之日起 30 日内没有主张，或者自股权变更登记之日起超过 1 年的除外。

《公司法》还规定了特殊情况下股权的转让问题。第 72 条规定：人民法院依照法律规定的强制执行程序转让股东的股权时，应当通知公司及全体股东。其他股东在同等条件下有优先购买权。其他股东自人民法院通知之日起满 20 日不行使优先购买权的，视为放弃优先购买权。自然人股东死亡后，其合法继承人可以继承股东资格，但公司章程另有规定的除外。

为维护少数股东权益，《公司法》第 74 条设置了股东的股权回购请求权，规定有下列情形之一的，对股东会该项决议投反对票的股东可以请求公司按照合理的价格收购其股权：① 公司连续 5 年不向股东分配利润，而公司该 5 年连续盈利，并且符合法律规定的分配利润条件的；② 公司合并、分立、转让主要财产的；③ 公司章程规定的营业期限届满或者章程规定的其他解散事由出现，股东会会议通过决议修改章程使公司存续的。自股东会会议决议通过之日起 60 日内，股东与公司不能达成股权收购协议的，股东可以自股东会会议决议通过之日起 90 日内向人民法院提起诉讼。

【例 4-4】　　甲和乙出资设立一有限责任公司，公司章程未对股权转让作出规定。甲拟将所持公司股权转让给丙，并签署了股权转让协议。关于本次股权转让，下列表述中，正确的是(　　)。

  A. 甲、丙签订股权转让协议后，丙即取得股东资格
  B. 甲向丙转让股权，无需征得乙同意，但应通知乙
  C. 甲向丙转让股权，无需经过股东会决议
  D. 甲应就股权转让事项，书面通知乙征求同意，乙自接到书面通知之日起满 30 日未答复的，视为不同意转让

【分析】　　本题考核有限责任公司的股权转让。根据规定，有限责任公司中，股东向股东以外的人转让股权，应当经其他股东过半数同意。股东应就其股权转让事项书面通知其他股东征求同意，其他股东自接到书面通知之日起满 30 日未答复的，视为同意转让。其他股东半数以上不同意转让的，不同意的股东应当购买该转让的股权；不购买的，视为同意转让。因此，选项 A 的表述中表示无需乙同意，是错误的。选项 C 的表述正确，该事项不用经过股东会表决。

第三节　股份有限公司的设立和组织机构

一、股份有限公司的设立

(一) 设立方式

股份有限公司的设立，可以采取发起设立或者募集设立的方式。发起设立是指由发起人认购公司应发行的全部股份而设立公司。募集设立是指由发起人认购公司应发行股份的一部分，其余股份向社会公开募集或者向特定对象募集而设立公司。

(二) 设立条件

《公司法》第 76 条规定，设立股份有限公司，应当具备下列条件：① 发起人符合法定人数；② 有符合公司章程规定的全体发起人认购的股本总额或者募集的实收股本总额；③ 股份发行、筹办事项符合法律规定；④ 发起人制订公司章程，采用募集方式设立的经创立大会通过；⑤ 有公司名称，建立符合股份有限公司要求的组织机构；⑥ 有公司住所。

《公司法》第 78 条规定：设立股份有限公司，应当有 2 人以上 200 人以下为发起人，其中须有半数以上的发起人在中国境内有住所。第 79 条规定：股份有限公司发起人承担公司筹办事务。发起人应当签订发起人协议，明确各自在公司设立过程中的权利和义务。

股份有限公司采取发起设立方式设立的，注册资本为在公司登记机关登记的全体发起人认购的股本总额。在发起人认购的股份缴足前，不得向他人募集股份。股份有限公司采取募集方式设立的，注册资本为在公司登记机关登记的实收股本总额。法律、行政法规以及国务院决定对股份有限公司注册资本实缴、注册资本最低限额另有规定的，从其规定。

【例 4-5】　对股份有限公司设立的人数限制符合我国《公司法》的是(　　)。

    A. 应当有 2 人以上 200 人以下为发起人，其中须有半数以上的发起人在中国境内有住所

    B. 应当有 2 人以上 200 人以下为发起人，其中须有 2/3 的发起人在中国境内有住所

    C. 应当有 5 人以上 200 人以下为发起人，其中须有半数以上的发起人在中国境内有住所

    D. 应当有 5 人以上 200 人以下为发起人，其中须有 2/3 以上的发起人在中国境内有住所

【分析】　设立股份有限公司，应当有 2 人以上 200 人以下为发起人，其中须有半数以上的发起人在中国境内有住所。正确答案为 A。

(三) 设立程序

1. 制订公司章程

股份有限公司的章程由发起人制订，并采用书面形式。依据《公司法》第81条规定，股份有限公司的章程应当载明下列事项：① 公司名称和住所；② 公司经营范围；③ 公司设立方式；④ 公司股份总数、每股金额和注册资本；⑤ 发起人的姓名或者名称、认购的股份数、出资方式和出资时间；⑥ 董事会的组成、职权、任期和议事规则；⑦ 公司法定代表人；⑧ 监事会的组成、职权和议事规则；⑨ 公司利润分配办法；⑩ 公司的解散事由与清算办法；⑪ 公司的通知和公告办法；⑫ 股东大会会议认为需要规定的其他事项。

2. 申请名称预先核准

按照《公司登记管理条例》的规定：设立股份有限公司应当申请名称预先核准。设立股份有限公司，应当由全体发起人指定的代表或者共同委托的代理人向公司登记机关申请名称预先核准。申请名称预先核准，应当提交全体发起人签署的公司名称预先核准申请书、发起人的主体资格证明或者自然人身份证明以及公司登记机关要求提交的其他文件。

预先核准的公司名称保留期为 6 个月。预先核准的公司名称在保留期内，不得用于从事经营活动，不得转让。

3. 认购股份

由于股份有限公司的设立方式不同，股份认购的具体要求不尽相同。以发起方式设立股份有限公司的，发起人应当书面认足公司章程规定其认购的股份，并按照公司章程规定缴纳出资。以非货币财产出资的，应当依法办理其财产权的转移手续。发起人不依照前款规定缴纳出资的，应当按照发起人协议承担违约责任。

以募集设立方式设立股份有限公司的，发起人认购的股份不得少于公司股份总数的35%；但法律、行政法规另有规定的，从其规定。发起人在自行认购一部分股份之后，可以将其余股份向特定对象募集或者向社会公开募集。发起人向社会公开募集股份，必须公

告招股说明书，并制作认股书。认股书应当载明法律所列事项，由认股人填写认购股数、金额、住所，并签名、盖章。认股人按照所认购股数缴纳股款，招股说明书应当附有发起人制订的公司章程，并载明下列事项：① 发起人认购的股份数；② 每股的票面金额和发行价格；③ 无记名股票的发行总数；④ 募集资金的用途；⑤ 认股人的权利、义务；⑥ 本次募股的起止期限及逾期未募足时认股人可以撤回所认股份的说明。

发起人向社会公开募集股份，由依法设立的证券公司承销并签订承销协议，同银行签订代收股款协议。代收股款的银行应当按照协议代收和保存股款，向缴纳股款的认股人出具收款单据，并负有向有关部门出具收款证明的义务。

4. 建立公司机关

以发起方式设立股份有限公司的，在发起人缴足股款并经依法设立的验资机构验资之后，应当选举董事会和监事会，由董事会向公司登记机关报送公司章程以及法律、行政法规规定的其他文件，申请设立登记。

以募集设立方式设立股份有限公司的，不是由发起人，而是由创立大会对公司的第一任董事和监事进行选举。发行股份的股款缴足并经过验资后，发起人应当在 30 日内主持召开公司创立大会。创立大会由发起人、认股人组成。发行的股份超过招股说明书规定的截止期限尚未募足的，或者发行股份的股款缴足后，发起人在 30 日内未召开创立大会的，认股人可以按照所缴股款并加算银行同期存款利息，要求发起人返还。

发起人应当在创立大会召开 15 日前将会议日期通知各认股人或者予以公告。创立大会应有代表股份总数过半数的发起人、认股人出席，方可举行。创立大会行使下列职权：① 审议发起人关于公司筹办情况的报告；② 通过公司章程；③ 选举董事会成员；④ 选举监事会成员；⑤ 对公司的设立费用进行审核；⑥ 对发起人用于抵作股款的财产的作价进行审核；⑦ 发生不可抗力或者经营条件发生重大变化直接影响公司设立的，可以作出不设立公司的决议。创立大会对上述事项作出决议，必须经出席会议的认股人所持表决权过半数通过。

发起人、认股人缴纳股款或者交付抵作股款的出资后，除未按期募足股份、发起人未按期召开创立大会或者创立大会决议不设立公司的情形外，不得抽回其股本。

5. 设立登记并公告

以发起方式设立公司的，在选举董事会和监事会后，由董事会依法向公司登记机关申请设立登记。以募集设立方式设立公司的，董事会应于创立大会结束后 30 日内，向公司登记机关报送下列文件，申请设立登记：① 公司登记申请书；② 创立大会的会议记录；③ 公司章程；④ 验资证明；⑤ 法定代表人、董事、监事的任职文件及其身份证明；⑥ 发起人的法人资格证明或者自然人身份证明；⑦ 公司住所证明。以募集方式设立股份有限公司公开发行股票的，还应当向公司登记机关报送国务院证券监督管理机构的核准文件。

【例 4-6】　某股份有限公司发起人经批准向社会公开募集股份，但超过说明书规定的截止期限只募足其发行的股份的 90%，此时(　　)。

A. 认股人可以要求返还所缴股款并加算银行同期存款利息

B. 可以经申请由审批机关批准延长 30 日的募股期

C. 可以由认股人召开创立大会，决议设立公司

D. 可以由发起人认购未发行的股份，然后召开创立大会设立公司

【分析】 根据公司法的规定，股份有限公司发起人的责任之一为：在公司不能成立时，必须履行 A 项的义务。正确答案为 A。

二、组织机构

（一）股东大会

1. 职权

股份有限公司股东大会由全体股东组成。股东大会是公司的权力机构，依法行使职权，其职权范围与有限责任公司股东会相同。我国《公司法》并不禁止公司在其章程中规定必须由股东大会决定的其他事项。

2. 会议形式

股东大会分为年会与临时大会。股东大会年会应当每年召开一次。有下列情形之一的，应当在两个月内召开临时股东大会：① 董事人数不足《公司法》规定人数或者公司章程所定人数的 2/3 时；② 公司未弥补的亏损达实收股本总额 1/3 时；③ 单独或者合计持有公司 10%以上股份的股东请求时；④ 董事会认为必要时；⑤ 监事会提议召开时；⑥ 公司章程规定的其他情形。上市公司的年度股东大会应当于上一会计年度结束后的 6 个月内举行。

3. 会议召开

股东大会会议由董事会召集，董事长主持；董事长不能或者不履行职务的，由副董事长主持；副董事长不能或者不履行职务的，由半数以上董事共同推举一名董事主持。董事会不能或者不履行召集股东大会会议职责的，监事会应当及时召集和主持；监事会不召集和主持的，连续 90 日以上单独或者合计持有公司 10%以上股份的股东可以自行召集和主持。

召开股东大会会议，应当将会议召开的时间、地点和审议的事项于会议召开 20 日前通知各股东；临时股东大会应当于会议召开 15 日前通知各股东；发行无记名股票的，应当于会议召开 30 日前公告会议召开的时间、地点和审议事项。

单独或者合计持有公司 3%以上股份的股东，可以在股东大会召开 10 日前提出临时提案并书面提交董事会；董事会应当在收到提案后 2 日内通知其他股东，并将该临时提案提交股东大会审议。临时提案的内容应当属于股东大会职权范围，并有明确议题和具体决议事项。股东大会不得对通知中未列明的事项作出决议。无记名股票持有人出席股东大会会议的，应当于会议召开 5 日前至股东大会闭会时将股票交存于公司。

4. 会议表决和决议

股东出席股东大会会议，所持每一股份有一表决权。股东可以委托代理人出席股东大会会议，代理人应当向公司提交股东授权委托书，并在授权范围内行使表决权。公司持有的本公司股份没有表决权。

股东大会决议的事项分为普通事项与特别事项两类。股东大会对普通事项作出决议，必须经出席会议的股东所持表决权过半数通过。股东大会对修改公司章程、增加或者减少

注册资本，以及公司合并、分立、解散或者变更公司形式的特别事项作出决议，必须经出席会议的股东所持表决权的 2/3 以上通过。

股东大会应当对所议事项的决定作成会议记录，主持人、出席会议的董事应当在会议记录上签名。会议记录应当与出席股东的签名册及代理出席的委托书一并保存。

5. 累积投票制

股东大会选举董事、监事，可以根据公司章程的规定或者股东大会的决议，实行累积投票制。累积投票制是指股东大会选举董事或者监事时，每一股份拥有与应选董事或者监事人数相同的表决权，股东拥有的表决权可以集中使用。累积投票制的实施有利于中小股东按照其持股比例选举代表进入公司管理层，参与董事会的活动，保护其利益。

【例 4-7】 股份有限公司股东大会所作的下列决议中，必须经出席会议的股东所持表决权的过半数通过的有(   )。

A. 公司合并决议　　　　　　　B. 公司分立决议
C. 修改公司章程决议　　　　　D. 批准公司年度预算方案决议

【分析】 股份有公司的合并、分立、解散以及公司章程的修改属于股东大会的特别决议事项，须经出席会议的股东所持表决权的 2/3 以上通过。对于 D 项，属于普通决议事项，不需要经过出席会议的股东所持表决权的 2/3 以上通过。正确答案为 D。

(二) 董事会

1. 组成

股份有限公司设董事会，其成员为 5～19 人。董事由股东大会选举产生。董事会成员中可以有公司职工代表。董事会中的职工代表由公司职工通过职工代表大会、职工大会或者其他形式民主选举产生。

2. 任期与职权

公司法对股份有限公司董事的任期、董事会的职权与有限责任公司相同，无须赘述。

3. 会议召开

董事会设董事长 1 人，可以设副董事长。董事长和副董事长由董事会以全体董事的过半数选举产生。董事长召集和主持董事会会议，检查董事会决议的实施情况。副董事长协助董事长工作，董事长不能或者不履行职务的，由副董事长履行职务；副董事长不能或者不履行职务的。由半数以上董事共同推举一名董事履行职务。

董事会每年度至少召开两次会议，每次会议应当于会议召开 10 日前通知全体董事和监事。代表 1/10 以上表决权的股东、1/3 以上董事或者监事会，可以提议召开董事会临时会议。董事长应当自接到提议后 10 日内，召集和主持董事会会议。董事会召开临时会议，可以另定召集董事会的通知方式和通知时限。

4. 会议表决和决议

董事会会议应有过半数的董事出席方可举行。董事会作出决议必须经全体董事的过半数通过。董事会决议的表决实行一人一票。董事会会议应由董事本人出席，董事因故不能出席，可以书面委托其他董事代为出席，委托书中应载明授权范围。为了强化董事的责任，

《上市公司章程指引》第 99 条规定：董事连续两次未能亲自出席，也不委托其他董事出席董事会会议，视为不能履行职责，董事会应当建议股东大会予以撤换。

董事会应当对会议所议事项的决定作成会议记录，出席会议的董事应当在会议记录上签名。董事应当对董事会的决议承担责任。董事会的决议违反法律、行政法规或者公司章程、股东大会决议，致使公司遭受严重损失的，参与决议的董事对公司负赔偿责任。但经证明在表决时曾表明异议并记载于会议记录的，该董事可以免除责任。

（三）经理

股份有限公司设经理，由董事会决定聘任或者解聘，其职权与有限责任公司经理相同。公司董事会可以决定由董事会成员兼任经理。

（四）监事会

股份有限公司设立监事会，履行监督职责，其成员不得少于 3 人。监事会应当包括股东代表和适当比例的公司职工代表，其中职工代表的比例不得低于 1/3，具体比例由公司章程规定。监事会中的职工代表由公司职工通过职工代表大会、职工大会或者其他形式民主选举产生。董事、高级管理人员不得兼任监事。上市公司的监事应具有法律、会计等方面的专业知识或工作经验。监事会的人员和结构应确保监事会能够独立有效地行使对董事、经理和其他高级管理人员及公司财务的监督和检查。

监事会设主席 1 人，可以设副主席。监事会主席和副主席由全体监事过半数选举产生。监事会主席召集和主持监事会会议；监事会主席不能或者不履行职务的，由监事会副主席召集和主持监事会会议；监事会副主席不能或者不履行职务的，由半数以上监事共同推举一名监事召集和主持监事会会议。

股份有限公司监事的任期、监事会的职权与有限责任公司相同。监事会行使职权所必需的费用，由公司承担。

监事会每 6 个月至少召开一次会议。监事可以提议召开临时监事会会议。监事会的议事方式和表决程序，除法律有规定的外，由公司章程规定。上市公司应在公司章程中规定规范的监事会议事规则。监事会会议应严格按规定程序进行。监事会应当对所议事项的决定作成会议记录，出席会议的监事应当在会议记录上签名。

三、上市公司组织机构的特别规定

上市公司是指其股票在证券交易所上市交易的股份有限公司。《公司法》对上市公司组织机构与活动原则的特别规定主要有以下几项。

1. 增加股东大会特别决议事项

上市公司在 1 年内购买、出售重大资产或者担保金额超过公司资产总额 30％的，应当由股东大会作出决议，并经出席会议的股东所持表决权的 2/3 以上通过。

2. 上市公司设立独立董事

独立董事是指不在公司担任除董事外的其他职务，并与其所受聘的上市公司及其主要股东不存在可能妨碍其进行独立客观判断的关系的董事。独立董事除了应履行董事的一般职责外，主要职责在于对控股股东及其选任的上市公司的董事、高级管理人员，以及其与公司进行的关联交易等进行监督。担任独立董事应当符合的任职基本条件是：① 根据法律、行政法规及其他有关规定，具备担任上市公司董事的资格；② 具有立法与有关规定要求的独立性；③ 具备上市公司运作的基本知识，熟悉相关法律、行政法规、规章及规则；④ 具有五年以上法律、经济或者其他履行独立董事职责所必需的工作经验；⑤ 公司章程规定的其他条件。

3. 上市公司设立董事会秘书

董事会秘书负责公司股东大会和董事会会议的筹备、文件保管以及公司股权管理，办理信息披露事务等事宜。

4. 关联关系董事的表决权排除制度

上市公司董事与董事会会议决议事项所涉及的企业有关联关系的，不得对该项决议行使表决权，也不得代理其他董事行使表决权。该董事会会议由过半数的无关联关系董事出席即可举行，董事会会议所作决议须经无关联关系董事过半数通过。出席董事会的无关联关系董事人数不足 3 人的，应将该事项提交上市公司股东大会审议。

第四节 股份有限公司的股份发行与转让

一、股份发行

1. 设立发行

股份有限公司的基本特征之一，便是注册资本划分为金额相等的股份。公司的股份采取股票的表现形式。股票是公司签发的证明股东所持股份的凭证。

股份的发行，实行公开、公平、公正的原则，同种类的每一股份应当具有同等权利。同次发行的同种类股票，每股的发行条件和价格应当相同；任何单位或者个人所认购的股份，每股应当支付相同价额。

股票发行价格可以按票面金额，也可以超过票面金额，但不得低于票面金额。以超过票面金额为股票发行价格的，须经国务院证券管理部门批准。

股票采用纸面形式或者国务院证券监督管理机构规定的其他形式。目前我国上市公司股票的发行、交易均以通过计算机采用电子信息等无纸化方式进行。股票应当载明下列主要事项：① 公司名称；② 公司成立日期；③ 股票种类、票面金额及代表的股份数；④ 股票的编号。股票由法定代表人签名，公司盖章。股份有限公司成立后，即向股东正式交付股票。公司成立前不得向股东交付股票。

公司发行的股票，可以为记名股票，也可以为无记名股票。发起人的股票，应当标明发起人股票字样。公司向发起人、法人发行的股票为记名股票，应当记载该发起人、法人的名称或者姓名，不得另立户名或者以代表人姓名记名。

公司发行记名股票的，应当置备股东名册，记载下列事项：① 股东的姓名或者名称及住所；② 各股东所持股份数；③ 各股东所持股票的编号；④ 各股东取得股份的日期。发行无记名股票的，公司应当记载其股票数量、编号及发行日期。

2．新股发行

新股发行是指股份有限公司在成立之后，为了增加公司资本，而再次对公司新增股份的发行。公司发行新股，依照公司章程的规定由股东大会或者董事会对下列事项作出决议：① 新股种类及数额；② 新股发行价格；③ 新股发行的起止日期；④ 向原有股东发行新股的种类及数额。

公司经国务院证券监督管理机构核准公开发行新股时，必须公告新股招股说明书和财务会计报告，并制作认股书。公司公开发行新股应当由依法设立的证券公司承销，签订承销协议，并同银行签订代收股款协议。公司发行新股，可以根据公司经营情况和财务状况，确定其作价方案。公司发行新股募足股款后，必须向公司登记机关办理变更登记并公告。

二、股份转让

1．股份转让的原则

股份有限公司的股份以自由转让为原则，以法律限制为例外。《公司法》修订之后，从各方面放宽了对股份转让的法律限制。根据《公司法》规定，股东持有的股份可以依法转让。股东转让其股份，应当在依法设立的证券交易场所进行或者按照国务院规定的其他方式进行。上市公司的股票，依照有关法律、行政法规及证券交易所交易规则上市交易。

记名股票由股东以背书方式或者法律、行政法规规定的其他方式转让；转让后由公司将受让人的姓名或者名称及住所记载于股东名册。股东大会召开前 20 日内或者公司决定分配股利的基准日前 5 日内，不得进行股东名册的变更登记，但法律对上市公司股东名册变更登记另有规定的，从其规定。记名股票被盗、遗失或者灭失，股东可以依照《民事诉讼法》规定的公示催告程序，请求人民法院宣告该股票失效。人民法院宣告该股票失效后，股东可以向公司申请补发股票。无记名股票的转让，由股东将该股票交付给受让人后即发生转让的效力。

2．股份转让的限制

《公司法》规定：股东转让其股份，应当在依法设立的证券交易场所进行或者按照国务院规定的其他方式进行。

发起人持有的本公司股份，自公司成立之日起 1 年内不得转让。公司公开发行股份前已发行的股份，自公司股票在证券交易所上市交易之日起 1 年内不得转让。

《公司法》对公司董事、监事、高级管理人员转让股份问题也作了规定。公司董事、监事、高级管理人员应当向公司申报所持有的本公司的股份及其变动情况，在任职期间每年转让的股份不得超过其所持有本公司股份总数的 25%；所持本公司股份自公司股票上市交易之日起 1 年内不得转让。上述人员离职后半年内，不得转让其所持有的本公司股份。公司章程可以对公司董事、监事、高级管理人员转让其所持有的本公司股份作出其他限制性规定。

三、股份回购

公司不得收购本公司股份。但是，有下列情形之一的除外：① 减少公司注册资本；② 与持有本公司股份的其他公司合并；③ 将股份用于员工持股计划或者股权激励；④ 股东因对股东大会作出的公司合并、分立决议持异议，要求公司收购其股份；⑤ 将股份用于转换上市公司发行的可转换为股票的公司债券；⑥ 上市公司为维护公司价值及股东权益所必需。公司因第①项、第②项规定的情形收购本公司股份的，应当经股东大会决议；公司因第③项、第⑤项、第⑥项规定的情形收购本公司股份的，可以依照公司章程的规定或者股东大会的授权，经 2/3 以上董事出席的董事会会议决议。公司收购本公司股份后，属于第①项情形的，应当自收购之日起 10 日内注销；属于第②项、第④项情形的，应当在 6 个月内转让或者注销；属于第③项、第⑤项、第⑥项情形的，公司合计持有的本公司股份数不得超过本公司已发行股份总额的 10%，并应当在 3 年内转让或者注销。上市公司收购本公司股份的，应当依照《证券法》的规定履行信息披露义务。上市公司因第③项、第⑤项、第⑥项规定的情形收购本公司股份的，应当通过公开的集中交易方式进行。公司不得接受本公司的股票作为质押权的标的。

第五节　公司董事、监事、高级管理人员的资格和义务

一、公司董事、监事、高级管理人员的资格

公司董事、监事、高级管理人员在公司中处于重要的地位并具有法定的职权，因此需要对其任职资格作必要的限制性规定，以保证其具有正确履行职责的能力与条件。

《公司法》第 146 条规定，有下列情形之一的，不得担任公司的董事、监事、高级管理人员：① 无民事行为能力或者限制民事行为能力。无民事行为能力的人是指不满 8 周岁的未成年人和不能辨认自己行为的精神病人。限制民事行为能力的人是指 8 周岁以上的未成年人和不能完全辨认自己行为的精神病人。② 因贪污、贿赂、侵占财产、挪用财产或者破坏社会主义市场经济秩序，被判处刑罚，执行期满未逾 5 年，或者因犯罪被剥夺政治权利，执行期满未逾 5 年。③ 担任破产清算的公司、企业的董事或者厂长、经理，对该公司、企业的破产负有个人责任的，自该公司、企业破产清算完结之日起未逾 3 年。④ 担任因违法被吊销营业执照、责令关闭的公司、企业的法定代表人，并负有个人责任的，自该公司、企业被吊销营业执照之日起未逾 3 年。⑤ 个人所负数额较大的债务到期未清偿。

公司违反《公司法》的上述规定选举、委派董事、监事或者聘任高级管理人员的，该选举、委派或者聘任无效。公司董事、监事、高级管理人员在任职期间出现上述所列情形的，公司应当解除其职务。

二、公司董事、监事、高级管理人员的义务

公司董事、监事、高级管理人员应当遵守法律、行政法规和公司章程，对公司负有忠

实义务和勤勉义务。公司董事、监事、高级管理人员不得利用职权收受贿赂或者其他非法收入，不得侵占公司的财产。忠实义务要求当董事、监事、高级管理人员自身利益与公司利益存在冲突时，必须以公司的最佳利益为重，不得将自身利益置于公司利益之上。勤勉义务要求董事、监事、高级管理人员在从事公司经营管理活动时，应当恪尽职守，敬业精进，深思熟虑，尽到普通谨慎的同行中同类公司、同类相关情形中所应具有的经营管理水平。

《公司法》规定，公司董事、高级管理人员不得有下列行为：① 挪用公司资金；② 将公司资金以其个人名义或者以其他个人名义开立账户存储；③ 违反公司章程的规定，未经股东会、股东大会或者董事会同意，将公司资金借贷给他人或者以公司财产为他人提供担保；④ 违反公司章程的规定或者未经股东会、股东大会同意，与本公司订立合同或者进行交易；⑤ 未经股东会或者股东大会同意，利用职务便利为自己或者他人谋取属于公司的商业机会，自营或者为他人经营与所任职公司同类的业务；⑥ 接受他人与公司交易的佣金归为己有；⑦ 擅自披露公司秘密；⑧ 违反对公司忠实义务的其他行为。公司董事、高级管理人员违反上述规定所得的收入应当归公司所有。

公司董事、监事、高级管理人员执行公司职务时违反法律、行政法规或者公司章程的规定，给公司造成损失的，应当承担赔偿责任。

公司股东会或者股东大会要求董事、监事、高级管理人员列席会议的，董事、监事、高级管理人员应当列席并接受股东的质询。董事、高级管理人员应当如实向公司监事会或者不设监事会的有限责任公司的监事提供有关情况和资料，不得妨碍监事会或者监事行使职权。

三、股东诉讼

（一）股东代表诉讼

股东代表诉讼也称股东间接诉讼，是指当董事、监事、高级管理人员或者他人的违反法律、行政法规或者公司章程的行为给公司造成损失，公司拒绝或者怠于向该违法行为人请求损害赔偿时，具备法定资格的股东有权代表其他股东，代替公司提起诉讼，请求违法行为人赔偿公司损失的行为。股东代表诉讼的目的，是为了保护公司利益和股东的共同利益，而不仅仅是个别股东的利益。为保护个别股东利益而进行的诉讼是股东直接诉讼。

按照《公司法》第 149 条规定：公司董事、监事、高级管理人员执行公司职务时违反法律、行政法规或者公司章程的规定，给公司造成损失的，应当承担赔偿责任。为了确保责任者真正承担相应的赔偿责任，《公司法》第 151 条规定：董事、高级管理人员有本法第 149 条规定的情形的，有限责任公司的股东、股份有限公司连续 180 日以上单独或者合计持有公司 1%以上股份的股东，可以书面请求监事会或者不设监事会的有限责任公司的监事向人民法院提起诉讼；监事有本法第 149 条规定的情形的，前述股东可以书面请求董事会或者不设董事会的有限责任公司的执行董事向人民法院提起诉讼。监事会、不设监事会的有限责任公司的监事，或者董事会、执行董事收到股东书面请求后拒绝提起诉讼，或者自收到请求之日起 30 日内未提起诉讼，或者情况紧急、不立即提起诉讼将会使公司利益受到难以弥补的损害的，股东有权为了公司的利益以自己的名义直接向人民法院提起诉讼。他人侵犯公司合法权益，给公司造成损失的，股东可以向人民法院提起诉讼。

(二) 股东直接诉讼

股东直接诉讼是指股东对董事、高级管理人员损害股东利益行为提起的诉讼。根据《公司法》规定，公司董事、高级管理人员违反法律、行政法规或者公司章程的规定，损害股东利益的，股东可以依法向人民法院提起诉讼。

第六节　公司财务、会计

一、公司财务、会计的作用

公司的财务、会计制度具有重要意义，主要表现为：

(1) 有利于保护投资者和债权人的利益。普通投资者除通过参加股东(大)会决定一些重大事项外，一般不参与公司日常的生产经营，只能通过了解公司的生产经营状况和财务、会计情况来维护自身的利益。公司资产是对债权人的担保，公司财务状况如何，直接影响其债权是否能得到清偿。公司财务、会计工作的规范化，可以保证公司正确核算经营成果，合理分配利润；可以保证公司资产的完整；使债权人的利益得到保护。

(2) 有利于吸收社会投资。投资者做出对公司是否投资的决定依赖于公司财务、会计信息的披露。公司财务、会计制度的规范化和公开化，可以使人们方便地了解到公司的经营状况和盈利能力，有利于吸收社会投资。

(3) 有利于政府的宏观管理。健全的财务、会计制度有利于正确记录、反映公司的经营状况，有利于政府制定政策，实施管理。

二、公司财务会计的基本要求

公司应当依照法律、行政法规和国务院财政部门的规定建立本公司的财务、会计制度。公司应当依法编制财务会计报告。公司应当在每一会计年度终了时编制财务会计报告，并依法经会计师事务所审计。公司财务会计报告主要包括：资产负债表、利润表、现金流量表等报表及附注。公司财务会计报告应当依照《会计法》《企业财务会计报告条例》等法律、行政法规和国务院财政部门的规定制作。

公司应当依法披露有关财务、会计资料。有限责任公司应当按照公司章程规定的期限将财务会计报告送交各股东。股份有限公司的财务会计报告应当在召开股东大会年会的20日前置备于本公司，供股东查阅；公开发行股票的股份有限公司必须公告其财务会计报告。

公司除法定的会计账簿外，不得另立会计账簿。对公司资产，不得以任何个人名义开立账户存储。公司应当依法聘用会计师事务所对财务会计报告审查验证。公司聘用、解聘承办公司审计业务的会计师事务所，依照公司章程的规定，由股东会、股东大会或者董事会决定。公司股东会、股东大会或者董事会就解聘会计师事务所进行表决时，应当允许会计师事务所陈述意见。公司应当向聘用的会计师事务所提供真实、完整的会计凭证、会计账簿、财务会计报告及其他会计资料，不得拒绝、隐匿、谎报。

三、利润分配

公司利润是指公司在一定会计期间的经营成果。

公司应当按照如下顺序进行利润分配：① 弥补以前年度的亏损；② 缴纳所得税；③ 弥补在税前利润弥补亏损之后仍存在的亏损；④ 提取法定公积金；⑤ 提取任意公积金；⑥ 向股东分配利润。

公司弥补亏损和提取公积金后所余税后利润，有限责任公司按照股东实缴的出资比例分配，但全体股东约定不按照出资比例分配的除外；股份有限公司按照股东持有的股份比例分配，但股份有限公司章程规定不按持股比例分配的除外。

公司股东会、股东大会或者董事会违反规定，在公司弥补亏损和提取法定公积金之前向股东分配利润的，股东必须将违反规定分配的利润退还公司。公司持有的本公司股份不得分配利润。

【例 4-8】 某公司 2012 年的税后利润是 600 万，注册资本是 4000 万，则以下关于公积金的说法正确的是(　　　)。

    A. 甲公司应从税后利润中提取 60 万作为公司的法定公积金，但假如发现公司以前的法定公积金累计额为 2000 万，可以不再提取法定公积金

    B. 公司从税后利润中提取法定公积金后，应从税后利润中再提取任意公积金

    C. 公司从税后利润中提取法定公积金后，经股东会决议，应该从税后利润中提取任意公积金

    D. 公司的资本公积金可用于弥补公司的亏损、扩大公司生产经营或者转为增加公司资本

【分析】 公司分配当年税后利润时，应当提取利润的 10% 列入公司法定公积金。公司法定公积金累计额为公司注册资本的 50% 以上的，可以不再提取；公司从税后利润中提取法定公积金后，经股东会或者股东大会决议，还可以从税后利润中提取任意公积金；公司的公积金用于弥补公司的亏损、扩大公司生产经营或者转为增加公司资本。但是，资本公积金不得用于弥补公司的亏损。正确答案为 A。

第七节　公司合并、分立、增资、减资

一、公司合并

(一) 公司合并的形式

公司合并是指两个以上的公司依照法定程序变为一个公司的行为。其形式有两种：一是吸收合并，二是新设合并。吸收合并是指一个公司吸收其他公司加入本公司，被吸收的

公司解散。新设合并是指两个以上公司合并设立一个新的公司，合并各方解散。

(二) 公司合并的程序

第一，签订合并协议。公司合并，应当由合并各方签订合并协议。合并协议应当包括以下主要内容：① 合并各方的名称、住所；② 合并后存续公司或新设公司的名称、住所；③ 合并各方的债权债务处理办法；④ 合并各方的资产状况及其处理办法；⑤ 存续公司或新设公司因合并而增资所发行的股份总额、种类和数量；⑥ 合并各方认为需要载明的其他事项。

第二，编制资产负债表及财产清单。合并各方应当真实、全面地编制资产负债表，以反映公司的财产情况，不得隐瞒公司的债权债务。财产清单应当翔实、准确。

第三，作出合并决议。公司合并应当由公司股东会或者股东大会就公司合并的有关事项作出合并决议。

第四，通知和公告债权人。公司应当自作出合并决议之日起 10 日内通知债权人，并于 30 日内在报纸上公告。债权人自接到通知书之日起 30 日内，未接到通知书的自公告之日起 45 日内，可以要求公司清偿债务或者提供相应的担保。

第五，依法进行登记。公司合并后，应当依法向公司登记机关办理相应的变更登记、注销登记、设立登记。

(三) 公司合并各方的债权、债务

公司合并时，合并各方的债权、债务，应当由合并后存续的公司或者新设的公司承继。

二、公司分立

(一) 公司分立的形式

公司分立是指一个公司依法分为两个以上的公司。公司分立的形式有两种：一是公司以其部分财产另设一个或数个新的公司，原公司存续，二是公司以其全部财产分别归入两个以上的新设公司，原公司解散。

(二) 公司分立的程序

公司分立的程序与公司合并的程序基本一样，要签订分立协议，编制资产负债表及财产清单，作出分立决议，通知债权人，办理工商变更登记等。

(三) 公司分立前的债务

公司分立前的债务由分立后的公司承担连带责任。但是，公司在分立前与债权人就债务清偿达成的书面协议另有约定的除外。

【例4-9】 2019 年，甲公司决定分立出乙公司单独经营。甲公司原有负债 5000 万元，债权人主要包括丙银行、供货商丁公司和其他一些小债权人。在分立协议中，甲、乙公司约定：原甲公司债务中，对丁公司的债务由分立出的乙公司承担，其余债务由甲公司承担，

该债务分担安排经过了丁公司的认可，但未通知丙银行和其他小债权人。下列表述中，符合公司法律制度规定的有( )。

    A. 丁公司有权要求甲、乙连带清偿其债务

    B. 丙银行有权要求甲、乙连带清偿其债务

    C. 小债权人有权要求甲、乙连带清偿其债务

    D. 甲、乙公司不得对债务分担作出约定

【分析】 根据规定，公司分立前的债务由分立后的公司承担连带责任。但是，公司在分立前与债权人就债务清偿达成的书面协议另有约定的除外，因此，选项 D 的表述错误；债权人向分立后的企业主张债权，企业分立时对原企业的债务承担有约定，并经债权人认可的，按照当事人的约定处理。本题中，由于债权人丁公司认可了清偿协议，因此，不能再要求甲、乙公司连带清偿其债务，选项 A 的表述错误；企业分立时对原企业债务承担没有约定或者约定不明，或者虽然有约定但债权人不予认可的，分立后的企业应当承担连带责任。本题中，小债权人和丙银行由于没有认可该协议，因此，可以要求分立后的甲、乙公司承担连带责任。故选项 B 和 C 的说法正确。

三、公司注册资本的减少和增加

(一) 公司注册资本的减少

公司需要减少注册资本时，必须编制资产负债表及财产清单。公司减少注册资本时，应当自作出减少注册资本决议之日起 10 日内通知债权人，并于 30 日内在报纸上公告。债权人自接到通知书之日起 30 日内，未接到通知书的自公告之日起 45 日内，有权要求公司清偿债务或者提供相应的担保。公司减少注册资本，应当依法向公司登记机关办理变更登记。

(二) 公司注册资本的增加

有限责任公司增加注册资本时，股东认缴新增资本的出资，依照《公司法》设立有限责任公司缴纳出资的有关规定执行。股份有限公司为增加注册资本发行新股时，股东认购新股，依照《公司法》设立股份有限公司缴纳股款的有关规定执行。股份有限公司以公开发行新股方式或者上市公司以非公开发行新股方式增加注册资本的，还应当提交国务院证券监督管理机构的核准文件。公司增加注册资本，应当依法向公司登记机关办理变更登记。

第八节　公司解散和清算

一、公司解散的原因

《公司法》规定，公司解散的原因有以下 5 种情形：① 公司章程规定的营业期限届满或者公司章程规定的其他解散事由出现；② 股东会或者股东大会决议解散；③ 因公司合

并或者分立需要解散；④ 依法被吊销营业执照、责令关闭或者被撤销；⑤ 人民法院依法予以解散。即公司经营管理发生严重困难，继续存续会使股东利益受到重大损失，通过其他途径不能解决的，持有公司全部股东表决权10%以上的股东，可以请求人民法院解散公司。公司有上述第①种情形的，可以通过修改公司章程而存续。

《公司法司法解释(二)》第1条界定了经营管理发生严重困难的几种情形：① 公司持续两年以上无法召开股东会或者股东大会；② 股东表决时无法达到法定或者公司章程规定的比例，持续两年以上不能作出有效的股东会或者股东大会决议；③ 公司董事长期冲突，且无法通过股东会或者股东大会解决；④ 经营管理发生其他严重困难，公司继续存续会使股东利益受到重大损失的情形。

二、公司清算

（一）成立清算组

公司解散时，除因合并或者分立者外，应当依法进行清算。根据《公司法》第183条规定：公司应当在解散事由出现之日起15日内成立清算组，开始清算。有限责任公司的清算组由股东组成，股份有限公司的清算组由董事或者股东大会确定的人员组成。逾期不成立清算组进行清算的，债权人可以申请人民法院指定有关人员组成清算组进行清算。人民法院应当受理该申请，并及时组织清算组进行清算。

（二）清算组的职权

根据《公司法》第184条规定，清算组在清算期间行使下列职权：① 清理公司财产，分别编制资产负债表和财产清单；② 通知、公告债权人；③ 处理与清算有关的公司未了结的业务；④ 清缴所欠税款以及清算过程中产生的税款；⑤ 清理债权、债务；⑥ 处理公司清偿债务后的剩余财产；⑦ 代表公司参与民事诉讼活动。

清算组在公司清算期间代表公司进行一系列民事活动，全权处理公司经济事务和民事诉讼活动。根据《公司法》规定，清算组成员应当忠于职守，依法履行清算义务。清算组成员不得利用职权收受贿赂或者其他非法收入，不得侵占公司财产。清算组成员因故意或者重大过失给公司或者债权人造成损失的，应当承担赔偿责任。

（三）清算工作程序

清算工作程序一般如下：

(1) 登记债权。清算组应当自成立之日起10日内通知债权人，并于60日内在报纸上公告。债权人应当自接到通知书之日起30日内，未接到通知书的自公告之日起45日内，向清算组申报其债权。债权人申报债权，应当说明债权的有关事项，并提供证明材料。清算组应当对债权进行登记。在申报债权期间，清算组不得对债权人进行清偿。

(2) 清理公司财产，制订清算方案。清算组应当对公司财产进行清理，编制资产负债表和财产清单，制订清算方案。清算方案应当报股东会、股东大会或者人民法院确认。清算组在清理公司财产、编制资产负债表和财产清单后，发现公司财产不足清偿债务的。应当依法向人民法院申请宣告破产。公司经人民法院裁定宣告破产后，清算组应当将清算事务移交给人民法院。

(3) 清偿债务。公司财产在分别支付清算费用、职工的工资、社会保险费用和法定补偿金，缴纳所欠税款，清偿公司债务后的剩余财产，有限责任公司按照股东的出资比例分配，股份有限公司按照股东持有的股份比例分配。清算期间，公司存续，但不得开展与清算无关的经营活动。公司财产在未按上述规定清偿前，不得分配给股东。

(4) 公告公司终止。公司清算结束后，清算组应当制作清算报告，报股东会、股东大会或者人民法院确认，并报送公司登记机关，申请注销公司登记，公告公司终止。

【例 4-10】 某有限责任公司因章程规定营业期限届满而解散，成立了清算组。清算组在清算期间实施的下列行为哪些是错误的？

    A. 为抵偿甲公司债务而承揽了甲公司的一项工程

    B. 以清算组为原告起诉一债务人

    C. 留足偿债资金后将公司财产按比例分配给各股东

    D. 从公司财产中优先支付清算费用

【分析】 《公司法》第 186 条规定：清算组在清理公司财产、编制资产负债表和财产清单后，应当制订清算方案，并报股东会、股东大会或者人民法院确认。公司财产在分别支付清算费用、职工的工资、社会保险费用和法定补偿金，缴纳所欠税款，清偿公司债务后的剩余财产，有限责任公司按照股东的出资比例分配，股份有限公司按照股东持有的股份比例分配。清算期间，公司存续，但不得开展与清算无关的经营活动。公司财产在未依照前款规定清偿前，不得分配给股东。因此，本题正确答案是 A、C。

第九节　违反公司法的法律责任

一、公司发起人、股东的法律责任

股份有限公司成立后，发起人未按照公司章程的规定缴足出资的，应当补缴，其他发起人承担连带责任。股份有限公司成立后，发现作为设立公司出资的非货币财产的实际价额显著低于公司章程所定价额的，应当由交付该出资的发起人补足其差额，其他发起人承担连带责任。

股份有限公司的发起人应当承担下列责任：① 公司不能成立时，对设立行为所产生的债务和费用负连带责任；② 公司不能成立时，对认股人已缴纳的股款，负返还股款并加算银行同期存款利息的连带责任；③ 在公司设立过程中，由于发起人的过失致使公司利益受到损害的，应当对公司承担赔偿责任。

违反《公司法》规定，虚报注册资本、提交虚假材料或者采取其他欺诈手段隐瞒重要事实取得公司登记的，由公司登记机关责令改正，对虚报注册资本的公司，处以虚报注册资本金额 5% 以上 15% 以下的罚款；对提交虚假材料或者采取其他欺诈手段隐瞒重要事实的公司，处以 5 万元以上 50 万元以下的罚款；情节严重的，撤销公司登记或者吊销营业执照；构成犯罪的，依法追究刑事责任，处 3 年以下有期徒刑或者拘役，并处或者单处虚报注册资本金 1% 以上 5% 以下的罚金。单位犯此罪的，对单位处以罚金，并对其直接负责的主管人员和其他直接责任人员，处 3 年以下有期徒刑或者拘役。

公司发起人、股东虚假出资，未交付或者未按期交付作为出资的货币、实务或者非货币财产的，由公司登记机关责令改正，处以虚假出资金额 5% 以上 15% 以下的罚款。构成犯罪的，依法追究刑事责任，处 5 年以下有期徒刑或者拘役，并处或者单处虚假出资金额 2% 以上 10% 以下的罚金。单位犯此罪的，对单位处以罚金，并对其直接负责的主管人员和其他直接责任人员，处 5 年以下有期徒刑或者拘役。

公司的发起人、股东在公司成立后，抽逃其出资的，由公司登记机关责令改正，处以所抽逃出资金额 5% 以上 15% 以下的罚款。构成犯罪的，依法追究刑事责任，处 5 年以下有期徒刑或者拘役，并处或者单处抽逃出资金额 2% 以上 10% 以下的罚金。单位犯此罪的，对单位处以罚金，并对其直接负责的主管人员和其他直接责任人员，处 5 年以下有期徒刑或者拘役。

二、公司的法律责任

公司违反《公司法》规定，在法定的会计账簿以外另立会计账簿的，由县级以上人民政府财政部门责令改正，处以 5 万元以上 50 万元以下的罚款。构成犯罪的，依法追究刑事责任。

公司在依法向有关主管部门提供的财务会计报告等材料上作虚假记载或者隐瞒重要事实的，由有关主管部门对直接负责的主管人员和其他直接责任人员处以 3 万元以上 30 万元以下的罚款。

公司不依照《公司法》规定提取法定公积金的，由县级以上人民政府财政部门责令如数补足应当提取的金额，可以对公司处以 20 万元以下的罚款。

公司在合并、分立、减少注册资本或者进行清算时，不依照《公司法》规定通知或者公告债权人的，由公司登记机关责令改正，对公司处以 1 万元以上 10 万元以下的罚款。公司在进行清算时，隐匿财产，对资产负债表或者财产清单作虚假记载或者在未清偿债务前分配公司财产的，由公司登记机关责令改正，对公司处以隐匿财产或者未清偿债务前分配公司财产金额 5% 以上 10% 以下的罚款；对直接负责的主管人员和其他直接责任人员处以 1 万元以上 10 万元以下的罚款。构成犯罪的，依法追究刑事责任，对直接负责的主管人员和其他直接责任人员，处 5 年以下有期徒刑或者拘役，并处或者单处 2 万元以上 20 万元以下罚金。

公司成立后无正当理由超过 6 个月未开业的，或者开业后自行停业连续 6 个月以上的，可以由公司登记机关吊销营业执照。公司登记事项发生变更时，未依照《公司法》规定办理有关变更登记的，由公司登记机关责令限期登记；逾期不登记的，处以 1 万元以上 10 万元以下的罚款。

外国公司违反《公司法》规定，擅自在中国境内设立分支机构的，由公司登记机关责令改正或者关闭，可以并处 5 万元以上 20 万元以下的罚款。

公司违反《公司法》规定，应当承担民事赔偿责任和缴纳罚款、罚金的，其财产不足以支付时，先承担民事赔偿责任。

三、清算组的法律责任

清算组不依照《公司法》规定向公司登记机关报送清算报告，或者报送清算报告隐瞒重要事实或者有重大遗漏的，由公司登记机关责令改正。

清算组成员利用职权徇私舞弊、谋取非法收入或者侵占公司财产的，由公司登记机关责令退还公司财产，没收违法所得，并可以处以违法所得 1 倍以上 5 倍以下的罚款。构成犯罪的，依法追究刑事责任。

四、承担资产评估、验资或者验证机构的法律责任

承担资产评估、验资或者验证的机构提供虚假材料的，由公司登记机关没收违法所得，处以违法所得 1 倍以上 5 倍以下的罚款，并可以由有关主管部门依法责令该机构停业、吊销直接责任人员的资格证书，吊销营业执照。构成犯罪的，依法追究刑事责任，处 5 年以下有期徒刑或者拘役，并处罚金。如果犯此罪并有索取他人财物或者非法收受他人财物的，处 5 年以上 10 年以下有期徒刑，并处罚金。

承担资产评估、验资或者验证的机构因过失提供有重大遗漏的报告的，由公司登记机关责令改正，情节较重的，处以所得收入 1 倍以上 5 倍以下的罚款，并可以由有关主管部门依法责令该机构停业、吊销直接责任人员的资格证书，吊销营业执照。严重不负责任，出具的证明文件有重大失实，造成严重后果的，处 3 年以下有期徒刑或者拘役，并处或者单处罚金。

承担资产评估、验资或者验证的机构因其出具的评估结果、验资或者验证证明不实，给公司债权人造成损失的，除能够证明自己没有过错的外，在其评估或者证明不实的金额范围内承担赔偿责任。

思 考 与 练 习

一、思考题

1. 简述子公司与分公司的区别。
2. 简述有限责任公司与股份有限公司的主要区别。
3. 有限责任公司设立的条件是什么？
4. 简述公司的设立程序。
5. 在什么情况下公司可以收购本公司股份？

二、单项选择题

1. 张某与潘某欲共同设立一家有限责任公司。关于公司的设立，下列说法错误的是（　　）。

　　A. 张某、潘某签订公司设立书面协议可代替制订公司章程

    B. 公司的注册资本可约定为 50 元人民币

    C. 公司可以张某姓名作为公司名称

    D. 张某、潘某二人可约定以潘某住所作为公司住所

2. 荣吉有限公司是一家商贸公司，刘壮任董事长，马姝任公司总经理。关于马姝所担任的总经理职位，下列选项正确的是(　　)。

    A. 担任公司总经理须经刘壮的聘任

    B. 享有以公司名义对外签订合同的法定代理权

    C. 有权拟定公司的劳动纪律制度

    D. 有权聘任公司的财务经理

3. 根据公司法的规定，下列有关股份有限公司股份转让限制的表述中，错误的是(　　)。

    A. 公司发起人持有的本公司股份自公司成立之日起 1 年内不得转让

    B. 公司高级管理人员离职后 1 年内不得转让其所持有的本公司股份

    C. 公司监事所持本公司股份自公司股票上市交易之日起 1 年内不得转让

    D. 公司董事在任职期间每年转让的股份不得超过其所持有本公司股份总数的 25%

4. 白阳有限公司分立为阳春有限公司与白雪有限公司时，在对原债权人甲的关系上，下列说法错误的是(　　)。

    A. 白阳公司应在作出分立决议之日起 10 日内通知甲

    B. 甲在接到分立通知书后 30 日内，可要求白阳公司清偿债务或提供相应的担保

    C. 甲可向分立后的阳春公司与白雪公司主张连带清偿责任

    D. 白阳公司在分立前可与甲就债务偿还问题签订书面协议

5. 甲、乙、丙三人共同出资设立了有限责任公司，其中，甲以机器设备作价出资 20 万元。公司成立 6 个月后，吸收丁入股。1 年后，该公司因拖欠巨额债务被诉至法院。法院查明，甲作为出资的机器设备出资时仅值 10 万元，甲现有可执行的个人财产为 8 万元。下列处理方式中，符合我国公司法规定的是(　　)。

    A. 甲以现有财产补交差额，不足部分待有财产时再行补交

    B. 甲以现有财产补交差额，不足部分由乙、丙补足

    C. 甲以现有财产补交差额，不足部分由乙、丙、丁补足

    D. 甲无须补交差额，其他股东也不负补交差额的责任

三、多项选择题

1. 根据公司法的规定，下列关于公积金用途的表述中，正确的有(　　)。

    A. 弥补公司的亏损　　　　　　　　B. 捐赠慈善事业

    C. 转增公司资本　　　　　　　　　D. 扩大公司生产经营

2. 甲公司是一家以募集方式设立的股份有限公司，其注册资本为人民币 6000 万元。董事会有 7 名成员。最大股东李某持有公司 12% 的股份。根据《公司法》的规定，下列各项中，属于甲公司应当在两个月内召开临时股东大会的情形有(　　)。

    A. 董事人数减至 4 人　　　　　　　B. 监事陈某提议召开

    C. 最大股东李某请求召开　　　　　D. 公司未弥补亏损达人民币 1600 万元

3. 四基股份有限公司计划招聘一名新董事参与本公司经营活动，经过猎头公司推举，以下四人成为候选人，下列符合担任董事条件的是(　　)。

    A．钱某，曾担任一家长期经营不善的洗浴中心董事，到任后 10 天该公司破产

    B．孙某，因犯强奸罪被判处刑法 10 年，现已释放 3 年

    C．李某，现任某市医院大夫，主任医师

    D．赵某，经营能力一流，但因酷爱行为艺术曾在半夜裸奔而遭人非议

4. 刘某是甲有限责任公司的董事长兼总经理。任职期间，多次利用职务之便，指示公司会计将资金借贷给一家主要由刘某的儿子投资设立的乙公司。对此，持有公司股权 0.5% 的股东王某认为甲公司应该起诉乙公司还款，但公司不可能起诉，王某便自行直接向法院对乙公司提起股东代表诉讼。下列选项正确的是(　　)。

    A．王某持有公司股权不足 1%，不具有提起股东代表诉讼的资格

    B．王某不能直接提起诉讼，必须先向董事会或监事会提出请求

    C．王某应以甲公司的名义起诉，但无需甲公司盖章或刘某签字

    D．王某应以自己的名义起诉，但诉讼请求应是将借款返还给甲公司

四、案例分析题

1. 某有限责任公司董事会成员为 9 人，董事长李大山认为该公司章程已经不符合公司发展要求，联合其他 3 名董事提议召开临时股东会修改公司章程。12 月 5 日，股东张某等 19 人收到了 12 月 9 日召开股东会的通知。在会上李大山宣读了公司章程修改草案，该草案引起股东很大争论。李大山等代表本公司表决权 3/5 的 10 名股东投票同意，而张某等 9 名股东投了反对票。最后，会议主持人李大山宣告：公司章程修改草案通过，将发布实施。

根据上述内容，回答以下问题，并说明理由。

(1) 提议召开临时股东会的理由是否合法？

(2) 会议通知的程序是否合法？

(3) 会议通过公司章程草案是否合法？

2. 2010 年 8 月 8 日，甲、乙、丙、丁共同出资设立了一家有限责任公司(下称公司)。公司未设董事会，仅设丙为执行董事。2011 年 6 月 8 日，甲与戊订立合同，约定将其所持有的全部股权以 20 万元的价格转让给戊。甲于同日分别向乙、丙、丁发出拟转让股权给戊的通知书。乙、丙分别于同年 6 月 20 日和 24 日回复，均要求在同等条件下优先购买甲所持公司全部股权。丁于同年 6 月 9 日收到甲的通知后，至 7 月 15 日未就此项股权转让事项作出任何答复。戊在对公司进行调查的过程中，发现乙在公司设立时以机器设备折合 30 万元用于出资，而该机器设备当时的实际价值仅为 10 万元。公司股东会于 2011 年 2 月就 2010 年度利润分配作出决议，决定将公司在该年度获得的可分配利润 68 万元全部用于分红，并在 4 月底之前实施完毕。至 7 月底丁尚未收到上述分红利润，在没有告知公司任何机构和人员的情况下，直接向人民法院提起诉讼，要求实施分红决议。

根据上述内容，回答下列问题：

(1) 丁未作答复将产生何种法律效果？并说明理由。

(2) 乙、丙均要求在同等条件下，优先受让甲所持公司全部股权，应当如何处理？

(3) 如果乙出资不实的行为属实，应当如何处理？

(4) 丁直接向人民法院提起诉讼的行为是否符合法律程序？并说明理由。

3. 宏达网络股份有限公司是一家 IT 业的著名企业，发起设立注册资本 4000 万元。公司开业 1 年来经营业绩节节攀升，为抓住机遇，扩大公司规模，实现公司的大发展，公司董事会决定，向国务院授权部门及证券管理部门申请公司上市发行新股，拟发行新股总额为人民币 6000 万元，每股面额 2 元。为吸引投资，其中 2000 万元股份为优先股，优先股股东享有下列权利：① 优先股股东可以用 8.5 折购买股票。② 预先确定优先股股利 11%，且不论盈亏保证支付。③ 优先股股东在股东大会上享有表决权。其余 4000 万股份为普通股，溢价发行，并将股票发行溢价收入列入公司利润中。

根据上述内容，回答以下问题：

(1) 宏达网络股份有限公司申请公司上市及发行新股，能否获得批准，为什么？

(2) 宏达网络股份有限公司对优先股的规定合法吗？

(3) 新股发行方案中存在什么问题？

第五章

外商投资法律制度

本章教学要点：

(1) 掌握外商投资法的适用范围及外商投资的基本政策。

(2) 掌握外商投资法在投资促进、投资保护和投资管理方面的法律规定。

导入案例

我国最新的《外商投资法》将于 2020 年 1 月 1 日施行，在此之前依据"外资三法"所设立的中外合资企业、中外合作企业和外商独资企业可以在新法施行后继续保留原企业组织形式。此说法对吗？

2019 年 3 月 15 日，第十三届全国人民代表大会第二次会议通过了《中华人民共和国外商投资法》(以下简称《外商投资法》)，将自 2020 年 1 月 1 日起施行，该法是中国第一部外商投资领域统一的基础性法律。新法的制定，是贯彻落实党中央扩大对外开放、促进外商投资决策部署的重要举措，是我国外商投资法律制度与时俱进、完善发展的客观要求，是促进社会主义市场经济健康发展、实现经济高质量发展的客观要求。

改革开放之初，1979 年召开的五届全国人大二次会议通过了《中外合资经营企业法》，开启了中国通过立法保障对外开放的新阶段。之后相继制定了《外资企业法》(1986 年)、《中外合作经营企业法》(1988 年)，共同组成了"外资三法"。外资三法奠定了中国吸收外资的法律基础，为外商投资企业在我国发展创造了良好法治环境，对推动改革开放历史进程发挥了重要作用。

经过 40 年的发展，在新的形势下，"外资三法"已难以适应新时代改革开放实践的需要。"外资三法"的相关规范已逐步为公司法、合伙企业法、民法总则、物权法、合同法等市场主体和市场交易方面的法律所涵盖；同时，新形势下全面加强对外商投资的促进和保护、进一步规范外商投资管理的要求，也大大超出了"外资三法"的调整范围。基于此，迫切需要在总结中国吸引外商投资实践经验的基础上，制定一部新的外商投资基础性法律取代"外资三法"。由此，《中华人民共和国外商投资法》应运而生，新法施行后，"外资三法"将正式退出历史舞台。新法施行前依照旧法设立的外商投资企业，在新法施行后 5 年内可以继续保留原企业组织形式，具体实施办法由国务院规定。

第一节　外商投资法概述

为了进一步扩大对外开放，积极促进外商投资，保护外商投资合法权益，规范外商投资管理，推动形成全面开放新格局，促进社会主义市场经济健康发展，根据宪法制定本法。《外商投资法》的出台标志着中国已迈向全面开放、高水平开放的新征程。

一、适用范围

本法所称外商投资是指外国的自然人、企业或者其他组织(以下称外国投资者)直接或者间接在中国境内进行的投资活动，包括下列情形：① 外国投资者单独或者与其他投资者共同在中国境内设立外商投资企业；② 外国投资者取得中国境内企业的股份、股权、财产份额或者其他类似权益；③ 外国投资者单独或者与其他投资者共同在中国境内投资新建项目；④ 法律、行政法规或者国务院规定的其他方式的投资。

二、外商投资企业

本法所称外商投资企业是指全部或者部分由外国投资者投资，依照中国法律在中国境内经登记注册设立的企业。需要指出的是，外国投资者包括外国的公司、企业和其他经济组织或者个人。

外商投资企业的组织形式、组织机构及其活动准则，适用《中华人民共和国公司法》、《中华人民共和国合伙企业法》等法律的规定，坚持内外资一致。

三、外商投资的基本政策

相比"外资三法"，新的外商投资法亮点主要体现在以下四个方面：

(1) 鼓励外国投资者依法在中国境内投资。国家实行高水平投资自由化便利化政策，建立和完善外商投资促进机制，营造稳定、透明、可预期和公平竞争的市场环境。依法保护外国投资者在中国境内的投资、收益和其他合法权益。在中国境内进行投资活动的外国投资者、外商投资企业，应当遵守中国法律法规，不得危害中国国家安全、损害社会公共利益。

(2) 对外商投资实行准入前国民待遇加负面清单管理制度。《外商投资法》第4条规定：国家对外商投资实行准入前国民待遇加负面清单管理制度。"准入前国民待遇"是指在投资准入阶段给予外国投资者及其投资不低于本国投资者及其投资的待遇；所称负面清单，是指国家规定在特定领域对外商投资实施的准入特别管理措施。国家对负面清单之外的外商投资，给予国民待遇。我国缔结或者参加的国际条约、协定对外国投资者准入待遇有更优惠规定的，可以按照相关规定执行。

(3) 坚持内外资一致。外商投资企业的组织形式、设立与登记程序、法律地位、组织机构、活动准则、经营管理、劳动关系、税收、解散与清算等，除另有规定外，与内资企业一致，实行国民待遇原则。

【例 5-1】 为了吸引外资，我国对外商投资企业实施了多项优惠措施，比如外商投资企业享有多重税收优惠。

【分析】 根据《外商投资法》相关规定，对外商投资企业在税收上实行国民待遇原则，坚持内外资一致原则。

(4) 保护知识产权。国家保护外国投资者和外商投资企业的知识产权，保护知识产权权利人和相关权利人的合法权益；鼓励基于自愿原则和商业规则开展技术合作；行政机关及其工作人员对于履行职责过程中知悉的外国投资者、外商投资企业的商业秘密，应当依法予以保密，不得泄露或者非法向他人提供。

由此可见，《外商投资法》的出台预示着中国这一最大的发展中国家将以更大力度、更积极的姿态融入到全球化发展进程中，为推动发展中国家的群体性崛起贡献智慧和力量。

第二节　外商投资的促进、保护、管理及法律责任

一、投资促进

外商投资法使中国投资环境更加公开公平透明。该法第 19 条规定：各级人民政府及其有关部门应当按照便利、高效、透明的原则，简化办事程序，提高办事效率，优化政务服务，进一步提高外商投资服务水平。投资促进主要表现如下：

(1) 政策支持。外商投资企业依法平等适用国家支持企业发展的各项政策。制定与外商投资有关的法律、法规、规章，应当采取适当方式征求外商投资企业的意见和建议。与外商投资有关的规范性文件、裁判文书等，应当依法及时公布。县级以上地方人民政府可以根据法律、行政法规、地方性法规的规定，在法定权限内制定外商投资促进和便利化政策措施。

(2) 健全服务体系。国家建立健全外商投资服务体系，为外国投资者和外商投资企业提供法律法规、政策措施、投资项目信息等方面的咨询和服务。

(3) 加强投资促进。国家与其他国家和地区、国际组织建立多边、双边投资促进合作机制，加强投资领域的国际交流与合作。国家根据需要，设立特殊经济区域，或者在部分地区实行外商投资试验性政策措施，促进外商投资，扩大对外开放。

(4) 投资促进中的内外资一致。国家保障外商投资企业依法平等参与标准制定工作，强化标准制定的信息公开和社会监督。国家制定的强制性标准平等适用于外商投资企业。国家保障外商投资企业依法通过公平竞争参与政府采购活动。政府采购依法对外商投资企业在中国境内生产的产品、提供的服务平等对待。外商投资企业可以依法通过公开发行股票、公司债券等证券和其他方式进行融资。同时，外国投资者、外商投资企业可以依照法律、行政法规或者国务院的规定享受优惠待遇。

二、投资保护

外商投资法的投资保护主要表现如下：

(1) 通常不征收外国投资者的投资。但在特殊情况下，国家为了公共利益的需要，可以依照法律规定对外国投资者的投资实行征收或者征用。征收、征用应当依照法定程序进行，并及时给予公平、合理的补偿。

(2) 依法所得可以自由汇入、汇出。外国投资者在中国境内的出资、利润、资本收益、资产处置所得、知识产权许可使用费、依法获得的补偿或者赔偿、清算所得等，可以依法以人民币或者外汇自由汇入、汇出。

(3) 保护外商的知识产权。国家保护外国投资者和外商投资企业的知识产权，保护知识产权权利人和相关权利人的合法权益；对知识产权侵权行为，严格依法追究法律责任。

国家鼓励在外商投资过程中基于自愿原则和商业规则开展技术合作。技术合作的条件由投资各方遵循公平原则平等协商确定。行政机关及其工作人员不得利用行政手段强制转让技术。

行政机关及其工作人员对于履行职责过程中知悉的外国投资者、外商投资企业的商业秘密，应当依法予以保密，不得泄露或者非法向他人提供。

【例 5-2】　目前我国吸引外资的目的是进一步提升科技水平，因此，我们要尽一切努力掌握外商带入中国的核心技术。这种说法对吗？

【分析】　不对。根据《外商投资法》第 22 条的规定，国家保护外国投资者和外商投资企业的知识产权，保护知识产权权利人和相关权利人的合法权益；对知识产权侵权行为，严格依法追究法律责任。

(4) 保护外商的合法权益。各级人民政府及其有关部门制定涉及外商投资的规范性文件，应当符合法律法规的规定；没有法律、行政法规依据的，不得减损外商投资企业的合法权益或者增加其义务，不得设置市场准入和退出条件，不得干预外商投资企业的正常生产经营活动。

地方各级人民政府及其有关部门应当履行向外国投资者、外商投资企业依法作出的政策承诺以及依法订立的各类合同。因国家利益、社会公共利益需要改变政策承诺、合同约定的，应当依照法定权限和程序进行，并依法对外国投资者、外商投资企业因此受到的损失予以补偿。

三、投资管理

外商投资法的投资管理主要表现如下：

(1) 外商投资领域按照负面清单进行管理。外商投资准入负面清单规定禁止投资的领域，外国投资者不得投资。外商投资准入负面清单规定限制投资的领域，外国投资者进行投资应当符合负面清单规定的条件。外商投资准入负面清单以外的领域，按照内外资一致的原则实施管理。

所谓负面清单，一般指负面清单管理模式，相当于投资领域的"黑名单"，列明了企业不能投资的领域和产业。针对外资的与国民待遇、最惠国待遇不符的管理措施，或业绩要求、高管要求等方面的管理限制措施，均以清单方式列明。与负面清单相对应的是正面清单(Positive List)，它列明了企业可以做什么领域的投资。在《服务贸易总协定》(GATS)中，利用正面清单来确定覆盖的领域，而负面清单则用来圈定在这些开放领域清单上，有关市场准入和国民待遇问题的限制，这种做法也被当下不少国家采用，从而有效利用正面和负面清单的手段，在开放市场的同时，保护部分敏感产业。《外商投资准入特别管理措施(负面清单)》(2018 年版) 详细列出了禁止外商投资的领域和限制外商投资的领域。

(2) 外商投资者需依法办理各种投资手续。外国投资需要办理投资项目核准、备案的，按照国家有关规定执行；外国投资者在依法需要取得许可的行业、领域进行投资的，应当依法办理相关许可手续；外商投资企业的组织形式、组织机构及其活动准则，适用《中华人民共和国公司法》、《中华人民共和国合伙企业法》等法律的规定；外商投资企业开展生产经营活动，应当遵守法律、行政法规有关劳动保护、社会保险的规定，依照法律、行政法规和国家有关规定办理税收、会计、外汇等事宜，并接受相关主管部门依法实施的监督检查；外国投资者并购中国境内企业或者以其他方式参与经营者集中的，应当依照《中华人民共和国反垄断法》的规定接受经营者集中审查。

(3) 国家建立外商投资信息报告制度和安全审查制度。外国投资者或者外商投资企业应当通过企业登记系统以及企业信用信息公示系统向商务主管部门报送投资信息。外商投资信息报告的内容和范围按照确有必要的原则确定；通过部门信息共享能够获得的投资信息，不得再行要求报送。国家相关部门对影响或者可能影响国家安全的外商投资进行安全审查。依法作出的安全审查决定为最终决定。

【例 5-3】 中国内地与中国香港、澳门、台湾及与其他国家自由贸易区是否有更优惠开放措施安排？如何执行？

【分析】 《外商投资准入特别管理措施(负面清单)》(2018 年版)指出，《内地与香港关于建立更紧密经贸关系的安排》及其后续协议、《内地与澳门关于建立更紧密经贸关系的安排》及其后续协议、《海峡两岸经济合作框架协议》及其后续协议、我国与有关国家签订的自由贸易区协议和投资协定、我国参加的国际条约对符合条件的投资者有更优惠开放措施的，按照相关协议或协定的规定执行。在自由贸易试验区等特殊经济区域对符合条件的投资者实施更优惠开放措施的，按照相关规定执行。

【例 5-4】 《外商投资准入负面清单》体现出的开放措施和限制措施总体情况如何？

【分析】 一是开放力度大，在 22 个领域推出开放措施，限制措施减少到 48 条，减少近四分之一。尤其是一些投资者高度关注的领域，结合我国产业发展水平，大幅减少外资限制。金融领域，取消银行业外资股比限制，将证券公司、基金管理公司、期货公司、寿险公司的外资股比放宽至 51%，2021 年取消金融领域所有外资股比限制。制造业领域，汽车行业取消专用车、新能源汽车外资股比限制，2020 年取消商用车外资股比限制，2022 年取消乘用车外资股比限制，以及合资企业不超过两家的限制。取消船舶、飞机设计、制造、维修等各领域限制，基本形成全行业开放。

四、外商投资的法律责任

违反外商投资法应承担的法律责任如下：

(1) 超越投资领域的惩罚。外国投资者投资外商投资准入负面清单规定禁止投资的领域的，由有关主管部门责令停止投资活动，限期处分股份、资产或者采取其他必要措施，恢复到实施投资前的状态；有违法所得的，没收违法所得。外国投资者的投资活动违反外商投资准入负面清单规定的限制性准入特别管理措施的，由有关主管部门责令限期改正，采取必要措施满足准入特别管理措施的要求；逾期不改正的，依照前款规定处理。外国投资者的投资活动违反外商投资准入负面清单规定的，除依照前两款规定处理外，还应当依法承担相应的法律责任。

(2) 外国投资者、外商投资企业违反本法规定，未按照外商投资信息报告制度的要求报送投资信息的，由商务主管部门责令限期改正；逾期不改正的，处 10 万元以上 50 万元以下的罚款。

(3) 对外国投资者、外商投资企业违反法律、法规的行为，由有关部门依法查处，并按照国家有关规定纳入信用信息系统。

(4) 行政机关工作人员在外商投资促进、保护和管理工作中滥用职权、玩忽职守、徇私舞弊的，或者泄露、非法向他人提供履行职责过程中知悉的商业秘密的，依法给予处分；构成犯罪的，依法追究刑事责任。

思考与练习

1. 什么是外商投资？外商投资有哪些情形？
2. 我国对外商投资的促进和保护措施主要是什么？
3. 简述《外商投资准入特别管理措施(负面清单)》(2018 年版)的主要特点。
4. 简述外国投资者违反投资领域的法律责任。

第六章

企业破产法律制度

本章教学要点：

(1) 了解和掌握破产法律制度设立的意义。
(2) 了解和掌握破产、破产法、破产费用和共益债务的概念。
(3) 了解和掌握重整、和解和破产清算等法律程序。
(4) 重点掌握债务人的财产、债权人会议和破产财产的分配顺序等知识。

导入案例

广东国际信托投资公司(以下简称"广东国投")破产案是我国首例非银行金融机构破产案，也是第一例涉及大量境外债权的破产案。1999 年 1 月，广东国投因资不抵债 146.9 亿元向广东省高级人民法院申请破产。2003 年 2 月，破产程序终结，破产债权清偿率达 12.52%。

第一节　企业破产法概述

一、破产的概念和基本程序

（一）破产的概念

破产是指债务人不能清偿到期债务，并且资产不足以清偿全部债务或者明显缺乏清偿能力的状态。这一概念包含两层意思：一是债务人的债务已经到期，二是其以全部资产无法清偿其到期债务或者明显缺乏清偿能力。

（二）破产的基本程序

当债务人达到破产的状态，法院可以根据债务人或债权人的申请，裁定债务人重整；或者根据债务人的申请，裁定和解；如果债务人依法进入破产清算程序，则由法院主持依法强制将债务人的全部财产按一定顺序和比例公平地清偿给所有债权人，同时免除其无法偿还的债务，了结与其相关的一切债权债务关系。最终，债务人的主体资格归于消灭。

二、破产法的概念和适用范围

(一) 破产法的概念

破产法有广义和狭义的区别。广义的破产法是指调整破产参加人在破产过程中所发生的法律关系的法律规范的总称。其内容主要包括破产程序规范、破产实体规范和罚则。破产程序规范主要规定破产案件的管辖法院、民事诉讼规范的准用、破产原因、破产的申请与受理、临时财产管理人、债权申报、债权人会议、和解程序、破产宣告、破产管理人、破产清算、破产程序的终结等制度。破产实体规范主要规定债务人的破产偿债能力、破产财产、破产无效行为或者撤销权、破产债权、破产费用、破产宣告的法律行为效力、别除权、取回权、抵消权、破产免责等制度。罚则主要规定对破产违法行为或者犯罪行为的处罚制度。狭义的破产法是指国家最高立法机关依法制定的《中华人民共和国企业破产法》。1986 年 12 月 2 日,第六届全国人大常务委员会通过《中华人民共和国企业破产法(试行)》,实施了将近 20 年。2006 年 8 月 27 日,第十届全国人大常务委员会第二十三次会议通过了新的《中华人民共和国企业破产法》(以下简称《破产法》),并于 2007 年 6 月 1 日起施行,《中华人民共和国企业破产法(试行)》同时废止。最高人民法院《关于审理企业破产案件若干问题的规定》(法释[2002]23 号,以下简称《破产规定》)、关于适用《中华人民共和国企业破产法》若干问题的规定(一)、(二)、(三)也是破产法的组成部分。

(二) 破产法的适用范围

破产法适用的范围是所有的企业法人。我国《破产法》第 2 条规定:企业法人不能清偿到期债务,并且资产不足以清偿全部债务或者明显缺乏清偿能力的,依照本法规定清理债务。企业法人有前款规定情形,或者有明显丧失清偿能力可能的,可以依照本法规定进行重整。《破产法》第 135 条规定:其他法律规定企业法人以外的组织的清算,属于破产清算的,参照适用本法规定的程序。

第二节 破产程序(上)

一、破产案件及其管辖

(一) 破产案件的概念

破产案件是指无力偿债的债务人通过司法程序进行重整、和解或者破产清算的案件。重整、和解和破产清算为三种独立的破产程序,均可直接启动。重整或和解失败后,均可进入破产清算程序。

(二) 破产案件的管辖

与世界上大多数国家相似,我国的破产案件由普通法院管辖。在地域管辖方面,我国

《破产法》第 3 条规定：破产案件实行专属管辖，由债务人住所地人民法院管辖。《破产规定》第 1 条规定：债务人住所地指债务人的主要办事机构所在地。债务人无办事机构的，由其注册地人民法院管辖。在级别管辖方面，《破产规定》第 2 条规定：基层人民法院一般管辖县、县级市或者区的工商行政管理机关核准登记企业的破产案件；中级人民法院一般管辖地区、地级市(含本级)以上的工商行政管理机关核准登记企业的破产案件；纳入国家计划调整的企业破产案件，由中级人民法院管辖。除此之外，经过合法的审批程序，上级人民法院可以审理下级人民法院管辖的企业破产案件，或者将本院管辖的企业破产案件移交下级人民法院审理；下级人民法院可以将自己管辖的企业破产案件交由上级人民法院审理；在省、自治区、直辖市范围内还可因特殊情况对个别企业破产案件的地域管辖做调整。需要注意的是《破产法》中的特别管辖规定，即人民法院受理破产申请后，有关债务人的民事诉讼，只能向受理破产申请的人民法院提起。

(三) 破产案件中的裁定与公告程序

根据《破产法》的规定，人民法院对破产案件的程序问题和实体问题的裁判均采用裁定，除不予受理破产申请和驳回破产申请的裁定外，其他裁定均不得提起上诉，自裁定之日生效。对裁定有异议的，可向原审法院申请复议，复议期间不停止裁定的执行。破产案件中，不予受理破产申请和驳回破产申请的裁定，自裁定送达之日起 10 日内可向上一级法院上诉。

人民法院所作裁定，涉及以下事项的，应予以公告：① 受理破产申请的裁定应自裁定受理之日起 25 日内予以公告；② 债务人重整和和解的裁定；③ 批准重整计划和终止重整程序的裁定；④ 认可和解协议和终止和解程序的裁定；⑤ 宣告债务人破产和终止破产程序的裁定。

【例 6-1】 广东国投及其三个子公司破产案件的管辖。

广东国投在广东省工商局登记设立，其下属全资和控股子公司众多。其中，三个全资子公司广信企业发展公司(广州市工商局登记)、广东国际租赁公司(广州市工商局登记)和广东国投深圳公司(深圳市工商局登记)与母公司同时进入破产程序。广东省高级人民法院通过裁定行使广东国投母公司破产案件的管辖权，另外三个子公司的破产案件分别由广州市中级人民法院和深圳市中级人民法院管辖。

【思考】 上述案件中的管辖方案的优势是什么？

二、破产案件的申请与受理

(一) 破产申请的提出

破产申请是破产申请人向法院请求对债务人适用破产程序的意思表示，是债务人或者债权人的破产请求权的具体行使。破产申请不是破产程序开始的标志，只是破产程序开始的条件。

一般情况下，债务人不能清偿到期债务，债务人本人有权向法院申请破产，债权人也有权向法院申请宣告债务人破产。除此之外，我国法律中还规定了另外两种情形。《中华人民共和国公司法》第 187 条规定：清算组在清理公司财产、编制资产负债表和财产清单后，发现公司财产不足清偿债务的，应当依法向人民法院申请宣告破产。公司经人民法院裁定宣告破产后，清算组应当将清算事务移交给人民法院。《破产法》第 7 条第 3 款规定：企业法人已解散但未清算或者未清算完毕，资产不足以清偿债务的，依法负有清算责任的人应当向人民法院申请破产清算。《破产法》第 70 条第 2 款规定：债权人申请对债务人进行破产清算的，在人民法院受理破产申请后、宣告债务人破产前，债务人或者出资额占债务人注册资本十分之一以上的出资人，可以向人民法院申请重整。

破产申请应当采用书面形式。破产申请书应当载明下列事项：① 申请人、被申请人的基本情况；② 申请目的；③ 申请的事实和理由；④ 人民法院认为应当载明的其他事项。破产申请人除应当向人民法院提交破产申请书以外，债权人对其申请书中陈述的事实必须提供相关的证据材料。

债务人提出申请的，还应当向人民法院提交财产状况说明、债务清册、债权清册、有关财务会计报告、职工安置预案以及职工工资的支付和社会保险费用的缴纳情况。若申请人为证券公司、银行和保险公司，则应分别提交中国证监会、银监会和保监会的批准文件。

（二）破产案件的受理

破产案件的受理又称为破产案件的立案，指法院经审查认为破产案件的申请符合法定的立案条件而予以接受，并因此开始破产程序的司法审判行为。人民法院受理破产案件的基本形式为裁定，人民法院受理破产案件，是破产程序开始的标志。

我国《破产法》规定：债权人提出破产申请的，人民法院应当自收到申请之日起 5 日内通知债务人。债务人对申请有异议的，应当自收到人民法院的通知之日起 7 日内向人民法院提出。人民法院应当自异议期满之日起 10 日内裁定是否受理。债务人对申请没有提出异议的，人民法院应当自收到破产申请之日起 15 日内裁定是否受理。人民法院受理破产申请的，应当自裁定作出之日起 5 日内送达申请人和债务人。债务人应当自收到裁定书之日起 15 日内，向人民法院提交财产状况说明、债务清册、有关财务会计报告以及职工工资的支付和劳动保险费用的缴纳情况。人民法院裁定不受理破产申请的，应当自裁定作出之日起 5 日内送达申请人，申请人对裁定不服的，可以自裁定送达之日起 10 日内向上一级人民法院提起上诉。人民法院受理破产申请的，应当指定管理人，并自裁定受理破产申请之日起 25 日内通知已知债权人，不能通知的，予以公告。

人民法院受理破产案件后，主要发生以下法律效果：

(1) 债务人应当履行破产法规定的义务，包括但不限于：妥善保管相关财产和资料；不得对部分债权人清偿债务；担任保证人的债务人应当及时转告有关当事人；债务人的法定代表人应当列席债权人会议，如实回答询问；债务人的有关人员未经人民法院许可，不得离开住所地，且不得兼任其他企业的董事、监事、高管等。

(2) 法院受理破产案件后，对债务人财产的民事执行程序，尚未开始的，不得开始；已经开始但未执行完毕的，不得继续执行。

(3) 债权人应当向受理破产案件的法院申报债权，否则，不得通过破产程序行使权利。

【例 6-2】　华葡酿酒有限公司破产案。

华葡酿酒有限公司(简称"华葡"公司)系曹酒集团和佳酿公司共同组建的合资企业。企业成立后，两个股东一直存在争议，经佳酿公司申请仲裁后，华葡公司进行清算。2005

年 4 月，华葡公司特别清算委员会以负债大于资产，已严重资不抵债为由，向法院申请破产还债。河北省唐山市中级人民法院审查后，认为符合破产条件，裁定华葡公司破产还债。佳酿公司以华葡公司不符合法定的破产条件等理由启动二审程序。最终，河北省高级人民法院裁定撤销唐山市中级人民法院的裁定，发回重审。

【思考】 如何准确理解"符合破产条件"？

三、债务人财产管理

（一）破产管理人及其职责

1. 破产管理人的概念

破产管理人是指人民法院在依法受理破产申请的同时指定的全面接管破产企业并负责破产财产的保管、清理、估价、处理和分配，总管破产事务的人。

2. 破产管理人的范围和报酬

《破产法》规定：破产管理人由人民法院指定。债权人会议认为管理人不能依法、公正地执行职务或者有其他不能胜任职务情形的，有权向人民法院申请予以更换。管理人没有正当理由不得辞去职务。管理人辞去职务应当经人民法院许可。

管理人的报酬由人民法院确定。管理人是独立于债权人会议、法院、债务人之外的组织，管理人的破产管理是有偿的服务，管理人依法履行职责的同时理应获得相应的报酬。管理人的报酬属于破产费用，标准由人民法院确定。债权人会议对管理人的报酬有异议的，有权向人民法院提出，由人民法院决定是否需要对管理人的报酬进行调整。

《破产法》规定：管理人可以由有关部门、机构的人员组成的清算组或者依法设立的律师事务所、会计师事务所、破产清算事务所等社会中介机构担任。人民法院根据债务人的实际情况，可以在征询有关社会中介机构的意见后，指定该机构具备相关专业知识并取得执业资格的人员担任管理人。

根据《破产法》的规定，有下列情形之一的，不得担任管理人：① 因故意犯罪受过刑事处罚。② 曾被吊销相关专业执业证书。③ 与本案有利害关系。所谓"利害关系"，是指与所处理的事务之间在利益上存在直接或间接的联系。④ 人民法院认为不宜担任管理人的其他情形。

3. 破产管理人的职责

根据《破产法》的规定，管理人履行下列职责：接管债务人的财产、印章和账簿、文书等资料；调查债务人财产状况，制作财产状况报告；决定债务人的内部管理事务；决定债务人的日常开支和其他必要开支；在第一次债权人会议召开之前，决定继续或者停止债务人的营业；管理和处分债务人的财产；代表债务人参加诉讼、仲裁或者其他法律程序；提议召开债权人会议；人民法院认为管理人应当履行的其他职责。

（二）债务人财产

1. 债务人财产的概念

债务人财产是指破产申请受理时属于债务人的全部财产，以及破产申请受理后至破产程序终结前债务人取得的财产。

2. 债务人财产的范围

以人民法院受理破产申请为标准，债务人财产划分为两部分。具体如下：

(1) 破产申请受理时属于债务人的全部财产，包括有形财产和财产权利。其中有形财产又可分为动产和不动产。动产主要有债务人的流动资金、机器设备、办公用品、原材料、尚未出售的产品或商品、交通工具等；不动产主要有厂房等建筑物；财产权利主要是指以出让方式取得的土地使用权、专利权、商标权、特许权、票据权、股权等权利。

(2) 破产申请受理后至破产程序终结前债务人取得的财产。人民法院受理破产申请后，债务人的财产即由管理人接管，管理人可以决定是否继续营业、接受第三人的交付和给付等。这样在破产申请受理后至破产程序终结前，债务人的财产仍然可以处在变化的状态，如果在这期间因继续经营或者因第三方交付财产而取得财产，仍应属于债务人的财产。因此，破产申请受理后至破产程序终结前债务人取得的财产中可能包括债务人投资和在这段时间内继续经营的收益、破产财产的孳息以及其他合法取得的财产。

3. 其他由管理人依法处理的债务人财产

《破产法》除规定因涉及债务人财产的行为被撤销或者无效而取得的债务人的财产，管理人有权追回外，还对其他由管理人依法处理的债务人财产的情形作出了规定：

(1) 人民法院受理破产申请后，债务人的出资人尚未完全履行出资义务的，管理人应当要求该出资人缴纳所认缴的出资，而不受出资期限的限制。

(2) 债务人的董事、监事和高级管理人员利用职权从企业获取的非正常收入和侵占的企业财产，管理人应当追回。

(3) 人民法院受理破产申请后，管理人可以通过清偿债务或者提供为债权人接受的担保，取回质物、留置物。

【例 6-3】 在广东国投的破产案件中，广东国投作为广东国际大厦实业公司的实际投资者，被依法确认拥有广东国际大厦实业公司 100%的股权。该股权最终作为破产财产进行了 3 次拍卖。

【思考】 破产财产的含义和范围是什么？

四、撤销权和债务人的无效行为

(一) 撤销权的概念

撤销权是指因债务人实施的不当减少债务人财产的行为危及债权人的债权时，管理人可以请求人民法院撤销该行为的权利。

(二) 可撤销行为

《破产法》第 31 条规定：人民法院受理破产申请前 1 年内，涉及债务人财产的下列行为，管理人有权请求人民法院予以撤销。

1. 无偿转让财产的行为

无偿转让财产是指债务人在人民法院受理破产申请前 1 年内，在没有取得对价的情况下，将自己的财产转让给第三人。债务人如果以无偿转让财产的方式转让财产，将导致其财产的不当减少，从而损害债权人的利益。因此，无论第三人主观上是否有过错，管理人均可以请求撤销该行为，以恢复债务人财产原状。

2. 以明显不合理的价格进行交易的行为

所谓以明显不合理的价格进行交易，是指债务人在人民法院受理破产申请前1年内，以明显低于市场同类商品的价格，或者以明显高于市场同类商品的价格进行交易。无论是以明显不合理的低价将财产或权益转让给第三人，还是以明显不合理的高价受让财产或权益，都将严重损害债权人的利益。因此，管理人均有权请求撤销该行为，恢复财产原状。

3. 对没有财产担保的债务提供财产担保的行为

所谓对没有财产担保的债务提供财产担保，是指债务人在人民法院受理破产申请前1年内，对本来没有设定财产担保的主债务设定财产担保。这种行为对其设定财产担保的债权人是有利的，但是对其他债权人是不利的。因为如果该担保是有效的，那么根据法律规定，有担保的债权人对该担保财产享有优先受偿权。因此，对没有财产担保的债务提供财产担保会损害其他债权人的利益，管理人有权要求撤销该担保。

4. 对未到期的债务提前清偿的行为

对未到期的债务提前清偿是指债务人在人民法院受理破产申请前1年内，对本来没有到期的债务，予以提前清偿。债务是否到期以债务人与第三人之间签订的合同中约定的履行期限来确认，如果按约定债务尚未到履行期就已经履行，即可认定为对未到期的债务提前清偿。但是如果合同中对履行期限没有约定或约定不明确，按合同法规定，债务人可以随时履行，在这种情况下，不能认定为对未到期的债务提前清偿。

5. 放弃债权的行为

放弃债权是指债务人在人民法院受理破产申请前1年内，对依法或依约享有的债权予以放弃。债务人放弃债权等于放弃财产或者财产权益，这意味着债权人可受偿的财产的减少，因而损害了债权人的利益。所以，管理人有权要求撤销该行为。

(三) 撤销权的行使

根据《破产法》的规定，撤销权的行使应当符合下列要求：

(1) 必须由管理人行使撤销权。

在人民法院受理破产申请后，管理人即全面接管破产企业并负责破产财产的保管、清理、估价、处理和分配，总管破产事务。因此，应由管理人向人民法院请求撤销债务人的不当行为，其他任何人不能行使这一权利。

(2) 可撤销的行为必须发生在人民法院受理破产申请前1年内，超过1年的，债务人即使发生上述行为，也不属于可撤销的行为。

经管理人请求，债务人的上述行为被人民法院撤销以后其行为即归于消灭。如果据此取得财产，管理人有权予以追回。对于已领受债务人财产的第三人，应负有返还财产的义务，原物不存在时，应折价赔偿。

（四）个别清偿的撤销

个别清偿是指债务人在对多个债权人承担债务的情况下，只对个别债权人进行债务清偿的行为。债务人进行个别清偿，损害的是其他多数债权人的利益。因此，为了公平清理债权债务，保护所有债权人的利益，对于个别清偿行为应予以撤销。

《破产法》规定：人民法院受理破产申请前 6 个月内，债务人有不能清偿到期债务，并且资产不足以清偿全部债务或者明显缺乏清偿能力，仍对个别债权人进行清偿的，管理人有权请求人民法院予以撤销。但是，个别清偿使债务人财产受益的除外。

经管理人请求，债务人的个别清偿行为被人民法院撤销以后其行为即归于消灭。如果据此取得财产，管理人有权予以追回。对于已领受债务人财产的债权人，应负有返还财产的义务，原物不存在时，应折价赔偿。

【例 6-4】　北京电力电容器厂因经营管理不善，不能清偿到期债务，且资产不足以清偿到期债务，向北京市朝阳区人民法院申请破产，人民法院于 2007 年 12 月 3 日裁定受理该破产申请。在破产程序进行中，北京电力电容器厂的管理人发现，北京电力电容器厂在 2007 年 11 月对债权人华北铝业进行债务清偿。

【思考】　人民法院是否应该支持管理人撤销北京电力电容器厂对债权人华北铝业进行债务清偿行为的请求？

（五）债务人的无效行为

所谓债务人的无效行为，是指债务人在破产状态下实施的使债务人财产不当减少或者违反公平清偿原则，从而侵害债权人的利益而依法应被确认无效的财产处分行为。《破产法》规定，涉及债务人财产的下列行为无效：① 为逃避债务而隐匿、转移财产的行为；② 虚构债务或者承认不真实的债务的行为。

无效行为自始无效，即行为从实施时起就没有法律约束力。因实施无效行为取得的财产，应当通过返还财产、赔偿损失等方式使行为人的财产恢复到行为之前的状态。

五、取回权

（一）取回权的概念

取回权是指破产管理人接管的破产财产中有不属于债务人财产的财产时，该财产权利人享有的不依破产程序取回其财产的权利。

（二）取回权的分类

取回权最常见的分类为一般取回权、特别取回权和代偿取回权。其中，又有学者把特别取回权分为出卖人取回权、行纪人取回权和代偿取回权。我国《破产法》只规定了一般取回权和出卖人取回权两类。

《破产法》第 38 条规定：人民法院受理破产申请后，债务人占有的不属于债务人的财产，该财产的权利人可以通过管理人取回。但是，本法另有规定的除外。第 76 条规定：债务人合法占有的他人财产，该财产的权利人在重整期间要求取回的，应当符合事先约定的条件。这两个条文即规定了一般取回权及其限制条件。

《破产法》第 39 条规定：人民法院受理破产申请时，出卖人已将买卖标的物向作为买受人的债务人发运，债务人尚未收到且未付清全部价款的，出卖人可以取回在运途中的标的物。但是，管理人可以支付全部价款，请求出卖人交付标的物。这个条文规定的即为出卖人取回权。

（三）取回权的特征

取回权具有以下特征：① 取回权所对应的标的物非债务人所有，但却由债务人占有或将由其占有；② 取回权是对特定物的返还请求权；③ 取回权的行使不受破产程序的限制。

（四）取回权的行使

从时间上看，财产权利人可以在破产案件受理后，破产程序终结前随时主张权利，其权利不受破产程序的限制。从对象上看，财产权利人的取回主张应当向破产管理人提出，管理人查证属实，则财产权利人可以取回其财产。如果双方存在争议，则应由受理破产申请的法院通过诉讼解决。

【例 6-5】 在广东国投破产案件中，广东省高级人民法院针对存款人的信托存款和股民的信托保证金作出了不同的裁定：信托存款的存款人可以申报破产债权，但对信托存款无取回权；确认广东国投所属证券交易营业部收取的股民保证金所有权属于股民所有。据此裁定，股民可以取回股票交易保证金余额。

【思考】 财产权利人享有取回权的主要依据是什么？

六、破产抵销权

（一）破产抵销权的概念

破产抵销权是指债权人在破产申请受理前与债务人双方互负债务，又互享债权，且给付种类相同，各自以自己的债权充抵所负对方债务，使双方的债权债务在等额内消灭的制度。

《破产法》规定：债权人在破产申请受理前对债务人负有债务的，可以向管理人主张抵销。抵销权对破产债权人具有重要意义，因为债权人的债权按破产程序清偿通常不能得到足额清偿，而债权人对破产企业所负的债务却须完全清偿，抵销权可使破产债权人在抵销的破产债权限度内得到足额清偿。

（二）破产抵销权的行权条件

根据《破产法》的规定，破产抵销权的行使应当符合下列要求：① 债权人对债务人负有债务，且债权人对债务人所负债务产生于破产申请受理之前。在破产申请受理之后，债权人对债务人负有的债务，不能主张抵销。② 抵销权只能由债权人行使，且债权人必须向管理人提出。抵销权的行使目的是对债权人债权的一种保障，但实际上会导致破产财产的减少，对其他债权人不利。因此，抵销权只能由债权人行使，而不能由其他人如管理人行使。在破产申请受理后，管理人已经接管债务人财产，因此债权人应当向管理人主张抵销，而不能向债务人直接提出。

（三）破产抵销权的行权限制

《破产法》规定，有下列情形之一的，不得抵销：① 债务人的债务人在破产申请受理后取得他人对债务人的债权的。② 债权人已知债务人有不能清偿到期债务或者破产申请的事实，对债务人负担债务的；但是，债权人因为法律规定或者有破产申请 1 年前所发生的原因而负担债务的除外。③ 债务人的债务人已知债务人有不能清偿到期债务或者破产申请的事实，对债务人取得债权的；但是，债务人的债务人因为法律规定或者有破产申请 1 年前所发生的原因而取得债权的除外。

【例 6-6】　在广东国投破产案件中，广东省高级人民法院裁定商业银行及其分支机构对广东国投公司拥有的债权总额及所负的债务总额在破产清算前等额抵消。广东国投破产清算组依法办理了中国工商银行、中国建设银行、海南发展银行等商业银行的债权债务抵销事宜。

【思考】　破产抵销权的行使条件和限制是什么？

第三节　破产程序(下)

一、破产费用和共益债务

（一）破产费用

1. 破产费用的概念和特征

破产费用是指在破产程序中为了全体债权人共同利益，为保证破产程序顺利进行及债务人财产的管理、变价和分配所产生的各项费用的总称。

破产费用与其他费用相比具有以下特点：

（1）破产费用必须是在破产程序开始后发生的，破产程序开始前发生的任何费用都不属于破产费用。

（2）破产费用必须是为破产事务的处理而发生的费用，与破产事务的处理无关的费用不属于破产费用。

（3）破产费用必须是在处理破产事务中为债权人的共同利益而发生的费用，不是为债权人的共同利益而发生的费用不属于破产费用。

（4）破产费用随时发生随时可用债务人的财产进行清偿，目的是为了破产程序的顺利进行。

2. 破产费用的范围

《破产法》规定，人民法院受理破产申请后发生的下列费用为破产费用：

（1）破产案件的诉讼费用。破产案件的诉讼费是人民法院依法向债务人收取的费用。根据《诉讼费用交纳办法》的规定，案件诉讼费采取预收的方式收取。诉讼费用包括案件受理费、申请费、财产保全费、鉴定费等。

（2）管理、变价和分配债务人财产的费用。人民法院受理破产申请后，债务人的财产就不能随意处置，必须通过人民法院指定的管理人对其进行管理，而管理人的管理必然要支出有关的费用，包括财产的仓储费、运输费、律师费、会计师费等费用，对财产估价、拍卖、登记等变价费，制作财产分配方案、公告和通知分配方案、提存等分配财产的费用。

（3）管理人执行职务的费用、报酬和聘用工作人员的费用。

（二）共益债务

1．共益债务的概念和特征

共益债务是指人民法院受理破产申请后，为全体债权人的共同利益或者为进行破产程序所必须负担的债务的总称。共益债务具有以下特点：

（1）共益债务发生于人民法院受理破产申请后。因为只有在人民法院受理破产申请后，才指定管理人，管理人才有权对债务人的财产进行管理，才能因管理而产生债务，如果此类债务发生在人民法院受理破产申请之前，只能作为破产债权，而不作为共益债务。

（2）共益债务是管理人在管理债务人财产过程中因债务人和债务人财产而发生的债务。

（3）共益债务是管理人在管理债务人财产过程中为全体债权人的共同利益而发生的债务。

2．共益债务的范围

《破产法》第 42 条规定，人民法院受理破产申请后发生的下列债务，为共益债务：

（1）因管理人或者债务人请求对方当事人履行双方均未履行完毕的合同所产生的债务。

（2）债务人财产受无因管理所产生的债务。

（3）因债务人不当得利所产生的债务。

（4）为债务人继续营业而应支付的劳动报酬和社会保险费用以及由此产生的其他债务。

（5）管理人或者相关人员执行职务致人损害所产生的债务。

（6）债务人财产致人损害所产生的债务。

（三）破产费用和共益债务的清偿

根据《破产法》的规定，破产费用和共益债务的清偿，按照下列原则进行：

（1）破产费用和共益债务由债务人财产随时清偿。

（2）债务人财产不足以清偿所有破产费用和共益债务的，先行清偿破产费用。

（3）债务人财产不足以清偿所有破产费用或者共益债务的，按照比例清偿。

（4）债务人财产不足以清偿破产费用的，管理人应当提请人民法院终结破产程序。人民法院应当自收到请求之日起 15 日内裁定终结破产程序，并予以公告。

二、债权申报

（一）债权申报的概念

债权申报是指债权人在破产案件受理后，依照法定程序向人民法院申请登记债权，以取得破产债权人地位的法律行为。

债权人依照法定程序申报债权即可能成为破产债权人，并因此可能享有破产债权人的权利。债权人未依照《破产法》规定申报债权的，不得依照《破产法》规定的程序行使权利。破产债权人在破产过程中主要享有以下权利：参加债权人会议，并享有表决权；提出对债务人重整申请；参加破产财产的分配。

（二）债权申报的期限

债权申报的期限是指《破产法》规定或经人民法院允许债权人向人民法院申报债权的期间。债权申报的期限分为法定申报期限和延展申报期限。

1. 法定申报期限

《破产法》规定：人民法院受理破产申请后，应当确定债权人申报债权的期限。债权申报期限自人民法院发布受理破产申请公告之日起计算，最短不得少于 30 日，最长不得超过 3 个月。

2. 延展申报期限

延展申报期限也称补充申报期限，是指在人民法院确定的债权申报期限内，债权人未申报债权的，可以在破产财产最后分配前补充申报；但是，此前已进行的分配，不再对其补充分配。为审查和确认补充申报债权的费用，由补充申报人承担。补充申报必须在破产财产最后分配前提出，得到的清偿以补充申报后的破产财产为限。

（三）债权申报的特征

债权申报具有以下几个特征：① 债权申报是债权人的单方意思表示；② 债权申报是享有破产债权的前提条件；③ 债权申报应当符合法定程序。

（四）债权申报的要求

根据《破产法》的规定，债权人申报债权时，必须按照下列要求进行：

(1) 未到期的债权，在破产申请受理时视为到期。附利息的债权自破产申请受理时起停止计息。

(2) 附条件、附期限的债权和诉讼、仲裁未决的债权，债权人可以申报。

(3) 债权人应当在人民法院确定的债权申报期限内向管理人申报债权。

(4) 债权人申报债权时，应当书面说明债权的数额和有无财产担保，并提交有关证据。

(5) 连带债权人可以由其中一人代表全体连带债权人申报债权，也可以共同申报债权。

(6) 债务人的保证人或者其他连带债务人已经代替债务人清偿债务的，以其对债务人的求偿权申报债权。债务人的保证人或者其他连带债务人尚未代替债务人清偿债务的，以其对债务人的将来求偿权申报债权。但是，债权人已经向管理人申报全部债权的除外。

(7) 连带债务人数人被裁定适用《破产法》规定的程序的，其债权人有权就全部债权分别在各破产案件中申报债权。

(8) 管理人或者债务人依照《破产法》规定解除合同的，对方当事人以因合同解除所产生的损害赔偿请求权申报债权。

(9) 债务人是委托合同的委托人，被裁定适用《破产法》规定的程序，受托人不知该事实，继续处理委托事务的，受托人以由此产生的请求权申报债权。

(10) 债务人是票据的出票人，被裁定适用《破产法》规定的程序，该票据的付款人继续付款或者承兑的，付款人以由此产生的请求权申报债权。

(11) 在人民法院确定的债权申报期限内，债权人未申报债权的，可以在破产财产最后分配前补充申报；但是，此前已进行的分配，不再对其补充分配。为审查和确认补充申报债权的费用，由补充申报人承担。

【例 6-7】 在广东国投破产案件中，广东省高级人民法院于 1999 年 1 月 16 日裁定广东国投破产还债。广东国投母公司及其三家子公司同时进入破产程序后，共有 494 家境内外债权人申报债权，申报债权总额为人民币 467 亿元。

【思考】 债权申报有怎样的法律意义？怎样理解破产债权的概念？

三、债权人会议

（一）债权人会议的性质

债权人会议是破产程序中全体登记在册的债权人组成的以维护债权人共同利益为目的，表达债权人意志的议事机构。债权人会议是债权人行使破产参与权的场所，本身不是执行机关，也不是独立的民事权利主体，而只是具有自治性质的机构。

（二）债权人会议的组成和职权

1. 债权人会议的组成

《破产法》规定：依法申报债权的债权人为债权人会议的成员，有权参加债权人会议，享有表决权。这一规定包含两层含义：一是债权人会议由申报债权的债权人组成，二是凡是债权人会议的成员，都享有出席会议和对会议所议事项进行表决的权利。但是债权尚未确定的债权人，除人民法院能够为其行使表决权而临时确定债权额的外，不得行使表决权；对债务人的特定财产享有担保权的债权人，未放弃优先受偿权利的，其对通过和解协议和破产财产的分配方案的事项不享有表决权。

债权人会议应当有债务人的职工和工会的代表参加，对有关事项发表意见，但不享有表决权。债权人会议设主席 1 人，由人民法院从有表决权的债权人中指定，债权人会议主席主持债权人会议。

2. 债权人会议的职权

《破产法》规定，债权人会议行使下列职权：① 核查债权，管理人依法对申报债权进行审查后，编制债权表，提交第一次债权人会议核查；② 申请人民法院更换管理人，审查管理人的费用和报酬；③ 监督管理人；④ 选任和更换债权人委员会成员；⑤ 决定继续或者停止债务人的营业；⑥ 通过重整计划；⑦ 通过和解协议；⑧ 通过债务人财产的管理方案；⑨ 通过破产财产的变价方案；⑩ 通过破产财产的分配方案；⑪ 人民法院认为应当由债权人会议行使的其他职权。

债权人会议所议事项都是破产程序中的重大事项，应当对所议事项的决议作成会议记录，以备今后查阅。

（三）债权人会议的决议

债权人会议的决议由出席会议的有表决权的债权人过半数通过，并且其所代表的债权额占无财产担保债权总额的 1/2 以上。但《破产法》另有规定的除外。债权人会议的决议，对全体债权人均有法律约束力。

债权人认为债权人会议的决议违反法律规定，损害其利益的，可以自债权人会议作出决议之日起 15 日内，请求人民法院裁定撤销该决议，责令债权人会议依法重新作出决议。

债权人会议通过债务人财产的管理方案以及财产的变价方案等事项时，经债权人会议表决未通过的，由人民法院裁定。债权人对人民法院作出的裁定不服的，可以自裁定宣布之日或收到通知之日起 15 日内向该人民法院申请复议。复议期间不停止裁定的执行。

债权人会议通过破产财产的分配方案事项时，经债权人会议两次表决仍未通过的，由人民法院裁定。债权额占无财产担保债权总额 1/2 以上的债权人对人民法院作出的裁定不服的，可以自裁定宣布之日或者收到通知之日起 15 日内向该人民法院申请复议。复议期间不停止裁定的执行。

（四）债权人委员会

债权人会议可以决定设立债权人委员会。债权人委员会是指遵循债权人的共同意志，代表债权人会议监督管理人行为以及破产程序的合法、公正进行，处理破产程序中有关事项的常设监督机构。由于债权人会议是债权人的非常设机构，在闭会期间无法行使其权利，不足以保护全体债权人的利益。因此，债权人会议可以根据实际情况决定设立债权人委员会，专门行使日常监督权。

债权人委员会由债权人会议选任的债权人代表和 1 名债务人的职工代表或者工会代表组成。债权人委员会成员不得超过 9 人。选任的债权人委员会成员并非当然成为债权人委员会成员，债权人委员会成员还应当经人民法院书面决定认可才有效。

根据《破产法》的规定，债权人委员会行使下列职权：监督债务人财产的管理和处分；监督破产财产分配；提议召开债权人会议；债权人会议委托的其他职权。

为了切实保护债权人的利益，《破产法》规定，管理人实施下列行为，应当及时报告债权人委员会：① 涉及土地、房屋等不动产权益的转让；② 探矿权、采矿权、知识产权等财产权的转让；③ 全部库存或者营业的转让；④ 借款；⑤ 设定财产担保；⑥ 债权和有价证券的转让；⑦ 履行债务人和对方当事人均未履行完毕的合同；⑧ 放弃权利；⑨ 担保物的取回；⑩ 对债权人利益有重大影响的其他财产处分行为。未设立债权人委员会的，管理人实施上述行为时，应当及时报告人民法院。

【例 6-8】　在广东国投破产案件中，广东省高级人民法院于 1999 年 4 月 22 日主持召开广东国投破产案第一次债权人会议，244 家境内外债权人派代表出席了会议。法院向债权人宣布了债权人会议的职权，并指定了债权人主席委员会的成员。该次债权人会议通过了破产清算组提出的广东国投破产财产处理的原则。

【思考】　债权人会议的如何组成，及其职权有哪些？

第四节 重 整

一、重整的概念和意义

重整是指当企业法人遇到债务困境时，依照法定程序，在法院的主持下制订债务人重整计划，保护债务人继续营业的法律制度。重整是拯救企业，避免企业破产清算的重要制度，是企业破产制度的重要组成部分。

重整的意义在于使面临破产的企业能够摆脱困境，重获经营能力，最终实现债务的较大比例清偿。与破产清算公平清偿的目的不同，重整的目的是使企业重获生机。与破产清算相比，重整需要更大的投入，当然也可能达到更高的债务清偿率。在一定条件下，重整也可转化为破产清算程序。

二、重整申请和重整期间

（一）重整申请

《破产法》规定，在不同的情况下，重整申请人有所不同。主要表现如下：

(1) 债务人或者债权人可以直接向人民法院申请对债务人进行重整，也可以在人民法院受理破产申请后、破产宣告前，申请对债务人进行重整。债务人对自己的资产、财务状况、困境及发展有着准确的了解。因此，可以直接向人民法院提出重整申请。债权人为保证自己债权的实现，也可以向人民法院提出重整申请，使债务人经过重整后恢复偿债能力。

(2) 债权人申请对债务人进行破产清算的，在人民法院受理破产申请后，宣告债务人破产前，债务人或者出资额占债务人注册资本 1/10 以上的出资人，可以向人民法院申请重整。

人民法院经审查认为重整申请符合规定的，应当裁定债务人重整，并予以公告。

（二）重整期间

重整期间是指自人民法院裁定债务人重整之日起用于制订重整计划，从而保护重整企业，防止债权人的不利行为的期间。《破产法》第 72 条规定：自人民法院裁定债务人重整之日起至重整程序终止，为重整期间。

在重整期间，经债务人申请和人民法院批准，债务人可以在管理人的监督下自行管理财产和营业事务。在这种情形下，已接管债务人财产和营业事务的管理人应当向债务人移交财产和营业事务，有关管理人的职权由债务人行使。

在重整期间，对债务人的特定财产享有的担保权暂停行使。但是，担保物有损坏或者价值明显减少的可能，足以危害担保权人权利的，担保权人可以向人民法院请求恢复行使担保权。债务人或管理人为继续营业而借款的，可以为该借款设定担保。

债务人合法占有的他人财产，该财产的权利人在重整期间要求收回的，应当符合事先约定的条件。

在重整期间，债务人的出资人不得请求投资收益分配。债务人的董事、监事、高级管理人员不得向第三人转让其持有的债务人的股权。但是，经人民法院同意的除外。

三、重整计划

（一）重整计划的概念

重整计划是指债权人和债务人以及其他重整参加人通过协商，就债务人重整方案和债务清偿所做的安排。《破产法》规定：债务人自行管理财产和营业事务的，由债务人制作重整计划草案。管理人负责管理财产和营业事务的，由管理人制作重整计划草案。

（二）重整计划的内容和参与讨论重整计划的债权人

《破产法》规定，重整计划草案应当包括下列内容：① 债务人的经营方案；② 债权分类；③ 债权调整方案；④ 债权受偿方案；⑤ 重整计划的执行期限；⑥ 重整计划执行的监督期限；⑦ 有利于债务人重整的其他方案。

下列各类债权的债权人参加讨论重整计划草案的债权人会议，依照下列债权分类，分组对重整计划草案进行表决：① 对债务人的特定财产享有担保权的债权；② 债务人所欠职工的工资和医疗、伤残补助、抚恤费用，所欠的应当划入职工个人账户的基本养老保险、基本医疗保险费用，以及法律、行政法规规定应当支付给职工的补偿金；③ 债务人所欠税款；④ 普通债权。人民法院在必要时可以决定在普通债权组中设小额债权组对重整计划草案进行表决。其中，重整计划不得规定减免债务人企业所欠非职工个人账户的社会保险费用；该项费用的债权人不参加重整计划草案的表决。

（三）重整计划的通过和批准

1. 债权人会议通过

《破产法》规定：人民法院应当自收到重整计划草案之日起 30 日内召开债权人会议，对重整计划草案进行表决。

出席会议的同一表决组的债权人过半数同意重整计划草案，并且其所代表的债权额占该组债权总额的 2/3 以上的，即为该组通过重整计划草案。

债务人或者管理人应当向债权人会议就重整计划草案作出说明，并回答询问。

债务人的出资人代表可以列席讨论重整计划草案的债权人会议。

重整计划草案涉及出资人权益调整事项的，应当设出资人组，对该事项进行表决。

各表决组均通过重整计划草案时，重整计划即为通过。

自重整计划通过之日起 10 日内，债务人或者管理人应当向人民法院提出批准重整计划的申请。人民法院经审查认为符合本法规定的，应当自收到申请之日起 30 日内裁定批准，终止重整程序，并予以公告。

2. 债权人会议未能通过时的再表决和强行批准程序

《破产法》规定：部分表决组未通过重整计划草案的，债务人或者管理人可以同未通过重整计划草案的表决组协商。该表决组可以在协商后再表决一次。双方协商的结果不得损害其他表决组的利益。

未通过重整计划草案的表决组拒绝再次表决或者再次表决仍未通过重整计划草案，但重整计划草案符合下列条件的，债务人或者管理人可以申请人民法院批准重整计划草案：① 按照重整计划草案，该计划的担保债权就该特定财产将获得全额清偿，其因延期清偿所受的损失将得到公平补偿，并且其担保权未受到实质性损害，或者该表决组已经通过重整计划草案；② 按照重整计划草案，劳动债权和税款将获得全额清偿，或者相应表决组已经通过重整计划草案；③ 按照重整计划草案，普通债权所获得的清偿比例，不低于其在重整计划草案被提请批准时依照破产清算程序所能获得的清偿比例，或者该表决组已经通过重整计划草案；④ 重整计划草案对出资人权益的调整公平、公正，或者出资人组已经通过重整计划草案；⑤ 重整计划草案公平对待同一表决组的成员，并且所规定的债权清偿顺序不违反清算的法定清偿程序；⑥ 债务人的经营方案具有可行性。

人民法院经审查认为重整计划草案符合前款规定的，应当自收到申请之日起 30 日内裁定批准，终止重整程序，并予以公告。

四、重整程序的终止

《破产法》规定，在重整期间，有下列情形之一的，经管理人或者利害关系人请求，人民法院应当裁定终止重整程序，并宣告债务人破产：① 债务人的经营状况和财产状况继续恶化、缺乏挽救的可能性；② 债务人有欺诈、恶意减少债务人财产或者其他显著不利于债权人的行为；③ 由于债务人的行为致使管理人无法执行职务。

【例 6-9】 上海市第二中级人民法院于 2009 年 9 月 27 日依法受理债权人上海泰升富企业发展有限公司申请债务人上海华源股份有限公司破产重整一案。在重整期间，债务人及管理人向人民法院和债权人会议提交了《重整计划草案》。经过债权人会议表决，《重整计划草案》获得通过。2008 年 12 月 2 日，债务人向人民法院提出批准重整计划的申请。之后，法院依法裁定批准上述重整计划，终止债务人的重整程序。

【思考】 重整计划如何表决通过？如果第一次表决未通过应如何处理？

第五节 和 解

一、和解的概念和意义

和解是指具备破产原因的债务人为了避免破产清算，而与债权人团体达成协商解决债务协议的制度。

和解并非法院作出破产宣告的必经程序，是否和解完全依债务双方当事人意思而定。困境企业可以通过和解程序解困复兴，不但可以减少债权人的损失，还可以避免企业走到破产清算的窘境。

二、和解程序的特征

和解程序具有以下特征：

(1) 由已具备破产条件的债务人提出和解请求。

(2) 债务人须与债权人团体达成和解协议。

(3) 和解程序需要人民法院的参与和监督。

三、和解与重整的区别

和解和重整同为困境企业解困复兴的程序，均以拯救面临债务困局的企业为目标。两者之间存在如下明显差异：

(1) 申请条件不同。申请和解的债务人已具备破产条件；申请重整则未必，只要债务人遭遇困境，出现丧失清偿能力的较大可能性即可。

(2) 申请主体不同。申请和解的主体仅限债务人；申请重整的主体不仅包括债务人，还包括债权人和债务人的出资人。

(3) 法院程序不同。和解协议经法院认可发生法律效力；重整计划经过法院批准发生法律效力。

四、和解的申请

债务人可以依照《破产法》的规定，直接向人民法院申请和解；也可以在人民法院受理破产申请后、宣告债务人破产前，向人民法院申请和解。

债务人申请和解，应当提出和解协议草案。与重整不同，《破产法》并未规定和解协议草案应当包含的内容，也就是说，债务人对和解协议草案的内容享有较大的自主决定权。

五、和解协议的通过及裁定

对债务人提出的和解申请，人民法院经审查认为符合规定的，应当裁定和解，予以公告，并召集债权人会议讨论和解协议草案。

和解协议草案必须经债权人会议讨论通过，同时还必须经由人民法院审查认可。债权人会议通过和解协议的决议，由出席会议的有表决权的债权人过半数同意，并且其所代表的债权额占无财产担保债权总额的 2/3 以上。

债权人会议通过和解协议的，由人民法院裁定认可，终止和解程序，并予以公告。管理人应当向债务人移交财产和营业事务，并向人民法院提交执行职务的报告。和解协议草案经债权人会议表决未获得通过，或者已经债权人会议通过的和解协议未得人民法院认可的，人民法院应当裁定终止和解程序，并宣告债务人破产。

六、和解协议的效力

和解协议的法律效力体现在以下几个方面：

(1) 经人民法院裁定认可的和解协议，对债务人和全体和解债权人均有约束力。

(2) 和解债权人对债务人的保证人和其他连带债务人所享有的权利，不受和解协议的影响。

(3) 债务人应当按照和解协议规定的条件清偿债务。

(4) 如债务人不执行或不能执行和解协议，人民法院经和解债权人的请求，应当裁定终止和解协议的执行，并宣告债务人破产。

七、和解协议的终止及其效力

和解协议的终止可以分为以下几种：

(1) 和解协议草案经债权人会议表决未获得通过，或者已经债权人会议通过的和解协议未获得人民法院认可的，人民法院应当裁定终止和解程序，并宣告债务人破产。

(2) 债务人不能执行或者不执行和解协议的，人民法院经和解债权人请求，应当裁定终止和解协议的执行，并宣告债务人破产。

(3) 人民法院受理破产申请后，债务人与全体债权人就债权债务的处理自行达成协议的，可以请求人民法院裁定认可，并终结破产程序。在这种情况下，和解协议也相应终止。

人民法院裁定终止和解协议执行的，和解债权人在和解协议中作出的债权调整的承诺失去效力。和解债权人因执行和解协议所受的清偿仍然有效，和解债权未受清偿的部分作为破产债权。

【例 6-10】 2004 年 6 月 17 日，内蒙古自治区赤峰市中级人民法院受理了内蒙古宁城老窖生物科技股份有限公司破产还债一案。第一次债权人会议之后，债务人向债权人会议申请和解，并提交了和解协议草案。之后，和解协议在债权人会议上经表决通过。赤峰市中级人民法院经审查后裁定认可了该和解协议，并予以了公告。2004 年 12 月，债务人通过股权拍卖引入了新股东，走出了破产困境。

【思考】 破产和解的目的是什么？和解协议如何生效？

第六节 破 产 清 算

一、破产宣告

破产宣告是指人民法院依据当事人的申请或法定职权裁定宣告债务人破产以清偿债务的司法活动。

人民法院依法宣告债务人破产的，应当自裁定作出之日起 5 日内送达债务人和管理人，自裁定作出之日起 10 日内通知已知债权人，并予以公告。

债务人被宣告破产后，债务人称为破产人，债务人财产称为破产财产，人民法院受理破产申请时对债务人享有的债权称为破产债权。

《破产法》第 108 条规定，破产宣告前，有下列情形之一的，人民法院应当裁定终结破产程序，并予以公告：① 第三人为债务人提供足额担保或者为债务人清偿全部到期债务的；② 债务人已清偿全部到期债务的。

二、别除权

别除权是指债权人因其债权设有物的担保或其他优先权而在破产程序中对债务人的特定财产享有的单独的优先受偿的权利。

《破产法》规定：对破产人的特定财产享有担保权的权利人，对该特定财产享有优先受偿的权利。对破产人的特定财产享有优先受偿权的债权人，行使优先受偿权利未能完全受偿的，其未受偿的债权作为普通债权，与其他债权人的债权一起依破产程序清偿。对破产人的特定财产享有优先受偿权的债权人，可以放弃优先受偿的权利，放弃优先受偿权利的，其债权作为普通债权。

三、破产财产的变价和分配

（一）破产财产的变价

破产财产变价是通过把非货币类的财产转化成货币形态，提高破产程序的效率和对债务的清偿率。

《破产法》规定：管理人应当及时拟订破产财产变价方案，提交债权人会议讨论。管理人应当按照债权人会议通过的或者人民法院依法裁定的破产财产变价方案，适时变价出售破产财产。

变价出售破产财产应当通过拍卖进行。但是，债权人会议另有决议的除外。破产企业可以全部或者部分变价出售。企业变价出售时，可以将其中的无形资产和其他财产单独变价出售。按照国家规定不能拍卖或者限制转让的财产，应当按照国家规定的方式处理。

破产财产的分配应当以货币分配方式进行。但是，债权人会议另有决议的除外。

（二）破产财产的分配

1．破产财产的分配顺序

破产财产的分配是指管理人依法将破产财产变价，然后依照法定程序和债权人会议通过的分配方案，将破产财产分配给债权人的程序。破产财产的分配顺序关系到破产案件各方当事人特别是债权人的利益能否实现或实现的程度。因此，必须由法律作出明确规定。

根据《破产法》的规定，破产财产在优先清偿破产费用和共益债务后，依照下列顺序清偿：

（1）破产人所欠职工的工资和医疗、伤残补助、抚恤费用，所欠的应当划入职工个人账户的基本养老保险、基本医疗保险费用，以及法律、行政法规规定应当支付给职工的补偿金。

（2）破产人欠缴的除前项规定以外的社会保险费用和破产人所欠税款。这里的社会保险是指除基本养老保险、基本医疗保险费用以外的其他社会保险，如失业保险等，如果企业没有依照法律规定为职工缴纳，企业破产时职工就享有优先受偿权。破产人所欠税款是破产人对国家负有的一种法定义务，是一种特殊债务。为确保国家的财政收入，《破产法》赋予税收优先于普通债权受偿的权利。

（3）普通破产债权。普通债权是指除对破产人的特定财产享有优先权的债权、法律规定享有优先权的债权、劳动债权以及国家税款以外的破产债权，具体包括无财产担保债权、放弃优先受偿权的债权和行使优先权后未能完全受偿的债权。

下一顺序的债权只有在上一顺序的债权受偿后才能受偿；破产财产不足以清偿同一顺序的清偿要求的，按照比例分配。

在清偿职工工资时，应当注意的是，破产企业的董事、监事和高级管理人员的工资不能完全按破产人破产前其实际的工资清偿，而是按照该企业职工的平均工资计算。

2. 破产财产的分配方案

管理人应当及时拟订破产财产分配方案，破产财产分配方案应当载明下列事项：参加破产财产分配的债权人名称或者姓名、住所；参加破产财产分配的债权额；可供分配的破产财产数额；破产财产分配的顺序、比例及数额；实施破产财产分配的方法。

管理人拟订的破产财产分配方案，首先应当提交债权人会议讨论。破产财产分配方案的表决必须由出席会议的有表决权的债权人过半数通过，并且其所代表的债权额占无财产担保债权总额的 1/2 以上。经债权人会议表决通过的破产财产分配方案对全体债权人有约束力。经债权人会议二次表决仍未通过的，由人民法院裁定。对该裁定，人民法院可以在债权人会议上宣布或者另行通知债权人。

债权人会议通过破产财产分配方案后，由管理人将该方案提请人民法院裁定认可。

3. 破产财产分配方案的实施

破产财产分配方案经人民法院裁定认可后，由管理人执行。管理人按照破产财产分配方案实施多次分配的，应当公告本次分配的财产额和债权额。管理人实施最后分配的，应当在公告中指明。

对于附生效条件或者解除条件的债权，管理人应当将其分配额提存。管理人依照规定提存的分配额，在最后分配公告日，生效条件未成就或者解除条件成就的，应当分配给其他债权人；在最后分配公告日，生效条件成就或者解除条件未成就的，应当交付给债权人。

债权人未受领的破产财产分配额，管理人应当提存。债权人自最后分配公告之日起满 2 个月仍不领取的，视为放弃受领分配的权利，管理人或者人民法院应当将提存的分配额分配给其他债权人。

破产财产分配时，对于诉讼或者仲裁未决的债权，管理人应当将其分配额提存。自破产程序终结之日起满 2 年仍不能受领分配的，人民法院应当将提存的分配额分配给其他债权人。

四、破产程序的终结

破产程序的终结是指人民法院受理破产案件后，在出现法定事由时，由人民法院依法裁定终结破产程序，结束破产案件的审理。

(一) 破产程序终结的事由

破产程序的终结根据事由的不同分为正常的终结和非正常的终结。正常的终结是因破产财产分配完毕，破产目的已经实现而终结破产程序；非正常的终结是指没有经过破产财产的分配就终结破产程序。

破产程序终结方式有以下四种：① 债务人财产不足以清偿破产费用的，管理人应当提请人民法院终结破产程序；② 人民法院受理破产申请后，债务人与全体债权人就债权债务的处理自行达成协议的，可以请求人民法院裁定认可，并终结破产程序；③ 因和解、重整程序顺利完成终结破产程序；④ 破产财产分配完毕。

（二）破产程序终结的裁定

破产程序的终结必须由人民法院依法作出裁定。人民法院应当自收到管理人终结破产程序的请求之日起 15 日内作出是否终结破产程序的裁定。裁定终结的，应当予以公告。

管理人应当自破产程序终结之日起 10 日内，持人民法院终结破产程序的裁定，向破产人的原登记机关办理注销登记。

（三）破产财产的追加分配

破产程序终结后，债权人通过破产分配未能得到清偿的债权不再予以清偿，破产企业未偿清余债的责任依法免除。但是，自破产程序依法终结之日起 2 年内，有下列情形之一的，债权人可以请求人民法院按照破产财产分配方案进行追加分配：① 发现有依法可撤销行为、无效行为或债务人的董事、监事和高级管理人员利用职权从企业获取非正常收入和侵占企业财产的情况，应当追回财产的。② 发现破产人有应当供分配的其他财产的。

有上述规定情形，但财产数量不足以支付分配费用的，不再进行追加分配，由人民法院将其上交国库。

破产人的保证人和其他连带债务人，在破产程序终结后，对债权人依照破产清算程序未受清偿的债权，依法继续承担清偿责任。

【例6-11】 2008 年 12 月 18 日，河北省石家庄市中级人民法院裁定受理了对三鹿集团的破产清算申请。之后，债权人申报了债权。2009 年 3 月 4 日，三鹿集团破产的首次拍卖会成功举行，破产财产依法变价。

【思考】 破产财产变价的目的是什么？破产财产的清偿顺序如何？

思考与练习

一、思考题

1. 破产费用和共益债务包括哪些范围？破产费用和共益债务应如何支付？
2. 试述债权人会议的性质和作用。
3. 什么是取回权和抵销权？什么情况下可以行使取回权和抵销权？
4. 破产财产的清偿顺序如何？

二、单项选择题

1. 下列关于债权人会议的说法中，符合《企业破产法》规定的有(   )。

A．债权人会议由申报债权的债权人组成

B．凡是债权人会议的成员，都享有出席会议和对会议所议事项进行表决的权利

C．债权尚未确定的债权人，不得出席债权人会议

    D．对债务人的特定财产享有担保权的债权人，不享有表决权

2．根据企业破产法律制度的规定，在破产程序中，有关当事人对人民法院作出的下列裁定，可以上诉的是(   )。

    A．不予受理破产申请的裁定   B．宣告企业破产的裁定

    C．认可破产财产分配方案的裁定   D．终结破产程序的裁定

3．根据企业破产法律制度的规定，下列各项中不属于破产费用的是(   )。

    A．破产案件诉讼费用   B．管理债务人财产的费用

    C．破产企业职工生活费   D．管理人执行职务的费用

三、多项选择题

1．根据《破产法》的规定，向债务人所在地人民法院提出破产清算申请的当事人有(   )。

    A．债务人   B．债权人

    C．人民法院   D．对债务人负有清算责任的人

2．甲企业被人民法院宣告破产，管理人拟订了破产财产分配方案，但经债权人会议第一次决议未通过，下列说法正确的有(   )。

    A．由人民法院直接裁定

    B．需二次表决，如仍未通过，由人民法院裁定

    C．债权人对裁定不服的，可以申请复议

    D．债权额占无财产担保债权总额 1/2 以上的债权人对裁定不服的，可以申请复议

3．人民法院受理了甲企业提出的破产清算申请，甲企业欠乙银行借款本息 100 万元，并且甲企业借款时以办公楼作抵押，乙银行申报了债权。乙银行对下列(   )事项享有表决权。

    A．选任债权人委员会委员   B．通过重整计划

    C．通过和解协议   D．通过破产财产分配方案

四、案例分析题

甲有限责任公司因经营管理不善，明显缺乏清偿能力，不能清偿到期债务，被其债权人乙公司申请破产。人民法院裁定受理破产申请，并指定了管理人。管理人对甲有限责任公司的财产、债务清理的结果如下：

(1) 该公司全部资产变现价值 1500 万元，其中 1 号楼价值 800 万元，已用于商业银行500 万元贷款抵押担保。

(2) 该公司全部债务 4800 万元，其中欠发职工工资、基本养老保险和基本医疗保险费费用 200 万元，欠商业银行抵押贷款 500 万元，已用 1 号楼抵押，欠税款 100 万元，欠乙公司货款 80 万元。

另外，在破产清算过程中发生破产费用 50 万元，共益债务 150 万元。

请分析问答下列问题：

(1) 甲有限责任公司的财产应如何分配？

(2) 乙公司的破产债权能获得清偿的数额是多少？

第七章

市场监管法律制度

本章教学要点：

(1) 了解消费者权益保护法一般规定。

(2) 掌握消费者权利与经营者的义务以及消费者权益争议的解决。

(2) 了解产品质量的概念。

(4) 了解产品质量法横向的产品责任关系和纵向的产品质量监督管理关系。

(5) 掌握生产者与销售者的产品质量义务和产品质量责任。

(6) 了解食品安全法的概念和调整对象。

(7) 了解食品安全标准的制定、食品召回程序、食品进口制度。

(8) 掌握食品生产经营者义务和食品检验制度。

导入案例

　　1996年4月24日，何山在北京乐万达商行购买了两幅标明为徐悲鸿先生所作的作品，一张独马，一张群马，价格分别为700元和2200元。在商行开具的发票中，分别写有"卅三年暮春悲鸿独马"及"悲鸿群马"等字样。何山认为这两幅画作不是徐悲鸿的真迹，遂于5月13日以"怀疑有假，特诉请保护"为由，诉至北京市西城区人民法院。8月2日，西城区人民法院作出民事判决，认定被告出售国画时有欺诈行为，判决被告退还原告购画款2900元，增加赔偿原告购画价款的一倍赔偿金2900元，并判决被告赔偿原告和代支付的诉讼费10元、律师代理费224元，案件受理费242元由被告承担。

　　《中华人民共和国消费者权益保护法》(以下简称《消法》)自1994年1月1日实施以来，确定每年的3月15日为消费者的节日。《消法》对保障市场经济秩序、提升消费者的维权意识、保护消费者的合法权益和推动我国的社会发展发挥了巨大作用。消费者维权走过了艰辛的道路，出现了许多"首例"、"第一"的维权经典案件。这既是我国《消法》重要作用的体现，又是我国消费者走向成熟的标志。何山乃全国人大法工委民法室巡视员、《消法》起草人之一、《消法》第49条"双倍赔偿"的积极倡导者。他起诉的这一案件，被称为全国首例"疑假买假"诉讼案——因为此前王海打假的案件并未进入诉讼程序，而何山打假则直接突入诉讼领域，向商品欺诈宣战，其意义无疑是向商业欺诈行为投出的一颗重磅炸弹。法院判决支持何山的诉讼请求，不仅使何山成为第一个疑假买假走上法庭并获得双倍赔偿的人，也是对广大消费者权利的肯定。《消法》修订后，加大了对欺诈性行为的惩罚力度，规定经营者提供商品或者服务有欺诈行为的，应当按照消费者的要求增加赔偿其受到的损失，增加赔偿的金额为消费者购买商品或者服务的价款或者接受服务的费用的 3 倍；增加赔偿的金额不足 500 元的，为 500 元。

第一节　消费者权益保护法

一、消费者权益保护法概述

（一）消费者权益保护法的概念和适用范围

消费者权益保护法，以立法的形式全面确认消费者的权利，对保护消费者的权益，规范经营者的行为，维护社会经济秩序，促进社会主义市场经济健康发展具有十分重要的意义。从狭义上讲，专指《中华人民共和国消费者权益保护法》，是由 1993 年由第八届全国人民代表大会第四次会议通过，2013 年第十二届全国人大常委会第五次会议《关于修改〈中华人民共和国消费者权益保护法〉的决定》第二次修正，自 2014 年 3 月 15 日起施行。从广义上讲，还包括其他有关消费者权益保护的法律法规，即为保护消费者权益而产生的各种社会关系的法律规范的总称。

根据《中华人民共和国消费者权益保护法》(以下简称《消法》)规定：消费者为生活消费需要购买、使用商品或者接受服务，其权益受本法保护；本法未作规定的，受其他有关法律、法规保护。该法的适用范围是为保护生活消费需要购买、使用商品或者接受服务的消费者合法权益。农民购买、使用直接用于农业生产的生产资料，参照该法执行。经营者为消费者提供生产、销售的商品或提供服务的，应该遵守该法。

消费者权益保护法是国家基于消费者的弱势地位而给予其特别保护的以维护真正的公平交易及市场秩序的法律。该法的立法宗旨在于协调个体盈利性和社会公益性之间的矛盾，兼顾效率与公平，以推动经济的稳定增长，保障社会公共利益和基本人权，从而推动经济和社会的良性运行和协调发展。《消法》第二次修正增加了"国家倡导文明、健康、节约资源和保护环境的消费方式，反对浪费"这一现代消费伦理要求，以及网络消费环境下消费者决策权和个人信息保护权等内容。

（二）消费者权益保护法的基本原则

消费者权益保护法的基本原则是对《消法》的基本价值和基本精神的反映和提炼，是制定、执行、解释消费者权益保护法的最高准则。我国《消法》规定了经营者依法提供商品或服务；经营者与消费者之间交易自愿、平等、诚实信用；国家保护和社会监督等四项基本原则。

经营者与消费者之间交易要遵循自愿、平等、公平、诚实信用原则。所谓自愿，就是指消费者在与生产经营者进行商品或服务的交易活动中，双方均能充分自主地表达自己的真实意愿，一方不得对另一方施以强迫，也不允许第三者从中干预。所谓平等，就是消费者与生产经营者在交易过程中享有独立的法律人格，法律地位平等，互不隶属，任何一方都不得凌驾于另一方之上，双方均能平等地表达自己的意志。所谓公平，就是公道合理，即生产经营者与消费者在市场交易活动中的权利义务大致相当。"大致相当"不等于完全相等。所谓诚实信用是指在商品交易活动过程中，消费者与生产经营者双方应以诚相待，信守承诺，以善意的方式行使权利，履行义务，不得弄虚作假，恶意欺诈，也不得故意规避双方约定和法律规定。诚实信用原则的核心是诚实劳动、合法经营，它与公平原则一样均是社会公认的商业道德规范在法律上的体现。因为消费者与经营者在经济条件、教育水平和议价能力等方面处于不平等的状态，就实力而言，消费者常处于弱势，在与经营者之间的关系中，消费者总是处于被动、受支配的地位。鉴于此，国家需要通过多种形式对消费者与经营者之间的关系进行调整，以确保消费者的权益不受侵害。

二、消费者的权利

（一）消费者以及消费者权利的概念

消费者的概念有广义与狭义之分。广义上的消费者泛指从事一切消费活动的人，这里的消费既包括生活消费也包括生产消费。狭义上的消费者即法学意义上的消费者，则专指从事生活消费活动的人，即为满足生活需要而购买、使用商品和服务的个体社会成员。消费者权益是指消费者依法享有的权利及该权利受到保护时而给消费者带来的利益，其核心是消费者的权利。

消费者的权利是指消费者依法在生活消费领域中作出一定行为或要求他人作出一定行为的权利。消费者权利是公民基本权利在生活消费领域中的具体化。依据《消法》规定，消费者在消法交易和实现过程中拥有 9 项基本权利。

（二）消费者权利的内容

消费者拥有的权利如下。

1．安全权

安全权是消费者最主要最基本的人身权利。所以，在一些国际性、区域性和有关国家保护消费者的文件中都被作为最重要的内容加以规定。消费者的安全权指的就是消费者的人身财产安全不受损害的权利，即消费者在购买使用经营者的商品或者接受经营者的服务时所享有的人身和财产安全不受损害的权利。消费者有权要求经营者提供的商品和服务符合保障人身、财产的安全要求。新《消法》第14条中明确规定：个人信息保护的权利，即消费者在购买、使用商品和接受服务时，享有个人信息依法得到保护的权利。

2．知悉权

消费者的知悉权是指消费者在购买、使用商品或接受服务时，知悉商品和服务真实情况的权利。《消法》第 8 条规定：消费者享有知悉其购买、使用的商品或者接受的服务的真实情况的权利。消费者有权根据商品或者服务的不同情况，要求经营者提供商品的价格、产地、生产者、用途、性能、规格、等级、主要成分、生产日期、有效期限、检验合格证明、使用方法说明书、售后服务，或者服务的内容、规格、费用等有关情况。

3．选择权

消费者的选择权是指消费者在消费交易活动中，根据自己的意愿自主地选择其购买的商品及接受的服务的权利。《消法》第 9 条明确规定：消费者享有自主选择商品品种或者服务的权利。消费者有权自主选择商品品种或者服务的经营者，自主选择商品或者服务方式，自主决定购买或者不购买任何一种商品、接受或者不接受任何一项服务。消费者在自主选择商品或者服务时，有权进行比较、鉴别和挑选。

4．公平交易权

消费者的公平交易权是指购买商品或者接受服务过程中享有的与生产经营者进行公平交易的权利。《消法》第 10 条第 1 款规定：消费者享有公平交易的权利。公平交易的核心，是消费者以一定数量的货币换得同等价值的商品或者服务。另外，它还包括消费者在交易过程中是否出于自愿，有没有受到强制和歧视，其消费心理是否能够得到满足等。

5．损害赔偿权

消费者的损害赔偿权又称求偿权或索赔权，是指消费者在购买、使用商品或者接受服务的过程中非因自己的故意或者过失而使得人身、财产遭受损害时，向生产经营者提出请求，由生产经营者予以一定补偿的权利。《消法》第 11 条规定：消费者因购买、使用商品或者接受服务受到人身、财产损害的，享有依法获得赔偿的权利。

6．结社权

消费者的结社权是消费者为了维护自身的合法权益而依法组织社会团体的权利。消费者协会和其他消费者组织是依法成立的对商品和服务进行社会监督的保护消费者合法权益的社会组织。消费者协会是专门从事维护消费者利益事务的社会组织，可由政府设立或公众自发组建。我国各级消费者协会通常隶属于工商行政管理部门，是政府设立的消费者维权组织，各级人民政府对消费者协会履行职责应当予以必要的经费等支持。《消法》规定：消费者协会履行下列公益性职责：

（1）向消费者提供消费信息和咨询服务，提高消费者维护自身合法权益的能力，引导文明、健康、节约资源和保护环境的消费方式。

（2）参与制定有关消费者权益的法律、法规、规章和强制性标准。

（3）参与有关行政部门对商品和服务的监督、检查。

（4）就有关消费者合法权益的问题，向有关部门反映、查询，提出建议。

（5）受理消费者的投诉，并对投诉事项进行调查、调解。

（6）投诉事项涉及商品和服务质量问题的，可以委托具备资格的鉴定人鉴定，鉴定人应当告知鉴定意见。

（7）就损害消费者合法权益的行为，支持受损害的消费者提起诉讼或者依照本法提起诉讼。

（8）对损害消费者合法权益的行为，通过大众传播媒介予以揭露、批评。

7．接受教育权

消费者的接受教育权是指消费者享有获得消费和消费者权益保护方面的知识以及获得所需商品或服务的有关知识和使用技能的权利。

8．受尊重权

消费者的受尊重权是指消费者在购买、使用商品或接受服务时所享有的人格尊严、民族风俗习惯受到尊重的权利。消费者人格尊严权的实现，主要在于生产经营者对待消费者的态度。

9．监督权

消费者的监督权是指消费者享有对商品和服务以及保护消费者权益的工作进行监督的权利，消费者有权检举、控告侵害消费者权益的行为和国家机关及其工作人员在保护消费者权益工作中的违法失职行为，有对保护消费者权益工作提出批评、建议的权利。

【例7-1】　超市搜身非法、判赔25万。

2007年，上海一女大学生逛街时进入上海某超市，当其穿过超市的正门出来时，门口的警报器突然鸣叫起来，该超市人员闻声而来，阻止其离超市，并不顾其强烈反对，强行将其带入地下商场的办公室内，做全身检查。该女生两次含泪被检查，结果一无所获。最终女大学生将该超市告上法院，获赔25万元，及该超市公开道歉。

【分析】　公民依法享有名誉权和人格尊严，并受法律保护，任何公民和法人不得以侮辱、诽谤等方式加以侵害。被告对原告进行的搜查，非法律所赋予的权利，被告亦无权要求原告承担配合的义务。

三、经营者的义务

《消法》借鉴国外立法经验，在第三章规定了经营者的义务，具体有以下义务。

1．依照法律、法规的规定(法定义务)和与消费者的约定履行义务(约定义务)

经营者应当依据《消费者权益保护法》、《合同法》、《产品质量法》、《标准化法》、《反不正当竞争法》等相关法律及产业行业立法、标准、政策等要求向消费者提供服务。其次，经营者应当履行与消费者签订的合同义务。同时，经营者还应该恪守社会公德和商业伦理，诚信经营，保护消费者合法权益。

2．接受监督的义务

《消法》第17条规定：经营者应当听取消费者对其提供的商品或者服务的意见，接受消费者的监督。经营者接受消费者监督的义务是指经营者应当虚心听取消费者关于商品或者服务的看法、批评和建议，把消费者的意见作为改进商品质量、提高服务水平的重要依据，自觉接受消费者的监督和考察。

3．保障人身和财产安全的义务

《消法》第18条规定：经营者应当保证其提供的商品或者服务符合保障人身、财产安全的要求。对可能危及人身、财产安全的商品和服务，应当向消费者作出真实的说明和明确的警示，并说明和标明正确使用商品或者接受服务的方法以及防止危害发生的方法。经营场所属于公共场所的经营者，包括但不限于宾馆、商场、餐馆、银行、机场、车站、港口、影剧院等经营场所的经营者，应当对消费者尽到安全保障义务。

4．消除缺陷隐患义务

《消法》第19条规定：经营者发现其提供的商品或者服务存在缺陷，有危及人身、财产安全危险的，应当立即向有关行政部门报告和告知消费者，并采取停止销售、警示、召回、无害化处理、销毁、停止生产或者服务等措施。采取召回措施的经营者应当承担消费者因商品被召回支出的必要费用。

5. 提供真实信息的义务

《消法》第20条规定：经营者应当向消费者提供有关商品或者服务的真实信息，不得做引人误解的虚假宣传。经营者对消费者就其提供的商品或者服务的质量和使用方法等问题提出的询问，应当作出真实、明确的答复。商店提供商品应当明码标价。

6. 标明真实名称和标记的义务

《消法》第21条规定：经营者应当标明其真实名称和标记。租赁他人柜台或者场地的经营者，应当标明其真实名称和标记。名称是指经营者依法确定的名称，包括企业名称、从事经营活动的事业单位和科技性社会团体的名称、个体工商户和个人合伙的名称(字号)等；没有字号的个体工商户和个人合伙在市场交易中使用的个人姓名，也视为经营者的名称。

7. 出具购货凭证和服务单据的义务

《消法》第22条规定：经营者提供商品或者服务，应当按照国家有关规定或者商业惯例向消费者出具购货凭证或者服务单据；消费者索要购货凭证或者服务单据的，经营者必须出具。

8. 保证商品或者服务质量的义务

《消法》第23条规定了生产经营者的品质担保义务，经营者应当保证在正常使用商品或者接受服务的情况下其提供的商品或者服务应当具有的质量、性能、用途和有效期限；但消费者在购买该商品或者接受该服务前已经知道其存在瑕疵，且存在该瑕疵不违反法律强制性规定的除外。经营者以广告、产品说明、实物样品或者其他方式表明商品或者服务的质量状况的，应当保证其提供的商品或者服务的实际质量与表明的质量状况相符。经营者提供的机动车、计算机、电视机、电冰箱、空调器、洗衣机等耐用商品或者装饰装修等服务，消费者自接受商品或者服务之日起6个月内发现瑕疵，发生争议的，由经营者承担有关瑕疵的举证责任。

9. 包修、包换、包退等售后服务义务

《消法》第24条规定：经营者提供的商品或者服务不符合质量要求的，消费者可以依照国家规定、当事人约定退货，或者要求经营者履行更换、修理等义务。没有国家规定和当事人约定的，消费者可以自收到商品之日起7日内退货；7日后符合法定解除合同条件的，消费者可以及时退货，不符合法定解除合同条件的，可以要求经营者履行更换、修理等义务。依照前款规定进行退货、更换、修理的，经营者应当承担运输等必要费用。

10. 接受无理由退货义务

《消法》第25条规定：经营者采用网络、电视、电话、邮购等方式销售商品，消费者有权自收到商品之日起7日内退货，且无需说明理由。无理由退货并非适用全部商品，如下列商品：① 消费者定做的；② 鲜活易腐的；③ 在线下载或者消费者拆封的音像制品、计算机软件等数字化商品；④ 交付的报纸、期刊；⑤ 其他根据商品性质并经消费者在购买时确认不宜退货的商品。消费者退货的商品应当完好。经营者应当自收到退回商品之日

起 7 日内返还消费者支付的商品价款。退回商品的运费由消费者承担；经营者和消费者另有约定的，按照约定。

11．依法使用格式合同条款的义务

《消法》第 26 条规定：经营者在经营活动中使用格式条款的，应当以显著方式提请消费者注意商品或者服务的数量和质量、价款或者费用、履行期限和方式、安全注意事项和风险警示、售后服务、民事责任等与消费者有重大利害关系的内容，并按照消费者的要求予以说明。经营者不得以格式条款、通知、声明、店堂告示等方式作出排除或者限制消费者权利、减轻或者免除经营者责任、加重消费者责任等对消费者不公平、不合理的规定，不得利用格式条款并借助技术手段强制交易。格式条款、通知、声明、店堂告示等含有前款所列内容的，其内容无效。

12．尊重消费者人格尊严的义务

《消法》第 27 条规定：经营者不得对消费者进行侮辱、诽谤，不得搜查消费者的身体及其携带的物品，不得侵犯消费者的人身自由。由此可见，不得侵犯消费者的人格尊严和人身自由是生产经营者必须遵守的一项重要义务。我国《宪法》和《民法总则》对此亦有明确的规定。

13．披露特殊交易信息的义务

《消法》第 28 条规定：采用网络、电视、电话、邮购等方式提供商品或者服务的经营者，以及提供证券、保险、银行等金融服务的经营者，应当向消费者提供经营地址、联系方式、商品或者服务的数量和质量、价款或者费用、履行期限和方式、安全注意事项和风险警示、售后服务、民事责任等信息。

14．依法收集、使用、保管消费者个人信息的义务

《消法》第 29 条规定：经营者收集、使用消费者个人信息，应当遵循合法、正当、必要的原则，明示收集、使用信息的目的、方式和范围，并经消费者同意。经营者收集、使用消费者个人信息，应当公开其收集、使用规则，不得违反法律、法规的规定和双方的约定收集、使用信息。经营者及其工作人员对收集的消费者个人信息必须严格保密，不得泄露、出售或者非法向他人提供。经营者应当采取技术措施和其他必要措施，确保信息安全，防止消费者个人信息泄露、丢失。在发生或者可能发生信息泄露、丢失的情况时，应当立即采取补救措施。经营者未经消费者同意或者请求，或者消费者明确表示拒绝的，不得向其发送商业性信息。

【例 7-2】　张女士在某百货店购买一件纯羊毛大衣，售价 1280 元。商店标明"换季商品，概不退换"，穿了三天后衣服起满毛球，于是到市质量监督检验。鉴定结果证明羊毛大衣所用原料为 100%腈纶，张女士到购买衣服的百货店要求退货并赔偿因此而造成的损失，商店营业员回答：当时标明"换季商品，概不退换"，再说店内该柜是出租给个体户的，现在他已破产，租借柜台的费用尚未付清，人也找不到，你只好自认倒霉。

(1) 商店(经营者)违反了我国消费权益保护法的哪些内容？

(2) 商店对张女士应负哪些责任？

【分析】　① 商店标明"换季商品、概不退换"，违反了《消法》第 23 条之规定，经营者提供商品或服务，应当按照国家规定或与消费者的约定，承担包修、包换、包退或其

他责任的，应当履行，不得故意拖延或无理拒绝。"三包"是《消法》对商品经营者的强制性规定，商品经营者无权单方面声明免责。本案中，商店规定"概不退换"显然违法。②《消法》明确规定：消费者在展销会、租赁柜台购买商品或接受服务，其合法权益受到损害的，可以向销售者或服务者要求赔偿。展销会结束或柜台租赁期满后，可以向展销会的举办者、柜台的出租者要求赔偿。展销会的举办者、柜台的出租者赔偿后，有权向销售者或服务者追偿。可见，柜台出租者应当对其出租的柜台商品质量承担责任，这是法律的强制拟制，是对弱势地位的消费者的特殊保护。本案中，商店抗辩认为"店内该柜是出租给个体户的，现在他已破产，租柜台的费用尚未付清，人也找不到，你只好自己倒霉"显然不能成立，其应当赔偿消费者张女士购买假羊毛大衣的损失。

四、消费者权益争议的解决途径

消费者和经营者发生消费者权益争议的，可以根据情况，选择下列途径解决。

1. 与经营者协商解决

与经营者协商解决是指消费者权益争议发生后，消费者和经营者在平等自愿的基础上，按照公平、合理的原则，摆明事实、分清责任，互相谅解，达成解决争议的一致意见。

2. 请求消费者协会调解

消费者协会可以在查明事实的基础上，对当事人的争议进行调解，引导双方自愿协商解决争议。消费者协会的调解，属于民间调解，不具有法律强制力，一旦当事人对达成的协议反悔，则需要通过其他途径解决争议。

3. 向有关行政管理部门投诉

消费者可向工商行政管理部门投诉，依靠行政手段解决消费者权益争议。

4. 根据与经营者达成的仲裁协议提请仲裁机构仲裁

发生消费争议的当事人根据双方达成的仲裁协议，自愿将争议提交仲裁机关依法裁决。仲裁机构作出的仲裁裁决，当事人必须自觉履行。否则，权利人可以申请人民法院强制执行。

5. 向人民法院起诉

向人民法院起诉即通过司法审判程序解决消费者权益争议，这是对消费者合法权益最具权威的一种保护方法。凡是符合起诉条件的消费争议，人民法院均应及时受理，依法制裁违法行为，保护消费者的合法权益。

消费者在购买、使用商品时，其合法权益受到损害的，可以向销售者要求赔偿。销售者赔偿后，属于生产者的责任或者属于向销售者提供商品的其他销售者的责任的，销售者有权向生产者或者其他销售者追偿。消费者或者其他受害人因商品缺陷造成人身、财产损害的，可以向销售者要求赔偿，也可以向生产者要求赔偿。属于生产者责任的，销售者赔偿后，有权向生产者追偿。属于销售者责任的，生产者赔偿后，有权向销售者追偿。消费者在接受服务时，其合法权益受到损害的，可以向服务者要求赔偿。

消费者在购买、使用商品或者接受服务时，其合法权益受到损害，因原企业分立、合并的，可以向变更后承受其权利义务的企业要求赔偿。使用他人营业执照的违法经营者提供商品或者服务，损害消费者合法权益的，消费者可以向其要求赔偿，也可以向营业执照的持有人要求赔偿。

消费者在展销会、租赁柜台购买商品或者接受服务，其合法权益受到损害的，可以向销售者或者服务者要求赔偿。展销会结束或者柜台租赁期满后，也可以向展销会的举办者、柜台的出租者要求赔偿。展销会的举办者、柜台的出租者赔偿后，有权向销售者或者服务者追偿。消费者因经营者利用虚假广告提供商品或者服务，其合法权益受到损害的，可以向经营者要求赔偿。广告的经营者发布虚假广告的，消费者可以请求行政主管部门予以惩处。广告的经营者不能提供经营者的真实名称、地址的，应当承担赔偿责任。

五、损害消费者权益的法律责任

经营者侵害消费者合法权益的行为是违法行为，应当承担相应的法律责任。《消法》根据违法行为的不同性质、损害大小、情节轻重，分别确定了民事责任、行政责任和刑事责任。

（一）经营者的民事责任

经营者提供商品或者服务有下列情形之一的，应依法承担民事责任：① 商品存在缺陷的。② 不具备商品应当具备的使用性能而出售时未说明的。③ 不符合在商品或者其包装上注明采用的商品标准的。④ 不符合商品说明、实物样品等方式表明的质量状况的。⑤ 生产国家明令淘汰的商品或者销售失效、变质的商品的。⑥ 销售的商品数量不足的。⑦ 服务的内容和费用违反约定的。⑧ 对消费者提出的修理、重作、更换、退货、补足商品数量、退还货款或服务费用或者赔偿损失的要求，故意拖延或者无理拒绝的。⑨ 法律法规规定的其他损害消费者权益的情形。

经营者对消费者未尽到安全保障义务，造成消费者损害的，应当承担侵权责任。《消法》第 49 条规定：经营者提供商品或者服务，造成消费者或者其他受害人人身伤害的，应当赔偿医疗费、护理费、交通费等为治疗和康复支出的合理费用，以及因误工减少的收入。造成残疾的，还应当赔偿残疾生活辅助具费和残疾赔偿金。造成死亡的，还应当赔偿丧葬费和死亡赔偿金。

同时还加大对欺诈行为的惩罚力度。新《消法》规定：经营者提供商品或者服务有欺诈行为的，应当按照消费者的要求增加赔偿其受到的损失，增加赔偿的金额为消费者购买商品或者服务的价款或者接受服务的费用的 3 倍；增加赔偿的金额不足 500 元的，为 500元。所谓欺诈，指的是经营者在提供商品或者服务中，采取虚假或者其他不正当手段欺骗、误导消费者，使消费者的合法权益受到损害的行为。

经营者明知商品或者服务存在缺陷，仍然向消费者提供，造成消费者或者其他受害人死亡或者健康严重损害的，受害人有权要求经营者依照本法第 49 条、第 51 条等法律规定赔偿损失，并有权要求所受损失两倍以下的惩罚性赔偿。

（二）经营者的行政责任

经营者有下列情形之一，除承担相应的民事责任外，还应承担相应的行政责任：① 提供的商品或者服务不符合保障人身、财产安全要求的；② 在商品中掺杂、掺假，以假充真，以次充好，或者以不合格商品冒充合格商品的；③ 生产国家明令淘汰的商品或者销售失效、变质的商品的；④ 伪造商品的产地，伪造或者冒用他人的厂名、厂址，篡改生产日期，伪造或者冒用认证标志等质量标志的；⑤ 销售的商品应当检验、检疫而未检验、检疫或者伪造检验、检疫结果的；⑥ 对商品或者服务做虚假或者引人误解的宣传的；⑦ 拒绝或者拖延有关行政部门责令对缺陷商品或者服务采取停止销售、警示、召回、无害化处理、销毁、停止生产或者服务等措施的；⑧ 对消费者提出的修理、重作、更换、退货、补足商品数量、退还货款和服务费用或者赔偿损失的要求，故意拖延或者无理拒绝的；⑨ 侵害消费者人格尊严、侵犯消费者人身自由或者侵害消费者个人信息依法得到保护的权利的；⑩ 法律、法规规定的对损害消费者权益应当予以处罚的其他情形。

以上违法行为，其他有关法律、法规对处罚机关和处罚方式有规定的，依照法律、法规的规定执行；法律、法规未作规定的，由工商行政管理部门或者其他有关行政部门责令改正，可以根据情节单处或者并处警告、没收违法所得、处以违法所得 1 倍以上 10 倍以下的罚款，没有违法所得的，处以 50 万元以下的罚款；情节严重的，责令停业整顿、吊销营业执照。经营者有前款规定情形的，除依照法律、法规规定予以处罚外，处罚机关应当记入信用档案，向社会公布。经营者违反本法规定，应当承担民事赔偿责任和缴纳罚款、罚金，其财产不足以同时支付的，先承担民事赔偿责任。

（三）经营者的刑事责任

经营者违反本法规定提供商品或者服务，侵害消费者合法权益，构成犯罪的，依法追究刑事责任。

第二节 产品质量法

一、产品质量法概述

（一）产品与产品质量

"产品"一词可以从自然属性和法律属性两个不同的范畴进行定义。从自然属性来讲，"产品"是指经过人类劳动获得的具有一定使用价值的劳动成果。既可以是商品，也可以是非商品；既可以指直接从自然界获取的各种农产品、矿产品或经过加工的手工业品、加工工业品，甚至建筑工程等物质性物品；也可以指文学、艺术、体育、哲学和科学技术等精神物品。从法律属性来讲，"产品"是指经过某种程度或方式加工用于消费和使用的物品，即生产者、销售者能够对其质量加以控制的产品，而不包括内在质量主要取决于自然因素的产品。

《中华人民共和国产品质量法》(以下简称《产品质量法》)第 2 条规定：本法所称产品是指经过加工、制作，用于销售的产品。建设工程不适用本法规定；但是，建设工程使用的建筑材料、建筑构配件和设备，属于前款规定的产品范围的，适用本法规定。可见，我国的《产品质量法》中的产品，不包括天然形成的产品(如原矿、原煤、石油、天然气等)、初级农产品(如农、林、牧、渔业产品、猎物等产品)、不动产和军工产品(军工产品质量监督管理办法，由国务院、中央军事委员会另行制定)和建设工程(是指建筑物、工程等不动产，如房屋、桥梁、道路、公用设施等不适用本法规定，但不动产中的动产适用本法)，这也符合国际上的通行做法。

产品质量是指产品在既定的条件下，能够满足消费者的愿望和符合规定用途所具备的特征和特性的总和。它既包括产品的结构性能、纯度、物理性能以及化学成分等内在特性，又包括外观、形状、颜色、气味、包装等外在特征。一般来说，适用性、安全性和经济性是任何产品必不可少的特征。产品质量是产品使用价值的具体体现，它包括产品内在质量和外观质量两个方面。

产品的内在质量是指产品的内在属性，包括性能、寿命、适用性、可靠性、维修性、安全性和经济性几个方面。产品的外观质量指产品的外部属性，包括产品的光洁度、造型、色泽、包装等，如自行车的造型、色彩、光洁度等。产品的内在质量与外观质量特性比较，内在质量是主要的、基本的，只有在保证内在特性的前提下，外观质量才有意义。

根据我国《产品质量法》第26条规定，生产者应当对其生产的产品质量负责。产品质量应当符合下列要求：① 不存在危及人身、财产安全的不合理的危险，有保障人体健康和人身、财产安全的国家标准、行业标准的，应当符合该标准；② 具备产品应当具备的使用性能，但是，对产品存在使用性能的瑕疵作出说明的除外；③ 符合在产品或者其包装上注明采用的产品标准，符合以产品说明、实物样品等方式表明的质量状况。

(二) 产品质量法的概念

产品质量法是指调整产品质量监督管理关系和产品质量责任关系的法律规范的总称。广义的产品质量法包括所有调整产品质量及产品责任关系的法律法规。我们通常所说的产品质量法是指狭义的产品质量法，即1993年2月22日颁布、同年9月1日实施的《中华人民共和国产品质量法》。该法分别于2000年7月8日、2009年8月27、2018年12月29日进行了三次修订。根据《产品质量法》的规定：在中华人民共和国境内从事产品生产、销售活动，必须遵守本法。根据该项规定，该法只调整生产和销售这两个环节中的质量问题，仓储、运输过程中的质量问题不包括在内。

《产品质量法》主要调整两大类社会关系：一是产品质量监督管理关系，即在国家对企业的产品质量进行监督管理过程中产生的产品质量管理关系，发生在行政机关在履行产品监督管理职能的过程中与生产经营者之间的关系，是管理、监督与被管理、被监督的关系；二是产品质量责任关系，即产品的生产者、销售者与产品的用户和消费者之间因产品缺陷而产生的产品质量责任关系。这一关系是发生在生产经营者与消费者，用户及其相关第三人之间的、因产品质量问题引发的损害赔偿责任关系，是一种在商品交易关系中发生的平等主体间的经济关系。

【例7-3】 1997年5月，外国某集团来我国大陆考察并洽谈投资事宜，后决定投资500万美元在某城市建立一个较大的玩具工厂，其生产的部分产品在大陆销售，部分产品销往东南亚各国及欧美一些国家。该厂自建厂以来，经营管理有方，严把质量关，较受客户及消费者的信赖。因此，生意一直兴隆，顾客盈门。该厂生产的系列电动玩具以其设计新颖独特、造型优雅美观、质量优良可靠而在玩具市场上享有声誉，该厂也为此获得了丰厚的利润回报。但3年后由于错综复杂的原因，该玩具厂生产的电动玩具出现了质量问题。经有关部门检查验证，该厂生产的产品不符合国家颁布的质量标准，电动玩具内的一些填充物含有少量有毒化学物质，对少年儿童的身体健康有较大的危害，影响广大儿童的健康成长。基于此项验证，国家工商行政管理部门决定依据《产品质量法》的有关规定，对该玩具厂予以行政处罚，没收其生产的现有产品并处以罚款。

　　【分析】　　本案涉及《产品质量法》的调整和适用范围。外国某集团在我国建立的玩具厂，是在中华人民共和国领域内，应当适用本法。同时，结合案例所述情况，该玩具厂所生产的电动玩具属于本法所称的产品范畴。因为，第一，电动玩具这类产品是通过劳动生产者加工、制作完成的。期间需要由设计师精心构思、设计出合适的玩具品图纸，再由工人依照设计图纸，以规定的材料加工、制作最后完成的。第二，该厂所生产的电动玩具是投入流通领域而以销售获得利润为目的。因此，应该适用本法。

二、产品质量的监督

　　产品质量监督，从广义上讲，是指国家、社会、用户、消费者以及企业自身等，对产品质量和产品质量认证体系所做的检验、检查、评价、措施等一系列活动的总称。从狭义上讲，是法律规定的产品质量专门机构，根据正式产品标准的规定，依照法定职权和法定程序，对企业产品质量进行的监督活动。

（一）产品质量监督管理制度

　　《产品质量法》第8条确立了统一管理与分工管理、层次管理与地域管理相结合的原则，即国务院市场监督管理部门主管全国产品质量监督工作。国务院有关部门在各自的职责范围内负责产品质量监督工作。县级以上地方市场监督管理部门主管本行政区域内的产品质量监督工作。县级以上地方人民政府有关部门在各自的职责范围内负责产品质量监督工作。

　　依据《产品质量法》规定，国家对产品质量实现以抽查为主要方式的监督检查制度。监督检查制度的目的在于加强对生产、流通领域的产品质量实施监督，以督促企业提高产品质量，从而保护国家和广大消费者的利益，维护社会经济秩序。其范围是：① 可能危及人体健康和人身、财产安全的产品，主要是指食品、药品、医疗器械、压力容器、易燃易爆产品等。② 影响国计民生的重要工业产品，主要是指农药、化肥、建筑用钢筋、水泥以及计量器具、烟草等。③ 用户、消费者、有关组织反映有质量问题的产品，主要是指假冒伪劣产品，即掺杂、掺假、以假充真、以次充好，以不合格产品冒充合格产品等。抽查的样品应当在市场上或者企业成品仓库内的待销产品中随机抽取。

　　产品质量检验要按照特定的标准，对产品质量进行检测，以判明产品是否合格。为保证产品质量，产品出厂时应当经过检验，质量应符合相应的要求，可能危及人体健康和人身、财产安全的工业产品，必须符合保障人体健康和人身、财产安全的国家标准、行业标准，没有国家标准、行业标准的，必须符合保障人体健康和人身、财产安全的要求。

　　国家监督抽查的产品，地方不得另行重复抽查；上级监督抽查的产品，下级不得另行重复抽查，即实行一事不二查。同时，产品质量抽查的结果应当公布，以保证抽查的公正与权威。抽查费用不得向企业收取，监督抽查所需检验费用应按照国务院规定列支。生产者、销售者对抽查检验的结果有异议的，可以自收到检验结果之日起 15 日内向实施监督抽查的市场监督管理部门或者其上级市场监督管理部门申请复检，由受理复检的市场监督管理部门作出复检结论。

【例 7-4】　某百货采购供应站与某县科技新产品开发研究所签订一份开发新产品的合同。合同规定：供应站提供研制费 5000 元，由研究所"开发研制"一种新型电动人体按摩器。技术要求是：外观上达到国内市场较流行的进口电动按摩器(单价约 70 元)的要求，使用寿命不少于 100 小时，每只的制造成本应控制在人民币 10 元左右，批量生产的工艺要求和设备条件不能复杂。双方签约后，百货供应站将合同文本送给法律顾问审查。法律顾问看后，提出该合同不能履行，是无效合同，建议作重大修改再定。经与研究所协商，研究所不同意修改，并要求依约支付 5000 元。百货供应站拒绝，研究所便向法院起诉，索要研制费和批量投入生产的设备购置费以及违约金。

【分析】　法院受案后，请专家鉴定了原告的样品。专家认为样品达到合同规定的技术要求，一审法院以此为据判原告胜诉。被告不服，上诉到中级人民法院，二审法院经过认真研究，终审判决原告败诉。

本案中，签订合同将要生产的新型电动人体按摩器，属于可能危及人体健康和人身、财产安全的工业产品，其安全指标应该符合有关的国家标准和行业标准。而该合同无视国家标准的存在，自行约定所谓的技术要求(合同约定新型电动人体按摩器的使用寿命不少于 100 小时)，虽然符合合同要求，但不符合国家标准，一旦使用则可能危及使用人的生命安全，因此导致合同无效。法院终审判决原告败诉是正确的，但百货供应站亦有一定的责任。

(二) 企业质量体系认证制度

企业质量体系认证亦称为企业认证、质量体系注册、质量体系评审、质量体系审核等，是指依据国际通用的质量管理和质量保证系列标准，经过认证机构对企业的质量体系进行审核，通过颁发认证证书的形式，证明企业的质量体系和质量保证能力符合相应要求的活动。该制度通过对产品质量构成的各种因素，如产品设计、工艺准备、制造过程、质量检验、组织机构和人员素质等质量保证能力进行严格评定，使企业形成稳定生产符合标准产品的能力。企业根据自愿原则可以向国务院市场监督管理部门认可的或者国务院市场监督管理部门授权的部门认可的认证机构申请企业质量体系认证。经认证合格的，由认证机构颁发企业质量体系认证证书。

(三) 产品质量认证制度

产品质量认证是指依据具有国际水平的产品标准和技术要求，经过认证机构确认并通过颁发认证证书和产品质量认证标志的形式，证明产品符合相应标准和技术要求的活动，目的是为了提高产品的信誉，增强产品的竞争能力。

我国产品质量认证方式采用国际上通行的第三方认证制度。国家参照国际先进的产品标准和技术要求，推行产品质量认证制度。企业根据自愿原则可以向国务院市场监督管理部门认可的或者国务院市场监督管理部门授权的部门认可的认证机构申请产品质量认证。

经认证合格的，由认证机构颁发产品质量认证证书，准许企业在产品或者其包装上使用产品质量认证标志。

（四）产品质量的社会监督制度

产品质量的社会监督制度如下：

(1) 公民个人的监督权。消费者有权就产品质量问题，向产品的生产者、销售者查询；向市场监督管理部门及有关部门申诉，接受申诉的部门应当负责处理。

(2) 社会组织的监督权。保护消费者权益的社会组织可以就消费者反映的产品质量问题建议有关部门负责处理，支持消费者对因产品质量造成的损害向人民法院起诉。

(3) 公众的检举权。任何单位和个人有权对违反本法规定的行为，向市场监督管理部门或者其他有关部门检举。市场监督管理部门和有关部门应当为检举人保密，并按照省、自治区、直辖市人民政府的规定给予奖励。

【例7-5】　1995年9月，某国商务部发言人宣布，撤销对中国某中外合资电子有限公司产品的调查案。原来，该公司生产的电子元器件虽比西方国家的产品出现的晚，但起点高，质优价廉，1995年初进入国际市场即受到欢迎，但也招来国外同行的不同看法。1995年5月，某国商务部根据某西方国家一个公司的指控，以怀疑该产品是仿造的不适宜用于航天航空等理由，展开对该公司销往该国市场的电子元器件及销售活动的秘密调查，从而对该公司在该地区市场的销售造成了一定的困难。当消息传到该公司的外方董事长那里，遂召开董事会研究。董事会上，中方的总工程师提出，该国家与中国的认证机构签订了双边产品质量认证合作协议，公司的产品在1994年底按照协议规定的程序，由国家质量技术监督局认可的机构发给了PRC认证标志。PRC认证标志在该国是有效的。只要公司向该国商务部提供获得认证标志的有关资料，据理力争，相信障碍是可以排除的。翌日，该公司接到了有关机构打来的电话，该国商务部在秘密调查时也发现了这个公司产品有PRC认证标志，发函至我国有关机构询问此事。有关机构遂转告这个公司有关情况。总工程师来到该国商务部，该国商务部官员告之，调查已终止，并且，由于调查活动的结论引起了该地区及邻近国家一些大公司的注意，一家为别国人造卫星生产部件的公司已决定在该部件上采用这个公司的电子元器件，一场坏事变成了好的结局。

三、生产者、销售者的产品质量责任和义务

产品质量责任是指产品的生产者、销售者违反《产品质量法》的规定，不履行法律规定的义务，应当依法承担的法律后果。承担产品质量责任包括承担相应的行政责任、民事责任和刑事责任。

（一）生产者的产品质量义务

生产者的产品质量义务如下：

(1) 产品应该符合内在质量的法定要求：① 不存在危及人身、财产安全的不合理的危险，有保障人体健康，人身、财产安全的国家标准、行业标准的，应当符合该标准。② 具备产品应当具备的使用性能，但是，对产品存在使用性能的瑕疵作出说明的除外。

未制定相应标准的产品，其使用性能应当符合公众普遍认为应当具备的使用性能。③ 符合在产品或者其包装上注明采用的产品标准，符合以产品说明、实物样品等方式表明的质量状况。

(2) 产品包装标识符合法定要求。产品标识是指用于识别产品或其特征、特性所做的各种表示的统称，可以用文字、符号、标志、标记、数字、图案等表示。产品标识具体要求为：① 有产品质量检验合格证明。② 有中文标明的产品名称、生产厂名和厂址。③ 根据产品的特点和使用要求，需要标明产品规格、等级、所含主要成分的名称和含量的，相应予以标明；需要事先让消费者知晓的，应当在外包装上标明，或者预先向消费者提供有关资料。④ 限期使用的产品，标明生产日期和安全使用期或者失效日期。安全使用期包括保质期、保鲜期、保存期等。⑤ 使用不当，容易造成产品本身损坏或者可能危及人身、财产安全的产品，有警示标志或者中文警示说明。⑥ 裸装的食品和其他根据产品的特点难以附加标识的裸装产品，可以不附加产品标识。

(3) 生产者不得生产国家明令淘汰的产品。

(4) 生产者不得伪造产地，不得伪造或者冒用他人的厂名、厂址。

(5) 生产者不得伪造或者冒用认证标志、名优标志等质量标志。

(6) 生产者生产产品，不得掺杂、掺假，不得以假充真、以次充好，不得以不合格产品冒充合格产品。

(二) 销售者的产品质量责任和义务

销售者的产品质量责任和义务如下：

(1) 执行进货检查验收制度。销售者应当执行进货检查验收制度，验明产品合格证明和其他标识。进货检查验收包括产品标识检查、产品感观检查和必要的产品内在质量的检验。

(2) 采取措施，保持产品质量。销售者购进产品后，不一定将其立刻全部销售给消费者，有些产品在销售者手里保存一段时间，销售者有义务在销售过程中保持产品的质量，防止产品过期失效、发生霉变，影响产品质量。销售者应当采取措施是指销售者应当根据产品的特点，采取必要的防雨、防晒、防霉变，对某些特殊产品采取控制温度、湿度等措施，保持产品进货时的质量状况。

(3) 销售产品标志符合法定要求。

(4) 销售者不得销售失效、变质的产品。

(5) 销售者不得伪造产地，不得伪造或者冒用他人的厂名、厂址。

(6) 销售者不得伪造或者冒用认证标志、名优标志等质量标志。

(7) 销售者销售产品，不得掺杂、掺假，不得以假充真、以次充好，不得以不合格产品冒充合格产品。

【例 7-6】　2008 年中秋节之夜，某市 3 家市属医院突然收治了数百名患者。这些患者的症状都是严重的腹泻，而且都是为民机械厂的职工或职工家属。市卫生防疫站接到报告后，立即派出医防人员调查。调查查明，这些患者都是服用了厂里在节前发的新奇牌水蜜桃汁饮料而患病的。这些水蜜桃汁饮料是新奇饮料开发公司为偿还欠为民机械厂的设备款而从某饮料厂调进送来抵债的。经市卫生防疫站化验，这些水蜜桃汁内的大肠杆菌严重超标。该水蜜桃汁的生产日期是 1997 年 10 月，保质期半年，也就是说，新奇饮料开发公司送给为民机械厂抵债的水蜜桃汁饮料早已超过保质期，并且已经变质。据此，市卫生防疫站通知为民机械厂将发放的水蜜桃汁饮料予以收回，倒入阴沟，并对新奇饮料开发公司罚款 10 万元。为民机械厂向人民法院提起诉讼，要求新奇饮料开发公司赔偿经济损失。市中级人民法院作出一审判决：① 新奇饮料开发公司以变质的饮料抵作欠款的行为，因违反卫生法规、损害社会公共利益而无效。② 在本判决生效 10 日内，新奇饮料开发公司偿还欠款 18 万元，赔偿医疗费损失 16 万元，共计人民币 34 万元。③ 本案的诉讼费用由被告负担。一审判决后，新奇饮料开发公司提起上诉，上诉的理由是，这批饮料不是该公司生产的，该公司从饮料生产厂提货后，立即送到了为民机械厂。因此，这批饮料的质量责任不能由该公司承担。省高级人民法院终审判决，驳回新奇饮料开发公司的上诉，维持原判。

【分析】 本案中，新奇饮料开发公司作为饮料的开发、销售商，应当知道其产品质量，应当认真地执行进货检查制度，这是销售者履行产品质量义务的首项，是销售合格产品的前提条件，也是区分销售者与生产者产品质量责任的重要手段。如果销售者不执行进货检查验收制度或者明知产品不合格依然接受货物并进行销售的，都应按照本法的有关规定承担相应的行政、民事、刑事责任。而实际上，该公司从饮料厂调进饮料去抵为民机械厂的债务时，就放弃了应当履行的义务，任由变质饮料损害消费者的身体健康，给为民机械厂的职工造成痛苦，给该厂造成严重的经济损失。因此，新奇饮料开发公司不仅要承担卫生防疫部门的行政处罚，还要承担民事责任，赔偿受害方的经济损失。诉讼中，新奇饮料开发公司提出变质饮料是饮料厂生产，责任应由饮料厂承担，这与本案是另一个法律关系，法院可以不予考虑。当然，新奇公司如有证据证明这批饮料在饮料厂出厂时就已变质，该公司可以另行起诉饮料厂，要求饮料厂赔偿其经济损失。至于新奇饮料开发公司上诉还提出，为民机械厂接受货物时未提异议，也有一定的责任。这一点看似有道理，但是，消费者与生产、销售者在产品质量上的义务是不同的，在落实产品质量责任时，首先考虑生产、销售者的责任大小。因此，不能要求消费者与销售者有同样的专业知识。在销售者与消费者之间，首先是销售者不能销售变质的产品。因此，省高级人民法院驳回了新奇饮料开发公司的上诉。

四、产品质量责任与损害赔偿

（一）产品质量责任与产品责任

产品质量责任是指行为人违反产品质量法所应承担的各种消极法律后果。这里的行为人不仅包括生产者、销售者，而且包括对产品质量负有直接责任的人员以及从事产品质量监督的国家工作人员。产品质量责任包括民事责任、行政责任和刑事责任三大类。

产品责任又称产品侵权损害赔偿责任，是指产品存在可能危及人身、财产安全的不合理危险，造成消费者人身、财产或者除缺陷产品以外的其他财产损失后，缺陷产品的生产者、销售者应当承担的特殊的侵权法律责任。根据《产品质量法》规定，我国产品责任可以大致分为两类：一是生产者应当承担的产品责任，即产品存在缺陷，造成人身或者除缺陷产品以外的其他财产损失后，缺陷产品的生产者应当承担的赔偿责任；二是销售者应当承担的产品责任，即由于销售者的过错，使产品存在缺陷造成人身或者除缺陷产品以外的其他财产损失后，销售者应当承担的赔偿责任。

（二）生产者、销售者的损害赔偿责任

售出的产品有下列情形之一的，销售者应当负责修理、更换、退货，给购买产品的用户、消费者造成损失的，销售者应当赔偿损失：① 不具有产品应当具备的使用性能而事先未作说明的；② 不符合在产品或者其包装上注明采用的产品标准的；③ 不符合以产品说明、实物样品等方式表明的质量状况的。

销售者负责修理、更换、退货、赔偿损失后，属于生产者的责任或者属于向销售者提供产品的其他销售者(供货者)的责任的，销售者有权向生产者、供货者追偿。但生产者之间、销售者之间、生产者与销售者之间订立的产品购销、加工承揽合同有不同约定的，合同当事人按照合同约定执行。

产品责任的归责原则按不同对象分为两类。一类是生产者对产品责任承担的是严格责任，即只要是因产品存在缺陷造成人身、缺陷产品以外的其他财产损害的，生产者应当承担赔偿责任。生产者能够证明有下列情形之一的，不承担赔偿责任：① 未将产品投入流通的；② 产品投入流通时，引起损害的缺陷尚不存在的；③ 将产品投入流通时的科学技术水平尚不能发现缺陷存在的。另一类是销售者承担的是过错责任，即由于生产者或销售者的疏忽大意，造成产品缺陷，或者由于生产者、销售者应当知道而不知道产品有缺陷，将产品投入流通，从而造成他人人身、财产损害的，生产者、销售者在主观上便有过错，应当承担赔偿责任。

《产品质量法》规定了产品责任的赔偿范围：因产品存在缺陷造成受害人人身伤害的，侵害人应当赔偿医疗费、因误工减少的收入、残废者生活补助费等费用；造成受害人死亡的，并应当支付丧葬费、抚恤费、死者生前抚养的人必要的生活费等费用；造成受害人财产损失的，侵害人应当恢复原状或者折价赔偿，受害人同时遭受其他重大损失的，侵害人应当赔偿损失。

（三）生产者、销售者违反产品质量法的行政责任和刑事责任

违反产品质量法应承担的责任如下：

(1) 生产和销售不符合标准产品的，责令停止生产、销售，没收违法生产、销售的产品，并处违法生产、销售产品(包括已售或未售的产品)货值金额等值以上3倍以下的罚款；有违法所得的，并处没收违法所得；情节严重的，吊销营业执照；构成犯罪的，依法追究刑事责任。

(2) 生产销售掺杂、掺假、以次充好或者以不合格产品冒充合格产品的，责令停止生产、销售，没收违法生产、销售的产品，并处违法生产、销售产品(包括已售或未售的产品)货值金额50%以上3倍以下的罚款；有违法所得的，并处没收违法所得；情节严重的，吊销营业执照；构成犯罪的，依法追究刑事责任。

(3) 生产国家明令淘汰的产品的或者销售国家明令淘汰并停止销售的产品的，责令停止生产、销售，没收违法生产、销售的产品，并处违法生产、销售产品货值金额等值以下的罚款；有违法所得的，并处没收违法所得；情节严重的，吊销营业执照；

(4) 销售失效、变质产品的，责令停止生产、销售，没收违法生产、销售的产品，并处违法生产、销售产品货值金额等值 2 倍以下的罚款；有违法所得的，并处没收违法所得；情节严重的，吊销营业执照；构成犯罪的，依法追究刑事责任。

(5) 生产者、销售者伪造产品的产地的，伪造或者冒用他人厂名、厂址的，伪造或者冒用认证标志等质量标志的，责令改正，没收违法生产、销售的产品，并处以违法生产、销售产品货值金额等值以下的罚款；有违法所得的，并处没收违法所得；情节严重的，吊销营业执照。

(6) 产品标识不符合对产品或其包装上的标识的要求的，应依法责令改正；有包装的产品标识，不符合有关警示标志或者中文警示说明规定的，情节严重的，责令停止生产、销售，并处以违法生产、销售产品货值金额 30%以下的罚款；有违法所得的，并处没收违法所得。

（四）国家机关及其工作人员的行政责任和刑事责任

国家机关工作人员有以下情形之一的，依法给予行政处分；构成犯罪的，依法追究刑事责任：① 包庇、放纵产品生产、销售中违反产品质量法的行为；② 向违法生产、销售活动的当事人通风报信，帮助其逃避查处的；③ 阻挠、干预市场监督管理部门依法对产品生产、销售中违反本法规定的行为进行查处，造成严重后果的。

市场监督管理部门在产品质量监督抽查中超过规定的数量索取样品或者向被检查人收取检验费用的，由上级市场监督管理部门或者监察机关责令退还；情节严重的，对直接负责的主管人员和其他直接责任人员依法给予行政处分。

市场监督管理部门或者其他国家机关向社会推荐生产者的产品或者以监制、监销等方式参与产品经营活动的，由其上级机关或者监察机关责令改正，消除影响，有违法收入的予以没收；情节严重的，对直接负责的主管人员和其他直接责任人员依法给予行政处分。

第三节 食品安全法

一、食品安全法的概念和调整范围

（一）食品安全法的概念

食品安全法是指国家调整人们在食品生产经营及其管理活动中所发生的特定经济关系的法律规范的总称，是国家关于食品安全的基本法律制度。《中华人民共和国食品安全法》（以下简称《食品安全法》）于 2009 年 2 月 28 日由第十一届全国人民代表大会常务委员会第七次会议通过，自 2009 年 6 月 1 日起施行。由第十二届全国人民代表大会常务委员会第十四次会议于 2015 年 4 月 24 日修订，由第十三届全国人民代表大会常务委员会第七次会议于 2018 年 12 月 29 日修改。制定该法的目的是为保证食品安全，保障公众身体健康和生命安全。

(二) 食品安全法的调整范围

《食品安全法》涵盖了"从农田到餐桌"全过程,对涉及食品安全的相关问题作出全面规定,避免食品卫生标准、食品质量标准、食品营养标准之间交叉与重复的局面,用食品安全标准来统筹食品相关标准。根据《食品安全法》第2条规定,在中华人民共和国境内从事下列活动,应当遵守本法:① 食品生产和加工(食品生产),食品销售和餐饮服务(食品经营);② 食品添加剂的生产经营;③ 用于食品的包装材料、容器、洗涤剂、消毒剂和用于食品生产经营的工具、设备(食品相关产品)的生产经营;④ 食品生产经营者使用食品添加剂、食品相关产品;⑤ 食品的贮存和运输;⑥ 对食品、食品添加剂、食品相关产品的安全管理。供食用的源于农业的初级产品(食用农产品)的质量安全管理,遵守《农产品质量安全法》的规定。但是,食用农产品的市场销售、有关质量安全标准的制定、有关安全信息的公布和本法对农业投入品作出规定的,应当遵守本法的规定。

二、食品安全风险监测和评估

(一) 食品安全风险监测

食品安全风险监测是为了掌握和了解食品安全状况,对食品安全水平进行检验、分析、评估和公告的活动,是政府实施食品安全监督管理的重要手段。食品安全风险监测对象包括食源性疾病、食品污染以及食品中的有害因素。

国务院卫生行政部门会同国务院食品安全监督管理等部门,制定、实施国家食品安全风险监测计划。国务院食品安全监督管理部门和其他有关部门获知有关食品安全风险信息后,应当立即核实并向国务院卫生行政部门通报。对有关部门通报的食品安全风险信息以及医疗机构报告的食源性疾病等有关疾病信息,国务院卫生行政部门应当会同国务院有关部门分析研究,认为必要的,及时调整国家食品安全风险监测计划。省、自治区、直辖市人民政府卫生行政部门会同同级食品安全监督管理等部门,根据国家食品安全风险监测计划,结合本行政区域的具体情况,制定、调整本行政区域的食品安全风险监测方案,报国务院卫生行政部门备案并实施。

承担食品安全风险监测工作的技术机构应当根据食品安全风险监测计划和监测方案开展监测工作,保证监测数据真实、准确,并按照食品安全风险监测计划和监测方案的要求报送监测数据和分析结果。食品安全风险监测工作人员有权进入相关食用农产品种植养殖、食品生产经营场所采集样品、收集相关数据。采集样品应当按照市场价格支付费用。

食品安全风险监测结果表明可能存在食品安全隐患的,县级以上人民政府卫生行政部门应当及时将相关信息通报同级食品安全监督管理等部门,并报告本级人民政府和上级人民政府卫生行政部门。食品安全监督管理等部门应当组织开展进一步调查。

(二) 食品安全风险评估

食品安全风险评估是对食品、食品添加剂中生物性、化学性和物理性危害对人体健康可能造成的不良影响进行科学评估，通常包括危害识别、危害描述、暴露评估、风险特征描述四个明显不同阶段。

《食品安全法》第 17 条规定：国家建立食品安全风险评估制度，运用科学方法，根据食品安全风险监测信息、科学数据以及有关信息，对食品、食品添加剂、食品相关产品中生物性、化学性和物理性危害因素进行风险评估。国务院卫生行政部门负责组织食品安全风险评估工作，成立由医学、农业、食品、营养、生物、环境等方面的专家组成的食品安全风险评估专家委员会进行食品安全风险评估。食品安全风险评估结果由国务院卫生行政部门公布。对农药、肥料、兽药、饲料和饲料添加剂等的安全性评估，应当有食品安全风险评估专家委员会的专家参加。食品安全风险评估不得向生产经营者收取费用，采集样品应当按照市场价格支付费用。

《食品安全法》第 18 条规定，有下列情形之一的，应当进行食品安全风险评估：① 通过食品安全风险监测或者接到举报发现食品、食品添加剂、食品相关产品可能存在安全隐患的；② 为制定或者修订食品安全国家标准提供科学依据需要进行风险评估的；③ 为确定监督管理的重点领域、重点品种需要进行风险评估的；④ 发现新的可能危害食品安全因素的；⑤ 需要判断某一因素是否构成食品安全隐患的；⑥ 国务院卫生行政部门认为需要进行风险评估的其他情形。

《食品安全法》第 21 条规定：食品安全风险评估结果是制定、修订食品安全标准和实施食品安全监督管理的科学依据。经食品安全风险评估，得出食品、食品添加剂、食品相关产品不安全结论的，国务院食品安全监督管理等部门应当依据各自职责立即向社会公告，告知消费者停止食用或者使用，并采取相应措施，确保该食品、食品添加剂、食品相关产品停止生产经营；需要制定、修订相关食品安全国家标准的，国务院卫生行政部门应当会同国务院食品安全监督管理部门立即制定、修订。

《食品安全法》第 22 条规定：国务院食品安全监督管理部门应当会同国务院有关部门，根据食品安全风险评估结果、食品安全监督管理信息，对食品安全状况进行综合分析。对经综合分析表明可能具有较高程度安全风险的食品，国务院食品安全监督管理部门应当及时提出食品安全风险警示，并向社会公布。

【例 7-7】　根据《食品安全法》规定，卫生部于 2009 年 12 月组建了国家食品安全风险评估专家委员会。专家委员会将承担国家食品安全风险评估工作，参与制定与食品安全风险评估相关的监测和评估计划，拟订国家食品安全风险评估技术规则，解释食品安全风险评估结果，开展风险评估交流，以及承担卫生部委托的其他风险评估相关任务。组建国家食品安全风险评估专家委员会体现了什么原则？

【分析】　体现了食品安全风险预防原则。风险预防具体体现为事前预防和事中预防两方面。事前预防表现为：一是国家建立食品安全风险监测评估制度，对食源性疾病、食品污染和食品中的有害因素进行监测和评估，二是制定和审评科学的食品安全标准，为食品生产经营提供科学依据。事中预防表现为：国家对食品生产经营过程的严格监管，对食品实行严格检验制度。卫生部根据《食品安全法》，依法成立国家食品安全风险评估专家委员会，为切实贯彻食品安全风险预防原则奠定了组织基础。

三、食品安全标准

（一）食品安全标准的制定

食品安全标准是保证食品安全、保障公众身体健康的重要技术支撑，是为了保证食品安全，对食品生产经营过程中影响食品安全的各种要素以及各关键环节所规定的统一技术要求。根据 2017 年修订的《标准化法》规定，标准包括国家标准、行业标准、地方标准、团体标准和企业标准。国家标准分为强制性标准、推荐性标准。行业标准和地方标准属于推荐性标准。强制性标准必须执行。国家鼓励采用推荐性标准。

《食品安全法》第 27 条规定：食品安全国家标准由国务院卫生行政部门会同国务院食品安全监督管理部门制定、公布，国务院标准化行政部门提供国家标准编号。食品中农药残留、兽药残留的限量规定及其检验方法与规程由国务院卫生行政部门、国务院农业行政部门会同国务院食品安全监督管理部门制定。屠宰畜、禽的检验规程由国务院农业行政部门会同国务院卫生行政部门制定。《食品安全法》第 28 条规定：制定食品安全国家标准，应当依据食品安全风险评估结果并充分考虑食用农产品安全风险评估结果，参照相关的国际标准和国际食品安全风险评估结果，并将食品安全国家标准草案向社会公布，广泛听取食品生产经营者、消费者、有关部门等方面的意见。食品安全国家标准应当经国务院卫生行政部门组织的食品安全国家标准审评委员会审查通过。食品安全国家标准审评委员会由医学、农业、食品、营养、生物、环境等方面的专家以及国务院有关部门、食品行业协会、消费者协会的代表组成，对食品安全国家标准草案的科学性和实用性等进行审查。

《食品安全法》第 29 条规定：对地方特色食品，没有食品安全国家标准的，省、自治区、直辖市人民政府卫生行政部门可以制定并公布食品安全地方标准，报国务院卫生行政部门备案。食品安全国家标准制定后，该地方标准即行废止。《食品安全法》第 30 条规定：国家鼓励食品生产企业制定严于食品安全国家标准或者地方标准的企业标准，在本企业适用，并报省、自治区、直辖市人民政府卫生行政部门备案。

（二）食品安全标准的内容

《食品安全法》第 25 条规定：食品安全标准是强制执行的标准。除食品安全标准外，不得制定其他食品强制性标准。食品安全国家标准由国务院卫生行政部门负责制定、公布，国务院标准化行政部门提供国家标准编号。《食品安全法》第 26 条规定，食品安全标准应当包括下列内容：① 食品、食品添加剂、食品相关产品中的致病性微生物，农药残留、兽药残留、生物毒素、重金属等污染物质以及其他危害人体健康物质的限量规定；② 食品添加剂的品种、使用范围、用量；③ 专供婴幼儿和其他特定人群的主辅食品的营养成分要求；④ 对与卫生、营养等食品安全要求有关的标签、标志、说明书的要求；⑤ 食品生产经营过程的卫生要求；⑥ 与食品安全有关的质量要求；⑦ 与食品安全有关的食品检验方法与规程；⑧ 其他需要制定为食品安全标准的内容。

四、食品生产经营

(一) 食品生产经营内涵

食品生产经营是指一切食品的生产、采集、收购、加工、贮存、运输、陈列、供应、销售等活动。食品生产经营要符合食品安全标准，符合《食品安全法》关于食品生产经营中的安全要求和禁止性规定。

(二) 许可证制度

国家对食品生产经营实行许可制度。从事食品生产、食品销售、餐饮服务，应当依法取得许可。但是，销售食用农产品不需要取得许可。

食品生产加工小作坊和食品摊贩等从事食品生产经营活动，应当符合本法规定的与其生产经营规模、条件相适应的食品安全要求，保证所生产经营的食品卫生、无毒、无害，食品安全监督管理部门应当对其加强监督管理。

国家对食品添加剂生产实行许可制度。从事食品添加剂生产，应当具有与所生产食品添加剂品种相适应的场所、生产设备或者设施、专业技术人员和管理制度，并取得食品添加剂生产许可。生产食品添加剂应当符合法律、法规和食品安全国家标准。

(三) 食品从业人员健康管理

食品生产经营者应当建立并执行从业人员健康管理制度。患有痢疾、伤寒、病毒性肝炎等消化道传染病的人员，以及患有活动性肺结核、化脓性或者渗出性皮肤病等有碍食品安全的疾病的人员，不得从事接触直接入口食品的工作。食品生产经营人员每年应当进行健康检查，取得健康证明后方可上岗工作。

(四) 食品生产者主要义务

食品生产者义务主要是：采购食品原料、食品添加剂、食品相关产品，应当查验供货者的许可证和产品合格证明文件；对无法提供合格证明文件的食品原料，应当依照食品安全标准进行检验；不得采购或者使用不符合食品安全标准的食品原料、食品添加剂、食品相关产品。建立食品原料、食品添加剂、食品相关产品进货查验记录制度，如实记录食品原料、食品添加剂、食品相关产品的名称、规格、数量、供货者名称及联系方式、进货日期等内容。建立食品出厂检验记录制度，查验出厂食品的检验合格证和安全状况，并如实记录食品的名称、规格、数量、生产日期、生产批号、检验合格证号、购货者名称及联系方式、销售日期等内容。食品、食品添加剂和食品相关产品的生产者，应当依照食品安全标准对所生产的食品、食品添加剂和食品相关产品进行检验，检验合格后方可出厂或者销售。

(五) 食品经营者主要义务

食品经营者义务主要是：采购食品，应当查验供货者的许可证和食品合格的证明文件。建立食品进货查验记录制度，如实记录食品的名称、规格、数量、生产批号、保质期、供货者名称及联系方式、进货日期等内容。按照保证食品安全的要求贮存食品，定期检查库存食品，及时清理变质或者超过保质期的食品。贮存散装食品，应当在贮存位置标明食品的名称、生产日期、保质期、生产者名称及联系方式等内容。销售散装食品，应当在散装食品的容器、外包装上标明食品的名称、生产日期、保质期、生产经营者名称及联系方式等内容。

国家建立食品安全全程追溯制度。食品生产经营者应当建立食品安全追溯体系，保证食品可追溯。国家鼓励食品生产经营者采用信息化手段采集、留存生产经营信息，建立食品安全追溯体系。

【例7-8】 2009年6月25日，青海省民和回族土族自治县工商局执法人员查获了一批过期方便面。执法人员在马营镇市场检查时，发现个体户汪某的食品店里有过期的方便面。民和工商局执法人员根据新《食品安全法》第85条的规定，对当事人汪某作出了没收过期方便面11箱、罚款2050元的行政处罚。对此类违法行为工商机关若按《产品质量法》，只能对食品经营者作出同等货值两倍以下的罚款，按一箱方便面40元计算，最高罚款金额880元。个体工商户汪某的行为违反了《食品安全法》的什么规定？应当承担何种行政责任？

【分析】 汪某的行为违反了《食品安全法》关于禁止经营超过保质期食品的规定。《食品安全法》第28条规定：禁止生产经营超过保质期的食品。《食品安全法》第40条规定：食品经营者应当按照保证食品安全的要求贮存食品，定期检查库存食品，及时清理变质或者超过保质期的食品。

关于违反上述规定的责任，《食品安全法》第85条规定：经营超过保质期的食品，由有关主管部门按照各自职责分工，没收违法所得、违法生产经营的食品和用于违法生产经营的工具、设备、原料等物品；违法生产经营的食品货值金额不足1万元的，并处2000元以上5万元以下罚款；货值金额1万元以上的，并处货值金额5倍以上10倍以下罚款；情节严重的，吊销许可证。

五、食品召回制度

（一）国家建立食品召回制度

食品召回是食品生产经营者按照规定程序，对由生厂经营原因造成的某一批次或类别的不安全食品，通过换货、退货、补充或修正消费说明等方式，及时消除或减少食品安全危害的活动。食品召回制度是对食品安全事件的一种事后救济手段，对于防止食品安全事件的蔓延、扩大，减少食品安全问题给消费者造成的损害具有重要意义。

（二）主动召回

依据《食品安全法》第63条规定：食品生产者发现其生产的食品不符合食品安全标准或者有证据证明可能危害人体健康的，应当立即停止生产，召回已经上市销售的食品，通知相关生产经营者和消费者，并记录召回和通知情况。

食品经营者发现其经营的食品有前款规定情形的，应当立即停止经营，通知相关生产经营者和消费者，并记录停止经营和通知情况。食品生产者认为应当召回的，应当立即召回。由于食品经营者的原因造成其经营的食品有前款规定情形的，食品经营者应当召回。

食品生产经营者应当对召回的食品采取无害化处理、销毁等措施，防止其再次流入市场。但是，对因标签、标志或者说明书不符合食品安全标准而被召回的食品，食品生产者在采取补救措施且能保证食品安全的情况下可以继续销售；销售时应当向消费者明示补救措施。

食品生产经营者应当将食品召回和处理情况向所在地县级人民政府食品安全监督管理部门报告；需要对召回的食品进行无害化处理、销毁的，应当提前报告时间、地点。食品安全监督管理部门认为必要的，可以实施现场监督。

（三）责令召回

食品生产经营者未依照规定召回或者停止经营的，县级以上人民政府食品安全监督管理部门可以责令其召回或者停止经营，将食品生产经营者召回不符合食品安全标准的食品的情况记入食品生产经营者食品安全信用档案。

六、食品检验制度

（一）食品检验机构资质认定

食品检验机构按照国家有关认证认可的规定取得资质认定后，方可从事食品检验活动。但是，法律另有规定的除外。食品检验机构的资质认定条件和检验规范由国务院食品安全监督管理部门规定。

（二）食品检验机构检验人

食品检验由食品检验机构指定的检验人独立进行。检验人应当依照有关法律、法规的规定，并按照食品安全标准和检验规范对食品进行检验，尊重科学，恪守职业道德，保证出具的检验数据和结论客观、公正，不得出具虚假检验报告。

食品检验实行食品检验机构与检验人负责制。食品检验报告应当加盖食品检验机构公章，并有检验人的签名或者盖章。食品检验机构和检验人对出具的食品检验报告负责。

（三）抽样检验

《食品安全法》第87条规定：县级以上人民政府食品安全监督管理部门应当对食品进行定期或者不定期的抽样检验，并依据有关规定公布检验结果，不得免检。进行抽样检验，应当购买抽取的样品，委托符合本法规定的食品检验机构进行检验，并支付相关费用，不得向食品生产经营者收取检验费和其他费用。

《食品安全法》第88条规定：对依照本法规定实施的检验结论有异议的，食品生产经营者可以自收到检验结论之日起7个工作日内向实施抽样检验的食品安全监督管理部门或者其上一级食品安全监督管理部门提出复检申请，由受理复检申请的食品安全监督管理部门在公布的复检机构名录中随机确定复检机构进行复检。复检机构出具的复检结论为最终检验结论。复检机构与初检机构不得为同一机构。复检机构名录由国务院认证认可监督管理、食品安全监督管理、卫生行政、农业行政等部门共同公布。采用国家规定的快速检测方法对食用农产品进行抽查检测，被抽查人对检测结果有异议的，可以自收到检测结果时起 4 小时内申请复检。复检不得采用快速检测方法。

（四）自行检验、委托检验

食品生产企业可以自行对所生产的食品进行检验，也可以委托符合本法规定的食品检验机构进行检验。食品行业协会和消费者协会等组织、消费者需要委托食品检验机构对食品进行检验的，应当委托符合本法规定的食品检验机构进行。

七、食品进出口制度

（一）食品进口

进口的食品、食品添加剂、食品相关产品应当符合我国食品安全国家标准。进口的食品、食品添加剂应当经出入境检验检疫机构依照进出口商品检验相关法律、行政法规的规定检验合格。进口的食品、食品添加剂应当按照国家出入境检验检疫部门的要求随附合格证明材料。

进口尚无食品安全国家标准的食品，由境外出口商、境外生产企业或者其委托的进口商向国务院卫生行政部门提交所执行的相关国家(地区)标准或者国际标准。国务院卫生行政部门对相关标准进行审查，认为符合食品安全要求的，决定暂予适用，并及时制定相应的食品安全国家标准。进口利用新的食品原料生产的食品或者进口食品添加剂新品种、食品相关产品新品种，应当向国务院卫生行政部门提交相关产品的安全性评估材料。国务院卫生行政部门应当自收到申请之日起 60 日内组织审查；对符合食品安全要求的，准予许可并公布；对不符合食品安全要求的，不予许可并书面说明理由。

《食品安全法》第 95 条规定：境外发生的食品安全事件可能对我国境内造成影响，或者在进口食品、食品添加剂、食品相关产品中发现严重食品安全问题的，国家出入境检验检疫部门应当及时采取风险预警或者控制措施，并向国务院食品安全监督管理、卫生行政、农业行政部门通报。接到通报的部门应当及时采取相应措施。县级以上人民政府食品安全监督管理部门对国内市场上销售的进口食品、食品添加剂实施监督管理。发现存在严重食品安全问题的，国务院食品安全监督管理部门应当及时向国家出入境检验检疫部门通报。国家出入境检验检疫部门应当及时采取相应措施。

进口的预包装食品、食品添加剂应当有中文标签；依法应当有说明书的，还应当有中文说明书。标签、说明书应当符合本法以及我国其他有关法律、行政法规的规定和食品安全国家标准的要求，并载明食品的原产地以及境内代理商的名称、地址、联系方式。预包装食品没有中文标签、中文说明书或者标签、说明书不符合本条规定的，不得进口。

（二）食品出口

出口食品生产企业应当保证其出口食品符合进口国(地区)的标准或者合同要求。出口食品生产企业和出口食品原料种植、养殖场应当向国家出入境检验检疫部门备案。

国家出入境检验检疫部门应当收集、汇总下列进出口食品安全信息，并及时通报相关部门、机构和企业：① 出入境检验检疫机构对进出口食品实施检验检疫发现的食品安全信息；② 食品行业协会和消费者协会等组织、消费者反映的进口食品安全信息；③ 国际组织、境外政府机构发布的风险预警信息及其他食品安全信息，以及境外食品行业协会等组织、消费者反映的食品安全信息；④ 其他食品安全信息。

国家出入境检验检疫部门应当对进出口食品的进口商、出口商和出口食品生产企业实施信用管理，建立信用记录，并依法向社会公布。对有不良记录的进口商、出口商和出口食品生产企业，应当加强对其进出口食品的检验检疫。

【例7-9】 2005 年 2 月 18 日，在英国最大的食品制造商的产品中发现了被欧盟禁用的苏丹红一号色素，下架食品达到 500 多种。3 月 4 日，亨氏辣椒酱在北京首次被检出含有"苏丹红一号"。不到 1 个月内，在包括肯德基等多家餐饮、食品公司的产品中相继被检出含有"苏丹红一号"。3 月 15 日，肯德基新奥尔良烤翅和新奥尔良烤鸡腿堡调料中发现了"苏丹红一号"成分。几天后，北京市有关部门在食品专项执法检查中再次发现，肯德基用在"香辣鸡腿堡"、"辣鸡翅"和"劲爆鸡米花"3 种产品上的"辣腌泡粉"中含有"苏丹红一号"。随后，全国 11 个省市 30 家企业的 88 个样品被检出含有苏丹红，苏丹红事件席卷中国。问题：境外发生食品安全事件后，我国有关部门应当采取什么措施？

【分析】 修订前《食品安全法》第 64 条规定：境外发生的食品安全事件可能对我国境内造成影响，或者在进口食品中发现严重食品安全问题的，两类机构应当采取措施。一是国家出入境检验检疫部门应当及时采取风险预警或者控制措施，并向国务院卫生行政、农业行政、工商行政管理和国家食品药品监督管理部门通报。二是接到通报的部门应当及时采取相应措施。修订后《食品安全法》第 95 条规定：境外发生的食品安全事件可能对我国境内造成影响，或者在进口食品、食品添加剂、食品相关产品中发现严重食品安全问题的，国家出入境检验检疫部门应当及时采取风险预警或者控制措施，并向国务院食品安全监督管理、卫生行政、农业行政部门通报。接到通报的部门应当及时采取相应措施。

八、食品安全事故处置

（一）食品安全事故应急处置、报告与通报

发生食品安全事故的单位应当立即采取措施，防止事故扩大。事故单位和接收病人进行治疗的单位应当及时向事故发生地县级人民政府食品安全监督管理、卫生行政部门报告。县级以上人民政府农业行政等部门在日常监督管理中发现食品安全事故或者接到事故举报，应当立即向同级食品安全监督管理部门通报。发生食品安全事故，接到报告的县级人民政府食品安全监督管理部门应当按照应急预案的规定向本级人民政府和上级人民政府食品安全监督管理部门报告。县级人民政府和上级人民政府食品安全监督管理部门应当按照应急预案的规定上报。任何单位和个人不得对食品安全事故隐瞒、谎报、缓报，不得隐匿、伪造、毁灭有关证据。

（二）食品安全事故处置行政措施

县级以上人民政府食品安全监督管理部门接到食品安全事故的报告后，应当立即会同同级卫生行政、农业行政等部门进行调查处理，并采取下列措施，防止或者减轻社会危害：① 开展应急救援工作，组织救治因食品安全事故导致人身伤害的人员；② 封存可能导致食品安全事故的食品及其原料，并立即进行检验；对确认属于被污染的食品及其原料，责令食品生产经营者召回或者停止经营；③ 封存被污染的食品相关产品，并责令进行清洗消毒；④ 做好信息发布工作，依法对食品安全事故及其处理情况进行发布，并对可能产生的危害加以解释、说明。

发生食品安全事故需要启动应急预案的，县级以上人民政府应当立即成立事故处置指挥机构，启动应急预案进行处置。发生食品安全事故，县级以上疾病预防控制机构应当对事故现场进行卫生处理，并对与事故有关的因素开展流行病学调查，有关部门应当予以协助。县级以上疾病预防控制机构应当向同级食品安全监督管理、卫生行政部门提交流行病学调查报告。

（三）食品安全事故责任调查和追究

发生食品安全事故，设区的市级以上人民政府食品安全监督管理部门应当立即会同有关部门进行事故责任调查，督促有关部门履行职责，向本级人民政府和上一级人民政府食品安全监督管理部门提出事故责任调查处理报告。涉及两个以上省、自治区、直辖市的重大食品安全事故由国务院食品安全监督管理部门组织事故责任调查。

调查食品安全事故，应当坚持实事求是、尊重科学的原则，及时、准确查清事故性质和原因，认定事故责任，提出整改措施。调查食品安全事故，除了查明事故单位的责任，还应当查明有关监督管理部门、食品检验机构、认证机构及其工作人员的责任。

【例7-10】　事件起因是很多食用三鹿集团生产的婴幼儿奶粉的婴儿被发现患有肾结石，随后在其奶粉中发现化工原料三聚氰胺。根据我国官方公布的数字，截至2008年9月21日，因使用婴幼儿奶粉而接受门诊治疗咨询且已康复的婴幼儿累计39 965人，正在住院的有12 892人，此前已治愈出院1579人，死亡4人。中国国家质检总局公布对国内的乳制品厂家生产的婴幼儿奶粉的三聚氰胺检验报告后，事件迅速恶化，包括伊利、蒙牛、光明、圣元及雅士利在内的22个厂家69批次产品中都检出三聚氰胺。

该事件亦重创中国制造商品信誉，多个国家和地区开始全面或部分禁止中国奶制品及相关产品的销售或进口。中国奶制品行业在网络抽样分析中，民众的信心指数降至最低点。不少大陆民众不敢买大陆奶粉而坚持要买香港奶粉才安心。"三鹿奶粉事件"责任人如何承担行政责任？

【分析】　毒奶粉事件在中国形成了一股"行政问责与司法问责风暴"。河北省政府决定对三鹿集团立即停产整顿，并将对有关责任人做出处理。三鹿集团董事长被免职，后并遭刑事拘留，而石家庄市分管农业生产的副市长等政府官员、石家庄市委副书记、市长也相继被撤职处理。河北省委也决定免去河北省省委常委、石家庄市委书记职务。22日，国家质检总局局长引咎辞去职务。

思考与练习

一、思考题

1. 简述消费者的权利和经营者的义务。
2. 经营者在发现所提供商品或服务存在严重缺陷时，应采取哪些补救措施？
3. 简述食品安全法的适用范围。
4. 什么是食品召回？食品召回制度对食品生产者、食品经营者有哪些要求？

二、单项选择题

1. 根据《产品质量法》规定，生产者、销售者应当建立健全的(   )。
   A. 内部财务制度   B. 内部人事管理制度
   C. 内部管理制度   D. 内部产品质量管理制度

2. 甲厂生产一种易拉罐装碳酸饮料。消费者丙从乙商场购买这种饮料后，在开启时被罐内强烈气流炸伤眼部，下列答案中最正确的是(   )。
   A. 丙只能向乙索赔
   B. 丙只能向甲索赔
   C. 丙只能向消费者协会投诉，请其确定向谁索赔
   D. 丙可向甲、乙中的一个索赔

3. 消费者王某在购买商品后，发现商品存在瑕疵时，下列说法正确的是(   )。
   A. 王某只能向该商品生产者主张赔偿
   B. 王某可以向该商品的销售者主张赔偿
   C. 王某既可以向销售者要求赔偿，也可以向生产者要求赔偿
   D. 若销售者有证据表明该瑕疵是在销售过程中其他销售者所致，有权拒绝赔偿

4. 社会团体或者其他组织、个人在虚假广告中向消费者推荐食品，使消费者的合法权益受到损害的，与食品生产经营者承担的责任是(   )。
   A. 共同责任   B. 相关责任   C. 连带责任   D. 赔偿责任

5. 国家对食源性疾病、食品污染以及食品中的有害因素进行监测主要是通过建立(   )。
   A. 食品安全风险监测制度   B. 食品安全风险评估制度
   C. 食品抽检制度   D. 食品风险预警制度

6. 对于确认的不符合食品安全标准的食品，生产经营者不按规定主动召回的，有关监管部门应当(   )。
   A. 当众销毁   B. 要求召回   C. 不再追究   D. 责令召回

7. 进口尚无食品安全国家标准的食品，或者首次进口食品添加剂新品种、食品相关产品新品种，进口商应当向(   )提出申请并提交相关的安全性评估材料。
   A. 国家卫生行政部门   B. 国家出入境检验检疫部门
   C. 国家工商行政管理部门   D. 国家食品药品监督管理局

8. 违反《食品安全法》规定，应当承担民事赔偿责任和缴纳罚款、罚金，其财产不足以同时支付时(　　)。

　　A. 先承担行政法律责任　　　　　　B. 先承担民事赔偿责任

　　C. 先缴纳罚款、罚金　　　　　　　D. 先承担刑事法律责任

三、多项选择题

1. 以下产品中，不存在《产品质量法》所称"缺陷"的产品是(　　)。

　　A. 损伤皮肤的化妆品　　　　　　　B. 制冷效果不好的空调机

　　C. 图像效果不佳的电视机　　　　　D. 保温效果不良的暖水瓶

2. 经营者侵害消费者的人格尊严或者侵犯消费者人身自由的，应当负下列(　　)责任。

　　A. 停止侵害　　　B. 恢复名誉　　　C. 消除影响　　　D. 赔礼道歉

3. 丁某、丁妻、丁子及邻居王某正在丁家闲聊，丁家刚买的彩电爆炸，将他们不同程度炸伤，经鉴定是电视机内部短路造成，(　　)均有权要求销售者赔偿。

　　A. 丁某　　　　　B. 丁妻　　　　　C. 丁子　　　　　D. 王某

4. 生产者在下列(　　)情况下不对消费者负责赔偿。

　　A. 消费者从销售者处购买的化妆品不具有包装上标明的使用效果

　　B. 某人从生产者处盗窃其开发中的高压锅样品，在使用时被炸伤

　　C. 因销售者贮存不当致使药品变质而使某患者服药后过敏

　　D. 消费者使用产品后发生不适，但现在科学技术无法证明产品与不适之间的关系

5. 国家建立食品安全信息统一公布制度。下列(　　)信息由国务院食品安全监督管理部门统一公布。

　　A. 国家食品安全总体情况　　　　　B. 食品安全风险评估信息

　　C. 食品安全风险警示信息　　　　　D. 重大食品安全事故及其处理信息

6. 以下(　　)事项应当向国务院卫生行政部门提出申请并提交相关的安全性评估材料。

　　A. 进口尚无食品安全国家标准的食品　　　B. 首次进口食品添加剂新品种

　　C. 首次进口食品相关产品新品种　　　　　D. 进口易变质食品

7. 县级以上食品安全监督管理部门履行食品安全监督管理职责，有权采取下列措施的是(　　)。

　　A. 对生产经营的食品进行抽样检验　　　B. 对相关违法人员行政拘留

　　C. 查封、扣押有证据证明不符合食品安全标准的食品

　　D. 查封违法从事食品生产经营活动的场所

8. 食品安全事故发生后，应当采取的措施有(　　)。

　　A. 开展应急救援工作

　　B. 封存、检验可能导致事故的食品及其原料

　　C. 封存被污染的食品用工具及用具

　　D. 做好信息发布工作

9. 欣欣公司为了宣传其新开发的保健品，虚构保健品功效，并委托某广告公司设计了"谁吃谁明白"的广告，聘请大腕明星做代言人，邀请某社会团体向消费者推荐，在报刊和电视上频频发布引人误解的不实广告。根据《食品安全法》的规定，下列选项正确

的是(　　)。

  A．欣欣公司不论其主观状态如何，都必须对虚假广告承担法律责任

  B．广告公司只有在明知保健品功效虚假的情况下才承担法律责任

  C．明星代言人即使对厂商造假不知情，只要蒙骗了消费者，就应承担民事责任

  D．社会团体在虚假广告中向消费者推荐商品，应承担民事连带责任

四、案例分析题

1．近几个月来，石先生对自家的住宅电话费居高不下感到十分不解，于是便向电信部门查询。电信部门出具了长途电话明细清单。石某要求查看区内通话明细清单，却遭拒绝，理由是市话收费采用的是复式计次法，即电脑只记录通话次数，而不记录主叫号码、被叫号码和通话时间。因此，即使石某对自家的市话通话费存在怀疑，也无法一一核对，只能大概的估计。所以，电信部门只向石某提供了区内通话费的总数和通话时间的总数。对此，石某大为不解。

  问题：电信部门在市话收费中不向消费者出具明细清单是否合法？

2．2008 年 6 月 1 日，甲从某百货商店买了一台 S 牌的电风扇，第二天中午，其妻乙不慎触到了正在运转的电风扇，结果触电造成右手残废。为给乙治伤，他们花去人民币221 430 元，其间因误工减少的收入为 28 960 元。出事之后，甲将风扇放置一边不用了。2012 年 6 月 1 日，甲得知这种 S 牌电风扇质量有问题，并请有关部门进行检测，结果是该电风扇质量不合格。2014 年 1 月 1 日至 7 月 1 日，甲所在的村发生特大洪灾，交通中断。甲于 2014 年 8 月 1 日请求某百货商店赔偿其因电风扇漏电伤人所造成的一切损失。某百货商店拒绝赔偿。于是，甲起诉到人民法院，要求某百货商店赔偿因电风扇质量缺陷致其妻乙伤残所造成的损失。而百货商店则辩称：虽然电风扇质量有缺陷，但是事情已过去 6 年之久，诉讼时效期间已过。因此，百货商店拒绝赔偿损失。

  问题：百货商店的抗辩能否成立？

3．家住天津市塘沽区的孙女士于 2018 年 4 月，在塘沽区福州道某超市购买了一袋某品牌果珍。孩子冲饮后即发生腹泻。孙女士注意到该果珍包装袋显示其已过期。孙女士已将购物小票丢弃，只好作罢。6 月 3 日，孙女士再次到该超市购物，发现此前购买的过期果珍仍然摆在货架上。孙女士购买了 8 袋该果珍。随后，孙女士与该超市交涉，但超市的解决方案让孙女士并不满意。于是，孙女士拿着 8 袋过期果珍及购物凭证来到塘沽消协投诉。

  经调取当时录像资料，查看销售记录并与超市工作人员核实，消协工作人员认定消费者孙女士提供购物凭证属实。该超市应根据《食品安全法》的规定，对孙女士予以赔偿。经消协调解，超市对孙女士购买 8 袋过期果珍的价款 109.6 元予以全额退还，支付孙女士该价款十倍的赔偿金 1096 元，并另外支付孙女士 24 元打车费用。最终，消费者孙女士共获得了 1230 元的经济补偿。

  问题：该超市的行为违反了《食品安全法》的哪些规定？应承担何种法律责任？

第八章

竞争法律制度

本章教学要点：

(1) 掌握竞争法律制度的概念及发展。

(2) 掌握不正当竞争行为的种类及不正当竞争的法律责任。

(3) 掌握反垄断法的规制对象及认定与裁决。

导入案例

某家电商场开展"国庆"促销活动，在广告中声称："'国庆'期间凡在本商场购物，买 100 送 50"。消费者在该店购买家电获得赠券进行再消费时，该店堂告示中增加了 2 个附加条件：一是必须购买音响设备柜台的商品，二是必须再购买满 100 元，赠券才能抵充人民币 50 元。试问：该商场的告示是否合理？

第一节　竞争与竞争法概述

一、竞争与市场

1. 市场的概念

所谓市场是指由人们的需要及为满足需要所构成的交易机会和场所。

2. 竞争的概念

市场经济条件下的竞争是指两个以上的生产经营者从各自的利益出发，为取得较好的产销条件、获得更多的市场资源，以其他利害关系人为对手，所进行的各种商业性行为。通过竞争，实现企业的优胜劣汰，进而实现生产要素的优化配置。

3. 竞争的特征

竞争的特征是：① 竞争是独立的商品生产经营者之间的个体竞争；② 竞争是由双方经济力量的互相抗衡而引起的；③ 商品生产经营者摆脱自己的不利处境是通过竞争者个体的排他性的生产经营活动实现的。

4．竞争具有两面性

正面的功能与作用：① 通过竞争可实现价值规律的作用；② 竞争对经济的宏观调控具有积极的作用；③ 竞争对微观经济活动有激励的作用。

负面效应：① 竞争需要一定的信息成本；② 竞争可能会产生过度竞争、不正当竞争、限制竞争、垄断等情况；这些都会损害市场经济的健康发展，乃至可能破坏国民经济的整体。③ 完全自由的市场竞争具有一定的盲目性、自发性，不能够真正实现资源的有效配置，甚至会造成资源浪费。

5．市场竞争规则

市场竞争要遵循的规则是：① 竞争必须公平；② 竞争必须充分；③ 竞争必须有利于社会整体利益。

通过竞争法贯彻竞争的规则，保障竞争的公平、充分和有益。所以，竞争法实际上是市场经济中各个经济主体的游戏规则，只有遵循游戏规则，才能在市场中站稳脚跟。反之，则要受到惩罚直至淘汰出局，而国家就是这场游戏的裁判，负责制定规则，执行规则，惩罚违规者，从而保证整个国家经济的健康有序。

二、竞争法

1．竞争法的概念

竞争法是由国家制定或认可的，维护市场竞争秩序、调整经营者之间的竞争关系及相关的市场竞争管理关系的法律规范的总称。

2．竞争法的特点

竞争法具有的特点是：① 竞争法既规范影响市场结构的行为又规范具体竞争行为；② 竞争法是实体法与程序法的结合；③ 竞争法是公法与私法的结合。

3．竞争法的调整对象

竞争法的调整对象是一定的社会关系，即因市场竞争活动所引起的特定的社会关系。包括：经营者之间的竞争关系；政府及其职能部门、其他社会团体涉及市场竞争活动引发的竞争法律关系；竞争管理机关对经营者的管理形成的管理关系。

4．竞争法的宗旨

竞争法的宗旨是：维护竞争秩序，保持与增进经济民主。

5．竞争法律体系

我国竞争法律体系包括反不正当竞争法、反垄断法及维护公平竞争的其他法律制度。

6．各国竞争法简述

1) 美国竞争法

《谢尔曼法》、《联邦贸易委员会法》和《克莱顿法》是美国反竞争法的基本法律构成。在实施过程中这三部法律又不断得到补充、修改和完善。美国竞争法规定了各种反竞争行为，主要有：① 垄断和联合限制竞争行为；② 滥用经济优势的行为；③ 价格歧视行为；④ 企业兼并行为；⑤ 其他反竞争行为。

2) 德国竞争法

德国竞争法律制度确立于 20 世纪 50 年代，以《反限制竞争法》和《反不正当竞争法》为两大支柱。德国《反限制竞争法》的主要内容包括：关于法的适用的规定和具体的限制竞争行为；德国《反不正当竞争法》的主要内容包括：法的适用范围和关于不正当竞争行为的规定。

3) 欧盟竞争法

欧盟竞争法主要包括《建立欧共体》、《欧洲煤钢共同体》和《欧洲原子能共同体》等三个基础条约及附属文件，以及关于修改上述条约或附属文件的条约。根据上述三个条约的规定和授权，由欧盟部长理事会和欧盟委员会制定的各种法律文件，包括法规、指令、决定等。欧盟竞争法中反竞争行为的共同构成要件是：反竞争行为的主体是企业；企业实施了具有扭曲竞争性质的行为；在共同市场中具有影响力。欧盟竞争法主要规定了三种反竞争行为，它们是限制竞争协议与经营行为、合并与获得控制行为和滥用优势地位行为。

第二节　反不正当竞争法

一、反不正当竞争法概述

1. 反不正当竞争法的产生及其必要性

竞争是市场经济最基本的运行机制。通过竞争，商品生产者和经营者就会因面临压力，努力为社会提供最优的产品和最优的服务。但是，不正当竞争行为也往往会与正当的竞争行为相伴而来。在市场经济发展过程中，市场主体追求自身利益最大化的同时，一些不顾商业道德和消费者利益的不正当竞争行为不断涌现。这些行为破坏了公平竞争秩序，影响了市场经济的健康发展。为了制止不正当竞争行为，保护正常的市场竞争秩序，保护经营者和消费者权益，进而实现与国际接轨，各国相继制定了反不正当竞争法。

反不正当竞争以成文法形式出现是在 19 世纪末 20 世纪初，其代表为德国 1909 年制定的《反不正当竞争法》(1896 年曾颁布过一部法律，被认为是世界上第一部专门的反不正当竞争法)，至今已修订过 15 次，该法对后来欧洲及世界各国立法产生了巨大影响。它为禁止不正当竞争确立了一项基本原则，即无论在商业还是贸易活动中从事有悖于诚实经营的竞争行为将予以禁止并有义务赔偿由此而产生的损失。其特点在于：① 给不正当竞争行为下了一个非常抽象的定义，凡指一切与诚实惯例相违背的行为；② 用列举方式对具体的不正当竞争行为制定规则，例如，禁止做令人误解的广告等。不正当竞争行为以另一种面目出现，即是 19 世纪末出现在全球的股份公司，企业之间的兼并导致托拉斯这种新的商业组织的出现，最早可追溯至美国俄亥俄州的标准石油托拉斯。托拉斯凭借其市场优势，限制竞争，消灭竞争的行为导致了"反托拉斯法"或"反垄断法"的出台。1890 年美国率先通过了《谢尔曼法》，宣布凡限制或垄断州际或国际间商业贸易的合同、共谋等为刑事犯罪，并规定了严厉的民事和刑事处罚办法。之后，维护公平竞争的法律相继在一些工业发达国家出现，如日本的《禁止私人垄断和保证公平交易法》、英国的《公平交易法》等。

我国是个市场经济起步较晚的国家，长期以来规范市场行为方面的法律并不完善。在《中华人民共和国反不正当竞争法》(以下简称《反不正当竞争法》)制定前，对竞争行为的规定尚不系统。在法律条文中明确提出禁止不正当竞争行为最早见于 1982 年 5 月 1 日施行的《广告管理暂行条例》："禁止广告的垄断和不正当竞争。"直到 1993 年 9 月 2 日，第八届全国人民代表大会常务委员会第三次会议通过了《反不正当竞争法》，并于 1993 年 12 月 1 日起施行，该法当时被称为中国的"经济宪法"。此后，国家强制力全面介入了排除市场中的不正当竞争行为，为规范市场经济生活提供了有力的法律保障。2017 年 11 月 4 日，第十二届全国人民代表大会常务委员会第三十次会议修订通过。2019 年 4 月 23 日第十三届全国人民代表大会常务委员会第十次会议通过修改。

2．反不正当法的立法目的

我国《反不正当竞争法》第 1 条明确规定：为促进社会主义市场经济健康发展，鼓励和保护公平竞争，制止不正当竞争行为，保护经营者和消费者的合法权益，制定本法。可见，该法的直接目的就是要促进社会主义市场经济健康发展，制止各类不正当竞争行为，保护经营者和消费者的合法权益。

二、不正当竞争行为

(一) 不正当竞争行为的概念与特征

1．概念

我国《反不正当竞争法》所称的不正当竞争行为，是指经营者在生产经营活动中，违反本法规定，扰乱市场竞争秩序，损害其他经营者或者消费者的合法权益的行为。经营者是指是指从事商品生产、经营或者提供服务(以下所称商品包括服务)的自然人、法人和非法人组织。

2．特征

不正当竞争行为的特征是：① 行为的主体是经营者；② 行为是违法行为；③ 行为侵害的客体是其他经营者或者消费者的合法权益；④ 主观上有过错。

(二) 不正当竞争行为的种类

我国《反不正当竞争法》以列举的形式列出了 7 种不正当竞争行为，这是判断不正当竞争行为的直接的法律依据。

1．混淆行为

混淆行为是最普遍的不正当竞争行为。《反不正当竞争法》第 5 条规定，经营者不得实施下列混淆行为，引人误认为是他人商品或者与他人存在特定联系：① 擅自使用与他人有一定影响的商品名称、包装、装潢等相同或者近似的标识；② 擅自使用他人有一定影响的企业名称(包括简称、字号等)、社会组织名称(包括简称等)、姓名(包括笔名、艺名、译名等)；③ 擅自使用他人有一定影响的域名主体部分、网站名称、网页等；④ 其他足以引人误认为是他人商品或者与他人存在特定联系的混淆行为。

2．商业贿赂行为

商业贿赂行为是指经营者采用财物或者其他手段进行贿赂，以销售商品或者购买商品，提供服务或者接受服务的不正当竞争行为。

《反不正当竞争法》第 7 条规定，经营者不得采用财物或者其他手段贿赂下列单位或者个人，以谋取交易机会或者竞争优势：① 交易相对方的工作人员；② 受交易相对方委托办理相关事务的单位或者个人；③ 利用职权或者影响力影响交易的单位或者个人。

经营者在交易活动中，可以以明示方式向交易相对方支付折扣，或者向中间人支付佣金。经营者向交易相对方支付折扣、向中间人支付佣金的，应当如实入账。接受折扣、佣金的经营者也应当如实入账。

经营者的工作人员进行贿赂的，应当认定为经营者的行为；但是，经营者有证据证明该工作人员的行为与为经营者谋取交易机会或者竞争优势无关的除外。

【例 8-1】 甲期货交易所章程规定，对日交易量超过一百手的客户，可以将手续费的 2% 作为折扣费退还给他们，并办理完整的财务手续。其他交易所对此规定提出了异议，认为甲期货交易所的行为是商业贿赂，这种说法对吗？

【分析】 根据《反不正当竞争法》第 7 条第 2 款规定：经营者在交易活动中，可以以明示方式向交易相对方支付折扣，或者向中间人支付佣金。经营者向交易相对方支付折扣、向中间人支付佣金的，应当如实入账。接受折扣、佣金的经营者也应当如实入账。本案交易所章程已明示折扣给付方法，并要求办理完整的财务手续，故不属于《反不正当竞争法》规定的不正当竞争行为。

3. 虚假宣传行为

《反不正当竞争法》第 9 条规定：经营者不得对其商品的性能、功能、质量、销售状况、用户评价、曾获荣誉等作虚假或者引人误解的商业宣传，欺骗、误导消费者。经营者不得通过组织虚假交易等方式，帮助其他经营者进行虚假或者引人误解的商业宣传。

该条规定厘清了与《广告法》的区别，删除了原法关于广告经营者的规定，并且新《反不正当竞争法》第 20 条第 2 款规定"经营者违反本法第 8 条规定，属于发布虚假广告的，依照《中华人民共和国广告法》的规定处罚"，明确了广告法优先适用的法律原则。现行《反不正当竞争法》使用引人误解的虚假宣传，实际上造成对不正当竞争中宣传行为的缩小。新《反不正当竞争法》明确引人误解的虚假宣传既包括虚假宣传，也包括造成相关公众误解的宣传。针对电子商务领域虚假宣传的问题较为严重，甚至出现了专门组织虚假交易帮助他人进行虚假宣传以牟取不正当利益的情况，新《反不正当竞争法》对虚假宣传的具体内容予以细化，明确经营者不得对其商品的"销售状况"、"用户评价"等做虚假或者引人误解的商业宣传，欺骗、误导消费者。

【导入案例分析】 不合理。该家电商店在媒体发布的广告中，并没有注明"买 100 送 50"的具体条件和要求，当消费购买商品获赠券后，店里增加附加条件，这种做法违反了《反不正当竞争法》中第 9 条"引人误解的虚假宣传。"

4. 侵犯商业秘密行为

商业秘密是指不为公众所知悉、具有商业价值并经权利人采取相应保密措施的技术信息和经营信息，如设计、产品配方、管理诀窍、客户名单、货源情报等信息都属于商业秘密。

依据司法解释，保密措施是指权利人为防止信息泄露所采取的与其商业价值等具体情况相适应的合理保护措施。具有下列情形之一，在正常情况下足以防止涉密信息泄露的，应当认定权利人采取了保密措施：限定涉密信息的知悉范围，只对必须知悉的相关人员告知其内容；对于涉密信息载体采取加锁等防范措施；在涉密信息的载体上标有保密标志；对于涉密信息采用密码或者代码等；签订保密协议；对于涉密的机器、厂房、车间等场所限制来访者或者提出保密要求；确保信息秘密的其他合理措施。

《反不正当竞争法》第9条规定，经营者不得实施下列侵犯商业秘密的行为：① 以盗窃、贿赂、欺诈、胁迫或者其他不正当手段获取权利人的商业秘密；② 披露、使用或者允许他人使用以前项手段获取的权利人的商业秘密；③ 违反约定或者违反权利人有关保守商业秘密的要求，披露、使用或者允许他人使用其所掌握的商业秘密。第三人明知或者应知商业秘密权利人的员工、前员工或者其他单位、个人实施前款所列违法行为，仍获取、披露、使用或者允许他人使用该商业秘密的，视为侵犯商业秘密。

【例 8-2】 A 旅行社在开展国际间旅游业务上具有一定实力。另一家影响大、实力强的 B 旅行社用高薪将 A 旅行社国际部的所有雇员全部挖走。A 旅行社国际部的雇员"跳槽"时将 A 旅行社的业务资料等商业秘密全部带到 B 旅行社，使 A 旅行社蒙受巨大损失，业务骤然下降，A 国际旅行业务一时瘫痪。请问：B 旅行社的行为是否属于不正当竞争？

【分析】 根据《反不正当竞争法》第9条的规定，B 旅行社高薪利诱 A 旅行社雇员，并将 A 旅行社的业务资料等商业秘密全部带到 B 旅行社，属于不正当竞争。

5. 不当有奖销售行为

不当有奖销售行为是指经营者在销售商品或提供服务时，以提供奖励为名，实际上采取欺骗或者其他不当手段损害购买者或者经营者利益的行为。这里所说的奖励，包括金钱、实物、附加服务等。

依据《反不正当竞争法》第10条的规定，经营者进行有奖销售不得存在下列情形：① 所设奖的种类、兑奖条件、奖金金额或者奖品等有奖销售信息不明确，影响兑奖；② 采用谎称有奖或者故意让内定人员中奖的欺骗方式进行有奖销售；③ 抽奖式的有奖销售，最高奖励金额超过5万元。

6. 商业诽谤行为

商业诽谤行为是指经营者通过编造、传播虚假信息或者误导性信息，损害其竞争对手的商业信誉、商品声誉，为自己谋取不正当利益的行为。

商业诽谤行为的实施者是经营者。其实施该侵权行为有两种途径：一是经营者自己实施该侵权行为，二是通过他人或者利用他人实施该侵权行为。并且实施者主观上是故意，其目的在于削弱对手的竞争能力。

需要指出的是经营者散布的损害竞争对手的商业信誉、商品声誉的事实是虚假或误导性的，如果该事实客观存在，则不构成商业诽谤行为。

7. 互联网不正当竞争行为

新《反不正当竞争法》第12条对利用软件等技术手段在互联网领域干扰、限制、影响其他经营者及用户的行为作了规定，这也是本次修订最大的亮点之一。互联网领域的不正当竞争行为，一部分属于传统不正当竞争行为在互联网领域的延伸，对此应适用本法其他相关规定进行规制；另一部分属于互联网领域特有的、利用技术手段进行的不正当竞争行为，对此可通过概括加列举的形式作出规制，并增加兜底条款，以适应实践发展的需要。

《反不正当竞争法》第 12 条规定：经营者利用网络从事生产经营活动，应当遵守本法的各项规定。经营者不得利用技术手段，通过影响用户选择或者其他方式，实施下列妨碍、破坏其他经营者合法提供的网络产品或者服务正常运行的行为：① 未经其他经营者同意，在其合法提供的网络产品或者服务中，插入链接、强制进行目标跳转；② 误导、欺骗、强迫用户修改、关闭、卸载其他经营者合法提供的网络产品或者服务；③ 恶意对其他经营者合法提供的网络产品或者服务实施不兼容；④ 其他妨碍、破坏其他经营者合法提供的网络产品或者服务正常运行的行为。

三、对涉嫌不正当竞争行为的调查

《反不正当竞争法》第三章对涉嫌不正当竞争行为的调查作了较为具体的规定，主要涉及监督检查部门的职权和职责两个方面。

（一）监督检查部门的职权

《反不正当竞争法》第 13 条第 1 款规定，监督检查部门调查涉嫌不正当竞争行为，可以采取下列措施：① 进入涉嫌不正当竞争行为的经营场所进行检查；② 询问被调查的经营者、利害关系人及其他有关单位、个人，要求其说明有关情况或者提供与被调查行为有关的其他资料；③ 查询、复制与涉嫌不正当竞争行为有关的协议、账簿、单据、文件、记录、业务函电和其他资料；④ 查封、扣押与涉嫌不正当竞争行为有关的财物；⑤ 查询涉嫌不正当竞争行为的经营者的银行账户。

（二）监督检查部门的职责

监督检查部门采取前款规定的措施，应当向监督检查部门主要负责人书面报告，并经批准。采取前款第④项、第⑤项规定的措施，应当向设区的市级以上人民政府监督检查部门主要负责人书面报告，并经批准。

监督检查部门调查涉嫌不正当竞争行为，应当遵守《中华人民共和国行政强制法》和其他有关法律、行政法规的规定，并应当将查处结果及时向社会公开。

监督检查部门及其工作人员对调查过程中知悉的商业秘密负有保密义务。

对涉嫌不正当竞争行为，任何单位和个人有权向监督检查部门举报，监督检查部门接到举报后应当依法及时处理。

监督检查部门应当向社会公开受理举报的电话、信箱或者电子邮件地址，并为举报人保密。对实名举报并提供相关事实和证据的，监督检查部门应当将处理结果告知举报人。

四、不正当竞争行为的法律责任

根据《反不正当竞争法》规定，不正当竞争行为依法承担的法律责任包括民事责任、行政责任和刑事责任。

（一）民事责任

经营者违反本法规定，给他人造成损害的，应当依法承担民事责任。

经营者的合法权益受到不正当竞争行为损害的，可以向人民法院提起诉讼。

因不正当竞争行为受到损害的经营者的赔偿数额，按照其因被侵权所受到的实际损失确定；实际损失难以计算的，按照侵权人因侵权所获得的利益确定。赔偿数额还应当包括经营者为制止侵权行为所支付的合理开支。

经营者从事混淆行为、侵害商业秘密行为，权利人因被侵权所受到的实际损失、侵权人因侵权所获得的利益难以确定的，由人民法院根据侵权行为的情节判决给予权利人 300 万元以下的赔偿。

（二）行政责任

《反不正当竞争法》对不正当竞争行为的行政责任所作出的规定包括以下内容：

(1) 经营者实施混淆行为的，由监督检查部门责令停止违法行为，没收违法商品。违法经营额 5 万元以上的，可以并处违法经营额 5 倍以下的罚款；没有违法经营额或者违法经营额不足 5 万元的，可以并处 25 万元以下的罚款。情节严重的，吊销营业执照。

经营者登记的企业名称有违反混淆行为规定的，应当及时办理名称变更登记；名称变更前，由原企业登记机关以统一社会信用代码代替其名称。

(2) 经营者从事商业贿赂的，由监督检查部门没收违法所得，处 10 万元以上 300 万元以下的罚款。情节严重的，吊销营业执照。

(3) 经营者对其商品做虚假或者引人误解的商业宣传，或者通过组织虚假交易等方式帮助其他经营者进行虚假或者引人误解的商业宣传的，由监督检查部门责令停止违法行为，处 20 万元以上 100 万元以下的罚款；情节严重的，处 100 万元以上 200 万元以下的罚款，可以吊销营业执照。属于发布虚假广告的，依照《中华人民共和国广告法》的规定处罚。

(4) 侵犯商业秘密的，由监督检查部门责令停止违法行为，处 10 万元以上 50 万元以下的罚款；情节严重的，处 50 万元以上 300 万元以下的罚款。

(5) 经营者违法进行有奖销售的，由监督检查部门责令停止违法行为，处 5 万元以上 50 万元以下的罚款。

(6) 经营者违法进行损害竞争对手商业信誉、商品声誉的，由监督检查部门责令停止违法行为、消除影响，处 10 万元以上 50 万元以下的罚款；情节严重的，处 50 万元以上 300 万元以下的罚款。

(7) 经营者妨碍、破坏其他经营者合法提供的网络产品或者服务正常运行的，由监督检查部门责令停止违法行为，处 10 万元以上 50 万元以下的罚款；情节严重的，处 50 万元以上 300 万元以下的罚款。

(8) 经营者违法从事不正当竞争，有主动消除或者减轻违法行为危害后果等法定情形的，依法从轻或者减轻行政处罚；违法行为轻微并及时纠正，没有造成危害后果的，不予行政处罚。经营者因违法从事不正当竞争受到行政处罚的，由监督检查部门记入信用记录，并依照有关法律、行政法规的规定予以公示。

(9) 妨害监督检查部门依照本法履行职责，拒绝、阻碍调查的，由监督检查部门责令改正，对个人可以处 5000 元以下的罚款，对单位可以处 5 万元以下的罚款，并可以由公安机关依法给予治安管理处罚。

(三) 刑事责任

各国竞争法均对情节严重的不正当竞争行为给予刑事处罚。我国反不正当竞争法规定，违反本法规定，构成犯罪的，依法追究刑事责任。主要包括以下犯罪。

1. 侵犯商业秘密罪

《刑法》第 219 条规定，有下列侵犯商业秘密行为之一，给商业秘密的权利人造成重大损失的，处 3 年以下有期徒刑或者拘役，并处或者单处罚金；造成特别严重后果的，处 3 年以上 7 年以下有期徒刑，并处罚金：① 以盗窃、利诱、胁迫或者其他不正当手段获取权利人的商业秘密的；② 披露、使用或者允许他人使用以前项手段获取的权利人的商业秘密的；③ 违反约定或者违反权利人有关保守商业秘密的要求，披露、使用或者允许他人使用其所掌握的商业秘密的。

明知或者应知前款所列行为，获取、使用或者披露他人的商业秘密的，以侵犯商业秘密论。

2. 虚假广告罪

《刑法》第 222 条规定：广告主、广告经营者、广告发布者违反国家规定，利用广告对商品或者服务做虚假宣传，情节严重的，处 2 年以下有期徒刑或者拘役，并处或者单处罚金。

3. 损害商业信誉、商品声誉罪

《刑法》第 221 条规定：捏造并散布虚伪事实，损害他人的商业信誉、商品声誉，给他人造成重大损失或者有其他严重情节的，处 2 年以下有期徒刑或者拘役，并处或者单处罚金。

第三节　反垄断法

一、反垄断法概述

1. 反垄断法的概念及发展历史

垄断是指违反法律或社会公共利益，通过合谋性协议、安排或协同行动，或通过滥用经济优势地位，排斥或控制其他正当的经济活动，在一定的生产领域或流通领域内实质上限制竞争的经济行为。

反垄断即指对垄断进行规制，保护市场自由竞争，促进经济健康发展。反垄断法是指有关禁止阻碍、限制或妨碍竞争的企业间协议、合谋、联合行动和滥用经济优势的行为，借以保护市场公平竞争，维护市场秩序的法律规范体系。

19 世纪末期，资本主义国家出现了卡特尔、托拉斯等形式的垄断组织，自由放任的市场竞争逐渐走向垄断，垄断行为主要表现为经营者以垄断协议、滥用市场支配地位或相互集中的方式排斥、限制竞争。这些垄断行为妨碍了竞争，使市场竞争失去了活力，也使消

费者饱受垄断组织滥用市场势力之苦。为了保护市场自由、公平竞争，排除对经济自由的不正当限制，各国开始进行反垄断立法。学界公认的最早的反垄断立法是 1890 年美国的《谢尔曼法》，即《抵制非法限制与垄断保护商业和贸易法》；1914 年，美国又通过了《克莱顿法》、《联邦贸易委员会法》，这两项立法和《谢尔曼法》构成了美国反垄断法体系的核心。随后，世界各国掀起了反垄断立法的高潮，主要代表性立法有：英国的《限制性贸易法》、德国的《反对限制竞争法》、日本的《关于禁止私人垄断和确保公平交易的法律》、韩国的《限制垄断及公平交易法》、印度的《垄断与限制性贸易行为法》。

随着世界贸易自由化的发展，世界各国普遍认识到反垄断法所赖以存在的经济环境已从国内竞争走向了国际竞争、从国内经济集中转向了国际经济集中，反垄断立法也由单纯的国内立法向国际立法发展。1948 年的《哈瓦那宪章》被认为是第一个国际性的反垄断法。联合国经济合作与发展组织、世界贸易组织、欧盟反垄断方面都有相关立法，各国也开始制定反垄断法的国际双边协定。

2．我国的反垄断立法

我国反垄断立法最早始于 1987 年，国务院法制局成立了反垄断法起草小组，并于 1988 年拟定了《反垄断法和不正当竞争暂行条例草案》。1993 年 9 月 2 日，第八届全国人大第三次会议通过了《反不正当竞争法》，该法对部分垄断行为作了原则性规定。1994 年，反垄断法被列入第八届全国人大常委会立法规划，由原国家经贸委和国家工商行政管理局联合成立了反垄断立法小组，负责起草和调研工作，但未能出台。1998 年，反垄断法再次被列入第九届全国人大常委会立法规划，并作为重要经济立法项目。在经历了 13 年孕育之后，2007 年 8 月 30 日，第十届全国人大常务委员会第二十九次会议通过了《中华人民共和国反垄断法》(以下简称《反垄断法》)。《反垄断法》的出台在我国改革开放的历史中具有里程碑的意义，它不仅将在保护自由竞争、提高经济效益、保护消费者方面发挥积极作用，而且通过对行政垄断的规制还将进一步扫除市场化的障碍，强化改革开放的信心和决心。同时，《反垄断法》为保护民族产业、维护国家经济安全方面也提供了重要的法律武器。

二、反垄断法与反不正当竞争法的关系

由于我国采分立式立法模式，因此，正确认识和处理《反不正当竞争法》和《反垄断法》的关系，不仅具有理论意义，而且还具有实践意义。垄断与不正当竞争都具有破坏市场竞争秩序的危害性。因此，《反垄断法》和《反不正当竞争法》负有相同的任务，即维护公平的市场竞争秩序，使市场活而不乱。同时，由于垄断源于竞争，甚至是不正当竞争所追逐的目标，是竞争的异化。一旦垄断形成，必然会限制甚至扼杀竞争。因此，《反不正当竞争法》与《反垄断法》也是相互关联、相互配合的。但是，垄断与不正当竞争对市场竞争秩序所造成的危害有较大差异，不正当竞争危害的是具体的、个体的经营者的正当利益，直接后果是竞争过滥。而垄断则是限制竞争，导致有效竞争不足，危害的是特定市场或者特定经济领域的整体，甚至是整个国民经济。因此，《反不正当竞争法》与《反垄断法》也有所不同，各有侧重。《反不正当竞争法》规范的是不正当竞争行为，表现为经营者在市场交易中，违反自愿、平等、公平、诚实信用的原则和公认的商业道德，损害其他经营者的

合法权益，扰乱社会经济秩序的行为。而《反垄断法》以贯彻国家的竞争政策为宗旨，从维护竞争性的市场结构出发，规范的是垄断行为，防止和改变有效竞争不足的局面，国家的竞争政策必须建立在国家经济制度、产业政策基础之上，本身即包含对特殊行业或商品、服务给予政策保护。《反不正当竞争法》是从保护其他经营者合法权益的角度来维护公平竞争的，而《反垄断法》则是从保障整体市场正常运转的角度来维护公平竞争的。

只有《反不正当竞争法》与《反垄断法》的有机结合，从微观和宏观两个层次规范市场主体的行为，才能构架完整的竞争法体系。因此，这两种规范竞争行为的法律机制缺一不可。

三、反垄断法的规制对象

反垄断法规制的对象，也就是反垄断法所要打击或规制的行为或状态，这就是反垄断法的核心内容。我国反垄断法通过原则规定与列举相结合的方式，对市场中的主要垄断行为进行了规范和限制。

(一) 垄断协议

《反垄断法》规定：垄断协议是企业之间订立的能够导致限制或排除竞争的协议、决定或者其他协同行为。这种限制竞争的垄断协议在不同国家或地区的反垄断法中有不同的描述，美国的《谢尔曼法》称为"合同"、"联合"、"共谋"；德国的《反对限制竞争法》称为"卡特尔"；我国的台湾地区"公平交易法"称为"联合行为"。其形式可以是企业之间的书面协议或合同，也可以是口头的约定，或者是行业协会的决议。根据协议产生的特点，垄断协议可以分为横向垄断协议和纵向垄断协议。

1. 横向垄断协议

横向垄断协议指两个或两个以上具有竞争关系的经营者之间达成的协议。这些经营者通常生产或提供相同或者类似的产品、服务，为了避免竞争中的两败俱伤，可能会联合起来形成同盟。我国《反垄断法》第 13 条规定，禁止具有竞争关系的经营者达成下列垄断协议：

(1) 限制价格协议：即具有竞争关系的经营者达成固定或者变更商品价格的垄断协议。在实践中主要表现为：限定价格构成、最低限价等，限价协议违反价格机制对市场的调节作用，对竞争的危害极大，例如电视机生产企业通过协议商定，每台电视机的售价不得低于 3000 元。这种协议就会排除它们在价格方面的竞争，被称为价格卡特尔。

(2) 限制产销数量协议：即具有竞争关系的经营者达成限制商品的生产数量或者销售数量的垄断协议，以减少商品供应量来维持商品售价上升谋取高额利润，例如 1998 年中国彩电业生产显像管的八大企业联合限产。这种协议被称为数量卡特尔。

(3) 分割市场协议：即具有竞争关系的经营者通过达成分割协议划定各自市场范围以避免相互竞争，从而获取高额利润。分割市场包括分割销售市场和原材料采购市场。这种垄断协议通常也被称为地域卡特尔。

(4) 限制技术进步协议：即具有竞争关系的经营者限制购买新技术、新设备或者限制开发新技术、新产品的垄断协议。

(5) 联合抵制交易：即具有竞争关系的经营者达成联合起来不与其他竞争对手、供应商或客户交易的垄断协议。

(6) 国务院反垄断执法机构认定的其他垄断协议。此为兜底条款，反垄断法授权国务院反垄断执法机构对上述垄断协议之外的协议是否构成垄断协议进行认定，防止遗漏其他形式的横向垄断协议。

2. 纵向垄断协议

纵向垄断协议指在同一产业中处于不同经济阶段而具有产品供应、服务关系的上下游企业之间达成的协议。协议双方是在同一产业不同经济阶段而有买卖关系的企业，如制造商与批发商、批发商与零售商等。这种协议可能会造成上游企业对下游企业的控制，不利于下游企业的有效竞争。我国《反垄断法》第14条禁止商品经营者与交易相对人达成下列垄断协议：① 固定向第三人转售商品的价格协议，即供应商与经销商签订协议以固定产品的零售价格，目的为了减少价格方面的竞争。② 限定向第三人转售商品的最低价格，即供应商与经销商签订协议以固定商品的最低零售价格。③ 国务院反垄断执法机构认定的其他垄断协议，如搭售协议、强制下游企业购买最低数量产品的协议等。

3. 行业协会垄断

行业协会垄断是指行业协会以协会决定、章程、活动或共同行动等为手段，意图限制、排除会员之间的竞争、会员与交易相对人的竞争、会员与同行非会员的竞争，或实际达到排除、限制竞争的行为。

4. 垄断协议的豁免

《反垄断法》第15条规定，经营者能够证明所达成的协议属于下列情形之一的，不适用垄断协议相关禁止条款：① 为改进技术、研究开发新产品的；② 为提高产品质量、降低成本、增进效率，统一产品规格、标准或者实行专业化分工的；③ 为提高中小经营者经营效率，增强中小经营者竞争力的；④ 为实现节约能源、保护环境、救灾救助等社会公共利益的；⑤ 因经济不景气，为缓解销售量严重下降或者生产明显过剩的；⑥ 为保障对外贸易和对外经济合作中的正当利益的；⑦ 法律和国务院规定的其他情形。

对属于第①项至第⑤项的情况，经营者还应当证明所达成的协议不会严重限制相关市场的竞争，并且能够使消费者分享由此产生的利益，才能享受垄断协议豁免的权利。此外，农业生产者及农村经济组织在农产品生产、加工、销售、运输、储存等经营活动中实施的联合或者协同行为，不适用本法。

(二) 滥用市场支配地位

滥用市场支配地位指经营者利用其拥有市场支配地位以谋取垄断利益或者排挤其他竞争对手为目的，实施的排除、限制竞争或者损害其他经营者利益和消费者利益的行为。

1. 市场支配地位的认定

《反垄断法》第18条规定了认定经营者具有市场支配地位，应当依据下列因素：① 该经营者在相关市场的市场份额，以及相关市场的竞争状况；② 该经营者控制销售市场或者原材料采购市场的能力；③ 该经营者的财力和技术条件；④ 其他经营者对该经营者在交易上的依赖程度；⑤ 其他经营者进入相关市场的难易程度；⑥ 与认定该经营者市场支配地位有关的其他因素。

同时，《反垄断法》第 19 条规定，有下列情形之一的，可以推定经营者具有市场支配地位：① 一个经营者在相关市场的市场份额达到 1/2 的；② 两个经营者在相关市场的市场份额合计达到 2/3 的；③ 三个经营者在相关市场的市场份额合计达到 3/4 的。

有上述第②、③项规定的情形，其中有的经营者市场份额不足 1/10 的，不应当推定该经营者具有市场支配地位。被推定具有市场支配地位的经营者，有证据证明不具有市场支配地位的，不应当认定其具有市场支配地位。

2．滥用市场支配地位的行为

《反垄断法》所称市场支配地位，是指经营者在相关市场内具有能够控制商品价格、数量或者其他交易条件，或者能够阻碍、影响其他经营者进入相关市场能力的市场地位。该法第 17 条规定了禁止具有市场支配地位的经营者从事下列滥用市场支配地位的行为：① 以不公平的高价销售商品或者以不公平的低价购买商品；② 没有正当理由，以低于成本的价格销售商品；③ 没有正当理由，拒绝与交易相对人进行交易；④ 没有正当理由，限定交易相对人只能与其进行交易或者只能与其指定的经营者进行交易；⑤ 没有正当理由搭售商品，或者在交易时附加其他不合理的交易条件；⑥ 没有正当理由，对条件相同的交易相对人在交易价格等交易条件上实行差别待遇；⑦ 国务院反垄断执法机构认定的其他滥用市场支配地位的行为。

（三）经营者集中

1．经营者集中的概念

经营者集中是指商品经营者通过产权结构调整或者企业组织形式变化等方式提高企业竞争力的活动。禁止垄断协议、禁止滥用市场支配地位制度是对违法行为的事后救济，而经营者集中控制的目的是对可能产生排除或限制竞争的行为进行事先预防。

2．经营者集中的形式

根据《反垄断法》第 20 条规定，经营者集中的形式主要有：经营者合并；经营者通过取得股权或者资产的方式取得对其他经营者的控制权；经营者通过合同等方式取得对其他经营者的控制权或者能够对其他经营者施加决定性影响。在社会生活中，经营者集中的形式主要表现在以下几点：

(1) 企业兼并。首先应当明确的是，反垄断法意义上的企业兼并，与企业法意义上的企业兼并并不完全相同。在反垄断法意义上，企业兼并包括下列情形之一：两个或两个以上的经营者合并；取得其他经营者的控股或一定比例的股份资本；受让或承租其他经营者全部或重要部分资产或营业；与其他经营者共同经营或接受其他经营者的委托经营；直接或间接控制其他经营者的业务经营或人事任免。对于企业兼并行为的反垄断法规制，主要包括兼并的申报制度、申报的批准制度以及监督管理制度等内容。

经营者进行经营活动时，有下列情形之一的，应当向反垄断主管机关申请批准：一是经营者因兼并使其市场占有率达到一定比例的，如有的国家将此比例规定为 1/2；二是参与兼并的经营者之一市场占有率达到一定比例的，如有的国家将此比例规定为 1/4；三是参与兼并的经营者之一的年销售额超过反垄断主管机关规定界限的。此外，如果经营者市场占有率达到一定比例，如有的国家将此比例规定为 1/5，由反垄断主管机关定期公告。

经营者实施反垄断法规定的兼并行为，应当向反垄断主管机关提交报告，报告中应当包括下列内容：参与兼并的经营者的情况，包括企业名称、生产或经营的产品、职工人数、资产、上一营业年度的市场销售额、利税情况等；参与兼并的经营者在上一会计年度的财务报表及营业报告；参与兼并的经营者申请兼并的相关商品的生产或经营成本、销售价格及产量等资料；实施兼并对整体经济和社会公共利益的影响；兼并的理由。

反垄断主管机关应当在收到经营者按照规定提交的材料之后，在规定的期限内作出是否批准的规定。如果兼并将会产生或者加强市场支配地位、限制竞争，反垄断主管机关可以禁止兼并。如果实施兼并有利于国家整体经济和社会公共利益，可以得到特殊批准。

兼并应当申请许可而没有申请，或者虽然申请但没有得到批准，反垄断主管机关可以禁止该项兼并、限期令其恢复原状、处分全部股份或部分股份、转让部分营业、免除担任的职务或者处以罚款。

反垄断主管机关批准的兼并，因批准事由消灭、经济情况变更，或兼并超出批准事项，反垄断主管机关撤销批准、变更批准内容、责令停止兼并、恢复原状。

(2) 股份保有。股份保有指一个企业不正当地持有另一个企业的股票或资本份额，也包括两个企业彼此占有对方的股票或资本份额。规模巨大并有竞争关系的企业之间有这种股份保有关系，极有可能在它们之间消除竞争，并存在达到垄断状态的危险，对其他竞争者造成市场进入困难。

(3) 董事兼任。董事兼任是指一个公司的董事同时也担任其他公司的董事。这种情况如不违反竞业禁止的规定，一般是允许的。反垄断法所反对的董事兼任行为，是指通过董事兼任的方式，消除有竞争关系的企业之间的竞争，或者通过董事兼任的方式，使大企业采取联合行动，增强其市场支配力，达到垄断状态。

(4) 独家交易。独家交易是指生产某种特定产品或系列产品的厂商只允许它的销售商经销其一家的产品，而不允许经销其他同类竞争者的商品。反垄断法所禁止的独家交易，是对取得市场支配力量的大垄断企业的垄断行为的控制。防止它通过对销售商的限制，削弱竞争，导致垄断状态。

(四) 滥用行政权力排除、限制竞争

滥用行政权力排除、限制竞争，指国家行政机关或者法律、法规授权的具有管理公共事务职能的组织，利用其拥有的社会经济管理权，对经营者、消费者的市场交易行为进行限制或者控制，从而排除、限制竞争。同经济垄断相比，行政性垄断具有更大的危害性，突出表现在通过行政权力的滥用限制、排除竞争。

《反垄断法》规定，禁止下列滥用行政权力排除、限制竞争的行为：

(1) 限定交易，即行政机关或公共组织滥用行政权力，限定或者变相限定单位或者个人经营、购买、使用其指定的经营者提供的商品。

(2) 地区封锁，也称地方保护或地区垄断，指某一地区的政府机关或公共组织为了保护本地企业和本地经济利益，滥用行政权力，实施排除、限制外地企业参与本地市场竞争或本地企业参与外地市场竞争的违法行为。地区封锁的主要表现形式有以下几种：① 对外

地商品设定歧视性收费项目、歧视性收费标准，或者规定歧视性价格；② 对外地商品规定与本地同类商品不同的技术要求、检验标准，或者对外地商品采取重复检验、重复认证等歧视性技术措施，限制外地商品进入本地市场；③ 采取专门针对外地商品的行政许可，限制外地商品进入本地市场；④ 设置关卡或者采取其他手段，阻碍外地商品进入或者本地商品运出；⑤ 妨碍商品在地区之间自由流通的其他行为。

(3) 阻碍跨地区招标，即滥用行政权力，以设定歧视性资质要求、评审标准或者不依法发布信息等方式，排斥或者限制外地经营者参加本地的招标投标活动。

(4) 阻碍跨地区投资，即滥用行政权力，采取与本地经营者不平等待遇等方式，排斥或者限制外地经营者在本地投资或者设立分支机构。表现为直接禁止外地经营者在本地投资或者设立分支机构，或对外地经营者在本地投资设置不同于本地经营者的歧视性条件以排除或限制其在本地经营。

(5) 强制经营者从事垄断行为，即滥用行政权力，强制经营者从事《反垄断法》规定的垄断行为，如强制交易者达成垄断协议或合并。

(6) 制定含有排除、限制竞争内容的规定。行政垄断不仅体现在具体行政行为中，在抽象性行政行为中也有大量表现。地方政府或行业主管部门以法规、规章、命令、决议等形式妨碍商品流通和生产要素自由流动，从而限制排除竞争，这都将受到反垄断法的规制。

四、垄断行为的认定与裁决

(一) 反垄断调查的执法机构

反垄断的调查职权由反垄断执法机构行使。反垄断法执法机构包括：

(1) 专门反垄断机关。准司法机关专司执行反垄断法。美国和日本两国的反垄断法执行机关均为司法机关。美国是联邦贸易委员会(Federal Trade Commission)；日本是公正交易委员会(Fare Trading Commission)。两者都有准司法权。

(2) 行政机关。大多数欧洲国家采取纯行政机关作为反垄断法的执行机关，比如德国的卡特尔局，英国的公平贸易办公室。除法国的竞争审议委员会外，其余国家均为以普通的行政机关作为反垄断法的执行机关。

(3) 法院。法院适用反垄断法主要是通过刑事程序和民事程序惩罚违法者，维护受害人的合法权益；通过行政诉讼程序审查专门机关的执法活动，以保证执法的公正和执法者相对方的利益。

(4) 顾问委员会。由各方面专家参加的专门顾问委员会，对某些市场行为做出调查评价，然后向执法机关提出建议。顾问委员会只是决策咨询机构，没有裁决权。

(二) 反垄断调查的启动

反垄断调查的启动方式分为两种：反垄断执法机构依职权启动及依单位和个人举报启动。对于单位和个人举报的，反垄断执法机构收到举报材料有权决定是否开展反垄断调查，但对于举报采用书面形式并提供相关事实和证据的，反垄断执法机构应当履行调查职责。

(三) 反垄断调查的开展

我国《反垄断法》第38条规定,反垄断执法机构调查涉嫌垄断行为,可以采取下列措施:① 进入被调查的经营者的营业场所或者其他有关场所进行检查;② 询问被调查的经营者、利害关系人或者其他有关单位或者个人,要求其说明有关情况;③ 查阅、复制被调查的经营者、利害关系人或者其他有关单位或者个人的有关单证、协议、会计账簿、业务函电、电子数据等文件、资料;④ 查封、扣押相关证据;⑤ 查询经营者的银行账户。

反垄断执法机构采取以上措施的,应当向反垄断执法机构主要负责人书面报告,并经批准。同时,反垄断法执法机构调查涉嫌垄断行为必须严格按照法定程序要件,执法人员不得少于两人并应出示执法证件。执法人员在调查询问后,应制作笔录,并由被调查人和被询问人签字确认。被调查的经营者、利害关系人有权陈述意见,反垄断执法机构应当对其提出的事实、理由和证据进行核实。被调查的经营者、利害关系人或者其他有关单位或者个人应当配合反垄断执法机构依法履行职责,不得拒绝、阻碍反垄断执法机构的调查。

(四) 反垄断调查的中止

对反垄断执法机构调查的涉嫌垄断行为,被调查的经营者承诺在反垄断执法机构认可的期限内采取具体措施消除该行为后果的,反垄断执法机构可以决定中止调查。中止调查的决定应当载明被调查的经营者承诺的具体内容。

反垄断执法机构决定中止调查的,应当对经营者履行承诺的情况进行监督。经营者履行承诺的,反垄断执法机构可以决定终止调查。

有下列情形之一的,反垄断执法机构应当恢复调查:① 经营者未履行承诺的;② 作出中止调查决定所依据的事实发生重大变化的;③ 中止调查的决定是基于经营者提供的不完整或者不真实的信息作出的。

(五) 反垄断调查的决定

反垄断执法机构对涉嫌垄断行为调查核实后,认为构成垄断行为的,应当依法作出处理决定,并可以向社会公布。

五、反垄断法的豁免条款

反垄断法的豁免(或称除外、例外)条款,是反垄断法的重要条款之一。豁免条款是指反垄断法中专门设置的规定某些特定领域、某些特定事项或者某些特定情况下的垄断行为不适用反垄断法的条款。即反垄断法对这些特定领域、特定事项或者特定情况下的垄断行为予以豁免。一般而言,被豁免的垄断行为是无害的垄断行为。之所以能够得到豁免,是因为垄断行为和状态多种多样,并不是都具有危害性,有些垄断行为甚至是发展规模经济所必需的,如中小企业的积聚和集中。

从经济部门发展的特殊性和维护国家利益的需要出发,各国反垄断法都程度不同地豁免了一些特殊经济部门内的特定限制竞争行为以及其他方面的一些具有特定内容的行为。

之所以规定豁免制度，主要是出于以下两方面的考虑：其一，为在特定的经济部门避免因竞争所可能造成的巨大社会资源的浪费；其二，为了增加反垄断法的灵活性，使其更能适应经济发展的复杂性，以更好地实现保护竞争，促进经济发展的立法目的。可见，规定豁免制度的目的是以政府的经济发展战略和竞争政策为目标，以局部或个别的反垄断豁免保障整体竞争力和整个经济的持续发展。

各国反垄断法都有豁免条款。由于各国或一国的不同时期经济发展和竞争政策不同，反垄断法的豁免条款或者豁免范围也有所不同，豁免条款的法律形式具有灵活多样的特点，完全依各国反垄断法的制定情况而定。综合各国的规定，被豁免的特殊经济部门包括：具有一定自然垄断性质的公用事业，如电力、通信、煤气、自来水、铁路等；比较分散，且易发生波动和发生过度竞争的产业，如农业；自然资源的开采业，如石油、煤炭等；可能适用豁免的特殊时期和情况，如经济不景气时期，发生战争、严重的自然灾害等情况；可以适用豁免的属于法律特许的具有垄断性质的行为，如注册商标、专利权、著作权等知识产权；可以适用豁免的属于特定组织的公益行为，如工会在法定范围内为促进会员利益而从事的行为、消费者组织为保护消费者权益所采取的协调行动等；有利于技术进步和经济发展的企业之间为研究、开发和利益自愿而进行的协调行为；政府批准的为加强与外国企业竞争而进行的企业协调活动等。

六、反垄断法的法律责任制度

我国《反垄断法》规定违法者所承担的法律责任有民事责任、行政责任和刑事责任。根据垄断者所实施垄断行为的不同，《反垄断法》规定了不同的法律责任。

1. 违反垄断协议的法律责任

经营者违反规定，达成并实施垄断协议的，由反垄断执法机构责令停止违法行为，没收违法所得，并处上一年度销售额 1%以上 10%以下的罚款；尚未实施所达成的垄断协议的，可以处 50 万元以下的罚款。

经营者主动向反垄断执法机构报告达成垄断协议的有关情况并提供重要证据的，反垄断执法机构可以酌情减轻或者免除对该经营者的处罚。

行业协会违反本法规定，组织本行业的经营者达成垄断协议的，反垄断执法机构可以处 50 万元以下的罚款；情节严重的，社会团体登记管理机关可以依法撤销登记。

2. 违反滥用市场支配地位的法律责任

经营者违反规定，滥用市场支配地位的，由反垄断执法机构责令停止违法行为，没收违法所得，并处上一年度销售额 1%以上 10%以下的罚款。

3. 违法实施经营者集中的法律责任

经营者违反规定实施集中的，由国务院反垄断执法机构责令停止实施集中、限期处分股份或者资产、限期转让营业以及采取其他必要措施恢复到集中前的状态，可以处 50 万元以下的罚款。

4. 滥用行政权力排除、限制竞争的法律责任

行政机关和法律、法规授权的具有管理公共事务职能的组织滥用行政权力，实施排除、

限制竞争行为的，由上级机关责令改正；对直接负责的主管人员和其他直接责任人员依法给予处分。反垄断执法机构可以向有关上级机关提出依法处理的建议。法律、行政法规对行政机关和法律、法规授权的具有管理公共事务职能的组织滥用行政权力实施排除、限制竞争行为的处理另有规定的，依照其规定。

思考与练习

一、单项选择题

1. 根据反不正当竞争法律制度的规定，下列行为中，属于不正当竞争的是(　　)。
   - A. 甲因其所居住小区内的超市过于吵闹，影响其休息，遂捏造该超市出售伪劣商品的事实并进行散布，导致该超市营业额严重下降
   - B. 乙家具制造企业将产自中国的家具产品的原产地标注为意大利
   - C. 丙歌厅见与其相邻的另外一家歌厅价格低、服务好、客源多，遂雇用打手上门寻衅滋事，进行威胁
   - D. 入夏前，丁商场为了筹集资金购进夏装，以低于进货价的价格甩卖了一批库存的羽绒服

2. 根据《反不正当竞争法》的规定，下列属于不正当竞争行为中混淆行为的是(　　)。
   - A. 甲厂在其产品说明书中作夸大其词的不实说明
   - B. 丙商场在有奖销售中把所有的奖券刮奖区都印上"未中奖"字样
   - C. 乙厂的矿泉水使用"清凉"牌，而"清凉矿泉水厂"是本地一知名矿泉水厂的企业名称
   - D. 丁酒厂将其在当地评奖会上的获奖证书复印在所有的产品包装上

3. 某电器销售连锁店在本市一家主要媒体上刊登广告称为回报消费者，本店全场特惠，降幅10%至50%。但执法人员检查发现，该店先将商品价格悄然上涨10%，然后在此基础上下降10%，实际等于一点没降，该行为属于(　　)。
   - A. 构成虚假宣传行为   B. 构成不正当亏本销售行为
   - C. 不属于不正当竞争   D. 构成混淆行为

4. 某工厂为开发一新产品收集了大量技术情报，该厂下列行为中不构成侵犯他人商业秘密的是(　　)。
   - A. 出高价向竞争对手的关键技术人员获取
   - B. 从市场上购买同类产品，经反向研究而取得
   - C. 假扮成客户向竞争对手套取
   - D. 使用以盗窃手段获取情报者披露的商业秘密

5. 下列不是垄断协议的是(　　)。
   - A. 家乐福和沃尔玛约定：前者占北京市场，后者占天津市场
   - B. 因为价格问题，甲乙两家汽车厂口头约定都不购买丙钢铁公司的钢材
   - C. 甲药厂和乙医药连锁超市约定：后者出售前者的某种专利药品只能按某价格出售

D．甲药厂和乙医药连锁超市约定：后者出售前者的某种专利药品最高按某价格出售

6．依《反垄断法》规定，下列属于经营者集中情形的是(　　)。

A．经营者通过取得资产的方式，取得对其他经营者的表决权

B．经营者通过合同等方式，能够对其他经营者施加影响

C．经营者合并

D．经营者联合抵制交易

7．根据《反垄断法》的规定，下列各项中，属于法律禁止的纵向垄断协议的是(　　)。

A．限制开发新技术、新产品　　　B．限制商品的生产数量或者销售数量

C．限制购买新技术、新设备　　　D．限定向第三人转售商品的最低价格

二、多项选择题

1．下列表述正确的是(　　)。

A．商业秘密是除权利人以外的任何人均不知道的信息

B．商业秘密是通过权利人保密的方式保持的信息

C．商业秘密一旦公开，即不再是商业秘密

D．毫无关系的权利人可以拥有同样的商业秘密

2．经营者利用网络从事生产经营活动，不得实施以下行为的是(　　)。

A．未经其他经营者同意，在其合法提供的网络产品或者服务中，插入链接、强制进行目标跳转

B．误导、欺骗、强迫用户修改、关闭、卸载其他经营者合法提供的网络产品或者服务

C．恶意对其他经营者合法提供的网络产品或者服务实施不兼容

D．其他妨碍、破坏其他经营者合法提供的网络产品或者服务正常运行的行为

3．下列行为中，属于商业贿赂行为的是(　　)。

A．在账外暗中给予对方单位或个人回扣

B．以明示方式如实入账给对方单位或个人回扣

C．对方单位或个人在账外暗中接受回扣

D．通过第三人在账外暗中给对方单位或个人回扣

4．根据《反垄断法》的规定，下列各项中，可被豁免的垄断协议有(　　)。

A．为改进技术、研究开发新产品的

B．限制开发新技术、新产品的

C．为提高产品质量、降低成本、增进效率，统一产品规格、标准或者实行专业化分工的

D．为实现节约能源、保护环境、救灾救助等社会公共利益的

5．对于违反反垄断法实施集中的经营者，国务院反垄断执法机构可以采取的措施是(　　)。

A．责令停止实施集中　　　　　　B．限期处分股份或者资产

C．限期转让营业　　　　　　　　D．处以罚款

三、案例分析题

1. A 单位经过介绍人 B 向 C 服装厂订购工作服 500 套，双方在合同中订明，C 服装厂给 A 单位 10%的折扣优惠。A 单位依照合同通过银行转账支付了 450 套的货款。C 服装厂提款后一个月交货给 A 单位。同时服装厂为了酬谢介绍人 B，支付介绍费 1000 元，并明示入账。

试分析：C 服装厂与 A 单位的交易行为中有无不合法的？为什么？介绍人 B 收取服装厂的 1000 元是否合法？

2. 2008 年 9 月 3 日，可口可乐公司宣布，计划以 24 亿美元收购在香港上市的中国汇源果汁集团有限公司。2008 年 11 月 3 日，汇源发布声明称，可口可乐并购汇源案目前已经正式送交商务部审批。2009 年 3 月 18 日，中国商务部正式宣布，根据中国反垄断法禁止可口可乐收购汇源。

结合相关资料回答：审查经营者集中的因素包括哪些？在可口可乐并购汇源果汁案审查时主要考虑哪些因素？

3. 2017 年 11 月，北京奇虎科技公司(简称 360)向广东省高级人民法院起诉，主张腾讯科技(深圳)有限公司(简称腾讯公司)和深圳市腾讯计算机系统有限公司(简称腾讯计算机公司)滥用在即时通讯软件及服务相关市场的市场支配地位，构成垄断。360 诉称：2017 年 11 月 3 日，腾讯公司和腾讯计算机公司发布《致广大 QQ 用户的一封信》，明示禁止其用户使用奇虎公司的 360 软件，否则停止 QQ 软件服务；拒绝向安装有 360 软件的用户提供相关的软件服务，强制用户删除 360 软件；采取技术手段，阻止安装了 360 浏览器的用户访问 QQ 空间。腾讯公司和腾讯计算机公司将 QQ 软件管家与即时通讯软件相捆绑，以升级 QQ 软件管家的名义安装 QQ 医生，构成捆绑销售。腾讯公司和腾讯计算机公司的上述行为构成滥用市场支配地位。请求判令腾讯公司和腾讯计算机公司赔偿 360 经济损失 1.5 亿元。2017 年 3 月 20 日，广东省高级人民法院作出一审判决，驳回奇虎公司全部诉讼请求。奇虎公司不服，向最高院提出上诉。2017 年 6 月 24 日，最高人民法院受理了该案。2017 年 10 月 16 日最高院公开宣判，认定腾讯的行为不构成《反垄断法》所禁止的滥用市场支配地位行为，判决驳回上诉，维持原判。

问题：

(1) 认定经营者是否具有市场支配地位，应当依据哪些因素？

(2) 原被告争议的焦点有哪些？

(3) 为什么北京奇虎科技公司的诉讼请求被驳回？理由是什么？

第九章

知识产权法律制度

本章教学要点：

(1) 了解和掌握知识产权法律制度设立的意义。

(2) 了解和掌握著作权和著作权法、专利和专利法、商标和商标法的概念及法律规定。

(3) 了解和掌握获得著作权、专利权和商标权的条件和程序。

(4) 重点掌握著作权、专利权和商标权的法律保护。

导入案例

2012 年 9 月 17 日，北京市海淀区人民法院就"作家维权联盟"代理的三位作家诉百度文库侵权一案作出判决，认定百度文库侵权事实成立，同时驳回了原告关于赔礼道歉及关闭百度文库的其他诉讼请求。按照该判决，百度将分别赔偿三位原告经济损失，共计 14 余万元人民币。

第一节　知识产权法概述

一、知识产权的概念和特征

(一) 知识产权的概念

关于知识产权的范围，学术界和立法实践历来有不同的理解。因此，知识产权的定义亦有广义与狭义之分。根据世界贸易组织的《与贸易有关的知识产权协议》(简称 TRIPS 协议)、《成立世界知识产权组织公约》等国际公约和我国《民法总则》、《反不正当竞争法》等国内立法，广义的知识产权的范围主要包括以下内容：① 著作权和邻接权；② 专利权；③ 商标权；④ 商业秘密权；⑤ 植物新品种权；⑥ 集成电路布图设计权。除上述权利外，广义的知识产权还包括地理标志权、发现权等权利。

狭义的知识产权主要指著作权(含邻接权)、专利权和商标权。其中，专利权和商标权合称为工业产权。

概括来讲，知识产权是指民事主体对创造性的智力劳动成果、工商业标记和其他具有商业价值的信息依法在一定的时间和地域内享有的专有权利，一般包括人身权利和财产权利两个方面。

(二) 知识产权的特征

1. 知识产权的无形性

知识产权的无形性是知识产权的本质属性。知识产权的客体是不具有物质形态的智力成果和工商业标记。智力成果是人们通过智力劳动创造的精神财富或精神产品，凝聚了人类的劳动，具有财产价值，是一种没有形体的财富。

2. 知识产权的专有性

知识产权的专有性也称独占性、排他性或垄断性，是指知识产权的权利主体依法享有独占使用智力成果的权利，没有法律规定或知识产权人的许可，他人不得使用该项知识产权。从本质上说，知识产权是一种垄断权，但这种垄断权必须不违反法律规定，并且会受到一定限制。

3. 知识产权的地域性

知识产权只在特定的授予或确认其权利的国家或地区的地域范围内有效，不能当然在其他国家或地区有效。一般来说，任何国家都不会承认外国知识产权法的适用。一国的知识产权要获得他国的法律保护，就必须依照有关国际条约、双边协议或按互惠原则办理。

4. 知识产权的时间性

依法产生的知识产权一般只在法律规定的期限内有效，法律并非无止境地保护知识产权。在法律规定的有效期内，权利人可以享有独占权，有效期限届满后，该知识产权权利消灭，有关智力成果进入公有领域，成为整个社会的共同财富，人们可以自由使用。

二、知识产权法概述

知识产权法是指调整因智力成果和商业标记的产生、权属、利用和保护所产生的各种权利义务关系的法律规范的总称。

知识产权法律制度产生的时间不长，至今只有两三百年的时间。在知识产权的发展史上，最先问世的是专利法，由英国在 1623 年通过和颁布，名为《垄断法规》。1709 年，英国议会通过了世界上第一部版权法《安娜女王法》，是世界上最早的关于著作权保护的立法。法国则于 1809 年制定了《备案商标保护法令》，这个法令被认为是世界上最早的商标成文法；之后，又于 1857 年制定了世界第一部系统的商标保护法《商标权法》。

我国的知识产权立法起源于清朝末年，至今并没有专门就知识产权制定统一的法律，而是在《民法通则》规定的总的指导原则下，根据知识产权的不同类型以特别法的形式分别制定了知识产权的相关法律。我国的知识产权制度在改革开放后飞速发展，具体体现在知识产权的立法中。1982 年 8 月 23 日，全国人大常委会审议通过了《中华人民共和国商标法》(以下简称《商标法》)，之后分别于 1993 年、2001 年和 2013 年三次修订；1984 年 3 月 12 日，全国人大常委会审议通过了《中华人民共和国专利法》(以下简称《专利法》)，并于 1992 年、2000 年和 2008 年三次修订；1990 年 9 月 7 日，全国人大常委会审议通过了《中华人民共和国著作权法》(以下简称《著作权法》)，并于 2001 年和 2010 年两次修订。除此之外，国务院还针对上述各部法律制定了相应的行政法规，即《中华人民共和国商标法实施条例》、《中华人民共和国专利法实施细则》和《中华人民共和国著作权法实施条例》。30 年间，尽管我国知识产权的保护范围不断扩大，保护力度不断提高，保护措施日臻完善，但是，知识产权的保护水平仍远远落后于经济发展的水平，且不能满足我国对外经济交往的需求。因此，在我国，知识产权的保护仍然任重而道远。

第二节　著作权法

一、著作权法概述

(一) 著作权的概念和特征

著作权又称版权，是指作者或者其他权利人基于文学、艺术和科学领域内的作品而依法享有的人身权利和财产权利的总称。

著作权包括著作人身权和著作财产权。著作人身权又称著作精神权，是指著作权人基于作品的创作依法享有的与作者本身密不可分的、以人格利益为内容的权利，主要包括发表权、署名权、修改权和保护作品完整权。著作财产权又称著作经济权，是指著作权人对其作品享有的因使用或许可他人使用其作品而获得财产收益的权利。使用作品的形式多种多样，主要包括复制、发行、出租、展览、表演、放映、广播、信息网络传播、摄制、改编、翻译、汇编等权利。

与专利权、商标权等其他种类的知识产权相比，著作权具有以下特征：

(1) 著作权的权利客体为作品，因作品的创作完成而自动产生。著作权的产生一般实行"无手续原则"，作品一经完成即自动产生。而商标权和专利权的产生则需要由特定的机构通过法定程序来确认。

(2) 著作权具有可分性，从著作人身权和著作财产权两个方面进行保护，二者均为著作权的重要内容。著作权中的作者的发表权、署名权等人身权利，永远归作者享有。而专利权侧重保护财产权，商标权则不直接涉及人身权内容。

(二) 著作权法

著作权法是调整文学、艺术和科学技术领域因创作和使用作品及保护作者的权利所产生的各种社会关系的法律规范的总称。

著作权法有广义和狭义之分。广义上的著作权法包括著作权法、邻接权法、各种与著作权保护相关的法律规范以及调整国家与国家之间，就相互提供著作权保护而缔结的国际公约。狭义的著作权法是指全国人大常委会通过的《中华人民共和国著作权法》。

二、著作权的客体

著作权的客体指的是文学、艺术和科学领域中的作品。

(一) 作品的概念

作品是指文学、艺术和科学领域内，具有独创性并能以某种有形形式复制的智力成果。其特征主要如下：

(1) 作品必须是文学、艺术和科学领域内的智力创作成果。《著作权法实施条例》规定：著作权法所称作品，是指文学、艺术和科学领域内具有独创性并能以某种有形形式复制的智力成果。因此，超出这三个领域的智力成果，均不属于著作权的客体作品的范畴。

(2) 作品具有独创性。独创性是指作品是作者自己选择、取舍、安排、设计的结果，而不是对现有作品的复制、抄袭、剽窃或者模仿，也不是依既定的程式或手法推演而来，比如对现成的美术作品进行临摹就不是创作行为。

(3) 作品具有可复制性。作品必须可以通过某种有形形式复制，使社会公众可对其进行重复性地利用。按照《著作权法》的规定，复制主要指印刷、复印、拓印、录音、录像、翻录、翻拍等行为。

(二) 著作权法保护的作品

著作权法保护的作品类型如下：

(1) 文字作品，主要是指小说、诗词、散文、论文等以文字表现的作品。作品中的文字不仅包含中国文字(包括汉字、汉语拼音和少数民族文字)，还包括外国文字。作品还可以数字、符号等形式表现。

(2) 口述作品，主要是指即兴的演说、授课、法庭辩论等以口头语言形式表现的作品。其与文字作品的区别在于口述作品是即兴的，主要通过口头叙述的方式表达。

(3) 音乐、戏剧、曲艺、舞蹈、杂技艺术作品。音乐作品是指歌曲、交响乐等能够演唱或者演奏的带词或者不带词的作品；戏剧作品是指话剧、歌剧、地方戏等供舞台演出的作品，仅指文字作品的戏剧剧本；曲艺作品是指相声、快书、大鼓、评书等以说唱为主要形式表演的作品，无论是否有文字脚本，都受著作权法的保护；舞蹈作品是指通过连续的动作、姿势、表情等表现思想情感的作品；杂技艺术作品是指杂技、魔术、马戏等通过形体动作和技巧表现的作品。

(4) 美术、建筑作品。美术作品是指绘画、书法、雕塑等以线条、色彩或者其他方式构成的有审美意义的平面或立体造型艺术作品；建筑作品是指以建筑物或者构筑物形式表现的有审美意义的作品。并非所有的建筑物都是作品，生活中纯粹为实用目的建造的建筑物并非建筑作品。

(5) 摄影作品，是指借助器械在感光材料或者其他介质上记录客观物体形象的艺术作品。

(6) 电影作品和以类似摄制电影的方法创作的作品。它是指摄制在一定介质上，由一系列有伴音或者无伴音的画面组成，并且借助适当装置放映或者以其他方式传播的作品。著作权法所保护的主要是电影作品、电视作品和录像作品。

（7）工程设计图、产品设计图、地图、示意图等图形作品和模型作品。图形作品是指为施工、生产绘制的工程设计图、产品设计图，以及反映地理现象、说明事物原理或者结构的地图、示意图等作品；模型作品是指为展示、试验或者观测等用途，根据物体的形状和结构，按照一定比例制成的立体作品。

（8）计算机软件，是指计算机程序及文档。2002 年，行政法规《计算机软件保护条例》和部门规章《计算机软件著作权登记办法》相继实施，与《著作权法》一起对计算机软件的著作权进行保护。

（9）法律、行政法规规定的其他作品，如民间文学艺术作品等。

【例 9-1】　潘某诉徐某侵犯著作权纠纷案。

潘某多年从事我国古诗词算题研究工作，曾发表过多篇关于歌词古体算题研究的文章。后发现徐某所著的图书，涉嫌大量抄袭，包括古算题题目、诗题、潘某自创的试题解析与图示及大段文字性介绍等内容，认为徐某侵犯其著作权，遂向北京市东城区人民法院提起诉讼。

法院经审理后认为：综合考虑涉案图书的内容、相同内容所占比例，涉案图书与原告图书并未构成实质性相似。最终，法院认定，原被告对于古代算学均有一定研究并有所成就，涉案图书和原告图书作为该方面的著作，均起到了促进传统文化持续发展的作用，两本图书各具特色，原告认为涉案图书构成抄袭的主张，不能成立，遂依法驳回了原告的诉讼请求。

【思考】　如何理解作品的独创性？

（三）不受著作权法保护的作品

不受著作权法保护的作品类型如下：

（1）依法禁止出版、传播的作品。这主要是指作品的内容或思想违反国家法律、社会秩序或违反社会公德的作品，比如反动、淫秽的作品。

（2）法律、法规和官方文件。法律、法规、国家机关的决议、决定、命令和其他具有立法、行政、司法性质的文件及其官方正式译文，需要在公众中宣传普及，其不受著作权法保护的原因是为了使人们能够自由复制和传播。

（3）时事新闻。时事新闻是指通过报纸、期刊、广播电台、电视台等媒体报道的单纯事实消息。这些信息涉及国家甚至全世界的经济、文化和社会生活，只有广泛、迅速地传播才能使其价值得以实现。但是传播报道他人采编的时事新闻，应当注明出处。

（4）历法、数表、通用表格和公式。这些属于公知公用的常识性作品，属于人类的共同财富，不宜被垄断使用，以免阻碍科技的发展，最终损害人类的公共利益。

【例 9-2】　郭某诉杭州娃哈哈集团侵犯著作权及不正当竞争案。

1954 年 11 月，郭某创作了歌曲《娃哈哈》，1956 年在全国出版发行的《儿童音乐》刊物上发表。郭某声称其拥有《娃哈哈》歌名、歌词的著作权。而自 1989 年"娃哈哈"商标获准注册起，杭州娃哈哈集团即使用上述商标，同时通过电视、广播、报刊等媒体大量发布以"娃哈哈"为注册商标的产品广告。郭某认为杭州娃哈哈集团侵犯了其著作权，同时构成不正当竞争，遂向人民法院提起诉讼。

上海市第二中级人民法院审理之后认为：我国《著作权法》第 3 条、《著作权法实施条例》第 2 条对著作权法的保护范围及含义作了明确规定，根据这些规定，作品名称不在著作权法的保护之列。由于法律没有明文规定对作品名称予以保护，原告的诉讼主张没有现行法律上的根据，法院不予支持。法院同时认定杭州娃哈哈集团的行为不构成不正当竞争。

【思考】 著作权保护的范围有哪些？

三、著作权的主体与归属

（一）著作权的主体

著作权主体也称著作权人，是指依法对文学、艺术和科学作品享有著作权的人。根据《著作权法》的规定，著作权人包括作者以及其他依法享有著作权的公民、法人和其他组织。

1. 作者

作者是指创作文学、艺术和科学作品的人。创作是指产生文学、艺术和科学作品的智力活动。《著作权法》第 11 条第 2 款规定：创作作品的公民是作者。《著作权法实施条例》第 3 条规定：著作权法所称创作，是指直接产生文学、艺术和科学作品的智力活动。为他人创作进行组织工作，提供咨询意见、物质条件，或者进行其他辅助工作，均不视为创作。《著作权法》第 11 条第 3 款规定：由法人或者其他组织主持，代表法人或者其他组织意志创作，并由法人或者其他组织承担责任的作品，法人或者其他组织视为作者。

关于如何认定作者，法律通常以署名为准。《著作权法》第 11 条第 4 款规定：如无相反证明，在作品上署名的公民、法人或者其他组织为作者。

2. 作者以外其他依法享有著作权的公民、法人或者其他组织

作者以外其他依法享有著作权的公民、法人或者其他组织主要有以下两种情况：

(1) 因继受而取得著作权是指因发生继承、赠与、遗赠或者受让等法律事实而取得著作财产权的人。继承著作权人包括继承人、受赠人、受让人、作品原件的合法持有人和国家。继受著作权人只能成为著作财产权的继受主体，不能成为著作人身权的继受主体，因为著作人身权具有不可转让性。

(2) 因合同而取得著作权。《著作权法》规定，受委托创作的作品，著作权的归属由委托人和受托人通过合同约定。合同未作明确约定或者没有订立合同的，著作权属于受托人。

3. 外国人和无国籍人

根据《中华人民共和国著作权法》第 2 条第 2 款和第 3 款之规定，只要符合下列条件之一，外国人、无国籍人的作品即受我国著作权法保护：

(1) 外国人、无国籍人的作品根据其作者所属国或者经常居住地国同中国签订的协议或者共同参加的国际条约享有著作权的。

(2) 其作品首先在中国境内出版的。如果外国人、无国籍人的作品在中国境外首先出版后，30 日内又在中国境内出版的，视为该作品同时在中国境内出版；③ 未与中国签订协议或者共同参加国际条约的国家的作者以及无国籍人的作品首次在中国参加的国际条约的成员国出版的，或者在成员国和非成员国同时出版的。

（二）著作权主体的分类

著作权主体的分类有多种方式：

(1) 根据著作权主体的属性，可以将著作权主体区分为自然人主体、法人主体、其他组织主体和国家主体。

(2) 根据著作权主体的国籍，可以将著作权主体区分为本国主体、外国主体与无国籍主体。

(3) 根据著作权主体的人数，可以将著作权主体区分为单一主体和共同主体。

(4) 根据著作权的不同来源，可以将著作权主体区分为原始主体与继受主体。

(5) 根据著作权的不同内容，可以将著作权主体区分为完整主体与部分主体。

（三）著作权的归属

著作权归属的一般原则和不同类型作品的著作权归属的规定如下。

1．著作权归属的一般原则

著作权属于作者，法律另有规定的除外。这是著作权归属的一般原则。

2．演绎作品的著作权归属

演绎作品是指改编、翻译、注释、整理已有作品而产生的新作品。其著作权由改编、翻译、注释、整理人享有，但行使著作权时不得侵犯原作品的著作权。改编、翻译、注释、整理作品在进行创作时，若原作品仍在法律保护期内，必须征得原著作权主体的同意。其他人使用改编、翻译、注释、整理作品，在著作权保护期内，必须获得原著作权主体和改编、翻译、注释、整理著作权主体的双重许可。

3．合作作品的著作权归属

两人以上合作的作品是合作作品。对于合作作品，合作作者必须有共同创作的意图，并且合作作者都参加了共同的创作劳动，其行为的性质达到了创作的程度。此外，还要有合作的作品产生。合作作品的著作权由合作作者共同享有。没有参加创作的人，不能成为合作作者。合作作品可以分割使用的，作者对各自创作的部分可以单独享有著作权，但行使著作权时不得侵犯合作作品整体的著作权。如果合作作品不可以分割使用的，其著作权由各合作作者共同享有，通过协商一致行使；不能协商一致，又无正当理由的，任何一方不得阻止他方行使除转让以外的其他权利，但是所得收益应当合理分配给所有合作作者。

4．职务作品的著作权归属

职务作品是指公民为完成法人或其他组织的工作任务而创作的作品。职务作品的著作权由作者享有，但法人或者其他组织有权在其业务范围内优先使用。作品完成两年内，未经单位同意，作者不得许可第三人以与单位使用的相同方式使用该作品。

根据《著作权法》规定，有下列情形之一的职务作品，作者享有署名权，著作权的其他权利由法人或者其他组织享有，法人或者其他组织可以给予作者奖励：① 主要是利用法人或者其他组织的物质技术条件创作，并由法人或者其他组织承担责任的工程设计图、产品设计图、地图、计算机软件等职务作品。② 法律、行政法规规定或者合同约定著作权由法人或者其他组织享有的职务作品。

5. 汇编作品的著作权归属

汇编作品是指通过对若干作品、作品的片段或者不构成作品的数据或者其他材料进行选择或者编排体现独创性的新作品。其著作权由汇编人享有，但行使著作权时，不得侵犯原作品的著作权。由于汇编权是作者的专有权利，因而汇编他人受著作权法保护的作品或作品的片段时，应征得原著作权主体的同意，并支付相应报酬，且不得侵犯其对作品享有的发表权、署名权等著作权。但为实施九年制义务教育和国家教育规划而编写出版教科书，除作者事先声明不许使用的外，可以不经著作权人许可，但应当按照规定支付报酬，指明作者姓名、作品名称，并且不得侵犯著作权人依照本法享有的其他权利。

6. 影视作品的著作权归属

影视作品是指电影作品和以类似摄制电影的方法创作的作品。在我国，现行法律规定影视作品的作者包括导演、编剧、作词、作曲、摄影等人。依据我国《著作权法》规定，影视作品的著作权从整体上说由制作人享有。导演、编剧、作词、作曲和摄影等作者对影视作品享有署名权，并有权按照与制片者签订的合同获得报酬。影视作品中剧本、音乐等可以单独使用的作品的作者有权单独行使其著作权。

7. 委托作品的著作权归属

委托作品是指委托人向受托人支付约定的报酬，由受托人按照其具体要求创作的作品。委托作品的著作权归属由委托人和受托人通过合同约定。合同未作明确约定或者没有订立合同的，著作权属于受托人。

8. 美术作品的著作权归属

美术作品包括绘画、书法、雕塑、建筑等作品。依《著作权法》第 18 条规定，美术等作品原件所有权的转移，不视为作品著作权的转移，但美术作品原件的展览权由原件所有人享有。也就是说，美术作品的原件转移时，著作权中只有展览权随原件转移，其他权利仍归作者所有。

9. 作者身份不明的作品著作权归属

作者身份不明的作品是指从通常途径不能了解作者身份的作品。作者身份不明的作品，由作品原件的合法持有人行使除署名权以外的著作权。作者身份确定后，由作者或者其继承人行使著作权。

【例 9-3】 央视国际网络有限公司诉 H 公司侵犯著作权案。

央视国际网络有限公司经中央电视台授权，独占性享有通过信息网络向公众传播、广播、提供央视所有电视频道及节目的权利，H 信息有限公司未经许可，在其经营的网站上实时播放 2011 年春晚。央视国际遂向法院起诉，请求判令 H 公司赔偿其经济损失。

一审法院认为，2011 年春晚由 31 个独立作品组成，其内容由央视选择并加入主题予以编排，体现了一定的独创性，为汇编作品，受我国著作权法保护。央视国际独占性享有2011 年春晚的信息网络传播权。H 公司未经许可，在其经营的网站上实时播放该晚会，已构成侵权，应承担相应法律责任。遂判决 H 公司赔偿央视国际人民币 5 万元。

H 公司不服一审判决，上诉至广东省深圳市中级人民法院。二审法院经审理，判决驳回上诉，维持原判。

【思考】　春晚是汇编作品还是录像制品？《著作权法》对二者的保护有何不同？

四、著作权的内容

著作权的内容是指著作权人基于作品所享有的人身权利和财产权利。著作权包含两方面的内容：著作人身权和著作财产权。

（一）著作人身权

著作人身权是指著作权人基于作品的创作依法享有的以人格利益为内容的权利。该权利与作者的人身不可分离，通常不得转让、继承、让与，且除发表权之外的著作人身权的保护期不受限制。

依据《著作权法》第 10 条的规定，著作人身权主要包括以下内容：

(1) 发表权。发表权又称公开权，是指决定作品是否公之于众以及何时、何地、以何种方式公之于众的权利。发表权只能行使一次，作品一旦发表，发表权即行消灭。

(2) 署名权。署名权是指表明作者身份，在作品上署名的权利。作者有权决定在作品上署名或不署名，署真名或署假名、属笔名或属艺名。未创作的人不得在作品上署名。作者有权禁止他人盗用自己的姓名或笔名在他人作品上署名。

(3) 修改权。修改权是指修改或者授权他人修改作品的权利。修改通常是指内容的修改，报纸、杂志社进行的不影响作品内容的文字性删节不属行使修改权，可不经作者的同意。

(4) 保护作品完整权。保护作品完整权是指保护作品不受歪曲、篡改的权利。通过行使保护作品完整权，著作权主体可以有效防止和制止任何试图曲解作品原意和改变作品内容的行为，从而维护著作权主体的利益。

（二）著作财产权

著作财产权是指著作权人享有的通过使用作品或许可他人使用作品获得财产性利益的权利。

依据《著作权法》第 10 条的规定，著作财产权主要包括以下内容：

(1) 复制权。复制权是指以印刷、复印、拓印、录音、录像、翻录、翻拍等方式将作品制作一份或者多份的权利。此为著作财产权中最基本和最重要的权利。著作权人有权自己复制或许可他人复制其作品，并有权禁止他人未经许可复制其作品。

(2) 发行权。发行权是指以出售或者赠与方式向公众提供作品的原件或者复制件的权利。发行权的内容包括著作权人有权决定发行或不发行作品，有权决定何人、何时、何地、以何种方式发行作品，并有权获得相应的经济利益。发行与出版不同，《著作权法》规定，出版指作品的复制、发行。

(3) 出租权。出租权是指有偿许可他人临时使用电影作品和以类似摄制电影的方法创作的作品、计算机软件的权利。出租权的标的是作品本身。

(4) 展览权。展览权是指公开陈列美术作品、摄影作品的原件或者复制件的权利。展览权的内容包括著作权人有权决定展览或不展览作品，有权决定何人、何时、何地、以何种方式展览作品，并有权获得相应的经济利益。

(5) 表演权。表演权是指公开表演作品，以及用各种手段公开播送作品的表演的权利。著作权人有权自己表演或许可他人表演其作品，并有权禁止他人未经许可表演其作品。

(6) 放映权。放映权是指通过放映机、幻灯机等技术设备公开再现美术、摄影、电影和以类似摄制电影的方法创作的作品等的权利。

(7) 广播权。广播权是指以无线方式公开广播或者传播作品，以有线传播或者转播的方式向公众传播广播的作品，以及通过扩音器或者其他传送符号、声音、图像的类似工具向公众传播广播的作品的权利。

(8) 信息网络传播权。信息网络传播权是指以有线或者无线方式向公众提供作品，使公众可以在其个人选定的时间和地点获得作品的权利。该权利随着计算机网络技术的飞速发展变得日益重要。

(9) 摄制权。摄制权是指以摄制电影或者类似摄制电影的方法将作品固定在载体上的权利。著作权人有权决定是否将自己的作品以摄制电影或者类似摄制电影的方法再现，并有权决定何人、何时、何地、以何种方式摄制作品。

(10) 改编权。改编权是指改编作品，创作出具有独创性的新作品的权利。

(11) 翻译权。翻译权是指将作品从一种语言文字转换成另一种语言文字的权利。

(12) 汇编权。汇编权是指将作品或作品的片段通过选择或者编排，汇集成新作品的权利。

(13) 许可使用权。许可使用权是指著作权人依法享有的许可他人使用作品并获得报酬的权利。

(14) 转让权。转让权是指著作权人依法享有的转让使用权中的一项或者多项权利并获得报酬的权利。

(15) 应当由著作权人享有的使用作品的其他权利。

【例9-4】 W文化公司诉Y先锋公司侵犯著作权案。

2016年11月，W文化公司获得电视剧《东方之珠》在中国大陆独占的网络传播权，后发现Y先锋公司未经许可，在其经营网吧的局域网上非法复制并传播涉案电视剧供上网的用户观看。W文化公司认为，该公司的行为侵犯了其享有的网络传播权，故诉至法院，要求判令Y先锋公司停止侵权，赔偿其经济损失及合理支出5.8万元。

2018年4月，北京市第二中级人民法院作出终审判决，认定Y先锋公司侵犯原告网络传播权事实成立，判决其停止侵权、赔偿原告1.5万元及合理支出5000元。

【思考】 侵犯信息网络传播权的行为方式有哪些？

五、著作权的保护期限和限制

(一) 著作权的保护期限

世界各国对原始取得著作权的保护实行不同的制度。我国《著作权法》第2条第1款规定：中国公民、法人或者其他组织的作品，不论是否发表，依照本法享有著作权。

著作权的保护期限是指著作权受法律保护的期间，亦即著作权的有效期。

我国《著作权法》对著作权的保护期限进行了如下分类规定：

(1) 著作人身权中的署名权、修改权和保护作品完整权的保护期不受限制，可以获得永久性保护。

(2) 自然人作品的发表权和著作财产权的保护期为作者终生及其死亡后 50 年，截止于作者死亡后第 50 年的 12 月 31 日；如果是合作作品，截止于最后死亡的作者死亡后第 50 年的 12 月 31 日。

(3) 法人或者其他组织的作品、著作权(署名权除外)由法人或者其他组织享有的职务作品，其发表权和著作财产权的保护期为 50 年，截止于作品首次发表后第 50 年的 12 月 31 日，但作品自创作完成后 50 年内未发表的，著作权法不再保护。

(4) 影视作品的发表权和著作财产权的保护期为 50 年，截止于作品首次发表后第 50 年的 12 月 31 日，但作品自创作完成后 50 年内未发表的，著作权法不再保护。

(5) 计算机软件的著作权自软件开发完成之日产生。自然人的软件著作权，保护期为自然人终生及其死亡后 50 年，截止于自然人死亡后第 50 年的 12 月 31 日；软件是合作开发的，截止于最后死亡的自然人死亡后第 50 年的 12 月 31 日。法人或者其他组织的软件著作权，保护期为 50 年，截止于软件首次发表后第 50 年的 12 月 31 日，但软件自开发完成之日起 50 年内未发表的，本条例不再保护。

(二) 著作权的限制

著作权的限制是指在法律上对著作专有权进行一定的约束。著作权制度通过赋予著作权人作品利用的专有权，可以激励著作权人创作出更多更优秀的作品，但是著作权人行使这种专有权却有可能会阻碍作品的传播和利用。因此，各国著作权法都设置了著作权限制制度。而著作权的限制主要是针对著作权人所享有的财产权利的限制。我国《著作权法》从合理使用、法定许可使用等方面对著作权做了限制。

1. 合理使用

合理使用是指在特定情况下，法律允许他人可以不经著作权人同意即可无偿使用享有著作权的作品的制度。

依据《著作权法》规定，以下为合理使用的情形：

(1) 为个人学习、研究或者欣赏，使用他人已经发表的作品。

(2) 为介绍、评论某一作品或者说明某一问题，在作品中适当引用他人已经发表的作品。需要指出的是，引用他人的作品，应当说明作品出处和作者姓名。

(3) 为报道时事新闻，在报纸、期刊、广播电台、电视台等媒体中不可避免地再现或者引用已经发表的作品。

(4) 报纸、期刊、广播电台、电视台等媒体刊登或者播放其他报纸、期刊、广播电台、电视台等媒体已经发表的关于政治、经济、宗教问题的时事性文章，但作者声明不许刊登、播放的除外。

(5) 报纸、期刊、广播电台、电视台等媒体刊登或者播放在公众集会上发表的讲话，但作者声明不许刊登、播放的除外，如某电台全文报道某教授在论坛上的演讲词。

(6) 为学校课堂教学或者科学研究，翻译或者少量复制已经发表的作品，供教学或者科研人员使用，但不得出版发行。

(7) 国家机关为执行公务在合理范围内使用已经发表的作品。

(8) 图书馆、档案馆、纪念馆、博物馆、美术馆等为陈列或者保存版本的需要，复制本馆收藏的作品。

(9) 免费表演已经发表的作品，该表演未向公众收取费用，也未向表演者支付报酬。

(10) 对设置或者陈列在室外公共场所的艺术作品进行临摹、绘画、摄影、录像。

(11) 将中国公民、法人或者其他组织已经发表的以汉语言文字创作的作品翻译成少数民族语言文字作品在国内出版发行。

(12) 将已经发表的作品改成盲文出版。

从以上规定可以看出，合理使用应符合以下条件：① 被合理使用的应当是已经发表的作品；② 合理使用的行为应当是非商业行为；③ 合理使用应当尊重著作权人的著作人身权，且不得侵犯著作权人的其他权利。

2. 法定许可使用

法定许可使用是指按照著作权法的规定，使用者可以不经著作权人的同意许可，而使用著作权人已经发表的作品，但应当向著作权人支付报酬的制度。

根据我国《著作权法》的规定，法定许可使用主要有以下情形：

(1) 教科书使用的法定许可。《著作权法》第 23 条第 1 款规定：为实施九年制义务教育和国家教育规划而编写出版教科书，除作者事先声明不许使用的外，可以不经著作权人许可，在教科书中汇编已经发表的作品片段或者短小的文字作品、音乐作品或者单幅的美术作品、摄影作品，但应当按照规定支付报酬，指明作者姓名、作品名称，并且不得侵犯著作权人依照本法享有的其他权利。

(2) 报刊转载的法定许可。《著作权法》第 33 条第 2 款规定：作品刊登后，除著作权人声明不得转载、摘编的外，其他报刊可以转载或者作为文摘、资料刊登，但应当按照规定向著作权人支付报酬。

(3) 制作录音制品的法定许可。《著作权法》第 40 条第 3 款规定：录音制作者使用他人已经合法录制为录音制品的音乐作品制作录音制品，可以不经著作权人许可，但应当按照规定支付报酬；著作权人声明不许使用的不得使用。

(4) 广播电台、电视台播放已经出版的录音制品的法定许可。《著作权法》第 44 规定：广播电台、电视台播放已经出版的录音制品，可以不经著作权人许可，但应当支付报酬。

(5) 广播电台、电视台播放已经发表的作品的法定许可。《著作权法》第 43 条第 2 款规定：广播电台、电视台播放他人已经发表的作品，可以不经著作权人许可，但应当支付报酬。

3. 强制许可使用

著作权的强制许可使用是指在特定的条件下，由著作权主管机关根据情况，强制性地许可他人使用著作权人已经发表的作品的制度。

我国《著作权法》中并没有直接规定著作权的强制许可制度。但是，我国加入了《伯尔尼公约》和《世界版权公约》。因此，这两个公约中规定的著作权的强制许可制度同样在我国适用。

【例9-5】 何某诉 J 考试中心侵犯著作权纠纷案。

原告何某诉称：其于 2015 年初创作了漫画《摔了一跤》，先后发表在《讽刺与幽默》

报、《漫画大王》杂志上,并获得 2015 年"漫王杯"漫画比赛优秀奖。被告 J 考试中心 2017 年高考全国语文 I 卷命题作文《摔了一跤》的漫画,除文字内容和部分细节有所改动外,在漫画构思、结构、很多细节上与漫画《摔了一跤》完全一样,系利用了原告的漫画作品,该试卷在河南、陕西等省使用。被告修改并利用原告的漫画作品,没有征得原告同意,也没有署名和支付报酬。原告诉至法院,明确主张被告侵犯了其获取报酬权、署名权、修改权,请求判令被告赔礼道歉并赔偿损失。

法院审理后认为:被告的演绎行为系《著作权法》规定的合理使用行为,可以不经许可,不支付报酬。

【思考】 作品的合理使用包含哪些情形?

六、邻接权

邻接权又称"与著作权有关的权利"或者"传播者权",是作品传播者对在传播他人作品过程中形成的智力成果享有的专有权利。

邻接权与著作权存在诸多不同:

(1) 权利对象不同。邻接权的对象是作品传播过程中产生的智力成果,著作权的对象是作品创作过程中产生的智力成果。

(2) 权利内容不同。邻接权除表演者权外一般不涉及人身权,而著作权包括人身权和财产权两方面的内容。

(3) 权利获得方式不同。邻接权的取得以原作品著作权人的许可为前提,著作权的取得往往是基于作品的产生。

此外,邻接权与著作权还在保护原则、保护期限等方面存在其他区别。

依据《著作权法》的规定,邻接权包括:出版者对其出版的图书和报刊享有的权利;表演者对其表演享有的权利;录音录像制作者对其制作的录音录像制品享有的权利;广播电台、电视台对其制作的广播、电视节目享有的权利。

(一) 出版者权

出版者权是指出版者对其出版的作品享有的权利。依据《著作权法》规定,出版者享有以下权利:① 版式设计专有权。版式设计是指出版者对其出版的图书、期刊的版面和外观装饰所作的设计。出版者依法享有专有使用权,即有权许可或者禁止他人使用其出版的图书、期刊的版式设计。② 专有出版权。图书出版者对著作权人交付出版的作品,按照合同约定享有的专有出版权受法律保护,他人不得出版该作品。③ 修改权。图书出版者经作者许可,可以对作品修改、删节。

出版者在行使权利的同时,还应当和著作权人订立出版合同,并支付报酬;其出版、改编、翻译、注释、整理、汇编已有作品而产生的作品,应当取得改编、翻译、注释、整理、汇编作品的著作权人和原作品的著作权人许可,并支付报酬。

(二) 表演者权

表演者是指以各种方式表演文学艺术作品以及指挥这种表演的单位和个人。依照《著作权法》，表演者对其表演享有下列权利：① 表明表演者身份；② 保护表演形象不受歪曲；③ 许可他人从现场直播和公开传送其现场表演，并获得报酬；④ 许可他人录音录像，并获得报酬；⑤ 许可他人复制、发行录有其表演的录音录像制品，并获得报酬；⑥ 许可他人通过信息网络向公众传播其表演，并获得报酬。被许可人以以上第③至第⑥项规定的方式使用作品，还应当取得著作权人许可，并支付报酬。

表演者除享有以上权利外，还应当承担一定的义务，如表演者使用他人作品演出，表演者(演员、演出单位)应当取得著作权人许可，并支付报酬。演出组织者组织演出，由该组织者取得著作权人许可，并支付报酬。表演者使用改编、翻译、注释、整理已有作品而产生的作品进行演出，应当取得改编、翻译、注释、整理作品的著作权人和原作品的著作权人许可，并支付报酬。

(三) 录音录像制品制作者权

录音录像是指除电影作品、类似摄制电影的方法创作的作品之外的，将声音或图像或二者的结合经一定的技术手段固定于物质载体上的产品，主要表现为唱片、录音磁带、激光唱片、其他移动存储设备等。录音录像制品制作者权，就是录音制品、录像制品的首次制作人对其作品享有的权利。依照《著作权法》，录音录像制作者对其制作的录音录像制品，享有许可他人复制、发行、出租、通过信息网络向公众传播并获得报酬的权利。

同时，录音录像制作者使用他人作品制作录音录像制品，应当取得著作权人许可，并支付报酬。录音录像制作者使用改编、翻译、注释、整理已有作品而产生的作品，应当取得改编、翻译、注释、整理作品的著作权人和原作品著作权人许可，并支付报酬。录音录像制作者使用他人已经合法录制为录音制品的音乐作品制作录音制品，可以不经著作权人许可，但应当按照规定支付报酬；著作权人声明不许使用的不得使用。录音录像制作者制作录音录像制品，应当与表演者订立合同，并支付报酬。

(四) 播放者权

播放者是指广播电视组织，包括广播电台和电视台。播放者权是指广播电台和电视台对其制作的广播或电视节目享有的权利。

依据《著作权法》，播放者有权禁止未经其许可的下列行为：① 将其播放的广播、电视转播；② 将其播放的广播、电视录制在音像载体上以及复制音像载体。

同时，播放者还承担以下义务：① 播放他人未发表的作品，应当取得著作权人许可，并支付报酬；② 播放已发表的作品或已出版的录音录像制品，可以不经著作权人许可，但应按规定支付报酬。

【例9-6】 黄某诉K信息公司侵犯表演者权纠纷案。

2014 年，由黄某演唱的歌曲CD专辑《一个人的战役》出版发行，其中收录有《地铁》等 10 首涉案歌曲。2016 年 3 月 16 日，K信息公司在其经营的网站上向公众提供了《一个人的战役》专辑中《地铁》等 10 首涉案歌曲的在线免费试听播放服务。涉案 10 首歌曲的表演者是黄某。黄某以 K 信息公司侵犯其表演者权为由向北京市第一中级人民法院提起诉讼。

北京市第一中级人民法院认为：K 信息公司未经黄征许可，在其所属网站上向公众无偿播出了黄某享有表演者权的 10 首歌曲，其行为侵犯了黄某享有的表演者权，即侵犯了黄某享有的许可他人通过信息网络向公众传播其表演，并获得报酬的权利。K 信息公司应当为此承担停止侵权、赔偿损失的民事责任。一审判决后，K 信息公司不服，提起上诉。二审法院审理后驳回其上诉，维持原判。

　　【思考】　邻接权包含哪些内容？

七、著作权的保护

（一）著作权侵权行为的概念

著作权侵权行为是指未经著作权人的许可，擅自对受著作权法保护的作品行使著作权人的专有权利，使得著作权人的权利受到损害的违法行为。

（二）著作权集体管理制度

由于现代科学技术尤其是复制和传播技术的迅速发展，作品的使用日益广泛和多样，个体的著作权人对其权利被侵犯的行为往往难以全面了解和抗衡。因此，我国建立了著作权集体管理制度，由专门的机构代表著作权人发放许可证，收取著作权使用费。

我国《著作权集体管理条例》第 2 条规定，本条例所称著作权集体管理，是指著作权集体管理组织经权利人授权，集中行使权利人的有关权利并以自己的名义进行的下列活动：① 与使用者订立著作权或者与著作权有关的权利许可使用合同(以下简称许可使用合同)；② 向使用者收取使用费；③ 向权利人转付使用费；④ 进行涉及著作权或者与著作权有关的权利的诉讼、仲裁等。

我国第一家著作权集体管理组织是 1992 年由国家版权局批准成立的中国音乐著作权协会。2008 年，中国音像著作权协会、中国摄影著作权协会著作权集体管理组织相继成立。

（三）著作权侵权行为的表现

1. 承担民事责任的著作权侵权行为

《著作权法》第 47 条规定，承担民事责任的著作权侵权行为包括以下情形：① 未经著作权人许可，发表其作品的；② 未经合作作者许可，将与他人合作创作的作品当作自己单独创作的作品发表的；③ 没有参加创作，为谋取个人名利，在他人作品上署名的；④ 歪曲、篡改他人作品的；⑤ 剽窃他人作品的；⑥ 未经著作权人许可，以展览、摄制电影和以类似摄制电影的方法使用作品，或者以改编、翻译、注释等方式使用作品的，著作权法另有规定的除外；⑦ 使用他人作品，应当支付报酬而未支付的；⑧ 未经电影作品和以类似摄制电影的方法创作的作品、计算机软件、录音录像制品的著作权人或者与著作权有关的权利人许可，出租其作品或者录音录像制品的，著作权法另有规定的除外；⑨ 未经出版者许可，使用其出版的图书、期刊的版式设计的；⑩ 未经表演者许可，从现场直播或者公开传送其现场表演，或者录制其表演的；⑪ 其他侵犯著作权以及与著作权有关的权益的行为。

有以上侵权行为的，应当根据情况，由侵权人承担停止侵害、消除影响、赔礼道歉、赔偿损失等民事责任。

2. 承担民事责任且可能承担行政与刑事责任的侵权行为

《著作权法》第48条规定，有下列侵权行为的，应当根据情况，承担停止侵害、消除影响、赔礼道歉、赔偿损失等民事责任；同时损害公共利益的，可以由著作权行政管理部门责令停止侵权行为，没收违法所得，没收、销毁侵权复制品，并可处以罚款；情节严重的，著作权行政管理部门还可以没收主要用于制作侵权复制品的材料、工具、设备等；构成犯罪的，依法追究刑事责任：① 未经著作权人许可，复制、发行、表演、放映、广播、汇编、通过信息网络向公众传播其表演的，著作权法另有规定的除外；② 出版他人享有专有出版权的图书的；③ 未经表演者许可，复制、发行录有其表演的录音录像制品，或者通过信息网络向公众传播其表演，著作权法另有规定的除外；④ 未经录音录像制作者许可，复制、发行或者通过信息网络向公众传播其录音录像制品，著作权法另有规定的除外；⑤ 未经许可，播放或者复制广播、电视的，著作权法另有规定的除外；⑥ 未经著作权人或者邻接权人许可，故意避开或者破坏权利人为其作品、录音录像制品等采取的保护著作权或者邻接权的技术措施的，法律、行政法规另有规定的除外；⑦ 未经著作权人或者邻接权人许可，故意删除或者改变作品、录音录像制品等的权利管理电子信息的，法律、行政法规另有规定的除外；⑧ 制作、出售假冒他人署名的作品的。

（四）解决著作权合同纠纷的方式

依照法律规定，解决著作权合同纠纷的方式有调解、仲裁和诉讼三种方式。

（五）著作权纠纷的诉讼时效

侵犯著作权的诉讼时效为两年，自著作权人知道或者应当知道侵权之日起计算。

【例9-7】 中国音乐著作权协会诉天籁村KTV侵犯著作权案。

2006年1月，原告中国音乐著作权协会(简称"音著协")向深圳市南山区人民法院起诉位于南山区的天籁村KTV，指控其以营利为目的使用《暗香》、《常回家看看》等20首音乐作品，既没有取得音著协的批准，也没有支付任何版权费用，要求天籁村赔偿音乐作品版权费用20万元。

该案在法院立案后，原被告双方经调解和谈判达成了协议。被告承认侵权，同意支付10万元音乐版权费。音著协向法院申请撤诉。同时，深圳市歌舞娱乐行业协会在调解官司过程中，代表深圳100多家主要KTV歌厅，与中国音乐著作权协会签订了音乐作品有偿使用协议。

【思考】 本案中，被告可能侵犯了原告的何种权利？原告属于何种性质的组织？

第三节 专 利 法

一、专利法概述

"专利"一词源自英文，原指盖有国玺印鉴的公开的文件，是君主授予某种特权的证明。现在，"专利"一词一般理解为专利证书，或理解为专利权。

（一）专利权的概念

专利权是指法律赋予发明创造主体对其发明创造成果享有的在一定地域和期限内的专有权利。专利权的核心内容是独占实施权。

专利权的特征如下：

(1) 独占性。独占性也称专有性，指专利权人对其发明创造所享有的独占性的制造、使用、销售和进口的权利。也就是说，其他任何单位或个人未经专利权人许可不得为生产、经营目的制造、使用、销售和进口其专利产品，使用其专利方法，或者未经专利权人许可为生产、经营目的制造、使用、销售和进口依照其方法直接获得的产品。否则，就是侵犯专利权。

(2) 地域性。地域性是指在没有其他法律或条约另行规定的情况下，专利权仅在授予国的领土范围内有效。也就是说，一个国家所授予的专利权，仅在其本国法律管辖范围内受到保护。在没有双边或多边条约调整的其他国家，专利权不受法律保护。

(3) 时间性。所谓时间性，指专利权人对其发明创造所拥有的专有权只在法律规定的时间内有效，期限届满后，专利权即行终止。届时，原来受法律保护的发明创造就成了社会的公共财富，任何单位或个人都可以无偿地使用。

（二）专利法的概念及其调整对象

1. 专利法的概念

专利法是指调整因发明创造的所有权的确认和实施而产生的各种社会关系的法律规范的总称。

2. 专利法的调整对象

专利法的调整对象是发明创造的发明人、所有人和使用人因为发明创造的产生和使用而引起的各种权利义务关系，包括发明人与发明人之间，发明人与其所属的单位之间，以及发明人与使用发明的公众之间因之产生的各种权利义务关系。

二、专利权的客体

专利权的客体即专利法的保护对象，是指依专利法可获得保护的发明创造。我国《专利法》第 2 条第 1 款规定：本法所称的发明创造是指发明、实用新型和外观设计。

（一）发明

1. 发明的概念

发明是指对产品、方法或者其改进所提出的新的技术方案。

2. 发明的特征

(1) 发明是一种技术方案，是发明人利用自然规律的结果。没有利用自然规律的方案不属于技术方案，不是发明，如体育比赛规则、逻辑推理法则等。发明通常是自然领域的智力成果。文学、艺术和社会科学领域的成果不能视为发明。

(2) 发明必须是一种新的具体的技术方案。发明必须能够实施，达到一定效果并具有可重复性。并且该技术方案是新的，与以往相比应当有一定的实质性的进步。

(3) 发明是一种符合法律要求的新的具体的技术方案。发明作为一种技术方案，必须符合法律要求，不违背社会公德和公共利益，且具备新颖性、创造性和实用性。

3．发明的分类

根据不同的划分标准，可以将发明进行多种分类，如职务发明和非职务发明、独立发明和共同发明等。但是，最主要的分类是根据发明的不同内容，将发明分为产品发明和方法发明。

(1) 产品发明。产品发明是关于新产品、新物质的发明，表现为各种形式的制成品，如电子计算机等产品。

(2) 方法发明。方法发明是关于制造产品或解决问题的操作方法、制造方法的发明，如加工方法、产品使用方法等。

(二) 实用新型

1．实用新型的概念

实用新型是指对产品的形状、构造或者其结合所提出的适于实用的新的技术方案。生活中通常称实用新型为"小发明"，与发明相比，它的技术含量较低。

2．实用新型的特征

与发明相比，实用新型具有以下特征：

(1) 实用新型只能是产品。一切有关方法以及未经人工制造的自然存在的物品不属于实用新型专利的保护对象。

(2) 实用新型必须是具有立体形状构造的产品，排除气态、液态、粉末状、颗粒状等无确定形状的产品。

(3) 实用新型的创造性低于发明。与现有技术相比，发明要求具有突出的实质性特点和显著的进步，实用新型仅要求具有实质性特点和进步。

(4) 实用新型的审查程序简单，只需经过初步审查，没有发现驳回理由的，无需进行实质审查。

(5) 实用新型专利的保护期限短于发明。根据我国《专利法》的规定，发明专利的保护期为 20 年，实用新型专利的保护期为 10 年。

(三) 外观设计

1．外观设计的概念

外观设计又称为工业产品外观设计，是指对产品的形状、图案或者其结合以及色彩与形状、图案相结合所作出的富有美感并适于工业上应用的新设计。

2．外观设计的特征

外观设计有以下特征：

(1) 外观设计是对工业产品的外观所作的设计，并不改变产品的性质和功能。

(2) 外观设计应用的产品应适用于工业应用。适用于工业应用是指该外观设计可以通过工业手段大量复制。

(3) 外观设计是对产品的形状、图案或其结合所作的新设计，应富有美感，并不解决实质的产品技术问题。

（四）专利法不予保护的对象

专利法不予保护的对象如下：

(1) 违反法律、社会公德或妨害公共利益的发明创造，如专用于伪造货币的设备、赌博机、吸毒工具等都不是专利法的保护对象。

(2) 科学发现。它是指对自然界中客观存在的现象、变化过程及其特性和规律的揭示。科学理论是对自然界认识的总结，是更为广义的发现。它们都属于人们认识的延伸。这些被认识的物质、现象、过程、特性和规律不同于改造客观世界的技术方案，不是专利法意义上的发明创造。因此，不能被授予专利权，例如牛顿的万有引力定律不能成为专利法保护的对象。

(3) 智力活动的规则与方法。智力活动是指人的思维运动，它源于人的思维，经过推理、分析和判断产生出抽象的结果，或者必须经过人的思维运动作为媒介才能间接地作用于自然产生结果，它仅是指导人们对信息进行思维、识别、判断和记忆的规则和方法，由于其没有采用技术手段或者利用自然法则，也未解决技术问题和产生技术效果。因而，不构成技术方案，例如交通行车规则、各种语言的语法、记忆方法、速算法、游戏规则等。

(4) 疾病的诊断及治疗方法。将疾病的诊断和治疗方法排除在专利保护范围之列，是出于人道主义的考虑和社会伦理的原因，医生在诊断和治疗过程中应当有选择各种方法和条件的自由，诸如心理疗法、诊脉法、以治疗为目的的整容或减肥方法等都不能成为专利法保护的对象。

(5) 动植物品种。我国对于动植物新品种采取专利以外的保护措施。但对于动物和植物品种的生产方法，可以授予专利权。

(6) 用原子核变换方法获得的物质。由于用原子核变换方法获得的物质关系到国防、经济、科研和公共安全等重大利益，不宜为人垄断，且难以公开。因此，不予授予专利权。

(7) 对平面印刷品的图案、色彩或者二者的结合作出的主要起标识作用的设计。这类设计通常创造性相对较低，经常成为商标权的内容。因此，不再作为专利法保护的对象。

(8) 对违反法律、行政法规的规定获取或者利用遗传资源，并依赖该遗传资源完成的发明创造，不授予专利权。

三、专利权的主体

专利权的主体即专利权人，是指依法享有专利权并承担相应义务的人。依据《专利法》的规定，发明人或者设计人、职务发明创造的单位、外国人和外国企业或者外国其他组织都可以成为专利权的主体。

（一）发明人或者设计人

1．概念

发明人是指完成发明创造、对发明创造的实质性特点作出创造性贡献的自然人；设计人是指参与完成外观设计、对外观设计作出创造性贡献的自然人。发明人和设计人统称发明创造人。发明创造人可以是一个人，也可以是共同完成发明创造的两个或多个人。

需要指出的是，在完成发明创造过程中，只负责组织工作的人、为物质技术条件的利用提供方便的人或者从事其他辅助性工作的人，如试验员、描图员、机械加工工人等，均不是发明人或设计人。

2．条件

发明人或设计人必须满足以下条件：

(1) 发明人或设计人应是自然人。发明创造是智力劳动的结果。因此，发明人或设计人必须是直接参加发明创造活动的人，不能是单位、集体。

(2) 发明人或设计人应为发明的实质性特点作出创造性贡献的人。只有在发明创造完成过程中对发明创造的构思以及构思的结构形式提出了具体的创造性见解的人才能被称作发明人或设计人。

(3) 发明人或设计人的身份不受其民事行为能力的限制。发明创造活动是一种事实行为。发明人或设计人不需要具备完全民事行为能力，只要他完成了发明创造，就应认定为发明人或设计人。

（二）职务发明创造的单位

对于职务发明创造来说，专利权的主体是该发明创造的发明人或者设计人的所在单位。职务发明创造是指执行本单位的任务或者主要是利用本单位的物质技术条件所完成的发明创造。职务发明创造分为两类：

(1) 执行本单位任务所完成的发明创造。包括三种情况：① 在本职工作中作出的发明创造；② 履行本单位交付的本职工作之外的任务所作出的发明创造；③ 退职、退休或者调动工作后 1 年内作出的，与其在原单位承担的本职工作或者原单位分配的任务有关的发明创造。

(2) 主要利用本单位的物质技术条件所完成的发明创造。"本单位的物质技术条件"是指本单位的资金、设备、零部件、原材料或者不对外公开的技术资料等。如果是少量利用本单位的物质技术条件，且这种物质技术条件的利用，对发明创造的完成无关紧要，则不能认定是职务发明创造。

职务发明创造的专利申请权和取得的专利权归发明人或设计人所在的单位。发明人或设计人享有署名权和获得奖金、报酬的权利。

（三）专利权的合法继受人

专利权的合法继受人是指通过受让、受赠或继承等方式依法取得专利权的人。我国《专利法》规定：专利申请权和专利权的财产权可以转让、赠与和继承。

在继受取得专利权的情况下，专利权的继受并不影响专利权的原始主体发明人、设计人的身份权利。

（四）外国人、外国企业或外国其他组织

外国人包括具有外国国籍的自然人、法人和其他组织。在中国有经常居所或者营业所的外国人，享有与中国公民或单位同等的专利申请权和专利权。在中国没有经常居所或者营业所的外国人、外国企业或者外国其他组织在中国申请专利的，依照其所属国同中国签订的协议或者共同参加的国际条约，或者依照互惠原则，可以申请专利。

四、专利权的授权条件

（一）发明、实用新型专利的授权条件

依照《专利法》规定，授予专利权的发明和实用新型，应当具备新颖性、创造性和实用性。

1. 新颖性

（1）新颖性的概念。新颖性是指该发明或者实用新型不属于现有技术，也没有任何单位或者个人就同样的发明或者实用新型在申请日以前向国务院专利行政部门提出过申请，并记载在申请日以后公布的专利申请文件或者公告的专利文件中。现有技术是指申请日以前在国内外为公众所知的技术。

（2）新颖性的判断标准。新颖性是授予专利权的最基本的积极条件之一。如果申请专利的发明是现有技术的范围，则其不具备新颖性。如果能够确定申请专利的技术内容是否与已经公开的技术内容相同，则可以确定其是否具备新颖性。因此，新颖性的判断，实际上就是关于一项技术是否已经被公开的判断。判断一项技术是否公开，主要从以下方面进行考察：① 出版物公开，即发明创造的技术信息是否在国内外公开披露。② 使用公开，即是否通过制造、销售、使用、进口、展示等形式公开发明创造的技术内容。③ 其他形式的公开，即是否通过出版物和使用以外的方式公开，如口头讲课、作报告、在广播电台或电视台播放等方式公开或通过互联网公开。④ 抵触申请，即一项申请专利的发明或者实用新型在申请日以前，已有同样的发明或者实用新型由他人向专利局提出过申请，并且记载在该发明或者实用新型申请日以后公布的专利申请文件中。先申请被称为后申请的抵触申请。如果存在抵触申请，则该发明创造即丧失新颖性。

2. 创造性

（1）创造性的概念。创造性是指与现有技术相比，该发明具有突出的实质性特点和显著的进步，该实用新型具有实质性特点和进步。

（2）创造性的判断标准。对于发明，其创造性的判断标准为有突出的实质性特点和显著的进步；对于实用新型，其创造性的判断标准为有实质性特点和进步。

所谓"突出的实质性特点"，是指与现有技术相比，发明有明显的本质区别，本领域的普通技术人员已不能直接从现有技术中得出该发明的全部必要技术特征；"显著的进步"是指与最接近的现有技术相比有所发展和前进。与新颖性的关键在于"新"相比，创造性的

核心在于"难"。

3. 实用性

(1) 实用性的概念。实用性是指该发明或者实用新型能够制造或者使用，并且能够产生积极效果。

(2) 实用性的条件。实用性应当具备可实施性、可再现性和有益性三个条件。也就是说，获得专利的发明创造不能是一种纯理论的方案，必须能够在实际中得到应用。

(二) 外观设计专利的授权条件

依据《专利法》规定，授予专利权的外观设计应满足以下条件：① 不属于现有设计。也就是说，授予专利权的外观设计，应当不属于申请日以前在国内外为公众所知的设计；② 没有任何单位或者个人就同样的外观设计在申请日以前向国务院专利行政部门提出过申请，并记载在申请日以后公告的专利文件中；③ 授予专利权的外观设计与现有设计或者现有设计特征的组合相比，应当具有明显区别；④ 授予专利权的外观设计不得与他人在申请日以前已经取得的合法权利相冲突。

(三) 丧失新颖性的例外

申请专利的发明、实用新型和外观设计在申请日以前 6 个月内，有下列情形之一的，不丧失新颖性：第一，在中国政府主办或者承认的国际展览会上首次展出的；第二，在国务院有关主管部门和全国性学术团体组织召开的学术会议或者技术会议上首次发表的；第三，他人未经同意而泄露其内容的。

【例 9-8】 磷酸铁锂专利无效行政诉讼案。

2012 年 4 月 9 日，磷酸铁锂专利无效行政案一审在北京市第一中级人民法院(下称北京一中院)开庭。加拿大魁北克水电公司、巴黎 CNRS 公司、蒙特利尔联合公司等 3 家宣称拥有磷酸铁锂电池相关专利的企业，起诉中国国家知识产权局专利复审委员会(下称专利复审委)关于其磷酸铁锂电池专利无效的裁定无效，同时将中国电池工业协会列为第三人。

2003 年 3 月，加拿大魁北克水电公司等专利权利人的磷酸铁锂专利以申请号为PCT/CA2001/001349 的国际申请为基础进入中国，向中国国家知识产权局提出发明专利申请，并于 2008 年 9 月获得授权。2010 年 8 月，中国电池工业协会向专利复审委提出专利无效请求。2011 年 5 月 28 日，专利复审委作出无效决定。随后，加拿大魁北克水电公司等向北京一中院提起诉讼。

【思考】 《专利法》意义上的公开的含义如何？发明创造的新颖性可能因哪些行为而丧失？

五、专利权的取得、终止和无效

(一) 专利权的取得

1. 专利的申请

1) 专利申请的原则

(1) 单一性原则。它是指一份专利只能含有一项发明创造。但是属于一个总的发明构思的两项以上的发明或者实用新型，可以作为一件申请提出；用于同一类别并且成套出售或者使用的产品的两项以上的外观设计，可以作为一件申请提出。

(2) 先申请原则。两个或两个以上的申请人分别就同样的发明创造申请专利的，专利权授给最先申请的人。

(3) 优先权原则。它是指将专利申请人首次提出专利的日期，视为后来一定期限内专利申请人就相同主题在他国或本国提出专利申请的日期。专利申请人依法享有的这种权利称为优先权。

我国《专利法》规定了外国和本国两种优先权。外国优先权，又称"国际优先权"。其内容是：专利申请人就同一发明或者实用新型在外国第一次提出专利申请之日起 12 个月内，或者就同一外观设计在外国第一次提出专利申请之日起 6 个月内，又在中国提出专利申请的，中国应当以其在外国第一次提出专利申请之日为申请日，该申请人在外国第一次提出专利申请即为优先权日。本国优先权又称为"国内优先权"，是指专利申请人就相同主题的发明或者实用新型在中国第一次提出专利申请之日起 12 个月内，又向我国国务院专利行政部门提出专利申请的，可以享有优先权。在本国优先权制度中不包括外观设计专利。

2) 专利申请的提出

申请发明创造的专利需要向专利主管部门提交专利申请文件。发明、实用新型和外观设计专利申请对申请文件有不同的要求：

(1) 申请发明专利或者实用新型专利的，应当向国务院专利行政部门提交请求书、说明书及其摘要和权利要求书等文件。请求书应当写明发明或者实用新型的名称、发明人或者设计人的姓名，申请人姓名或者名称、地址，以及其他事项。说明书应当对发明或者实用新型作出清楚、完整的说明，以所属技术领域的技术人员能够实现为准；必要的时候，应当有附图。摘要应当简要说明发明或者实用新型的技术要点。权利要求书应当以说明书为依据，说明要求专利保护的范围。

(2) 申请外观设计的，应当提交请求书以及该外观设计的图片或者照片等文件，并且应当写明使用该外观设计的产品及其所属的类别。

专利局收到专利申请文件之日为申请日。如果申请文件是邮寄的，以寄出的邮戳日为申请日。申请人享有优先权的，优先权日即为申请日。

2．专利申请的审批

1) 发明专利的审查批准程序

(1) 初步审查。它是指专利主管机关审查申请人是否具备申请资格；专利申请是否具备专利法规定的申请文件和其他必要的文件，以及这些文件是否符合规定的格式；发明专利申请是否明显属于违反国家法律、社会公德或者妨碍公共利益的发明创造；发明专利申请是否明显不符合申请主题单一性原则；专利申请文件的修改是否符合要求；申请发明专利是否合适；专利申请文件尤其是说明书和权利要求书的撰写是否符合专利法规定的格式和内容等。

(2) 早期公开。专利局收到发明专利申请后，经初步审查认为符合要求的，自申请日起满 18 个月，通过《专利公报》向社会公布。专利局也可根据申请人申请早日公布。此时，专利申请尚未获得授权。因此，他人未经许可实施该发明创造的行为并不构成侵权。

(3) 实质审查。发明专利申请自申请日起 3 年内，专利局可以根据申请人随时提出的要求，对其进行实质审查；申请人无正当理由逾期不请求实质审查的，该申请即被视为撤回。专利局认为必要的时候，可以自行对发明专利申请进行实质性审查。实质审查的核心内容是审查发明是否具备授予专利的条件，即是否具备新颖性、创造性和实用性。

(4) 授权登记公告。发明专利申请经过实质审查没有发现驳回理由的，由专利局作出授予发明专利权的决定，发给发明专利证书，并且予以登记和公告。发明专利权自公告之日起生效。国务院专利行政部门发出授予专利权的通知后，申请人应当自收到通知之日起 2 个月内办理登记手续。申请人按期办理登记手续的，国务院专利行政部门应当授予专利权，颁发专利证书，并予以公告。期满未办理登记手续的，视为放弃取得专利权的权利。

2) 实用新型和外观设计的审查批准

实用新型和外观设计专利申请经初步审查没有发现驳回理由的，由专利局作出授予实用新型专利或者外观设计专利权的决定，发给相应的专利证书，同时予以登记和公告。实用新型专利权和外观设计专利权自公告之日起生效。

3) 专利的复审

国务院专利行政部门设立专利复审委员会。专利申请人对国务院专利行政部门驳回申请的决定不服的，可以自收到通知之日起 3 个月内，向专利复审委员会请求复审。

专利复审委员会对复审请求应当及时进行审查，复审后作出决定，并以书面形式通知复审申请人。

专利申请人对专利复审委员会的复审决定不服的，可以自收到通知之日起 3 个月内向人民法院起诉。

(二) 专利权的终止

有下列情形之一的，专利权在期限届满前终止：
(1) 没有按照规定缴纳年费的。
(2) 专利权人以书面声明放弃其专利权的。
专利权在期限届满前终止的，由国务院专利行政部门登记和公告。

(三) 专利权的无效

1. 宣告专利无效申请的提出

我国《专利法》45 条规定：自国务院专利行政部门公告授予专利权之日起，任何单位或者个人认为该专利权的授予不符合专利法有关规定的，可以请求专利复审委员会宣告该专利权无效。

专利复审委员会对宣告专利权无效的请求应当及时审查和作出决定，并通知请求人和专利权人。宣告专利权无效的决定，由国务院专利行政部门登记和公告。对专利复审委员会宣告专利权无效或者维持专利权的决定不服的，可以自收到通知之日起 3 个月内向人民法院起诉。人民法院应当通知无效宣告请求程序的对方当事人作为第三人参加诉讼。

2. 宣告专利权无效的法律后果

专利权被宣告无效后，被视为自始即不存在。宣告专利权无效的决定，对在宣告专利权无效前人民法院作出并已执行的专利侵权的判决、调解书，已经履行或者强制执行的专利侵权纠纷处理决定，以及已经履行的专利实施许可合同和专利权转让合同，不具有追溯力。但是，因专利权人的恶意给他人造成的损失，应当给予赔偿。

依照上述规定不返还专利侵权赔偿金、专利使用费、专利权转让费，明显违反公平原则的，应当全部或者部分返还。

【例9-9】　A国某公司与中国某大学研究所专利优先权纠纷案。

A国某公司于2012年9月10日向中国专利局提交了一份名为"节水马桶"的发明专利申请，同时提交了要求优先权的书面申请。随后，该公司又向中国专利局提交了其于2012年4月13日以相同主题向A国提出专利申请的副本。

2012年7月22日，中国某大学研究所也向中国专利局提交了关于"节水马桶"的专利申请。

【思考】　如果上述两个专利申请属于同一个发明，那么谁应当获得该专利？

六、专利权的内容和限制

专利权的内容，即专利权人的权利与义务。专利申请一旦通过审查获得授权，专利权人就享有专利法赋予的专利权，但也要承担一定的义务。

（一）专利权的内容

1.专利权人的权利

1) 独占实施权

我国《专利法》第11条规定：发明和实用新型专利权被授予后，除本法另有规定的以外，任何单位或者个人未经专利权人许可，都不得实施其专利，即不得为生产经营目的制造、使用、许诺销售、销售、进口其专利产品，或者使用其专利方法以及使用、许诺销售、销售、进口依照该专利方法直接获得的产品。可见，专利权内容中的独占实施权又可以分为以下5个方面的权利：

(1) 制造权，是指专利权人依法享有垄断制造专利产品，禁止他人未经许可而制造相同或类似的产品的独占性权利。

(2) 使用权，是指专利权人依法享有使用专利产品、专利方法或者依照专利方法直接获得的产品的权利。

(3) 许诺销售权，是指专利权人依法享有销售前的推销或促销的权利，包括通过广告、订单、发布消息等手段表明销售意愿的权利。

(4) 销售权，是指专利权人依法享有的销售其专利产品或由其专利方法直接获得的产品的独占性权利。

(5) 进口权，是指专利权人依法享有的将其专利产品或由其专利方法直接获得的产品的权利从一国境外输入境内的独占性权利。

2) 转让权

转让权是指专利权人依法享有的将其权利依法转让给他人的权利。我国《专利法》第10条规定：专利申请权和专利权可以转让。中国单位或者个人向外国人、外国企业或者外国其他组织转让专利申请权或者专利权的，应当依照有关法律、行政法规的规定办理手续。转让专利申请权或者专利权的，当事人应当订立书面合同，并向国务院专利行政部门登记，由国务院专利行政部门予以公告。专利申请权或者专利权的转让自登记之日起生效。

3）许可权

许可权是指专利权人依法享有的许可他人实施其专利的权利。我国《专利法》第12条规定：任何单位或者个人实施他人专利的，应当与专利权人订立实施许可合同，向专利权人支付专利使用费。被许可人无权允许合同规定以外的任何单位或者个人实施该专利。

4）标记权

标记权是指专利权人依法享有的在其专利产品或产品包装上标明专利标识的权利。我国《专利法》第17条第2款规定：专利权人有权在其专利产品或者该产品的包装上标明专利标识。

5）署名权

署名权是指发明人或设计人有权在专利文件中写明自己是发明人或设计人的权利。我国《专利法》第17条第1款规定：发明人或者设计人有权在专利文件中写明自己是发明人或者设计人。署名权是发明人或设计人的人格权，具有人身依附性。

除上述权利外，专利权人还可以将专利权中的财产权抵押、质押，并可以放弃自己的权利。

2．专利权人的义务

(1) 按规定缴纳专利年费。

(2) 实际实施专利。既可以自己实施，也可以许可他人实施。这是实现发明创造目的的必经之路。

（二）专利权的限制

为了达到平衡专利权人、专利使用人和社会公众的利益，各国均对专利权人的权利作出了一定的限制。主要包括以下几个方面。

1．通过保护期规定限制专利权

我国《专利法》第42条规定：发明专利权的期限为20年，实用新型专利权和外观设计专利权的期限为10年，均自申请日起计算。

2．通过排除侵权规定限制专利权

根据我国《专利法》第69条的规定，下列行为不视为侵犯专利权：

(1) 权利用尽行为，即专利产品或者依照专利方法直接获得的产品，由专利权人或者经其许可的单位、个人售出后，使用、许诺销售、销售、进口该产品的行为。

(2) 先行实施行为，即在专利申请日前已经制造相同产品、使用相同方法或者已经做好制造、使用的必要准备，并且仅在原有范围内继续制造使用的行为。

(3) 临时过境行为，即临时通过中国领陆、领水、领空的外国运输工具，依照其所属国同中国签订的协议或者共同参加的国际条约，或者依照互惠原则，为运输工具自身需要而在其装置和设备中使用有关专利的行为。

（4）科研实施行为，即专为科学研究和实验而使用有关专利的行为。

（5）行政审批实施行为，即为提供行政审批所需要的信息，制造、使用、进口专利药品或者专利医疗器械的，以及专门为其制造、进口专利药品或者专利医疗器械的行为。

3. 通过实施强制许可限制专利权

根据《专利法》第 48 至 50 条的规定，有下列情形之一的，国务院专利行政部门根据具备实施条件的单位或者个人的申请，可以给予实施发明专利或者实用新型专利的强制许可：

（1）专利权人自专利权被授予之日起满 3 年，且自提出专利申请之日起满 4 年，无正当理由未实施或者未充分实施其专利的。

（2）专利权人行使专利权的行为被依法认定为垄断行为，为消除或者减少该行为对竞争产生的不利影响的。

（3）在国家出现紧急状态或者非常情况时，或者为了公共利益的目的，国务院专利行政部门可以给予实施发明专利或者实用新型专利的强制许可。

（4）为了公共健康目的，对取得专利权的药品，国务院专利行政部门可以给予制造并将其出口到符合中华人民共和国参加的有关国际条约规定的国家或者地区的强制许可。

（5）一项取得专利权的发明或者实用新型比以前已经取得专利权的发明或者实用新型具有显著经济意义的重大技术进步，其实施又有赖于前一发明或者实用新型的实施的，国务院专利行政部门根据后一专利权人的申请，可以给予实施前一发明或者实用新型的强制许可。

【例 9-10】　王某、知新公司诉广西南宁市中高糖机设备制造有限公司案。

原告王某于 2000 年 12 月 6 日提出实用新型专利申请，2001 年 12 月 19 日获得"直冷式压蔗机轴瓦"的专利权，之后原告王某许可原告知新公司实施其专利。2000 年 10 月，被告与其他公司签订买卖合同，委托被告加工一批糖机设备，其中，两套压蔗机铜轴瓦与原告的产品基本相同。原告遂向人民法院提起诉讼，认为被告侵犯其专利权。

一审法院审理后认为：被告所举证据不足以否认原告王某的专利具有新颖性，而被告对"直冷式压蔗机轴瓦"享有先用权，因为被告在原告王某专利申请日前就已生产出被控产品并交付买受人。因此，判决驳回原告的诉讼请求。原告不服，提起了上诉。二审法院判决维持一审判决，并对原审被告享有先用权的范围进行了月产量和年产量的限定。

【思考】　先行实施应当符合什么条件？《专利权法》如何对先用权进行保护？

七、专利权的保护

（一）专利权的保护范围

依据《专利法》第 59 条的规定，发明或者实用新型专利权的保护范围以其权利要求的内容为准，说明书及附图可以用于解释权利要求的内容。外观设计专利权的保护范围以表示在图片或者照片中的该产品的外观设计为准，简要说明可以用于解释图片或者照片所表示的该产品的外观设计。

(二) 专利侵权行为

专利侵权行为即侵犯专利权的行为，是指行为人未经专利权人许可，也没有法律依据，以营利为目的擅自实施他人专利的违法行为。

专利侵权行为分为直接侵权行为和间接侵权行为。

(1) 直接侵权行为。直接侵权行为主要有以下情形：① 未经专利权人许可，为生产经营目的制造、使用、许诺销售、销售、进口其产品，或者使用其专利方法以及使用、许诺销售、销售、进口依照该专利方法直接获得的产品；② 未经专利权人许可，为生产经营目的制造、销售、进口其外观设计专利产品；③ 假冒他人的专利；④ 以非专利产品冒充专利产品；⑤ 侵夺发明人或者设计人的非职务发明创造申请权以及其他权益的行为。

(2) 间接侵权行为。如未经专利权人同意或未经其他专利权人同意，擅自许可或委托他人实施专利的行为；教唆或帮助他人实施专利侵权行为的行为等。

(三) 专利侵权行为的法律责任

侵犯专利权的行为责任包括民事责任、行政责任和刑事责任。

1. 民事责任

我国《专利法》规定：未经专利权人许可，实施其专利，即侵犯其专利权，引起纠纷的，由当事人协商解决；不愿协商或者协商不成的，专利权人或者利害关系人可以向人民法院起诉，也可以请求管理专利工作的部门处理。管理专利工作的部门处理时，认定侵权行为成立的，可以责令侵权人立即停止侵权行为，当事人不服的，可以自收到处理通知之日起 15 日内依照《中华人民共和国行政诉讼法》向人民法院起诉；侵权人期满不起诉又不停止侵权行为的，管理专利工作的部门可以申请人民法院强制执行。进行处理的管理专利工作的部门应当事人的请求，可以就侵犯专利权的赔偿数额进行调解；调解不成的，当事人可以依照《中华人民共和国民事诉讼法》向人民法院起诉。

2. 行政责任

假冒专利的，除依法承担民事责任外，由管理专利工作的部门责令改正并予公告，没收违法所得，可以并处违法所得 4 倍以下的罚款；没有违法所得的，可以处 20 万元以下的罚款。

3. 刑事责任

刑事责任只限于假冒他人专利且情节严重的情形。《刑法》第 216 条规定：假冒他人专利，情节严重的，处 3 年以下有期徒刑或者拘役，并处或者单处罚金。

(四) 专利纠纷的解决途径

专利纠纷的解决途径有调解、仲裁、行政处理和诉讼四种方式。

(五) 专利侵权的诉讼时效

侵犯专利权的诉讼时效为两年，自专利权人或者利害关系人得知或者应当得知侵权行为之日起计算。发明专利申请公布后至专利权授予前使用该发明未支付适当使用费的，专利权人要求支付使用费的诉讼时效为两年，自专利权人得知或者应当得知他人使用其发明之日起计算。但是，专利权人于专利权授予之日前即已得知或者应当得知的，自专利权授予之日起计算。

【例9-11】　浙江名媛工艺饰品有限公司诉桐乡两公司专利权侵权纠纷案。

2008年，浙江名媛工艺饰品有限公司发现位于浙江桐乡的一家水钻生产公司和一家平底钻生产公司正在使用的水钻生产加工方法侵犯了其拥有的"一种水钻端面磨抛加工方法"的中国发明专利权，遂将其诉至法院。

2012年，浙江省高级人民法院终审判决浙江桐乡的两家饰品企业分别赔偿浙江名媛工艺饰品有限公司10万元并立即停止使用落入名媛工艺专利保护范围内的加工方法。从起诉到终审，浙江名媛工艺饰品有限公司历时3年多赢得这场专利权之战。

【思考】　专利纠纷的解决途径有哪些？侵犯专利权可能需要承担哪些责任？

第四节　商　标　法

一、商标概述

（一）商标的概念

商标俗称"牌子"，是一种商业标记，其用途是表明商品或服务的来源，以便消费者识别。我国《商标法》第8条规定：任何能够将自然人、法人或者其他组织的商品与他人的商品区别开的标志，包括文字、图形、字母、数字、三维标志、颜色组合和声音等，以及上述要素的组合，均可以作为商标申请注册。根据这个规定，商标可以定义为：生产经营者在其商品或者服务上使用的与其他经营者的商品或服务相区别的可视性标志，一般由文字、图形、字母、数字、三维标志、颜色组合和声音，以及上述要素的组合构成。

（二）商标的分类

1. 依据商标是否注册划分

(1) 注册商标。注册商标是指按照法定的程序由商标主管部门核准注册的商标。

(2) 未注册商标。未注册商标是指未经注册而在商品或服务上使用的商标。

2. 依据商标使用对象不同划分

(1) 商品商标。商品商标是指使用于各种商品上，用来区别不同生产者和经营者的商标，如"联想"电脑，"农夫山泉"矿泉水等。

(2) 服务商标。服务商标是指提供服务的经营者为了表明自己的服务并区别于他人同类服务而使用的商标，如"肯德基"快餐。

3. 根据商标的作用不同划分

(1) 集体商标。集体商标是指以工商业团体、协会或者其他组织名义注册，供该组织成员在商事活动中使用，以表明使用者在该组织中的成员资格的标志。集体商标的作用是向消费者表明使用该商标的集体组织成员所经营的商品或服务项目具有共同特点，有利于发挥集团优势，保护成员的利益。

(2) 证明商标。证明商标是指由对某种商品或者服务具有监督能力的组织所控制，而由该组织以外的单位或者个人使用于其商品或者服务，用以证明该商品或者服务的原产地、原料、制造方法、质量或者其他特定品质的标志。证明商标可以分为原产地证明商标和品质证明商标。

典型的证明商标如由国际羊毛局注册并负责管理的纯羊毛标志，再如绿色食品标志、羽绒制品标志、真皮标志、安全认证标志等。证明商标的作用在于证明商品或服务达到了某种特定标准。

4．根据商标是否知名划分

(1) 驰名商标。驰名商标是指在一定的地域范围内(如中国、国际等)为相关公众广为知晓、享有较高声誉并经有权机关依照法律程序认定从而受到法律特别保护的商标。

(2) 非驰名商标。非驰名商标是指在一定的地域范围内除驰名商标以外的商标。

除上述分类外，还可以按照商标的构成要素将商标分为平面商标、立体商标、文字商标、图形商标等类型。

(三) 商标的构成条件

1．必备条件

申请注册的商标应具备以下条件：① 申请注册的商标，应当有显著特征，便于识别，并不得与他人在先取得的合法权利相冲突。② 应当具备法定的构成要素。任何能够将自然人、法人或者其他组织的商品与他人的商品区别开的可视性标志，包括文字、图形、字母、数字、三维标志和颜色组合，以及上述要素的组合，均可以作为商标申请注册。因此，视觉不能感知的音响、气味等商标不能在我国注册。

2．禁止条件

依据《商标法》，下列标志不得作为商标使用：① 同中华人民共和国的国家名称、国旗、国徽、国歌、军旗、军徽、军歌、勋章等相同或者近似的，以及同中央国家机关的名称、标志、所在地特定地点的名称或者标志性建筑物的名称、图形相同的；② 同外国的国家名称、国旗、国徽、军旗相同或者近似的，但该国政府同意的除外；③ 同政府间国际组织的名称、旗帜、徽记相同或者近似的，但经该组织同意或者不易误导公众的除外；④ 与表明实施控制、予以保证的官方标志、检验印记相同或者近似的，但经授权的除外；⑤ 同"红十字"、"红新月"的名称、标志相同或者近似的；⑥ 带有民族歧视性的；⑦ 夸大宣传并带有欺骗性的；⑧ 有害于社会主义道德风尚或者有其他不良影响的。⑨ 县级以上行政区划的地名或者公众知晓的外国地名，不得作为商标。但是，地名具有其他含义或者作为集体商标、证明商标组成部分的除外；已经注册的使用地名的商标继续有效。

以下标志禁止作为商标注册但可以作为未注册商标或其他标志使用的标志：① 仅有本商品的通用名称、图形、型号的；② 仅直接表示商品的质量、主要原料、功能、用途、重量、数量及其他特点的；③ 其他缺乏显著特征的。前述所列标志经过使用取得显著特征，并便于识别的，可以作为商标注册；④ 以三维标志申请注册商标的，仅由商品自身的性质产生的形状、为获得技术效果而需有的商品形状或者使商品具有实质性价值的形状，不得注册。

　　此外，依《商标法》规定，就相同或者类似商品申请注册的商标是复制、摹仿或者翻译他人未在中国注册的驰名商标，容易导致混淆的，不予注册并禁止使用。就不相同或者不相类似商品申请注册的商标是复制、摹仿或者翻译他人已经在中国注册的驰名商标，误导公众，致使该驰名商标注册人的利益可能受到损害的，不予注册并禁止使用。未经授权，代理人或者代表人以自己的名义将被代理人或者被代表人的商标进行注册，被代理人或者被代表人提出异议的，不予注册并禁止使用。商标中有商品的地理标志，而该商品并非来源于该标志所标示的地区，误导公众的，不予注册并禁止使用；但是，已经善意取得注册的继续有效。注册商标被撤销的或者期满不再续展的，自撤销或者注销之日起 1 年内，商标局对与该商标相同或者近似的商标注册申请，不予核准。

　　【例 9-12】　X 公司诉商标评审委员会行政诉讼案。

　　"涵碧楼"作为台湾地区历史名楼始建于 1916 年，涵碧楼公司于 1998 年即开始经营"涵碧楼"大饭店，并于 1999 年在台湾地区注册并实际使用"涵碧楼"商标，指定使用的类别为饭店等服务。X 公司于 2002 年 8 月申请注册了第 3262738 号"涵碧楼"商标，类别为第 43 类饭店等服务。

　　近日，北京市第一中级人民法院审理了 X 公司诉商标评审委员会、第三人涵碧楼公司商标异议复审行政纠纷一案。法院认定 X 公司申请注册"涵碧楼"被异议商标的行为构成以不正当手段抢先注册涵碧楼公司已经使用并有一定影响的商标，判决维持商标评审委员会对该被异议商标未予核准注册的裁定。

　　【思考】　未在中国注册的知名商标依法受到何种保护？

（四）商标的功能

　　商标具有的功能如下：

　　(1) 识别功能。识别功能是商标最基本的功能。通过商标，消费者可以识别出商品的生产者、销售者或服务的提供者，还可以识别出商品或服务的质量。

　　(2) 广告功能。随着带有商标的商品或服务进入市场，消费者对不同商品或服务的质量的评价不断沉淀在商标上，商标成为无声的广告，商标的广告功能不断体现。

　　(3) 经济功能。商标，尤其是驰名商标是企业的无形资产和重要财富。在市场竞争中，创立驰名商标已成为企业开拓市场、出奇制胜的法宝，展示了商标巨大的经济功能。

　　(4) 文化功能。商标集中体现了企业的经营理念和商业文化，商标的构成和宣传方式时时刻刻向社会公众传递着企业的文化精神，体现了商标的文化传递功能。

二、商标法的概念和基本原则

1. 商标法的概念

　　商标法是指调整因商标的注册、使用、转让、管理和保护而发生的各种社会关系的法律规范的总称。

2．商标法的基本原则

(1) 注册取得商标专用权原则。在我国要取得商标专用权，必须首先通过商标注册。

(2) 自愿注册原则。商标使用人可以自行选择是否将使用的商标申请注册。商标使用人如不需要取得商标专用权，可不注册。

(3) 申请在先原则。两个或两个以上的申请人，在同一种或者类似的商品上申请注册相同或近似的商标时，初步审定并公告申请在先的商标，驳回后申请人的申请。

(4) 优先权原则。我国《商标法》规定：商标注册申请人自其商标在外国第一次提出商标注册申请之日起 6 个月内，又在中国就相同商品以同一商标提出商标注册申请的，依照该外国同中国签订的协议或者共同参加的国际条约，或者按照相互承认优先权的原则，可以享有优先权。依照前款要求优先权的，应当在提出商标注册申请的时候提出书面声明，并且在 3 个月内提交第一次提出的商标注册申请文件的副本；未提出书面声明或者逾期未提交商标注册申请文件副本的，视为未要求优先权。商标在中国政府主办的或者承认的国际展览会展出的商品上首次使用的，自该商品展出之日起 6 个月内，该商标的注册申请人可以享有优先权。依照前款要求优先权的，应当在提出商标注册申请的时候提出书面声明，并且在 3 个月内提交展出其商品的展览会名称、在展出商品上使用该商标的证据、展出日期等证明文件；未提出书面声明或者逾期未提交证明文件的，视为未要求优先权。上述规定体现了我国商标法中的优先权原则，但该优先权并非自动享有，而是以商标注册申请人依法提出申请为前提。

三、商标权的构成要件

（一）商标权的概念

商标权是指商标所有人依法对其商标所享有的权利。商标所有人依法对其注册商标享有占有、使用、收益和处分的权利。

（二）商标权的主体

商标权的主体是指依法享有商标权的自然人、法人和其他组织，既包括商标的最初注册人，也包括受让注册商标的受让人。外国人也可以在中国申请商标注册，但必须符合以下条件：其所属国和中华人民共和国签订了有关协议或者该外国人的所属国与中国共同参加了有关的国际条约；或者该外国人的所属国受理我国商标申请人的商标注册申请。

两个以上的自然人、法人或者其他组织可以共同向商标局申请注册同一商标，共同享有和行使该商标专用权。

（三）商标权的客体

商标权的客体为注册商标，在我国也只有注册商标才能成为商标权的对象。

四、商标权的内容

商标权是商标法律制度的核心内容。从内容上看，商标权包括专用权、禁止权、许可权、转让权、续展权等。其中以专用权为最重要的权利。

（一）专用权

商标专用权即注册商标的专有使用权，是指商标权主体对其注册商标享有的在指定商品和服务上充分支配和独占使用的权利。专用权是商标权的核心。

【例9-13】　避风塘公司诉 R 公司商标侵权和不正当竞争案。

避风塘公司系知名商标"避风塘"的商标权人。R 公司未经原告许可，在其经营场所内大量使用与原告注册商标相同、近似的"BI FENG TANG"及"避风塘"、"避风塘人间缘"标识。为此，原告诉至法院，请求判令被告赔偿经济损失及律师费等费用共计 23 万元。

上海市二中院经审理认为，原告的"避风塘"商标在上海地区餐饮服务业中已经具有识别经营者身份和服务来源的作用，"避风塘"一词已经成为避风塘公司在上海地区提供的知名服务的特有名称。被告的企业名称中并不包含"避风塘"文字，却在其店招、店内广告招贴等处突出使用"避风塘"文字，侵犯了原告的商标专用权，客观上足以导致消费者对服务来源产生误认，故原审法院认定被告的行为构成对原告的商标侵权和不正当竞争并无不当，故依法作出驳回上诉、维持原判的终审判决。

【思考】　商标专用权的含义如何？侵犯商标专用权的表现形式有哪些？

（二）禁止权

商标禁止权是指商标权人依法享有的禁止他人未经其许可，在同一种或者类似商品或服务项目上使用与其注册商标相同或类似的商标的权利。

（三）转让权

商标转让权是指商标权人享有的依法转让其注册商标的权利。

（四）续展权

商标续展权是指商标权人在其注册商标有效期届满前，依法享有的申请延长其注册商标保护期的权利。

（五）许可使用权

商标权人可以通过签订商标使用许可合同许可他人使用其注册商标。

【例9-14】　"84 消毒液"商标许可合同纠纷案。

L 公司是"84 消毒液"产品最早的两个研发生产厂家之一。L 公司先后注册了以"龙安84"为核心内容的多个商标。2014 年 5 月，柯林 L 公司与 L 公司签订《注册商标使用许可补充协议》（下称《补充协议》），约定 L 公司将其注册的 3 个"龙安84"为核心内容的注册商标许可柯林 L 公司使用，由柯林 L 公司支付使用费，宣传涉案商标的广告宣传费用由双方共同负担。

柯林 L 公司使用上述注册商标的"84 消毒液"产品在市场上的占有率较高，该公司自2015 年初至 2018 年 10 月累计花费广告宣传费达 1400 万余元。

后柯林 L 公司诉至一审法院，请求判令 L 公司支付 420 万余元广告宣传费。日前，北京市第二中级人民法院终审判决 L 公司向柯林 L 公司支付 212 万元广告宣传费用。

　　【思考】　商标许可使用合同应包含哪些内容?

五、商标注册的申请和审查核准

(一) 商标注册申请人

　　根据我国《商标法规定》,商标注册申请人可以是自然人、法人和其他组织。

　　对于申请的方式,中国的商标注册申请人可以直接到商标局办理注册申请手续,也可以委托依法设立的商标代理机构办理。外国人或者外国企业在中国申请商标注册和办理其他商标事宜的,应当委托依法设立的商标代理机构办理。

(二) 申请文件

　　申请商标注册,申请人必须向商标主管机关提交商标注册申请书、商标图样和相关的证明文件。

(三) 商标注册的审查

　　商标注册的审查核准主要包括形式审查、实质审查和初步审定与公告三个阶段。

　　(1) 形式审查。形式审查主要是对商标注册申请是否符合法律规定及相关文件是否符合要求等事项进行审查,主要目的是为了确定商标申请的注册日期。

　　(2) 实质审查。实质审查的内容主要包括:申请注册的商标是否具备法定构成要素;申请注册的商标是否违反《商标法》规定的禁用条款;申请注册的商标是否具有显著特征;申请注册的商标是否与同一种商品或者类似商品上他人注册在先或者初步审定在先并公告过的商标相同或者近似等。

　　(3) 初步审定与公告。申请注册的商标,凡符合《商标法》有关规定的,由商标局初步审定,予以公告。

　　申请注册的商标,凡不符合本法有关规定或者同他人在同一种商品或者类似商品上已经注册的或者初步审定的商标相同或者近似的,由商标局驳回申请,不予公告。两个或者两个以上的商标注册申请人,在同一种商品或者类似商品上,以相同或者近似的商标申请注册的,初步审定并公告申请在先的商标;同一天申请的,初步审定并公告使用在先的商标,驳回其他人的申请,不予公告。

　　《商标法》第 34 条规定:对驳回申请、不予公告的商标,商标局应当书面通知商标注册申请人。商标注册申请人不服的,可以自收到通知之日起 15 日内向商标评审委员会申请复审。商标评审委员会应当自收到申请之日起 9 个月内作出决定,并书面通知申请人。有特殊情况需要延长的,经国务院工商行政管理部门批准,可以延长 3 个月。当事人对商标评审委员会的决定不服的,可以自收到通知之日起 30 日内向人民法院起诉。

(四) 商标注册申请的核准

　　对初步审定公告的商标,自公告之日起 3 个月内,在先权利人、利害关系人认为违反商标法第 13 条第 2 款和第 3 款、第 15 条、第 16 条第 1 款、第 30 条、第 31 条、第 32 条规定的，或者任何人认为违反商标法第 10 条、第 11 条、第 12 条规定的，可以向商标局提出异议。公告期满无异议的，予以核准注册，发给商标注册证，并予公告。

对驳回申请、不予公告的商标，商标局应当书面通知商标注册申请人。商标注册申请人不服的，可以自收到通知之日起 15 日内向商标评审委员会申请复审。商标评审委员会应当自收到申请之日起 9 个月内作出决定，并书面通知申请人。有特殊情况需要延长的，经国务院工商行政管理部门批准，可以延长 3 个月。当事人对商标评审委员会的裁定不服的，可以自收到通知之日起 30 日内向人民法院起诉。

对初步审定公告的商标提出异议的，商标局应当听取异议人和被异议人陈述事实和理由，经调查核实后，自公告期满之日起 12 个月内作出是否准予注册的决定，并书面通知异议人和被异议人。有特殊情况需要延长的，经国务院工商行政管理部门批准，可以延长 6 个月。

商标局作出准予注册决定的，发给商标注册证，并予公告。异议人不服的，可以依照商标法第 44 条、第 45 条的规定向商标评审委员会请求宣告该注册商标无效。

商标局作出不予注册决定，被异议人不服的，可以自收到通知之日起 15 日内向商标评审委员会申请复审。商标评审委员会应当自收到申请之日起 12 个月内作出复审决定，并书面通知异议人和被异议人。有特殊情况需要延长的，经国务院工商行政管理部门批准，可以延长 6 个月。被异议人对商标评审委员会的决定不服的，可以自收到通知之日起 30 日内向人民法院起诉。人民法院应当通知异议人作为第三人参加诉讼。

商标评审委员会在依照前款规定进行复审的过程中，所涉及的在先权利的确定必须以人民法院正在审理或者行政机关正在处理的另一案件的结果为依据的，可以中止审查。中止原因消除后，应当恢复审查程序。

法定期限届满，当事人对商标局作出的驳回申请决定、不予注册决定不申请复审或者对商标评审委员会作出的复审决定不向人民法院起诉的，驳回申请决定、不予注册决定或者复审决定生效。

经审查异议不成立而准予注册的商标，商标注册申请人取得商标专用权的时间自初步审定公告 3 个月期满之日起计算。自该商标公告期满之日起至准予注册决定做出前，对他人在同一种或者类似商品上使用与该商标相同或者近似的标志的行为不具有追溯力；但是，因该使用人的恶意给商标注册人造成的损失，应当给予赔偿。

六、商标权的期限和终止

(一) 商标权的期限

商标权的期限是指商标权受法律保护的期限。我国《商标法》第 39 条规定：注册商标的有效期为 10 年，自核准注册之日起计算。

商标权人可以通过法定程序延长其注册商标的有效期。我国《商标法》第 40 条规定：注册商标有效期满，需要继续使用的，商标注册人应当在期满前 12 个月内按照规定办理续展手续；在此期间未能办理的，可以给予 6 个月的宽展期。每次续展注册的有效期为 10 年，自该商标上一届有效期满次日起计算。期满未办理续展手续的，注销其注册商标。商标局应当对续展注册的商标予以公告。

（二）商标权的终止

商标权的终止是指因法定事由的出现，商标权人丧失注册商标专用权的制度。引起商标权终止的原因主要有两个，一是注册商标被注销，二是注册商标被依法撤销。

1．注册商标的注销

注册商标的注销是指因商标权人的原因，商标主管机关根据申请或者法律规定，将该注册商标登记注册事项予以取消的制度。

依据《商标法》规定，以下为注册商标注销的情形：

（1）主动申请注销。商标权人申请注销其注册商标或者注销其商标在部分指定商品上的注册的，该注册商标专用权或者该注册商标专用权在该部分指定商品上的效力自商标局收到其注销申请之日起终止。

（2）期限届满注销。注册商标法定期限届满，未续展和续展未获批准的，主管部门注销该注册商标。

（3）无人继承注销。商标权人死亡或者终止，自死亡或者终止之日起 1 年期满，该注册商标没有办理转移手续的，任何人可以向商标局申请注销该注册商标。注册商标因商标注册人死亡或者终止而被注销的，该注册商标专用权自商标注册人死亡或者终止之日起终止。

2．注册商标的撤销

注册商标的撤销是指商标主管机关或商标评审委员会对违反商标法相关规定的行为予以处罚，依法强制取消相关注册商标专用权的制度。

依据《商标法》规定，以下为注册商标撤销的情形：

（1）注册商标争议撤销。在先申请注册的商标注册人认为他人在后申请注册的商标与其在同一种或者类似商品上的注册商标相同或者近似，在先申请注册的商标注册人可以在后申请注册的商标注册之日起 5 年内，向商标评审委员会申请裁定撤销。

（2）违法注册的撤销。违法注册主要有以下两种情形：① 采用了不得作为商标使用和注册的标志的；② 以欺骗手段或者其他不正当手段取得注册的。

如有以上情形的，由商标局撤销该注册商标，其他单位和个人可以请求商标评审委员会裁定撤销该注册商标。

（3）违法使用的撤销。注册商标有下列行为之一的，由工商行政管理部门责令商标注册人限期改正；拒不改正的，报请商标局撤销其注册商标：① 自行改变注册商标的；② 自行改变注册商标的注册人名义、地址或者其他注册事项的；③ 连续 3 年停止使用注册商标的，任何单位或者个人可以向商标局申请撤销该注册商标，并说明有关情况。

以上①②③情形下，商标局应当通知商标注册人，限其自收到通知之日起 2 个月内提交该商标在撤销申请提出前使用的证据材料或者说明不使用的正当理由；期满不提供使用的证据材料或者证据材料无效并没有正当理由的，由商标局撤销其注册商标。使用的证据材料，包括商标注册人使用注册商标的证据材料和商标注册人许可他人使用注册商标的证据材料。

(4) 侵犯他人相关权利注册的撤销。侵犯他人相关权利注册主要有以下情形：① 复制、摹仿或者翻译他人未在中国注册的驰名商标，容易导致混淆的；② 复制、摹仿或者翻译他人已经在中国注册的驰名商标，误导公众，致使该驰名商标注册人的利益可能受到损害的；③ 未经授权，代理人或者代表人以自己的名义将被代理人或者被代表人的商标进行注册，被代理人或者被代表人提出异议的；④ 商标中有商品的地理标志，而该商品并非来源于该标志所标示的地区，误导公众的。但是，善意取得注册的除外；⑤ 申请商标注册损害他人现有的在先权利，或者以不正当手段抢先注册他人已经使用并有一定影响的商标。

有以上情形的，自商标注册之日起 5 年内，商标所有人或者利害关系人可以请求商标评审委员会裁定撤销该注册商标。对恶意注册的，驰名商标所有人不受 5 年的时间限制。

【例 9-15】　金某诉商标评审委员会行政诉讼案。

法国鳄鱼因在第 16 类商品印刷制品等防御注册"鳄鱼"商标却连续 3 年未投入商业使用，浙江一自然人金某向商标局申请撤销该商标。之后，商标局作出撤销该商标注册的决定。该商标注册人——法国 L 公司不服，向商标评审委员会申请复审。随后，商标评审委员会作出复审决定，维持商标注册。

之后，金某将商标评审委员会、法国 L 公司诉至北京市第一中级人民法院，请求法院撤销上述复审决定，法院一审支持了原告的请求。

【思考】　连续 3 年停止使用注册商标的, 向商标局申请撤销该注册商标的主体是谁?

七、商标权的利用

(一) 注册商标的使用

注册商标是指经商标局核准注册的商标，商标所有人享有商标专用权。注册商标的使用应注意以下事项：

(1) 注册商标的标识。我国法律规定，注册商标标识有两种，一种是"注册商标"四字，另一种是注册标记。注册标记即"R"外加圈或"注"外加圈。使用注册标记，应当标注在商标的右上角或者右下角。

(2) 注册商标的使用。注册商标所有人必须使用注册商标，不得连续 3 年停止使用。商标注册人不得擅自改变注册商标，且不得自行转让注册商标。

(二) 商标权的利用

1. 商标权的许可使用

商标权人可以通过签订合同，许可他人在一定期间和一定的地域范围内按照约定方式使用其注册商标。依据《最高人民法院关于审理商标民事纠纷案件适用法律若干问题的解释》第 3 条之规定，注册商标使用许可包括以下三种：

(1) 独占许可。独占许可是指商标权人在约定的期间、地域和以约定的方式，将其注册商标许可一个被许可人使用，商标注册人依约定不得使用该注册商标。在这种情形下，许可人也不能使用该注册商标。

(2) 排他使用许可。排他使用许可是指商标权人在约定的期间、地域和以约定的方式，将其注册商标仅许可一个被许可人使用，商标注册人依约定可以使用该注册商标但不得另行许可他人使用该注册商标。

(3) 普通使用许可。普通使用许可是指商标权人在约定的期间、地域和以约定的方式，许可他人使用其注册商标，并可自行使用该注册商标和许可他人使用该注册商标。

2．商标权的转让

商标权人可以转让其注册商标。转让注册商标的，转让人和受让人应当签订转让协议，并共同向商标局提出申请。受让人应当保证使用该注册商标的商品质量。转让注册商标经核准后，予以公告。受让人自公告之日起享有商标专用权。受让人应保证使用该注册商标的商品质量。注册商标所有人必须将其在同一种或者类似商标上注册的相同商标或近似商标一并转让，不允许割裂核定的商品范围而进行部分转让。此外，已经许可他人使用的注册商标不得随意转让。

3．商标权应正当使用

使用注册商标，其商品粗制滥造，以次充好，欺骗消费者的，由各级工商行政管理部门分别不同情况，责令限期改正，并可以予以通报或者处以罚款，或者由商标局撤销其注册商标。

八、商标权的保护

（一）商标权的保护范围

商标权的保护范围，以核准注册的商标和核定使用的商品为限。

【例 9-16】　北京 Z 公司诉 Y 公司"UC"商标侵权案。

北京 Z 公司于 2017 年在第 42 类"计算机编程及相关服务"上注册了"UC"商标，此后在"UCDOS"系列软件开发工具包以及与他人订立的软件销售合同中使用"UC"商标。Y 公司则享有第 9 类"已录制的计算机程序、计算机程序(可下载软件)"等以及第 38 类"电视广播、提供全球计算机网络用户接入服务(服务商)、提供数据库接入服务"等范围享有"UC"商标专用权。

北京 Z 公司认为 Y 公司提供的"UC浏览器"等网站产品、用户移动终端"UC浏览器"所提供的软件升级服务、软件备份恢复服务、UC 客户中心提供的软件咨询服务以及包括 U 点、UC 皮肤、手机阅读等增值服务中所使用的"UC"字样，侵犯了其享有的 UC 商标专用权。

法院经审理认为，原告与被告享有各自类别的 UC 商标专用权。Z 公司提出的 Y 公司对"UC"字样的使用行为，或者将"UC"与"浏览器"等中文字结合使用，属于对自身业务或产品的描述性使用，非商标意义上的使用行为，或者仅使用"U"，与"UC"无关，或者无证据显示如何使用"UC"标识。并且，原告与被告所提供的服务不仅从服务目的、内容、方式、对象等方面均不相同，相关公众对二者提供的服务也不会存在关联性联想，造成混淆。法院据此驳回了原告的全部诉讼请求。

【思考】　商标专用权的保护范围有哪些？

(二) 商标侵权行为

商标侵权行为是指未经商标权人的许可，在同一种商品或者类似商品上使用与其注册商标相同或者近似的商标，有可能导致消费者混淆商品及服务来源的行为。

(三) 商标侵权行为的表现形式

根据《商标法》57 条的规定，侵犯商标专用权的表现方式有以下几种：① 未经商标注册人的许可，在同一种商品上使用与其注册商标相同的商标的；② 未经商标注册人的许可，在同一种商品上使用与其注册商标近似的商标，或者在类似商品上使用与其注册商标相同或者近似的商标，容易导致混淆的；③ 销售侵犯注册商标专用权的商品的；④ 伪造、擅自制造他人注册商标标识或者销售伪造、擅自制造的注册商标标识的；⑤ 未经商标注册人同意，更换其注册商标并将该更换商标的商品又投入市场的；⑥ 故意为侵犯他人商标专用权行为提供便利条件，帮助他人实施侵犯商标专用权行为的；⑦ 给他人的注册商标专用权造成其他损害的。

(四) 商标侵权行为的法律责任

1. 民事责任

我国《商标法》第 60 条规定：有本法第 57 条所列侵犯注册商标专用权行为之一，引起纠纷的，由当事人协商解决；不愿协商或者协商不成的，商标注册人或者利害关系人可以向人民法院起诉，也可以请求工商行政管理部门处理。工商行政管理部门处理时，认定侵权行为成立的，责令立即停止侵权行为，没收、销毁侵权商品和主要用于制造侵权商品、伪造注册商标标识的工具，违法经营额 5 万元以上的，可以处违法经营额 5 倍以下的罚款，没有违法经营额或者违法经营额不足 5 万元的，可以处 25 万元以下的罚款。对 5 年内实施两次以上商标侵权行为或者有其他严重情节的，应当从重处罚。销售不知道是侵犯注册商标专用权的商品，能证明该商品是自己合法取得并说明提供者的，由工商行政管理部门责令停止销售。对侵犯商标专用权的赔偿数额的争议，当事人可以请求进行处理的工商行政管理部门调解，也可以依照《中华人民共和国民事诉讼法》向人民法院起诉。经工商行政管理部门调解，当事人未达成协议或者调解书生效后不履行的，当事人可以依照《中华人民共和国民事诉讼法》向人民法院起诉。

民事责任包括停止侵害、消除影响、赔偿损失等。

2. 行政责任

工商行政管理部门认定侵权行为成立时，责令立即停止侵权行为，没收、销毁侵权商品和专门用于制造侵权商品、伪造注册商标标识的工具，并可处以罚款。

3. 刑事责任

对于侵犯商标权犯罪的规定，刑法规定了"假冒注册商标罪"、"销售假冒注册商标的商品罪"和"非法制造、销售非法制造的注册商标标识罪"。

(1) 假冒注册商标罪。《刑法》第213条规定：未经注册商标所有人许可，在同一种商品上使用与其注册商标相同的商标，情节严重的，处3年以下有期徒刑或者拘役，并处或者单处罚金；情节特别严重的，处3年以上7年以下有期徒刑，并处罚金。

(2) 销售假冒注册商标的商品罪。《刑法》第214条规定：销售明知是假冒注册商标的商品，销售金额数额较大的，处3年以下有期徒刑或者拘役，并处或者单处罚金；销售金额数额巨大的，处3年以上7年以下有期徒刑，并处罚金。

(3) 非法制造、销售非法制造的注册商标标识罪。《刑法》第215条规定：伪造、擅自制造他人注册商标标识或者销售伪造、擅自制造的注册商标标识，情节严重的，处3年以下有期徒刑、拘役或者管制，并处或者单处罚金；情节特别严重的，处3年以上7年以下有期徒刑，并处罚金。

(五) 驰名商标的特殊保护

1. 驰名商标的概念

驰名商标是指在市场上享有较高声誉并为相关公众所熟知的商标。

2. 驰名商标的认定

我国《商标法》第14条规定，认定驰名商标应当考虑下列因素：① 相关公众对该商标的知晓程度；② 该商标使用的持续时间；③ 该商标的任何宣传工作的持续时间、程度和地理范围；④ 该商标作为驰名商标受保护的记录；⑤ 该商标驰名的其他因素。有权对驰名商标进行认定的有商标局、商标评审委员会和人民法院。

3. 驰名商标享有的特殊的法律保护

我国《商标法》第13条规定：就相同或者类似商品申请注册的商标是复制、摹仿或者翻译他人未在中国注册的驰名商标，容易导致混淆的，不予注册并禁止使用。就不相同或者不相类似商品申请注册的商标是复制、摹仿或者翻译他人已经在中国注册的驰名商标，误导公众，致使该驰名商标注册人的利益可能受到损害的，不予注册并禁止使用。从以上规定可以看出，已注册的驰名商标权人除了享有注册商标的专用权以外，还有权禁止他人在不相同或者不相类似的商品上注册或使用其注册商标。

【例9-17】   三男子生产假"立邦"涂料获刑。

2010年1月份起，被告人王某未经注册商标所有人许可，在北京市房山区某村一出租院内生产假"立邦"牌、"多乐士"牌、"富亚"牌涂料，并销往北京多处建材市场。3、4月份，王某找来其父亲王某某参与生产假涂料。一年后，由于"需求量"增加，两人又找来邓某帮助一起生产假冒涂料。王某主要负责销售，王某某和邓某负责生产假涂料。

此案由检察机关向北京市房山区人民法院提起公诉。法院经审理认为：王某、王某某、邓某未经注册商标所有人许可，在同一种商品上使用与其注册商标相同的商标，情节严重，其行为均已构成假冒注册商标罪。据此，法院作出一审判决，判处王某有期徒刑3年，并处罚金3万元；判处王某某有期徒刑2年，并处罚金1万元；判处邓某有期徒刑1年，并处罚金1万元。

【思考】   侵犯商标权的行为承担责任的方式有哪几种？

思考与练习

一、思考题

1. 知识产权具有哪些特征？
2. 邻接权包括哪些内容？
3. 专利权的客体有哪些？
4. 商标权包括哪些内容？

二、单项选择题

1. 李某设计的计算机软件，取得了著作权，其著作权保护期为(　　)。
    A. 10 年　　　　　B. 20 年　　　　C. 25 年　　　　D. 50 年

2. 某医学课题组从天然植物中提取了一种用于治疗高血压的物质 X，有关该物质可以申请专利权的是(　　)。
    A. X 物质　　　　　　　　　　　B. 用 X 物质治疗高血压的方法
    C. X 物质的提取方法　　　　　　D. X 物质的治病机理说明

3. 我国商标法规定，注册商标的有效期限为 10 年，自(　　)计算。
    A. 注册商标申请人寄出申请书之日起　　　B. 商标局收到申请书之日起
    C. 公告之日起　　　　　　　　　　　　　D. 核准注册之日起

三、多项选择题

1. 甲创作并演唱了一首歌曲，乙公司擅自使用该歌曲制作广告并在丙网站在线播放。乙公司和丙网站侵犯了甲的权利有(　　)。
    A. 信息网络传播权　　　　　　　B. 广播权
    C. 表演者权　　　　　　　　　　D. 发行权

2. 中国专利法对专利的授予规定应当同时具备新颖性、创造性和实用性条件的专利包括(　　)。
    A. 产品发明专利　　　　　　　　B. 改进发明专利
    C. 实用新型专利　　　　　　　　D. 外观设计专利

3. 认定驰名商标应当考虑的因素有(　　)。
    A. 相关公众对该商标的知晓程度　　　B. 该商标使用的持续时间
    C. 该商标的文学艺术水平　　　　　　D. 该商标作为驰名商标受保护的记录

四、案例分析题

甲省电视台播放的选秀类节目《开心女生》和偶像剧《林娇娇晋升记》深受年轻观众追捧，收视率非常高。乙市电视台将该节目和偶像剧收录下来并在该市电视台播放。甲省电视台得知后要求乙市电视台停止播放，但被拒绝。

请问：

(1) 乙市电视台的行为应当如何定性？

(2) 你认为本案应当如何处理？

第十章

电子商务法律制度

📖 **本章教学要点：**

(1) 了解电子商务法的基本特征和适用范围。
(2) 掌握电子商务经营者的类型和法律对各类电子商务经营者的基本要求。
(3) 掌握电子商务合同订立和履行的基本规则。
(4) 了解电子商务纠纷的解决方式及电子商务经营者的法律责任。
(5) 了解国家对电子商务的促进政策。

📖 **导入案例**

2015 年 1 月 28 日，梁先生通过天猫商城选购年货。在一家宣称是旗舰店的网络店铺内，他购买了野生松子、开心果、薄皮核桃等食品，共花费 1208.85 元。梁先生在食用过程中发现，这些食品所标注的能量值与实际含量不符，不符合食品安全国家标准。他向卖家反映问题后，卖家称所销售的食品已在质监局备案，获批可以销售，但未出具批文给梁先生核实。2015 年 3 月 27 日，卖家针对这次交易，申请天猫客服介入，理由是其店的包装袋都是在质监局备过案的，如对产品不满意支持退货。5 天后，天猫客服在介入后告知涉案交易双方，根据维权内容，天猫目前还未收到买家梁先生的有效凭证。因此，维权做完毕处理。对于天猫商城的处理结果，梁先生并不满意。2016 年 1 月 7 日，他一纸诉状，将卖家、天猫商城起诉至江南区法院。

梁先生认为，卖家销售的食品标签违反了相关标准，依据我国《食品安全法》相关规定，他向法院诉请，要求卖家支付 10 倍赔偿，并要求天猫商城承担连带责任。法院认为，卖家销售的食品能量值标注上的错误，属于标示不当、虚假标示的情形，违反了食品安全标准的相关规定，存在误导消费者的情形。卖家没有对相关问题严格审查，销售了不符合食品安全标准的食品，应承担赔偿责任。而天猫商城，以其能够提供卖家的营业执照、真实公司名称、住所等有效信息，针对梁先生的维权也进行了相应的处理。因此，梁先生诉请天猫商城赔偿的理由不足，法院不予支持。据此，法院日前作出一审判决，卖家向梁先生退还货款 1208.85 元、支付货款 10 倍赔偿 12 088.5 元。天猫商城无需承担连带赔偿责任。梁先生虽赢了官司却提出上诉，因为他认为向卖家索赔困难。法院按照天猫商城提供的卖家信息，发现其营业执照等均存在，但就是无法进行送达。据此，只能以公告形式进行送达。日前，该案已进入到二审程序，还在进一步审理当中。

第一节 电子商务法概述

一、《电子商务法》的立法进程与立法目的

电子商务法是调整电子商务活动或行为的法规规范。当今中国乃至世界，网络信息技术和电子商务日新月异、蓬勃发展，全面融入人们生产生活，深刻改变经济社会发展格局。在我国经济发展新常态下，电子商务发展已经成为一道亮丽的风景线，同时，发展过程中的一些矛盾和问题已经凸现，社会各界迫切期望加快电子商务立法。从 2000 年人大常委会审议通过《关于维护互联网安全的决定》开始，国家开始重视与互联网以及电子商务相关的法律规范的制定。2004 年 8 月，我国《电子签名法》正式通过。2012 年，《关于加强网络信息保护的决定》出台。2013 年，由全国人大财经委牵头，正式拉开了电子商务法立法的序幕。直至 2018 年 8 月 31 日，十三届全国人大常委会第五次会议审议通过《中华人民共和国电子商务法》(以下简称《电子商务法》)，从 2019 年 1 月 1 日起，我国电子商务法开始施行，中国正式步入电商法时代。

我国制定《电子商务法》的目的是为了保障电子商务各方主体的合法权益，规范电子商务行为，维护市场秩序，促进电子商务持续健康发展。

二、《电子商务法》的适用范围

(一) 空间范围

根据《电子商务法》的规定，中华人民共和国境内的电子商务行为，适用本法。也就是说，无论行为主体是中国主体还是外国主体，只要是境内的电子商务活动，就应受到《电子商务法》的规制。反之，境外的电子商务活动，即使有中国主体的参与，也不在其调整范围之内。

以对法律规范的严格解释来看，跨境电子商务行为并不属于《电子商务法》的适用范围。但电子商务活动从产生之初，便带有跨越国境的特点，在发展过程中也愈发呈现出国际化趋势。根据《电子商务法》第 26 条"电子商务经营者从事跨境电子商务，应当遵守进出口监督管理的法律、行政法规和国家有关规定"和第五章与跨境电商有关的促进等内容，应当承认，我国电子商务经营者从事跨境电子商务活动，需要遵循《电子商务法》及进出口监管的法律、行政法规的规定。并且，《电子商务法》的基本规则与解决跨境电商法律纠纷相关的重要法律，即《中华人民共和国涉外民事关系法律适用法》，亦并无冲突。

(二) 客体范围——电子商务

21 世纪以来，计算机网络技术的飞速发展带来了商业运行模式的深刻变革。移动互联网塑造了全新的社会生活形态，"互联网+"行动计划不断助力企业发展。通过互联网进行商务活动已经成为现代人生活的一部分。从字面理解，电子商务就是"电子技术+商务活动"。

一般而言，可以从广义和狭义两个方面解释电子商务的含义。

广义的电子商务是指一切以电子技术手段所进行的、一切与商业有关的活动。这里的"电子技术"是一个开放的概念，它包括但不限于电子通信与电子计算技术；而这里所谓的"商务"，包括不论是契约型还是非契约型的一切商务性质的关系所引起的种种事项。

狭义的电子商务是指以互联网为运行平台的商事交易活动，即 E-Commerce。这是当前发展最快、用途最广的电子商务形式，是电子商务的主流。

在《电子商务法》中所称电子商务，是指通过互联网等信息网络销售商品或者提供服务的经营活动。

（三）不适用于《电子商务法》的范围

金融类产品和服务，利用信息网络提供新闻信息、音视频节目、出版以及文化产品等内容方面的服务，不适用《电子商务法》。目前，我国已有专门的法律法规对上述两类活动进行调整，并形成了较为完备的体系。比如《非银行支付机构网络支付业务管理办法》、《网络借贷信息中介机构业务活动管理暂行办法》是针对网络支付业务、网络借贷平台的专门规范，《网络出版服务管理规定》、《互联网视听节目服务管理规定》是针对网络出版、互联网视听节目的专门规范。

法律、行政法规对销售商品或者提供服务有规定的，适用其相关规定。

三、《电子商务法》的基本原则

（一）国家鼓励电商创新发展

国家鼓励发展电子商务新业态，创新商业模式，促进电子商务技术研发和推广应用，推进电子商务诚信体系建设，营造有利于电子商务创新发展的市场环境，充分发挥电子商务在推动高质量发展、满足人民日益增长的美好生活需要、构建开放型经济方面的重要作用。

（二）线上线下平等原则

国家平等对待线上线下商务活动，促进线上线下融合发展，各级人民政府和有关部门不得采取歧视性的政策措施，不得滥用行政权力排除、限制市场竞争。

（三）电子商务经营者合法经营原则

电子商务经营者从事经营活动，应当遵循自愿、平等、公平、诚信的原则，遵守法律和商业道德，公平参与市场竞争，履行消费者权益保护、环境保护、知识产权保护、网络安全与个人信息保护等方面的义务，承担产品和服务质量责任，接受政府和社会的监督。

四、电子商务的监管与治理

国务院有关部门按照职责分工负责电子商务发展促进、监督管理等工作。县级以上地方各级人民政府可以根据本行政区域的实际情况，确定本行政区域内电子商务的部门职责划分。同时，国家建立符合电子商务特点的协同管理体系，推动形成有关部门、电子商务行业组织、电子商务经营者、消费者等共同参与的电子商务市场治理体系。

电子商务行业组织按照本组织章程开展行业自律，建立健全行业规范，推动行业诚信建设，监督、引导本行业经营者公平参与市场竞争。

第二节 电子商务经营者

一、电子商务经营者的概念和类型

(一) 电子商务经营者的概念

电子商务经营者是指通过互联网等信息网络从事销售商品或者提供服务的经营活动的自然人、法人和非法人组织。电子商务经营者具有如下特征：

(1) 互联网等信息网络是电子商务经营者从事经营行为的媒介。

区别于传统的线下经营者，电子商务经营者最为显著的特征是其从事经营行为的媒介是互联网等信息网络。电子商务经营者以数字或者网页等数字化方式表现出来，并通过信息网络从事经营行为。其中，互联网是电子商务经营者从事经营行为的主要媒介，其媒介还包括移动网络和其他信息网络等。

(2) 电子商务经营者的经营行为包括销售商品和提供服务。

商务一般是一切和商业有关的事务的总称。而根据《电子商务法》的规定，电子商务活动的商务概念仅限于销售商品和提供服务，但涉及金融类产品和服务、利用信息网络播放视频音频节目、网络出版以及互联网文化产品等内容方面的服务，并不属于电子商务经营者提供的商品与服务的范畴。

(3) 电子商务经营者包括自然人、法人和非法人组织。

民事主体包括自然人、法人和非法人组织，电子商务经营者包括了民事主体的所有种类，并且《电子商务法》并没有对某一类别的民事主体成为电子商务经营者加以限制。除法律特别规定的情形外，包括自然人在内的所有民事主体，经过法定程序都可以成为电子商务主体。

(二) 电子商务经营者的类型

(1) 电子商务平台经营者。

电子商务平台经营者是指在电子商务中为交易双方或者多方提供网络经营场所、交易撮合、信息发布等服务，供交易双方或者多方独立开展交易活动的法人或者非法人组织。电子商务平台经营者具有服务提供者和管理者的双重职能，其既要为入驻平台的平台内电子商务经营者提供交易平台服务，又要制定平台内部的管理规范。电子商务经营平台经营者最主要的内涵在于搭建交易平台，供他人独立展开交易活动，自己并不直接参与到交易活动中去。因此，平台经营者通常也叫做第三方或者第三方平台。

需要注意的是，从事电子商务平台经营的主体只能是法人或者非法人组织，自然人不能成为电子商务平台经营者。

(2) 平台内电子商务经营者。

平台内经营者是指通过电子商务平台销售商品或者提供服务的电子商务经营者。随着电子商务的兴起，平台内经营者占据了电子商务经营者中的大多数。这是因为平台的双边市场属性，决定了大多数的电子商务经营者必须入驻到某个大型的电子商务平台上去，才能够获得相应的机会。平台内经营者以自然人、法人、合伙等各种形式从事经营活动，譬如近年来非常流行的网店，即属于在相应平台内从事经营活动的平台内经营者。平台内经营者依附于第三方交易平台开展电子商务经营活动，既要遵守相关的法律法规，也要遵守第三方交易平台的相关规则。

(3) 通过自建网站、其他网络服务销售商品或提供服务的电子商务经营者。

现实生活中，在电子商务平台经营者和平台内电子商务经营者之外，还存在其他的电子商务经营者，譬如近年来，许多经营者通过微信等软件进行电子商务活动，被统称为"微商"。微商的迅速发展，使其逐步成为电子商务活动中不可缺少的一股力量，知名的微商年营业额可达人民币千万元以上。但同时，由于缺乏必要的管制，微商销售假货、以次充好等违法现象亦经常发生。因此，《电子商务法》通过规定"其他网络服务"将微商等类似主体纳入电子商务经营者的类别中具有重要意义。

【例 10-1】 如何判定微信上的"微商"在电子商务经营者中的具体类型？

【分析】 微信上有自有的网购平台，若在平台上注册网店从事电子商务活动，属于平台内电子商务经营者。而有些经营者只是通过微信聊天、朋友圈或订阅号功能销售商品或提供服务，不属于平台内电子商务经营者，而是属于"通过自建网站、其他网络服务销售商品或提供服务的电子商务经营者"。

二、电子商务经营者的市场主体地位

(一) 完成市场主体登记，公示相关信息

电子商务经营者需要进行工商登记，经营期间，其市场主体地位的设立、变更、终止等信息也应当在首页显著位置进行持续地公示。

1. 一般规定

电子商务经营者应当依法办理市场主体登记。电子商务经营者从事经营活动，依法需要取得相关行政许可的，应当依法取得行政许可。任何从事电子商务经营的自然人、法人或非法人组织，完成强制性的工商登记后，会将电子商务这一虚拟市场上的市场主体通过登记而实化。线下交易可以通过人对人的直接接触了解信息并作出判断，而网上交易则主要根据获取的信息作出交易决策。依照商事主体法定条件进行的登记，是对市场必需的、与主体相关的信息进行收集、筛选和验证，可以确保电子商务主体信息的真实性和准确性，从而保障虚拟市场的交易安全，也有利于政府行使行政监督和税收监督等行政职能。自然人电子商务经营者，可以选择以个体工商户形式进行登记，非自然人电子商务经营者，可以依据《公司法》、《合伙企业法》等法律的规定，完成公司、合伙企业或者其他商务主体类型的商事登记程序。

电子商务经营者应当在其首页显著位置，持续公示营业执照信息、与其经营业务有关的行政许可信息、属于法定的不需要办理市场主体登记情形等信息，或者上述信息的链接标识。这些信息发生变更的，电子商务经营者应当及时更新公示信息。如果电子商务经营者自行终止从事电子商务的，应当提前30日在首页显著位置持续公示有关信息。公示的信息通常包括经营者的身份、住所、联系方式、税务登记、行政许可等内容，这些信息的公示有利于交易对方充分了解特定经营者的合法经营资格以及其真实身份。

2. 登记的豁免

个人销售自产农副产品、家庭手工业产品，个人利用自己的技能从事依法无须取得许可的便民劳务活动和零星小额交易活动，不需要进行市场主体登记，如个人将自己富余或弃用的物品放在网上出售，或者偶尔从事某些畅销商品的网络交易等，这些行为通常不具备"营业"所要求的持续性与稳定性，只是非营利性的普通民事行为，而非营利性的商业行为。因此，不必进行电子商务市场主体登记。依照法律、行政法规不需要进行登记的电子商务经营主体，也不需要进行市场主体登记。

（二）依法履行纳税义务，提供发票单据

电子商务经营者应当依法履行纳税义务，并依法享受税收优惠。例如，从事农产品各环节的电子商务经营者，以及作为小微企业、高新技术企业的电子商务经营者，可享有相应的税收优惠政策。不需要办理市场主体登记的电子商务经营者，在首次纳税义务发生后，应当依照税收征收管理法律、行政法规的规定申请办理税务登记，并如实申报纳税。

电子商务经营者销售商品或者提供服务应当依法出具纸质发票或者电子发票等购货凭证或者服务单据。电子发票与纸质发票具有同等法律效力。在电子商务实践中，消费者经常会遇到选择电子发票或纸质发票的状况。在电子发票迅速发展的同时，不能忽略不同消费者对纸质发票的合理需求，赋予消费者对单据发票样式的选择权，具有一定的合理性。

（三）坚持良性竞争，遵守法律规定

电子商务经营者因其技术优势、用户数量、对相关行业的控制能力以及其他经营者对该电子商务经营者在交易上的依赖程度等因素而具有市场支配地位的，不得滥用市场支配地位，排除、限制竞争。同时，电子商务经营者搭售商品或者服务，应当以显著方式提醒消费者注意，不得将搭售商品或者服务作为默认同意的选项。作为重要的市场主体，电子商务经营者应当遵守《反不正当竞争法》和《反垄断法》的规定，坚持良性竞争，维护市场竞争秩序。

电子商务经营者从事跨境电子商务，应当遵守进出口监督管理的法律、行政法规和国家有关规定。跨境电子商务经营者，不会因其涉及电子商务而有法律上的特殊性。所有进出口相关的税收、防疫、国籍等法律、行政法规和部门规章，从事跨境电子商务的经营者都应当遵守。

三、电子商务经营者保护消费者权益

电子商务经营者所提供商品或服务的对象，往往符合《消费者权益保护法》对消费者

的要求。因此，在《电子商务法》中，从保护消费者权益的角度，规定了对电子商务经营者的要求。

(一) 保障消费者的知情权与选择权，履行安全保障义务

在虚拟的市场交易环境下，消费者对电子商务经营者提供的产品或服务经常只能通过照片或文字叙述等方式来了解其基本情况，并且由于一般消费者对互联网或计算机的各种功能并没有全面或专业的掌握，这种信息的不对称往往会导致消费者的基本权利，尤其是知情权与选择权被侵犯。因此，《电子商务法》规定，电子商务经营者应当全面、真实、准确、及时地披露商品或者服务信息，保障消费者的知情权和选择权，并且不得以虚构交易、编造用户评价等方式进行虚假或者引人误解的商业宣传，欺骗、误导消费者。编造评价等行为也可能使电子商务经营者构成《反不正当竞争法》中的虚假宣传等违法行为。

电子商务经营者应当履行对消费者用户的安全保障义务，其销售的商品或者提供的服务应当符合保障人身、财产安全的要求和环境保护要求，不得销售或者提供法律、行政法规禁止交易的商品或者服务。

【例 10-2】 许同学在淘宝某店家购买了一些生活用品，确认收货后，店家客服发消息称："好评截图可得 5 元店铺优惠券"，许同学遂完成好评，并获得了店家提供的 5 元无门槛优惠券。请问：商家"好评奖励"这种行为，是否违反了《电子商务法》的规定？

【分析】 《电子商务法》规定了电子商务经营者不得编造评价。本案中，店家行为是否违法要从两方面考虑：首先，评价主体是否为消费者自身，即许同学，这是最核心的标准。其次，消费者是否基于自己的真实意愿作出评价。若评价是消费者基于自身意愿作出的，没有受到商家干涉或胁迫，则商家行为不应当被认定为编造评价。因此，本案中需要辩证看待"好评奖励"的问题，如果许同学只是由于优惠券的鼓励而积极主动完成了自身真实想法的好评，则商家并不违法。如果许同学对商品并不满意，而店家以优惠为诱惑，通过频繁发消息甚至电话骚扰等手段迫使许同学作出对商品的好评，就违背了许同学的真实意图，应当被认定为"编造用户评价"，属违法行为。

(二) 承担商品运输中的风险负担，明确押金退还义务

电子商务经营者应当按照承诺或者与消费者约定的方式、时限向消费者交付商品或者服务，并承担商品运输中的风险和责任。实际上，《合同法》的一般风险负担规则，以"交付"为界限，在交付后，标的物毁损、灭失的风险由买受人承担。但是在电子商务活动中，电子商务经营者往往有合作的物流提供者，甚至如京东等经营者，其自身就提供物流服务，无须借助第三方。因此，消费者往往对物流服务提供者无从选择。在此情况下，若依照合同法的规定采用交付主义，对消费者而言并不公平。因此，《电子商务法》对合同法中的一般规则进行了特殊规定，即在电子商务领域，除双方另行约定快递物流外，风险由电子商务经营者承担。在消费者与电子商务经营者另行约定物流服务者时，因为消费者根据自身意愿完成了选择并与电子商务经营者达成一致，所以，此时合同标的物的风险负担规则，依然采取《合同法》的一般规则，即"货交第一承运人"起，标的物毁损、灭失的风险由买受人，也就是消费者承担。

电子商务经营者按照约定向消费者收取押金的，应当明示押金退还的方式、程序，不

得对押金退还设置不合理条件。消费者申请退还押金，符合押金退还条件的，电子商务经营者应当及时退还。在交易中，押金起到重要的担保作用，随着共享经济的崛起和流行，押金逐步成为电子商务活动中必不可少的手段，这以共享单车行业为重要代表。然而，在现实中，很多经营者借押金之名，行集资之实，挪用消费者押金，导致消费者要求返还时缺乏返还能力。押金的收取，应当基于双方约定产生，同时，在收取押金时，电子商务经营者应当明示押金退还的方式、程序，在消费者明确了押金退还规则时，有权选择是否支付押金。同时，如果电子商务经营者要求消费者在手机上缴纳押金却又要求其到线下实体店收取退还的押金，这属于对押金退还设置不合理条件，是侵犯消费者权益的行为。

（三）保护大数据环境下消费者的隐私与基本信息

利用大数据判断消费者是否具有议价和比价能力，进行价格歧视，被称之为大数据杀熟。利用大数据分析消费者的消费需求和消费倾向，则是大数据营销。大数据杀熟与营销是电子商务环境下特有的问题。线下经营者所掌握的数据有限，几乎不可能针对大量用户进行比价能力和消费需求分析。在大数据环境下，电子商务经营者可以轻易获得消费者的大量基本信息甚至个人隐私。因此，电子商务经营者收集、使用其用户的个人信息，应当遵守法律、行政法规有关个人信息保护的规定。并且，消费者享有对自身信息进行处置的权利。电子商务经营者应当明示用户信息查询、更正、删除以及用户注销的方式、程序，不得对用户信息查询、更正、删除以及用户注销设置不合理条件。电子商务经营者收到用户信息查询或者更正、删除的申请的，应当在核实身份后及时提供查询或者更正、删除用户信息。用户注销的，电子商务经营者应当立即删除该用户的信息；依照法律、行政法规的规定或者双方约定保存的，依照其规定。

在掌握了消费者的消费信息后，电子商务经营者根据消费者的兴趣爱好、消费习惯等特征向其提供商品或者服务的搜索结果的，应当同时向该消费者提供不针对其个人特征的选项，尊重和平等保护消费者合法权益。电子商务经营者向消费者发送广告的，应当遵守《中华人民共和国广告法》的有关规定。如果有关主管部门依照法律、行政法规的规定要求电子商务经营者提供有关电子商务数据信息的，电子商务经营者应当提供。有关主管部门应当采取必要措施保护电子商务经营者提供的数据信息的安全，并对其中的个人信息、隐私和商业秘密严格保密，不得泄露、出售或者非法向他人提供。

【例10-3】 2014年2月3日，刘某在"天猫"上购买了一张2月28日由天津至西安的天津航空公司机票。但在2月27日，刘某收到了一条航班取消的短信，拨打短信中的咨询电话后，刘某觉得对方向其索要账号存在蹊跷，此后经过核实，航班并未取消。此后，刘某将天津航空和淘宝公司起诉到了天津市东丽区法院，认为只有两名被告知道其隐私信息，并险些造成自己被诈骗，要求对方赔礼道歉并赔偿2.9万元。

【分析】 本案中，刘某的乘机信息确实遭到泄露，或者被他人以不法手段获取。但是，在审判中，法院并未支持刘某的请求，理由是刘某没能提供证据证明两名被告泄露了其个人信息，且两名被告并不是掌握刘某个人信息的唯一主体。天津航空提交了一份中国民用航空局第214号令，指出其是通过中国民航信息网络股份有限公司提供的计算机订座系统购买订票服务。本案提醒消费者，虽然电子商务经营者有保护消费者基本信息和隐私的义务，但是当发生纠纷时，消费者的证明责任不仅在于证明电子商务经营者是泄露信息的主体，还要证明电子商务经营者是掌握被泄露信息的唯一主体。

四、电子商务平台经营者的特别规则

电子商务平台是指在电子商务中为交易双方或者多方提供网络经营场所、交易撮合、信息发布等服务，供交易双方或者多方独立开展交易活动的信息网络系统。电子商务平台经营者是经营网络交易平台业务的法人或者非法人组织。实践中，电子商务平台经营者往往身兼信息提供者、交易场所提供者、广告发布者、信息收集者等多重身份，其法律地位具有多样性与层次性。与此对应，平台经营者也应当承担特殊的责任。

（一）对平台内经营者的监管

平台经营者对于平台内经营者完成市场主体登记、依法纳税等法定义务有审核信息和监督履行的责任，并且对本平台内经营者的违法行为有处置和向相应行政机关报告的义务。电子商务平台经营者应当要求申请进入平台销售商品或者提供服务的经营者提交其身份、地址、联系方式、行政许可等真实信息，进行核验、登记，建立登记档案，并定期核验更新。电子商务平台经营者为进入平台销售商品或者提供服务的非经营用户提供服务，也应当遵守《电子商务法》对平台经营者义务的有关规定。平台经营者应当按照规定向市场监督管理部门报送平台内经营者的身份信息，提示未办理市场主体登记的经营者依法办理登记，并配合市场监督管理部门，针对电子商务的特点，为应当办理市场主体登记的经营者办理登记提供便利。电子商务平台经营者应当依照税收征收管理法律、行政法规的规定，向税务部门报送平台内经营者的身份信息和与纳税有关的信息，并提示享有市场主体登记豁免的电子商务经营者应当依照《电子商务法》的税收规定办理税务登记。

平台经营者发现平台内存在无许可经营或进行违法违规交易的经营者，应当依法采取必要的处置措施，并向有关主管部门报告。这里的处置措施，应当以防止损失扩大为目的，以限制违法经营者继续参与电子商务活动为主，仅限于私法主体的处置方式，并非行政处罚或刑事处罚。一般来说，具体手段可以是制止交易或终止服务等。

（二）维护网络安全，保存交易信息

互联网安全是网络技术发展中需要面对的重要问题，与线下交易相比，由于网络空间的复杂性，致使网络空间内的安全保障需要投入更多人力物力，而电子商务平台经营者，就是在电子商务活动中维护网络安全，保存交易数据的重要责任主体。

电子商务平台经营者应当采取技术措施和其他必要措施保证其网络安全、稳定运行，防范网络违法犯罪活动，有效应对网络安全事件，保障电子商务交易安全。平台经营者应当制订网络安全事件应急预案，发生网络安全事件时，应当立即启动应急预案，采取相应的补救措施，并向有关主管部门报告。结合《网络安全法》的相关规定，平台经营者预先制备的网络安全应急预案一般应当包含：① 制订内部安全管理制度和操作规程，确定网络安全责任人，落实网络安全责任保护；② 采取防范计算机病毒和网络攻击、网络侵入等危害网络安全行为的技术措施；③ 采取监测、记录网络运行状态、网络安全事件的技术措施，并按照规定留存相关的网络日志不少于 6 个月；④ 采取数据分类、重要数据备份和加密等

措施；⑤ 法律、行政法规规定的其他义务。

电子商务平台经营者应当记录、保存平台上发布的商品和服务信息、交易信息，并确保信息的完整性、保密性、可用性。平台应保存的信息，并非经营者身份信息，而是在平台上发布、并且通过平台完成交易的商品和服务的信息。相关信息保存时间自交易完成之日起不少于 3 年；法律、行政法规另有规定的，依照其规定。

（三）制定并公示交易规则

平台经营者实现其平台型的经营活动和对平台内经营者进行管理的主要依据，是平台服务协议与交易规则，这也是电子商务活动得以展开的最主要的法律层面上和合同层面上的依据。电子商务平台经营者应当遵循公开、公平、公正的原则，制订平台服务协议和交易规则，明确进入和退出平台、商品和服务质量保障、消费者权益保护、个人信息保护等方面的权利和义务。平台经营者应当在其首页显著位置持续公示平台服务协议和交易规则信息或者上述信息的链接标识，并保证经营者和消费者能够便利、完整地阅览和下载。参照商务部发布的《网络购物服务规范》和《第三方电子商务交易平台服务规范》，平台交易规则应当包含：① 用户注册制度；② 平台交易相关规则；③ 信息公示制度；④ 个人信息保护制度；⑤ 商业秘密保护制度；⑥ 消费者权益保护制度；⑦ 广告发布审核制度；⑧ 交易安全保障制度；⑨ 数据备份制度；⑩ 交易争端解决制度；⑪ 违法信息举报处理制度；⑫ 法律法规规定的其他制度。

平台服务协议和交易规则，不仅规范了平台经营的基本秩序，也约束着平台内经营者提供商品或服务的行为。因此，对于平台服务协议和交易规则的内容变更，应当公平保障平台内经营者的权利。电子商务平台经营者修改平台服务协议和交易规则，应当在其首页显著位置公开征求意见，采取合理措施确保有关各方能够及时充分表达意见。修改内容应当至少在实施前 7 日予以公示。平台内经营者不接受修改内容，要求退出平台的，电子商务平台经营者不得阻止，并按照修改前的服务协议和交易规则承担相关责任。平台经营者不得利用服务协议、交易规则以及技术等手段，对平台内经营者在平台内的交易、交易价格以及与其他经营者的交易等进行不合理限制或者附加不合理条件，或者向平台内经营者收取不合理费用。

电子商务平台经营者依据平台服务协议和交易规则对平台内经营者违反法律、法规的行为实施警示、暂停或者终止服务等措施的，应当及时公示。对违法行为进行处置并公示，不仅是维护电子商务有序进行的基本要求，也是警示消费者、防止损失扩大、尊重消费者知情权的重要要求。违法行为的处置公示应当及时进行，并且需要公示在平台上消费者能够轻易发现并浏览信息的显著位置，具体说明违法违规经营者的身份信息和对其采取的处置措施等内容。

（四）区分承担法律责任形式

1. 自营业务导致的民事责任承担

自营业务是指电子商务平台经营者在自己经营的平台上从事商品、服务交易业务。电子商务平台可以分为单一信息服务平台、混合服务平台和提供居间服务的平台三种类型。而像京东、亚马逊等电商平台，具有典型的混合服务平台的特点，即既向平台使用者提供网络信息服务，又从事自营业务。因此，电子商务平台经营者在其平台上开展自营业务的，应当以显著方式区分标记自营业务和平台内经营者开展的业务，不得误导消费者。当这些平台经营自营业务时，其法律地位与平台内经营者无异。所以，电子商务平台经营者对其标记为自营的业务应当依法承担商品销售者或者服务提供者的民事责任。

2. 平台内经营者导致的连带责任或补充责任承担

保障消费者人身、财产安全是电子商务市场运营的基本要求，保证平台内经营者销售的商品或提供的服务安全无害是电子商务平台应当承担的基本职责。当平台内经营者存在侵犯消费者权利的行为时，若平台经营者不采取必要措施，符合不作为侵权构成要件的，应当承担连带责任，即电子商务平台经营者知道或者应当知道平台内经营者销售的商品或者提供的服务不符合保障人身、财产安全的要求，或者有其他侵害消费者合法权益行为，未采取必要措施的，依法与该平台内经营者承担连带责任。

对关系消费者生命健康的商品或者服务，电子商务平台经营者对平台内经营者的资质资格未尽到审核义务，或者对消费者未尽到安全保障义务，造成消费者损害的，电子商务平台经营者依法承担相应的责任。在《食品安全法》或《产品质量法》等特别法中已有相应具体民事责任的规定时，应当遵守其规定。在现行法律没有具体规定时，应根据具体实施和情况，在个案中确定平台经营者相应的民事责任。

【例10-4】 对本章开篇的导入案例中的法律责任，应当如何认定？

【分析】 卖家的销售行为，属于《电子商务法》中"平台内经营者销售的商品不符合保障人身、财产安全的要求"，天猫，即平台经营者，完成了《电子商务法》所要求的对平台内经营者资质的审慎义务，也采取了必要措施，帮助消费者维权。因此，不需要承担《电子商务法》中的法律责任。但是，本案卖家行为也同时违反了《食品安全法》的规定，按照特别法优于一般法规定的原则，卖家应当承担退款及10倍惩罚性赔偿的法律责任。对于天猫是否构成《食品安全法》第131条"网络食品交易第三方平台提供者不能提供入网食品经营者的有效联系方式"这一情形，应当按照具体案件事实，判定"联系方式"的有效性。若天猫确实提供了无效的卖家联系方式，则可以按照《食品安全法》第131条的规定，由天猫平台进行赔偿，"网络食品交易第三方平台提供者赔偿后，有权向入网食品经营者或者食品生产者追偿"。

(五) 建立健全信用评价制度

电子商务的产生以信用为基础，电子商务市场的信用状况能够在很大程度上影响电子商务产业发展的可持续性。电子商务平台经营者应当建立健全信用评价制度，公示信用评价规则，为消费者提供对平台内销售的商品或者提供的服务进行评价的途径。相应评价制度和规则的建立，可以为电子商务信用体系建设打下坚实的基础，进而维护电子商务交易安全和市场秩序，促进电子商务蓬勃健康发展。消费者的真实、客观评价是电子商务经营者信用评价的重要组成部分。因此，平台经营者应当尊重和保证消费者评价权的行使，不得删除消费者对其平台内销售的商品或者提供的服务的评价。并且，平台经营者应当根据商品或者服务的价格、销量、信用等以多种方式向消费者显示商品或者服务的搜索结果；对于竞价排名的商品或者服务，应当显著标明"广告"字样，以进一步保护消费者权利，维护平台内的公平交易秩序，实现良性竞争。

(六) 创造平台内公平竞争环境

电子商务平台经营者可以按照平台服务协议和交易规则，为经营者之间的电子商务提供仓储、物流、支付结算、交收等服务。平台经营者为经营者之间的电子商务提供服务，应当遵守法律、行政法规和国家有关规定，不得采取集中竞价、做市商等集中交易方式进行交易，不得进行标准化合约交易。做市商制度是一种市场交易制度，由具备一定实力和信誉的法人充当做市商，不断地向投资者提供买卖价格，并按其提供的价格接受投资者的买卖要求，以其自有资金和证券与投资者进行交易，从而为市场提供即时性和流动性，并通过买卖价差实现一定利润。标准化合约交易是指使用统一制定的合约进行交易，合约会将标的资产(基础资产)的交易价格、交易时间、资产特征、交易方式等交易内容进行事先标准化规定，以期货交易为典型。上述交易方式涉及国家经济宏观调控，关系到国家经济秩序的稳定。每一种交易方式也都有特定的法规进行规制。电子商务平台经营者应当严格遵守相关法规，维护国家经济秩序，创造平台内公平竞争环境。

(七) 知识产权侵权的应对措施

电子商务平台经营者应当建立知识产权保护规则，与知识产权权利人加强合作，依法保护知识产权。在电子商务领域，侵犯知识产权情况极易发生，电子商务平台经营者直接控制着平台，平台内经营者需要服从平台经营者的管理以便完成交易。因此，平台经营者是最有能力保护知识产权的主体。

1. 平台经营者的通知义务与必要措施

知识产权权利人认为其知识产权受到侵害的，有权通知电子商务平台经营者采取删除、屏蔽、断开链接、终止交易和服务等必要措施。通知应当包括构成侵权的初步证据。平台经营者接到通知后，应当及时采取必要措施，并将该通知转送平台内经营者；未及时采取必要措施的，对损害的扩大部分与平台内经营者承担连带责任。因通知错误造成平台内经营者损害的，依法承担民事责任。恶意发出错误通知，造成平台内经营者损失的，加倍承担赔偿责任。平台经营者知道或者应当知道平台内经营者侵犯知识产权的，应当采取删除、屏蔽、断开链接、终止交易和服务等必要措施；未采取必要措施的，与侵权人承担连带责任。

在接到知识产权权利人的侵权通知后，审查初步证据，认为初步证据足以证明存在侵权行为的可能时，电子商务平台经营者如果采取了必要措施，则不承担侵权责任，这就是知识产权侵权中的"避风港原则"。如果没有及时采取必要措施，则推定平台经营者具有过错，并应当承担损害赔偿责任。

2. 对平台内经营者未侵权声明的处理

平台内经营者接到由平台转送的知识产权侵权通知后，可以向电子商务平台经营者提交不存在侵权行为的声明。声明应当包括不存在侵权行为的初步证据。平台经营者接到声明后，应当将该声明转送发出通知的知识产权权利人，并告知其可以向有关主管部门投诉或者向人民法院起诉。电子商务平台经营者在转送声明到达知识产权权利人后15日内，未收到权利人已经投诉或者起诉通知的，应当及时终止所采取的措施。

3. 对知识产权侵权处置全程的公示义务

电子商务平台经营者应当及时公示收到的知识产权权利人主张平台内经营者侵权的通知、平台内经营者主张未侵权的声明以及相应对处理结果，处理结果包括法院的判决、相关部门的决定、平台后续的处理措施等。公示义务一方面可以提醒消费者了解必要信息并引起适当注意，另一方面无论平台内经营者的侵权是否构成，相关结果都可以为日后与该经营者交易的相对人提供参考，这也构成了对该经营者信用评价的一部分。

第三节　电子商务合同的订立与履行

一、电子商务合同的概念及特征

合同是平等主体的公民、法人、其他组织之间设立、变更、终止民事权利义务关系的协议。电子合同是平等主体的自然人、法人、其他组织之间以数据电文为载体，使用电子签名，并利用电子通信设立、变更、终止民事权利义务关系的协议。电子商务合同是电子合同的重要类型。据此，电子商务当事人以数据电文形式订立的合同即电子商务合同。电子商务合同具备电子合同的一般特征。

1. 合同的形式具有特殊性

此类合同以数据电文的形式存在，不存在原件与复印件之分。由于数据电文本身具有易改动性，评估其证据效力时，会考虑到生成、存储或者传递该数据电文的办法的可靠性。

2. 合同的订立过程具有特殊性

此类合同是通过电信网络订立的，包括互联网、电子数据间交换等。在现有的技术背景下，电子商务合同主要是通过互联网订立的合同。传统合同的订立一般采用"面对面"的方式，而电子合同主要是以"非面对面"的方式订立的。电子商务合同可以是自动完成的，由自动信息系统代表当事人作出要约或承诺的意思表示，订立过程可以无须人工干预。

3. 合同的成立和生效具有特殊性

许多国家的立法规定，合同须采取书面形式，或者书面合同必须经过签字或盖章才能成立。数据电文本质上并不是书面形式，也无法按照传统的方式进行签字和盖章。因此，电子商务立法引入"功能等同"原则来解决这一问题，规定电子合同满足法定的条件时，即视为完成意思表示一致，合同成立。

由于电子商务合同属于合同的一种类型，并且具有上述特征。因此，电子商务当事人订立和履行合同，适用《电子商务法》、《民法总则》、《合同法》、《电子签名法》等法律的规定。

二、电子商务合同的成立与生效

（一）电子商务经营者的先合同义务

一般而言，电子商务经营者在制定电子合同时对其内容起决定作用，而用户则处于只能选择接受与否的被动地位。基于诚实信用原则，电子商务经营者应当在合同准备阶段遵守先合同义务，即电子商务经营者应当清晰、全面、明确地告知用户订立合同的步骤、注意事项、下载方法等事项，并保证用户能够便利、完整地阅览和下载。同时，也应当保证用户在提交订单前可以更正输入错误。

（二）电子商务合同的要约与承诺

电子商务合同属于合同的一种，需要当事人双方要约和承诺达成一致时方可成立。《电子商务法》规定：电子商务经营者发布的商品或者服务信息符合要约条件的，用户选择该商品或者服务并提交订单成功，合同成立。当事人另有约定的，从其约定。

1. 要约

根据《电子商务法》的规定，只要符合要约构成要件，电子商务经营者发布的商品或者服务信息即具有要约性质。这相当于肯定了电子要约，即通过数据电文形式发布要约的效力。电子商务经营者发布的信息是否为要约，应当按照《合同法》的一般规则来判断。要约是希望和他人订立合同的意思表示。一个要约需要满足：① 由特定主体发出；② 必须向欲与之订立合同关系的相对人发出；③ 内容具体、明确、完整；④ 必须含有要约人受其意思表示约束的意思：⑤ 以订立合同为目的。不符合要约构成要件的电子商务经营者发布的商品或服务的信息，可能构成要约邀请。

2. 承诺

承诺是受要约人同意要约的意思表示。承诺的法律意义在于，承诺生效，则合同成立。对于符合要约要件的电子商务经营者发布的商品或者服务信息，用户选择该商品或者服务并提交订单成功，即构成承诺，合同经承诺后即告成立。

（三）电子商务合同生效的特殊规定

已经成立的合同，符合法定生效要件的即生效。根据《民法总则》第 134 条的规定，民事法律行为的生效要件为：① 行为人具有相应民事行为能力；② 意思表示真实；③ 不违反法律、行政法规的强制性规定，不违背公序良俗。合同是典型的民事行为，电子商务合同属于合同的类型之一。因此，已经成立的电子商务合同若要生效，应当符合上述生效要件的规定。在《电子商务法》中，对电子商务合同的生效进行了一些特殊规定。

1. 推定当事人的行为能力

为保护电子商务交易的快捷性，《电子商务法》采取了推定规则，在电子商务中推定当事人具有相应的民事行为能力。这样可以降低合同的生效成本进而促使交易达成。但是，"有相反证据足以推翻"推定的当事人的行为能力的，并不承认电子商务中当事人的行为能力。推定的法律事实可以用相反的证据予以推翻，然而认定的法律事实则不能。典型的"相反的证据"，可以是实名认证的个人信息中有关年龄的部分。

2. 格式条款的效力

在电子商务领域，订立的合同大多属于格式合同，包含格式条款。电子商务经营者不得以格式条款等方式约定消费者支付价款后合同不成立；格式条款等含有该内容的，其内容无效。

三、电子商务合同履行的特殊规定

合同的履行是指债务人全面、适当地完成合同义务，使债权人的合同债权得以完全实现。电子商务合同的履行，当事人应当依照合同的内容，坚持诚实信用原则，全面完成合同义务，适用合同履行的一般规则。但是，由于电子商务市场的虚拟性以及电子商务合同载体的特殊性，电子商务合同的履行还应当遵循《电子商务法》中的特殊规则。

（一）交付时间的认定

交付在合同中涉及风险的转移、标的物孳息的归属、所有权的转移和执行何种政府定价或者政府指导价等问题。在电子商务领域，由于交付商品种类复杂多样，线上产品等无形产品的交付方式有别于传统实体商品的交付。除以下基本规则外，合同当事人对交付方式、交付时间另有约定的，从其约定。

1. 以快递方式交付商品的合同

以快递方式交付的商品，一般由卖方承担送货或寄送义务。在收货方签收前，货物处于卖方或物流公司的控制之下，收货方无法实际控制商品。因此，合同标的为交付商品并采用快递物流方式交付的，收货人签收时间为交付时间。

2. 标的为提供服务的合同

合同标的为提供服务的，生成的电子凭证或者实物凭证中载明的时间为交付时间；前述凭证没有载明时间或者载明时间与实际提供服务时间不一致的，实际提供服务的时间为交付时间。

3. 以在线传输数字产品为标的的合同

以在线传输数字产品为标的的合同不同于传统合同，其标的物是无形的信息产品，合同当事人通过网络传输相应的数据信息完成交付。例如，在线影视、音乐、游戏道具、各类软件等。由于标的的特殊性，这类合同的交付时间也有特殊规则。合同标的为采用在线传输方式交付的，合同标的进入对方当事人指定的特定系统并且能够检索识别的时间为交付时间。

【例 10-5】　李某在某电商平台购买了一台其自营销售的戴森吸尘器，迟迟未收到货。因此，向电商平台主张退款。但是平台认为，由于李某的吸尘器订单显示顺丰快递已经完成送货，"签收人为丰巢邮柜"，并有具体签收时间，应当认定交付已完成，商品的毁损灭失责任应当由李某承担。因此，拒绝退款。本案应如何处理？

【分析】　本案属于以快递方式交付商品的合同，原则上，收货人签收时间为交付时间，也就是签收即交付完成，商品风险负担转移到买方李某。但是，由于签收这一形式标准常和实际交付的完成情况相分离，会出现本案中标的物在实际交付之前被第三方签收，而收货人没有收到货物的情况。因此，对于签收的理解应当认识到，签收仅仅是完成交付的形式要件。如果有其他证据能够证明实际交付且该交付时间与之不一致的，则应以实际交付的时间为准，即实际交付完成，风险负担转移。本案中，李某可以利用丰巢的交易记录首先证明本人并未在丰巢中实际取出货物，也就是电商平台的实际交付并未完成。因此，所谓订单上显示的签收时间并非电商平台完成交付义务之时，商品损毁灭失风险仍由电商平台承担，故应当退款。

(二) 快递物流服务提供者的基本义务

电子商务当事人可以约定采用快递物流方式交付商品。快递是现代物流的一种重要形式。在电子商务领域，快递服务不同于传统商务模式下的物流模式，而更多地体现出信息化和网络化特征。快递服务是实现电子商务交易的关键环节。快递活动直接决定着电子商务合同能否得到履行。快递物流提供者应当尊重法规和承诺，注重社会责任，并承担当面提示收货人查验的义务。快递物流服务提供者为电子商务提供快递物流服务，应当遵守法律、行政法规，并应当符合承诺的服务规范和时限。在交付商品时，应当提示收货人当面查验；交由他人代收的，应当经收货人同意。同时，快递物流服务提供者应当按照规定使用环保包装材料，实现包装材料的减量化和再利用。在接受了电子商务经营者的委托时，快递物流服务提供者可以提供代收货款服务。

(三) 电子支付的基本规则

电子商务当事人可以约定采用电子支付方式支付价款。电子支付(Electronic Payment)是指单位、个人直接或授权他人通过电子终端发出支付指令，实现货币支付与资金转移的行为。与传统的支付方式相比，电子支付具有信息传输数字化、支付工具种类多、支付系统开放、便捷高效等特点。《电子签名法》、《中国人民银行法》、《商业银行法》等很多现行法律法规对电子支付的一般规则进行了规范，《电子商务法》着重规定了电子支付服务提供者的义务。

1. 电子支付服务提供者的义务

1) 遵守国家规定

电子支付服务提供者为电子商务提供电子支付服务，应当遵守国家规定，符合国家有关支付安全管理要求。这些规定包括所有现行规范电子支付行为的法律法规。

2) 保护用户权利

电子支付服务者保护用户的基本权利，体现在以下几方面：

(1) 向用户履行告知义务。电子支付服务者应当告知用户电子支付服务的功能、使用方法、注意事项、相关风险和收费标准等事项，不得附加不合理交易条件。电子支付服务提供者应当确保电子支付指令的完整性、一致性、可跟踪稽核和不可篡改。

(2) 发送确认信息，提供交易记录。电子支付服务提供者完成电子支付后，应当及时准确地向用户提供符合约定方式的确认支付的信息。并且，用户有权要求电子支付服务提供者免费提供对账服务以及最近 3 年的交易记录。

(3) 承担赔偿责任。当电子支付服务提供者由于扰乱国家支付安全管理秩序、发送错误支付指令或未授权支付指令等原因造成用户损失的，应当承担赔偿责任。

3) 管理电子支付指令

支付指令是指付款人向电子支付服务提供者发出的将固定的或者可以确定的货币金额交由收款人的无条件指令。支付指令的本质是《合同法》和《电子签名法》所规定的数字电文的一种，在完整记载收付款人的真实名称、交易金额、支付指令发起日期等事项，并经用户确认后具有法律效力，可以认为是用户发起资金划拨的真实意思表达。支付指令发生错误的，电子支付服务提供者应当及时查找原因，并采取相关措施予以纠正。造成用户损失的，除能够证明支付错误非自身原因造成之外，电子支付服务提供者应当承担赔偿责任。

由于未经授权的支付指令造成用户的损失，由电子支付服务提供者承担；如果电子支付服务提供者能够证明未经授权的支付是因用户的过错造成的，不承担责任。电子支付服务提供者发现支付指令未经授权，或者收到用户支付指令未经授权的通知时，应当立即采取措施防止损失扩大。电子支付服务提供者未及时采取措施导致损失扩大的，对损失扩大部分承担责任。

2．使用电子支付的用户的义务

(1) 核对义务。用户在发出支付指令前，应当核对支付指令所包含的金额、收款人等完整信息。

(2) 保管及通知义务。用户应当妥善保管交易密码、电子签名数据等安全工具。用户发现安全工具遗失、被盗用或者未经授权支付的，应当及时通知电子支付服务提供者。

第四节　电子商务争议解决

一、电子商务争议的解决方式

电子商务争议可以通过协商和解，请求消费者组织、行业协会或者其他依法成立的调解组织调解，向有关部门投诉，提请仲裁，或者提起诉讼等方式解决。

在解决电子商务纠纷时应当注意，电子商务活动中，可能会涉及消费者保护以及产品质量责任承担等问题。因此，在《电子商务法》中没有具体规定时，《消费者权益保护法》、《产品质量法》、《食品安全法》等相关纠纷解决的法律规则，应当适用。

二、电子商务经营者的义务承担

(一) 一般义务

电子商务经营者应承担的义务有：

(1) 建立投诉、举报机制。电子商务经营者应当建立便捷、有效的投诉、举报机制，公开投诉、举报方式等信息，及时受理并处理投诉、举报。

(2) 提供原始合同和交易记录。在电子商务争议处理中，电子商务经营者应当提供原始合同和交易记录。因电子商务经营者丢失、伪造、篡改、销毁、隐匿或者拒绝提供前述资料，致使人民法院、仲裁机构或者有关机关无法查明事实的，电子商务经营者应当承担相应的法律责任。

(二) 平台经营者的特殊规定

电子商务平台经营者是电子商务经营者的重要组成者。虽然电子商务平台既不是消费者权益保护的主要责任人，也不是电子商务合同的当事人，但是电子商务平台在提供服务的过程中，不仅从中受益，而且平台经营者拥有技术和经营管理上的优势，可以更好地协调与处理网络交易纠纷。因此，平台经营者在电子商务争议的解决上，具有重要的桥梁作用。

1. 协助消费者维权

消费者在电子商务平台购买商品或者接受服务，与平台内经营者发生争议时，电子商务平台经营者应当积极协助消费者维护合法权益。国家鼓励电子商务平台经营者建立有利于电子商务发展和消费者权益保护的商品、服务质量担保机制。电子商务平台经营者与平台内经营者协议设立消费者权益保证金的，双方应当就消费者权益保证金的提取数额、管理、使用和退还办法等作出明确约定。消费者要求电子商务平台经营者承担先行赔偿责任以及电子商务平台经营者赔偿后向平台内经营者的追偿，适用《中华人民共和国消费者权益保护法》的有关规定。

2. 争议在线解决

电子商务平台经营者可以建立争议在线解决机制，制定并公示争议解决规则，根据自愿原则，公平、公正地解决当事人的争议。

第五节　电子商务法律促进

《电子商务法》是规范电子商务活动的基本法律，也是一部具有促进电子商务发展性质的促进法。正在发展壮大过程中的电子商务需要国家的支持和法律的保障。为肯定、鼓励和支持电子商务发展，《电子商务法》中将国家促进其发展的政策性措施以法律的形式确定下来，赋予其法律效力，为电子商务的长远发展提供保障。

一、国家的基本促进政策

1. 发展规划与产业政策

国务院和省、自治区、直辖市人民政府应当将电子商务发展纳入国民经济和社会发展规划，制定科学合理的产业政策，促进电子商务创新发展。

2. 绿色发展

国务院和县级以上地方人民政府及其有关部门应当采取措施，支持、推动绿色包装、仓储、运输，促进电子商务绿色发展。

3. 配套设施建设

国家推动电子商务基础设施和物流网络建设，完善电子商务统计制度，加强电子商务标准体系建设。

4. 电子商务的应用与产业结合

国家推动电子商务在国民经济各个领域的应用，支持电子商务与各产业融合发展。

5．农村电子商务发展

国家促进农业生产、加工、流通等环节的互联网技术应用，鼓励各类社会资源加强合作，促进农村电子商务发展，发挥电子商务在精准扶贫中的作用。

6．电子商务数据

国家维护电子商务交易安全，保护电子商务用户信息，鼓励电子商务数据开发应用，保障电子商务数据依法有序自由流动。国家采取措施推动建立公共数据共享机制，促进电子商务经营者依法利用公共数据。

7．信用评价机构与服务

国家支持依法设立的信用评价机构开展电子商务信用评价，向社会提供电子商务信用评价服务。

二、对跨境电子商务的促进政策

1．国家促进跨境电子商务发展

建立健全适应跨境电子商务特点的海关、税收、进出境检验检疫、支付结算等管理制度，提高跨境电子商务各环节便利化水平，支持跨境电子商务平台经营者等为跨境电子商务提供仓储物流、报关、报检等服务。同时，支持小型微型企业从事跨境电子商务。

2．加强电子商务跨境服务和监管

国家进出口管理部门应当推进跨境电子商务海关申报、纳税、检验检疫等环节的综合服务和监管体系建设，优化监管流程，推动实现信息共享、监管互认、执法互助，提高跨境电子商务服务和监管效率。跨境电子商务经营者可以凭电子单证向国家进出口管理部门办理有关手续。

3．注重跨境电子商务国际合作

国家推动建立与不同国家、地区之间跨境电子商务的交流合作，参与电子商务国际规则的制定，促进电子签名、电子身份等国际互认，并推动建立与不同国家、地区之间的跨境电子商务争议解决机制。

第六节　法律责任

一、电子商务经营者的主要行政责任

电子商务经营者有违反以下情形，需要承担的责任有：

(1) 违反公示义务的电子商务经营者，由市场监督管理部门责令限期改正，可以处 1 万元以下的罚款；电子商务平台经营者对违反前述规定的平台内经营者未采取必要措施的，由市场监督管理部门责令限期改正，可以处 2 万元以上 10 万元以下的罚款。

(2) 违反搭售规则的电子商务经营者，由市场监督管理部门责令限期改正，没收违法所得，可以并处 5 万元以上 20 万元以下的罚款；情节严重的，并处 20 万元以上 50 万元以下的罚款。

(3) 违反押金规定的电子商务经营者，由有关主管部门责令限期改正，可以处 5 万元以上 20 万元以下的罚款；情节严重的，处 20 万元以上 50 万元以下的罚款。

(4) 违反一般义务的电子商务平台经营者，通常由有关主管部门责令限期改正；逾期不改正的，处 2 万元以上 10 万元以下的罚款；情节严重的，责令停业整顿，并处 10 万元以上 50 万元以下的罚款。

(5) 违反正当竞争规则的电子商务经营者，由市场监督管理部门责令限期改正，可以处 5 万元以上 50 万元以下的罚款；情节严重的，处 50 万元以上 200 万元以下的罚款。

(6) 电子商务平台经营者违反规定，对平台内经营者侵害消费者合法权益行为未采取必要措施，或者对平台内经营者未尽到资质资格审核义务，或者对消费者未尽到安全保障义务的，由市场监督管理部门责令限期改正，可以处 5 万元以上 50 万元以下的罚款；情节严重的，责令停业整顿，并处 50 万元以上 200 万元以下的罚款。

(7) 电子商务平台经营者违反本法第 42 条、第 45 条规定，对平台内经营者实施侵犯知识产权行为未依法采取必要措施的，由有关知识产权行政部门责令限期改正；逾期不改正的，处 5 万元以上 50 万元以下的罚款；情节严重的，处 50 万元以上 200 万元以下的罚款。

(8) 电子商务经营者有《电子商务法》规定的违法行为的，依照有关法律、行政法规的规定记入信用档案，并予以公示。

二、电子商务经营者的民事责任及刑事责任

1．民事责任

电子商务经营者销售商品或者提供服务，不履行合同义务或者履行合同义务不符合约定，或者造成他人损害的，依法承担民事责任。

2．刑事责任

电子商务经营者违反《电子商务法》规定，构成违反治安管理行为的，依法给予治安管理处罚；构成犯罪的，依法追究刑事责任。

三、其他法律的适用

电子商务经营者的行为构成违反《行政许可法》、《广告法》、《消费者权益保护法》、《产品质量法》、《反不正当竞争法》、《反垄断法》以及《知识产权法》等法律法规的，依照相关法律法规的规定进行处罚。

此外，依法负有电子商务监督管理职责的部门的工作人员，玩忽职守、滥用职权、徇私舞弊，或者泄露、出售或者非法向他人提供在履行职责中所知悉的个人信息、隐私和商业秘密的，依法追究法律责任。

思考与练习

一、思考题

1. 简述电子商务经营者的特征及基本类型。

2. 简述相比一般电子商务经营者而言，电子商务平台经营者的特殊义务规则。

3. 简述电子商务合同的成立与生效。

二、单项选择题

1. 对于违反《电子商务法》规定的行为，电子商务经营者应承担的法律责任类型包括（　　）。

    A. 民事责任、行政责任和刑事责任　　　　B. 民事责任和行政责任

    C. 行政责任和刑事责任　　　　　　　　D. 民事责任和刑事责任

2. 电子商务平台经营者修改平台服务协议和交易规则，应当在其首页显著位置公开征求意见。修改内容应当至少在实施前（　　）予以公示。

    A. 30 日　　　　B. 15 日　　　　C. 7 日　　　　D. 10 日

3. 《电子商务法》对于电子商务平台经营者建立知识产权保护规则的规定是（　　）。

    A. 可以建立　　B. 应当建立　　C. 鼓励建立　　D. 限制建立

4. 电子商务平台经营者开展自营业务的，对自营业务和平台内经营者开展的业务区分标记的原则是（　　）。

    A. 可以不作区分标记

    B. 以显著方式区分标记自营业务和平台内经营者开展的业务

    C. 以任意方式区分标记自营业务和平台内经营者开展的业务

    D. 不得进行区分标记

5. 某平台内个人网店经营者为了提高搜索排名、增加人气，雇佣他人大量下单，但没有真实交易。此种行为属于（　　）。

    A. 通过虚构交易进行虚假商业宣传，也称"刷单"，是《电子商务法》和《反不正当竞争法》禁止的行为

    B. 正常的营销方式

    C. 正常的广告方式

    D. 发布违法广告

6. 李某是某电子商务平台内经营者，由于销售假冒他人商标的商品被平台经营者依据服务协议和交易规则采取暂停服务的措施。下列说法正确的是（　　）。

    A. 该处理措施应当及时公示

    B. 该处理措施应当适时公示

    C. 该处理措施可以不公示

    D. 平台经营者可以根据情况决定是否公示该处理措施

7. 某电子商务平台内的一个网店销售假茅台酒，平台经营者知道这一情形后没有采取

任何措施。电子商务平台经营者应当承担的责任形式是(　　)。

A．对网店经营者的赔偿责任承担补充责任　B．承担按份责任

C．不承担责任　　　　　　　　　　　　D．与该网店经营者承担连带责任

8．关于电子支付服务提供者向用户提供对账服务及交易记录，下列说法正确的是(　　)。

A．免费提供对账服务和最近 1 年的交易记录

B．收费提供对账服务和最近 1 年的交易记录

C．免费提供对账服务和最近 3 年的交易记录

D．收费提供对账服务和最近 3 年的交易记录

9．电子支付服务提供者发现支付指令未经授权，或者收到用户支付指令未经授权的通知后，未及时采取措施导致损失扩大的，承担的责任是(　　)。

A．对全部损失承担责任　　　　　　　B．不承担赔偿责任

C．对扩大损失部分承担责任　　　　　D．对可能发生的损失承担责任

10．按照《电子商务法》的规定，电子商务平台经营者建立便捷、有效的投诉、举报机制，公开投诉、举报方式等信息，即时受理并处理投诉、举报，积极协助维护消费者合法权益。这属于以下(　　)事项。

A．鼓励事项　　　　　　　　　　　B．应当履行事项

C．限制事项　　　　　　　　　　　D．禁止事项

三、多项选择题

1．某市场监管机关要求其管辖范围内的电子商务经营者进行主体信息公示。按照《电子商务法》的规定，关于公示的方式，下列说法正确的是(　　)。

A．应当在首页显著位置公示　　　　B．应当持续公示

C．公示期 30 天　　　　　　　　　　D．可以用登报公示方式代替

2．某电子商务经营者提供预订机票酒店服务，同时搭售机场接送、酒店优惠券收费服务。下列行为中违反《电子商务法》搭售规定的有(　　)。

A．机场接送、酒店优惠券收费服务内容以很小的字体在容易忽略的位置体现

B．机场接送、酒店优惠券收费服务内容不经用户勾选，设置为默认同意

C．机场接送、酒店优惠券收费服务内容没有单独签订协议

D．机场接送、酒店优惠券收费服务内容没有公示

3．有关主管部门依照法律、行政法规的规定要求电子商务经营者提供有关电子商务数据信息的，电子商务经营者应当提供。有关主管部门应当采取必要措施保护电子商务经营者提供的数据信息的安全，不得泄露、出售或者非法向他人提供，应当严格保密的内容包括(　　)。

A．个人信息　　B．隐私　　C．商业秘密　　D．消费记录

4．国家促进跨境电子商务发展，建立健全适应跨境电子商务特点的海关、税收、进出境检验检疫、支付结算等管理制度，提高跨境电子商务各环节便利化水平，支持跨境电子商务平台经营者等为跨境电子商务提供的服务包括(　　)。

A．仓储物流　　B．报关　　C．报检　　D．报税

5. 电子商务当事人订立和履行合同，适用以下(　　)法律的规定。

　　A.《中华人民共和国电子商务法》　　　B.《中华人民共和国民法总则》

　　C.《中华人民共和国合同法》　　　　　D.《中华人民共和国电子签名法》

四、案例分析题

薛某于 2019 年 3 月 1 日在京东商城提交订单购买了一枚纪念金币。订购时，商品网页信息显示："金币市场价 72 750 元，京东售价 48 500 元，库存：送至上海(现货)，下单后立即由京东发货，由京东商城负责免费配送"。薛某点击购买并提交订单后，系统显示订单提交成功，薛某利用银联卡完成在线支付 48 500 元，同时系统更新了订单状态："订单已支付成功，即将安排送货。"3 月 11 日，薛某收到用于支付的银行卡发卡行发送的短信："因'退货'，收到京东商城退款 48 500 元。"此时查看京东上薛某该金币订单状态发现，系统显示：该订单已于 3 月 10 日取消。薛某认为，自己并未向京东主张取消订单，在 3 月 10 前也未收到过京东商城要求取消订单的消息，而此时京东商城网页显示的该金币的市场价为 129 万元，自己遭受了经济损失。因此，要求京东商城承担法律责任。京东称：薛某下单时网页显示的金币价格是由于程序员操作失误而上传了错误的价格，所以取消订单，并拒绝作出任何赔偿。薛某并不接受，双方诉至法院。

问题：此案应当如何解决？请说明原因。

第十一章

能 源 法 律 制 度

本章教学要点：

(1) 掌握能源法律关系的特点。

(2) 掌握《煤炭法》、《电力法》、《石油天然气法》、《节约能源法》、《可再生能源法》基本法律制度和规定。

(3) 了解能源法律立法趋势，提高节约能源和使用可再生能源意识。

导入案例

　　能源安全已成为世界稳定和发展面临的重大挑战。自石油工业兴起到 1973 年第一次石油危机以前，西方石油公司掌控世界石油价格。在石油生产国之间相互竞争的过程中，石油资源在每桶 1～2 美元的低价水平下被西方发达国家大肆掠夺。1973—1974 年第一次石油危机曾触发了二战后最严重的全球经济危机。当时国际市场上的石油价格从每桶 3 美元上涨到 12 美元，上涨 4 倍。石油价格暴涨引起了西方国家的经济衰退。据美国经济学家估计，这次危机使美国国内生产总值增长下降 4.7%，使欧洲的增长下降 2.5%，日本则下降 7%。1979 年伊朗爆发革命，而后伊朗和伊拉克开战引发了全球第二次石油危机，使石油日产量锐减，国际石油市场价格骤升，每桶石油的价格从 14 美元上涨到 35 美元。第二次石油危机也引起了西方主要工业国的经济衰退。美国政府估计，美国国内生产总值在第二次石油危机中大概下降 3%。第三次石油危机导源于 1990 年爆发的海湾战争。专家形容海湾战争更是一场石油战争。

　　自 2002 年下半年至今，国际油价大幅上涨、高价振荡。由美伊战争引起的国际油价上涨持续了 5 年时间，从每桶 28 美元一路上涨，经历了 2004 年底时每桶略高于每桶 40 美元的持续振荡之后，又一路攀升。2007 年底达到每桶 100 美元，2008 年 7 月，国际油价盘中突破每桶 147 美元的历史高位。之后，由于美国的次贷危机导致了国际金融危机，国际油价一路走低。当前，世界经济缓慢复苏，国际石油价格逐渐回升，基本维持在每桶 65 美元左右。

第一节　能源法概述

一、能源

　　能源是指煤炭、石油、天然气、生物质能和电力、热力以及其他直接或者通过加工、转换而取得有用能的各种资源。能源是人类社会赖以生存的重要物质基础，是经济发展和社会进步的重要资源。保障安全、经济、清洁、可持续能源供应和利用对推动社会可持续发展与和谐社会建设至关重要。

人类进化从利用火开始，从来就未能离开过能源。人类发展靠能源，不仅学会了利用火，从薪柴到煤炭和石油，直至电力作为能源，推动了社会进步和发展。中国是当今世界上最大的发展中国家，同时也是世界上第三大能源生产国和最大能源消费国。面对快速工业化、城镇化进程，能源愈来愈成为中国经济社会可持续发展的瓶颈，我国面临着能源安全、气候变化和能源环境协调发展等一系列问题。我国能源资源分布特点是煤炭多、水能资源丰富、油气少、人均占有量低。

【例 11-1】 以下哪项不是我国目前能源消费中存在的问题？

A. 消费总量大、人均消费水平低、利用技术落后

B. 清洁能源所占比例太大

C. 能源供应安全问题凸现，石油进口依存度高

D. 化石能源消费对环境的压力大

【分析】 目前，我国清洁能源消费在能源消费总量中所在比重不足 15%，比例偏低。大力发展清洁能源是今后能源开发利用的重要任务。B 项不正确，其他三项是我国能源消费存在的主要问题。

二、能源法

能源法有广义和狭义之分。广义的能源法是指国家调整能源开发、转换、生产、输送、供应、使用、管理、保护以及国际合作等活动中所发生的各种社会经济关系的法律规范的总称。它是国家颁布或准备颁布的有关能源管理、开发、生产、转换、供应、使用等所有法律、行政法规、地方性法规和国家管理部门的规章等规范性文件的综合。狭义的能源法是指国家调整能源开发、转换、生产、输送、供应、使用、管理、保护以及国际合作等活动中所发生的相关社会关系的行为规范，即单指由全国人民代表大会批准、颁布的《中华人民共和国能源法》(以下简称《能源法》)。狭义的《能源法》是广义能源法的基本法典。自 2007 年以来，《能源法》征求意见稿几易其稿，至今尚未提交立法机关审议。

三、能源法律关系

能源法律关系是能源法在调整能源开发、建设、生产、供应、使用、管理与服务过程中所形成的权利义务关系。

能源法律关系十分广泛，通常包括：国家、国家能源管理部门、其他与能源有关的国家相关部门之间的能源法律关系；国家、国家能源管理部门、其他与能源有关的国家相关部门与能源企业、能源使用者之间因管理与被管理形成的能源管理法律关系；不同能源产品的能源企业之间的平等民事法律关系；同一产品能源企业内部发生的法律关系；能源企业与能源使用者之间因能源供应与使用发生的法律关系；能源企业因能源开发、建设、生产与其他社会主体发生的法律关系。其中既有平等主体之间发生的法律关系，也有不平等主体之间管理与被管理的法律关系及能源内部关系。

第二节　煤　炭　法

一、煤炭法的概念与调整对象

煤炭法的概念可以从广义和狭义两个方面理解。狭义上的煤炭法是特指我国以《煤炭法》命名的煤炭法典。从广义上讲，煤炭法是指规范和调整煤炭开发利用、节约保护、生产经营、生态环境保护、监督管理等活动的法律、法规、规章和其他一般规范性法律文件的总称。狭义上《煤炭法》确立的煤炭法律规范及其制度是广义上煤炭法的基本组成部分。本书采取煤炭法的广义说法。

从上述煤炭法的定义可以看出，煤炭法的调整对象涉及以下几类经济社会关系：第一类是煤炭开发利用关系，这种关系的内容是国家和开发利用者支配煤炭资源及其产品进行交易，排除他人干涉和获得煤炭业均衡利益。煤炭开发利用关系是煤炭业存在和发展的基础，是煤炭业主要物质内容，因而是煤炭法调整的重要和基本部分。第二类是煤炭开发利用规制关系。这种关系的内容是政府对开发利用者和其他煤炭事业者进行规制。煤炭开发利用规制关系既是煤炭业稳定和健康发展的条件，也是煤炭业的有机组成部分，所以也是煤炭法调整的重要方面。

二、我国煤炭立法

新中国成立后，政府及其部门非常重视煤炭开发与管理，先后颁布了一千余个行政性规范文件，专门对煤炭业进行规范。这些行政规范为煤炭业在计划经济条件下的稳定发展奠定了基础。其中大部分因时代条件的变化或与现行法律冲突已不适用，但有一部分特别是技术规范上升的行政法规，仍是政府规制和煤炭企业组织生产和经营的准则。1986 年《矿产资源法》的颁布才使煤炭业等矿业走向法制。1994 年国务院先后颁布了《矿产资源法实施细则》、《矿产资源补偿费征收管理规定》、《煤炭生产许可证管理办法》、《乡镇煤矿管理条例》。1996 年第八届全国人大常委会第二十一次会议审议通过了《中华人民共和国煤炭法》(以下简称《煤炭法》)。全国人民代表大会常务委员会先后于 2009 年、2011 年、2013 年和 2016 年对《中华人民共和国煤炭法》进行了四次修订。

三、煤炭资源所有权

我国煤炭资源属于国家所有。地表或者地下的煤炭资源的国家所有权，不因其依附的土地所有权或者使用权的不同而改变。即我国煤炭资源所有权制度实行"矿权主义"，土地权利与煤炭资源权利分立，煤炭资源不分地域和矿种，一律为国家所有。所以，无论是国有煤炭企业还是私人、集体煤炭企业，仅有使用权和部分的收益权，而没有真正意义上的转让权。

四、煤炭生产开发规划

《煤炭法》在总则部分规定了我国煤炭开发规划的指导方针，即统一规划、合理布局、综合利用的方针。煤炭开发规划的主要内容是关于全国煤炭资源勘查规划、全国煤炭生产开发规划和地区煤炭生产开发规划的编制、组织编制的部门、编制依据和原则、效力以及要求等。依据这些规定，国务院煤炭管理部门根据全国矿产资源勘查规划编制全国煤炭资源勘查规划。国务院煤炭管理部门根据全国矿产资源规划规定的煤炭资源，组织编制和实施煤炭生产开发规划。省、自治区、直辖市人民政府煤炭管理部门根据全国矿产资源规划规定的煤炭资源，组织编制和实施本地区煤炭生产开发规划，并报国务院煤炭管理部门备案。煤炭生产开发规划根据国民经济和社会发展的需要制定，并纳入国民经济和社会发展规划。

五、煤矿安全生产管理制度

根据调整对象性质的不同，煤矿安全生产规范可分为两类：一是反映煤矿安全生产中的自然规律、直接规范人与自然之间关系的工程技术方面的法律规范，简称技术规范；二是调整煤矿安全生产管理关系的法律规范，简称管理规范。

煤矿安全生产工程技术法律规范内容丰富、覆盖面广、专业性强，大多以安全规程、技术标准等部门规章或部门文件的形式出现，少数由法律、行政法规直接加以规定。这些安全规程、技术规范多数属于强制性规范。煤矿安全生产技术规范涉及煤矿建设、煤炭开采、闭坑与事故救护处理各方面。煤矿安全生产管理规范主要涉及煤矿企业安全生产管理和政府对煤炭安全生产的监管。

【例 11-2】 2011 年 4 月 22 日，第十一届全国人民代表大会常务委员会第二十次会议通过了《关于修改〈中华人民共和国煤炭法〉的决定》，该决定自 2011 年 7 月 1 日起施行。与修改前《煤炭法》相比，此次修改意义是什么？

【分析】 此次修改是为了与社会保险法"对接"。2010 年 10 月，全国人大常委会通过的《中华人民共和国社会保险法》以法律形式确立了统一的工伤保险制度，要求职工参加工伤保险，由用人单位缴纳工伤保险费。社会保险法已于 2011 年 7 月 1 日施行。1996年通过的《煤炭法》第 44 条规定：煤矿企业必须为煤矿井下作业职工办理意外伤害保险，支付保险费。这条规定是在建立统一的工伤保险制度前，为及时救治和补偿因工作发生意外伤害的煤矿施工企业职工而作出的专门规定。2013 年修改后的《煤炭法》第 44 条规定：煤矿企业应当依法为职工参加工伤保险缴纳工伤保险费。鼓励企业为井下作业职工办理意外伤害保险，支付保险费。这一规定在 2016 年修订的《煤炭法》第 37 条中得以延续。这样既明确了煤矿企业履行工伤保险的法定义务，又将意外伤害保险改为自愿参加，使其成为工伤保险的补充，提高了职工的保障水平。

六、煤炭行业管理

国家对煤炭的管理主要表现在对煤矿企业和煤炭经营的管理，国家对煤矿企业管理主要通过各有权国家机关发放不同的十个法律文件即"九证一照"，以及发放后定期或不定期的检查和监督来实现，整体上呈现出多头管理、分散执法状况。"九证一照"分别为：采矿许可证、煤炭生产许可证、安全生产许可证、矿长安全资格证、副矿长安全资格证、生产经营单位安全生产管理人员许可证、矿长资格证、煤矿特殊工种操作证、煤炭经营许可证及营业执照。2013 年《煤炭法》修订后，取消了煤炭生产许可证和煤炭经营资格证。对煤矿企业的管理职权，主要由以下国家机关行使：国土资源管理部门、安全生产监督管理部门、工商管理部门、煤炭管理部门(主要是各级发改委、省市煤炭工业管理部门)、国有资产管理部门、生态环境保护行政主管部门。财政、劳动和社会保障等部门按照职能分工对煤矿企业进行管理。

七、煤矿环境保护制度

《煤炭法》第 11 条规定：开发利用煤炭资源，应当遵守有关环境保护的法律、法规，防治污染和其他公害，保护生态环境。《煤炭法》第 19 条规定：煤矿建设应当坚持煤炭开发与环境治理同步进行。煤矿建设项目的环境保护设施必须与主体工程同时设计、同时施工、同时验收、同时投入使用。

我国煤炭工业环境保护工作实行分级监督检查和管理。在煤炭工业发展中贯彻保护环境这一基本国策。坚持经济建设、城乡建设、环境建设同步规划、同步实施、同步发展的方针，坚持预防为主、防治结合、综合治理，谁污染、谁治理、谁开发、谁保护的原则。

煤炭工业环境保护的主要任务是：合理开发利用煤炭及与煤共生、伴生的矿产资源。依靠科学技术进步，推行清洁生产，防治矿区生态破坏和环境污染。发展洁净煤技术，提供清洁能源。矿区发展应结合区域环境承载能力，确定开发强度，优化产业和产品结构，合理进行布局。矿区污染防治应坚持由末端治理转变为生产全过程控制，由点源治理转变为分散治理和集中控制相结合，由浓度控制转变为浓度控制与总量控制相结合。

八、乡镇煤矿管理制度

乡镇煤矿是指在乡(镇)、村开办的集体煤矿企业、私营煤矿企业以及除国有煤矿企业和外商投资煤矿企业以外的其他煤矿企业。乡镇煤矿开采煤炭资源，必须依照有关法律、法规规定，申请领取采矿许可证和安全生产许可证。

国务院煤炭工业主管部门和省、自治区、直辖市人民政府根据全国矿产资源规划编制行业开发规划和地区开发规划时，应当合理划定乡镇煤矿开采的煤炭资源范围。未经国务院煤炭工业主管部门批准，乡镇煤矿不得开采下列煤炭资源：国家规划煤炭矿区；对国民经济具有重要价值的煤炭矿区；国家规定实行保护性开采的稀缺煤种；重要河流、堤坝和大型水利工程设施下的保安煤柱；铁路、重要公路和桥梁下的保安煤柱；重要工业区、重要工程设施、机场、国防工程设施下的保安煤柱；不能移动的国家重点保护的历史文物、名胜古迹和国家划定的自然保护区、重要风景区下的保安煤柱；正在建设或者正在开采的矿井的保安煤柱。

开办乡镇煤矿，必须符合国家煤炭工业发展规划，有经依法批准可供开采的、无争议的煤炭资源，有与所建矿井生产规模相适应的资金、技术装备和技术人才，有经过批准的采矿设计或者开采方案，有符合国家规定的安全生产措施和环境保护措施。办矿负责人须经过技术培训，并持有矿长资格证书。

第三节 电 力 法

一、电力法概念

电力法是调整电力建设、生产、供应、使用、管理过程中经济关系的法律规范的总称。

电力法调整的经济关系分为纵向监督管理关系和横向关系。纵向监督管理关系是国家电力管理部门和有关部门同电力企业之间的监督管理关系，包括电力建设的监督管理、电网的监督管理、电力供应和使用的监督管理、电价的监督管理以及电力设施保护的监督管理等。横向关系包括电力企业之间因电力设施的建设、生产、使用而发生的关系和电力企业与其他民事主体之间因电力建设、生产、使用而发生的关系。

二、电力管理体制

国务院电力管理部门负责全国电力事业的监督管理。国务院有关部门在各自的职责范围内负责电力事业的监督管理。县级以上地方人民政府经济综合主管部门是本行政区域内的电力管理部门，负责电力事业的监督管理。县级以上地方人民政府有关部门在各自职责范围内负责电力事业的监督管理。电力建设企业、电力生产企业、电网经营企业依法实行自主经营、自负盈亏，并接受电力管理部门的监督。

三、电力建设

电力发展规划根据国民经济和社会发展需要制定，并纳入国民经济和社会发展规划。电力发展规划应当体现合理利用能源、电源与电网配套发展、提高经济效益和有利于环境保护的原则。

城市电网的建设与改造规划，应当纳入城市总体规划。城市人民政府应当按照规划，安排变电设施用地、输电线路走廊和电缆通道。任何单位和个人不得非法占用变电设施用地、输电线路走廊和电缆通道。

国家通过制定政策，支持、促进电力建设。地方人民政府根据电力发展规划，因地制宜，采取多种措施开发电源，发展电力建设。

电力投资者对其投资形成的电力，享有法定权益。并网运行的，电力投资者有优先使用权；未并网的自备电厂，电力投资者自行支配使用。

【例11-3】 如何协调发电工程建设对环境的影响？

【分析】 《中华人民共和国电力法》(以下简称《电力法》)第15条规定：输变电工程、调度通信自动化工程等电网配套工程和环境保护工程应当与发电工程项目同时设计、同时建设、同时验收、同时投入使用。即遵守"四同时"制度进行。

四、电力生产与电网管理

电力生产与电网运行应当遵循安全、优质、经济的原则。电网运行应当连续、稳定，保证供电可靠性。

电力企业应当加强安全生产管理，坚持安全第一、预防为主的方针，建立、健全安全生产责任制度，应当对电力设施定期进行检修和维护，保证其正常运行。

电网运行实行统一调度、分级管理。国家提倡电力生产企业与电网、电网与电网并网运行。具有独立法人资格的电力生产企业要求将生产的电力并网运行的，电网经营企业应当接受。并网运行必须符合国家标准或者电力行业标准。

【例11-4】　签订并网协议要符合什么原则？达不成协议如何处理？

【分析】　并网双方应当按照统一调度、分级管理和平等互利、协商一致的原则，签订并网协议，确定双方的权利和义务。达不成协议的，由省级以上电力管理部门协调决定。

五、电力供应与使用

(一) 电力业务许可证制度

在我国境内从事电力业务，应当取得电力业务许可证。电力业务是指发电、输电、供电业务。其中，供电业务包括配电业务和售电业务。

供电企业在批准的供电营业区内向用户供电。供电营业区的划分，应当考虑电网的结构和供电合理性等因素。一个供电营业区内只设立一个供电营业机构。省、自治区、直辖市范围内的供电营业区的设立、变更，由供电企业提出申请，电力管理部门依据职责和管理权限，会同同级有关部门审查批准后，发给《电力业务许可证》。供电营业区设立、变更的具体办法，由国务院电力管理部门制定。

(二) 供电普遍服务义务

供电营业区内的供电营业机构，对本营业区内的用户有按规定供电的义务，不得违反国家规定对其营业区内申请用电的单位和个人拒绝供电。

(三) 中断供电

供电企业在发电、供电系统正常的情况下，应当连续向用户供电，不得中断。因供电设施检修、依法限电或者用户违法用电等原因，需要中断供电时，供电企业应当按照国家有关规定事先通知用户。

用户对供电企业中断供电有异议的，可以向电力管理部门投诉；受理投诉的电力管理部门应当依法处理。

【例11-5】　某公司将其办公楼底层数百平方米店面(用电单独计算)出租给百货商王某，王某以自己名义与某供电公司签订了供用电合同，合同有效期为3年。实际上王某的店面租期为2年。店面租期届满，王某欠费4000多元不告而辞，下落不明。后来，该公司又将该店面租赁给李某经营文化用品。李某到供电公司办理申请用电手续遭到拒绝。供电方告知李某，李某要在王某的受电设施上继续用电，按照供电公司规定，必须缴清王某所欠电费和违约金，否则，拒绝办理用电手续。李某无奈，将供电公司诉至法院。

【分析】 《电力法》第26条规定：供电营业区内的供电营业机构，对本营业区内的用户有按照国家规定供电的义务；不得违反国家规定对其营业区内申请用电的单位和个人拒绝供电。申请新装用电、临时用电、增加用电容量、变更用电和终止用电，应当依照规定的程序办理手续。

王、李之间没有代缴电费协议也没有任何债权债务关系，供电公司以缴清王某欠电费为由拒绝与李某签订供用电合同，损害了李某的合法用电权，违背了供电公司作为公用企业所承担的法定普遍服务义务。

六、电价与电费

（一）电价政策的制定

电价是指电力生产企业的上网电价、电网间的互供电价、电网销售电价。电价实行统一政策，统一定价原则，分级管理。制定电价，应当合理补偿成本，合理确定收益，依法计入税金，坚持公平负担，促进电力建设。

（二）上网电价的制定

上网电价实行同网同质同价。电力生产企业有特殊情况需另行制定上网电价的，具体办法由国务院规定。

跨省、自治区、直辖市电网和省级电网内的上网电价，由电力生产企业和电网经营企业协商提出方案，报国务院物价行政主管部门核准。独立电网内的上网电价，由电力生产企业和电网经营企业协商提出方案，报有管理权的物价行政主管部门核准。地方投资的电力生产企业所生产的电力，属于在省内各地区形成独立电网的或者自发自用的，其电价可以由省、自治区、直辖市人民政府管理。跨省、自治区、直辖市电网和独立电网之间、省级电网和独立电网之间的互供电价，由双方协商提出方案，报国务院物价行政主管部门或者其授权的部门核准。独立电网与独立电网之间的互供电价，由双方协商提出方案，报有管理权的物价行政主管部门核准。跨省、自治区、直辖市电网和省级电网的销售电价，由电网经营企业提出方案，报国务院物价行政主管部门或者其授权的部门核准。独立电网的销售电价，由电网经营企业提出方案，报有管理权的物价行政主管部门核准。

（三）分类电价和分时电价制度

国家实行分类电价和分时电价。对同一电网内的同一电压等级、同一用电类别的用户，执行相同电价标准。

七、农村电力建设和农业用电

（一）国家支持农村电气化

国家对农村电气化实行优惠政策，对少数民族地区、边远地区和贫困地区的农村电力建设给予重点扶持。国家提倡农村开发水能资源，建设中、小型水电站，促进农村电气化。鼓励和支持农村利用太阳能、风能、地热能、生物质能和其他能源进行农村电源建设，增加农村电力供应。

（二）农业用电保障

县级以上地方人民政府及其经济综合主管部门在安排用电指标时，应当保证农业和农村用电的适当比例，优先保证农村排涝、抗旱和农业季节性生产用电。电力企业应当执行农业用电安排，不得减少农业和农村用电指标。农业用电价格按照保本、微利的原则确定。农民生产用电与当地城镇居民生活用电逐步实行相同的电价。

八、电力法律责任

（一）依法承担赔偿责任

下列情形下，应依法承担赔偿责任：① 电力企业或者用户违反供用电合同，给对方造成损失。② 电力企业未保证供电质量或者未事先通知用户中断供电，给用户造成损失。③ 因电力运行事故给用户或者第三人造成损害，因用户或者第三人的过错给电力企业或者其他用户造成损害。电力运行事故因不可抗力或用户自身过错造成的，电力企业不承担赔偿责任。

（二）依法给予行政处罚

因违反《电力法》有关规定，由有关人民政府、电力管理部门给予责令限期改正或停止建设、强制清除障碍、没收国家明令淘汰的电力设备、罚款、没收违法所得，对有关主管人员和直接责任人员给予行政处分。

（三）依法给予治安管理处罚

有下列行为之一，给予治安管理处罚；构成犯罪的，依法追究刑事责任：① 阻碍电力建设或者电力设施抢修，致使电力建设或者电力设施抢修不能正常进行的；② 扰乱电力生产企业、变电所、电力调度机构和供电企业的秩序，致使生产、工作和营业不能正常进行的；③ 殴打、公然侮辱履行职务的查电人员或者抄表收费人员的；④ 拒绝、阻碍电力监督检查人员依法执行职务的。

（四）依法追究刑事责任

下列情形构成犯罪的，依法追究刑事责任：① 盗窃电能；② 盗窃电力设施或者以其他方法破坏电力设施，危害公共安全；③ 电力管理部门的工作人员滥用职权、玩忽职守、徇私舞弊；④ 电力企业职工违反规章制度、违章调度或者不服从调度指令，造成重大事故；⑤ 电力企业职工故意延误电力设施抢修或者抢险救灾供电，造成严重后果；⑥ 电力企业的管理人员和查电人员、抄表收费人员勒索用户、以电谋私。

第四节　石油天然气法

一、石油天然气法概念与调整对象

石油天然气法是调整石油天然气合理勘探、开采、加工炼制、储运、供应、贸易活动及其规制，保证油气安全、有效、可持续供给的油气法律规范的总称。

石油天然气法所调整的社会关系包括两类：第一类是油气开发利用关系。这种关系的内容是国家和石油天然气企业支配油气资源及其产品，进行交易，排除他人干涉并获得油气均衡利益。油气开发利用关系贯穿于油气行业始终，是油气行业最基本内容，也是石油法调整的重要部分。第二类是油气开发利用规制关系。这种关系的内容是政府对油气企业和其他相关主体进行规制。油气开发利用规制关系在油气行业稳定和持续发展过程中具有决定意义，既是油气行业发展的社会条件和油气行业自身的结构基础，也是石油天然气法调整重要内容。

二、我国石油天然气立法现状

目前，我国尚没有一部完整统一的《石油天然气法》，现行油气法律主要以《矿产资源法》为主体，以国务院颁布的行政法规为补充。1982 年国务院发布了《对外合作开采海洋石油资源条例》，分别于 2001 年、2011 年、2011 年、2013 年进行了四次修订。国务院于1993 年发布了《对外合作开采陆上石油资源条例》，分别于 2001 年、2007 年、2011 年、2013 年进行了四次修订。1998 年国务院发布《矿产资源勘察区块登记管理办法》(2014 年修订)。为保护石油、天然气管道，保障石油、天然气输送安全，维护国家能源安全和公共安全，我国颁布实施了《石油天然气管道保护法》，于 2010 年 10 月 1 日起施行。

三、石油天然气资源所有权、探矿权、采矿权

在我国，油气资源所有权属于国家所有，不因其依附的土地所有权和使用权的不同而改变。国务院代表国家行使油气资源所有权，国务院地质矿产主管部门对油气资源实行统一分配。

探矿权是指在依法取得的勘查许可证规定的范围内勘查矿产资源的权利。取得勘查许可证的单位或个人称为探矿权人。

采矿权是指在依法取得的采矿许可证规定的范围内开采矿产资源和获得所开采的矿产品的权利。取得采矿许可证的单位或者个人称为采矿权人。

禁止将探矿权、采矿权倒卖牟利。除按下列规定可以转让外，探矿权、采矿权不得转让：① 探矿权人有权在划定的勘查作业区内进行规定的勘查作业，有权优先取得勘查作业区内矿产资源的采矿权。探矿权人在完成规定的最低勘查投入后，经依法批准，可以将探矿权转让他人。② 已取得采矿权的矿山企业，因企业合并、分立，与他人合资、合作经营，

或者因企业资产出售以及有其他变更企业资产产权的情形而需要变更采矿权主体的，经依法批准可以将采矿权转让他人采矿。

四、对外合作开采海洋和陆上石油资源制度

我国对海洋石油资源和陆上石油资源实行国家所有权和专有管辖权。国家对参加合作开采海洋和陆上石油资源的外国企业的投资和收益不实行征收。在特殊情况下，根据社会公共利益的需要，可以对外国企业在合作开采中应得石油的一部分或者全部，依照法律程序实行征收，并给予相应的补偿。国务院指定的部门负责在国务院批准的合作区域内，划分合作区块，确定合作方式，组织制定有关规划和政策，审批对外合作油气田总体开发方案。

中方石油公司负责对外合作开采陆上石油资源的经营业务，负责与外国企业谈判、签订、执行合作开采陆上石油资源的合同，在国务院批准的对外合作开采陆上石油资源的区域内享有与外国企业合作进行石油勘探、开发、生产的专营权。中方石油公司在国务院批准的对外合作开采海洋、陆上石油资源的区域内，按划分的合作区块，通过招标或者谈判，确定合作开采陆上石油资源的外国企业，签订合作开采石油合同或者其他合作合同，并向商务部报送合同有关情况。参与合作开采石油资源的中国企业、外国企业，都应当依法纳税。

【例 11-6】　对外合作开采海洋石油、陆上石油资源，应缴纳矿区使用费吗？油气资源税改革的主要内容是什么？

【分析】　按照分别于 1982 年和 1993 年制定的《对外合作开采海洋石油资源条例》和《对外合作开采陆上石油资源条例》以及国务院相关规定，对外合作开采海洋石油、陆上石油资源，应缴纳矿区使用费，暂不征收资源税。2011 年在修改资源税暂行条例的同时，对这两个对外合作开采石油资源的条例做了相应修改，删去了其中关于缴纳矿区使用费的规定，明确自修改决定施行之日起，对外合作开采海洋和陆上油气资源不再缴纳矿区使用费，统一依法缴纳资源税。同时，为保持政策连续性，在修改两个条例的决定中明确，在条例修改前已依法订立的对外合作开采合同，在已约定的合同有效期内，继续依照当时的国家有关规定缴纳矿区使用费，不缴纳资源税；合同期满后，依法缴纳资源税。

按照 1993 年制定的《资源税暂行条例》的规定，资源税按照"从量定额"的办法计征，即按照应纳税资源产品的销售数量乘以规定的单位税额计算纳税。从实践看，这种计税办法不能使资源税随着资源产品价格和资源企业收益的增长而增加，特别是在石油天然气等资源产品的价格已较大幅度提升的情况下，资源税在这类产品价格中所占比重过低，既不利于发挥该项税收调节生产、促进资源合理开发利用的功能，也不利于充分发挥该项税收合理组织财政收入的功能。将原油天然气资源税由"从量定额"改为"从价定率"即按照应纳税资源产品的销售收入乘以规定的比例税率计征。

五、石油天然气管道保护

（一）管道规划与建设

国务院能源主管部门根据国民经济和社会发展需要组织编制全国管道发展规划。组织编制全国管道发展规划应当征求国务院有关部门以及有关省、自治区、直辖市人民政府的

意见。全国管道发展规划应当符合国家能源规划，并与土地利用总体规划、城乡规划以及矿产资源、环境保护、水利、铁路、公路、航道、港口、电信等规划相协调。

管道企业应当根据全国管道发展规划编制管道建设规划，并将管道建设规划确定的管道建设选线方案报送拟建管道所在地县级以上地方人民政府城乡规划主管部门审核；经审核符合城乡规划的，应当依法纳入当地城乡规划。

管道建设的选线应当避开地震活动断层和容易发生洪灾、地质灾害的区域，与建筑物、构筑物、铁路、公路、航道、港口、市政设施、军事设施、电缆、光缆等保持规定的保护距离。

（二）管道运行中的保护

管道企业主要义务是：① 建立、健全管道巡护制度，配备专门人员对管道线路进行日常巡护；② 定期对管道进行检测、维修，确保其处于良好状态；对管道安全风险较大的区段和场所应当进行重点监测，采取有效措施防止管道事故的发生；③ 配备管道保护所必需的人员和技术装备，研究开发和使用先进适用的管道保护技术，保证管道保护所必需的经费投入；④ 发现管道存在安全隐患，应当及时排除。

禁止下列危害管道安全的行为：① 擅自开启、关闭管道阀门；② 采用移动、切割、打孔、砸撬、拆卸等手段损坏管道；③ 移动、毁损、涂改管道标志；④ 在埋地管道上方巡查便道上行驶重型车辆；⑤ 在地面管道线路、架空管道线路和管桥上行走或者放置重物；⑥ 禁止在管道附属设施上方架设电力线路、通信线路或者在储气库构造区域范围内进行工程挖掘、工程钻探、采矿。

（三）管道建设工程与其他建设工程相遇关系的处理

管道建设工程与其他建设工程的相遇关系，依照法律规定处理；法律没有规定的，由建设工程双方按照下列原则协商处理，并为对方提供必要的便利：① 后开工的建设工程服从先开工或者已建成的建设工程；② 同时开工的建设工程，后批准的建设工程服从先批准的建设工程。

六、石油价格管理

（一）与国际市场接轨

国产陆上原油价格继续实行与国际市场直接接轨。国内成品油价格继续与国际市场有控制地间接接轨。国内成品油出厂价格以国际市场原油价格为基础，加国内平均加工成本、税金和适当利润确定。当国际市场原油一段时间内平均价格变化超过一定水平时，相应调整国内成品油价格。

（二）政府定价和政府指导价

汽、柴油零售实行最高零售价格，汽、柴油批发实行最高批发价格。对符合资质的民营批发企业汽、柴油供应价格，合理核定其批发价格与零售价格价差。供军队、新疆生产建设兵团和国家储备用汽、柴油供应价格，按国家核定的出厂价格执行。合理核定供铁路、交通等专项部门用汽、柴油供应价格。液化气改为实行最高出厂价格管理。

【例 11-7】　我国当前成品油价格是如何形成的？

【分析】　2008 年 12 月，国家出台了成品油价格和税费改革方案。根据成品油价格和税费改革确定的原则和方向，国家对成品油价格进行了多次调整，基本理顺了成品油价格关系。

2013 年 3 月 26 日，国家发展改革委发布《关于进一步完善成品油价格形成机制的通知》，决定进一步完善成品油价格形成机制，主要内容是：① 缩短调价周期。将成品油计价和调价周期由之前 22 个工作日缩短至 10 个工作日，并取消上下 4%的幅度限制。② 调整国内成品油价格挂靠油种。根据进口原油结构及国际市场原油贸易变化，相应调整了国内成品油价格挂靠油种。③ 完善价格调控程序。当国内价格总水平出现显著上涨或发生重大突发事件，以及国际市场油价短时内出现剧烈波动等特殊情形需对成品油价格进行调控时，依法采取临时调控措施，由国家发展改革委报请国务院批准后，可以暂停、延迟调价，或缩小调价幅度。当特殊情形消除后，由国家发展改革委报请国务院批准，价格机制正常运行。

七、原油、成品油市场准入

国家对原油和成品油经营活动实行许可制度。

申请原油销售、仓储经营资格的企业，应当向所在地省级人民政府商务主管部门提出申请，省级人民政府商务主管部门审查后，将初步审查意见及申请材料上报商务部，由商务部决定是否给予原油销售、仓储许可。

申请从事成品油批发、仓储经营资格的企业，应当向所在地省级人民政府商务主管部门提出申请，省级人民政府商务主管部门审查后，将初步审查意见及申请材料上报商务部，由商务部决定是否给予成品油批发、仓储经营许可。申请从事成品油零售经营资格的企业，应当向所在地市级(设区的市)人民政府商务主管部门提出申请。地市级人民政府商务主管部门审查后，将初步审查意见及申请材料报省级人民政府商务主管部门。由省级人民政府商务主管部门决定是否给予成品油零售经营许可。

八、油气资源税费制度

我国现行的油气资源税费制度，主要包括探矿权、采矿权使用费与价款，矿区使用费、石油、天然气资源税，矿产资源补偿费和石油特别收益金等 5 种。

(一) 探矿权、采矿权使用费与价款

在我国，探矿权申请人为取得探矿权，要缴纳探矿权使用费和探矿权价款。探矿权、采矿权价款以国务院地质矿产主管部门确认的评估价格为依据，一次或分期缴纳。

(二) 矿区使用费

纳税人为在中国境内从事中外合作开采陆上石油资源的企业和开采海洋石油的中外企业。油气田开采的原油、天然气按实物缴纳，计费依据为油气产量。

（三）石油、天然气资源税

自 2005 年 7 月 1 日起，我国原油资源税税额标准为 14～30 元/吨，天然气资源税税额标准为 7～15 元/千立方米。陆上石油天然气资源税属于地方所有。

（四）矿产资源补偿费

石油、天然气矿产资源补偿费费率均为 1%。矿产资源补偿费主要用于地质勘查。对中外合作开采石油资源征收矿区使用费后不再征收矿产资源补偿费。矿产资源补偿费分成比例中央与省、直辖市为 5∶5，中央与自治区为 4∶6。

（五）石油特别收益金

石油特别收益金实行 5 级超额累进从价定率计征。按石油开采企业销售原油的月加权平均价格确定，起征点为 40 美元/桶，征收比率 20%～40%。石油特别收益金属中央财政非税收入，纳入中央财政预算管理。

第五节　节约能源法

一、节约能源的概念和内涵

节约能源(以下简称节能)，是指加强用能管理，采取技术上可行、经济上合理以及环境和社会可以承受的措施，从能源生产到消费的各个环节，降低消耗、减少损失和污染物排放、制止浪费，有效、合理地利用能源。

这一概念包括以下内涵：① 节能应当采取加强用能管理以及其他措施；② 节能措施应当符合技术上可行、经济上合理及环境和社会可承受原则；③ 节能应当体现在从能源生产到能源消费的各个环节；④ 节能要达到的目的是有效、合理地利用能源。

二、节能管理

（一）节能标准制度

国务院标准化主管部门和国务院有关部门组织制定并适时修订有关节能的国家标准、行业标准，建立健全节能标准体系。国务院标准化主管部门会同国务院管理节能工作的部门和国务院有关部门制定强制性的用能产品、设备能源效率标准和生产过程中耗能高的产品的单位产品能耗限额标准。鼓励企业制定严于国家标准、行业标准的企业节能标准。

国家实行固定资产投资项目节能评估和审查制度。不符合强制性节能标准的项目，依法负责项目审批或者核准的机关不得批准或者核准建设；建设单位不得开工建设；已经建成的，不得投入生产、使用。政府投资项目不符合强制性节能标准的，依法负责项目审批的机关不得批准建设。

（二）强制淘汰制度

国家对落后的耗能过高的用能产品、设备和生产工艺实行淘汰制度。淘汰的用能产品、设备、生产工艺的目录和实施办法，授权国务院管理节能工作的部门会同国务院有关部门制定并公布。高耗能产品的生产单位，应当执行单位产品能耗限额标准。对超过单位产品能耗限额标准用能的生产单位，由管理节能工作的部门按照国务院规定的权限责令限期治理。对高耗能的特种设备，按照规定实行节能审查和监管。禁止生产、进口、销售国家明令淘汰或者不符合强制性能源效率标准的用能产品、设备；禁止使用国家明令淘汰的用能设备、生产工艺。

（三）能源效率标识制度

能源效率标识是附在用能产品或者其包装物上，标识能源效率等级等性能指标的一种信息标识，目的是为消费者的购买决策提供必要信息，引导消费者选择高效节能产品，促进产品能效的提高和节能技术进步。

目前我国能效标识将能效从高到低分为 1～5 共 5 个等级，等级 1 表示产品达到国际先进水平，最节电，耗能最低；等级 5 是市场准入指标，低于该等级要求的产品不允许生产和销售。我国现阶段实行能源效率标识管理的产品种类比较少，只对家用电器等使用面广、耗能量大的用能产品实行能源效率标识管理。实行能源效率标识管理的产品目录和实施办法，授权国务院管理节能工作的部门会同国务院产品质量监督部门制定并公布。

生产者和进口商应当对列入国家能源效率标识管理产品目录的用能产品标注能源效率标识，在产品包装物上或者说明书中予以说明，并按照规定报国务院市场监督管理部门和国务院管理节能工作的部门共同授权的机构备案。生产者和进口商应当对其标注的能源效率标识及相关信息的准确性负责。禁止销售应当标注而未标注能源效率标识的产品。禁止伪造、冒用能源效率标识或者利用能源效率标识进行虚假宣传。

（四）节能产品认证制度

用能产品的生产者、销售者，可以根据自愿原则，按照国家节能产品认证的规定，向经国务院认证认可监督管理部门认可的从事节能产品认证的机构提出节能产品认证申请；经认证合格后，取得节能产品认证证书，可以在用能产品或者其包装物上使用节能产品认证标志。禁止使用伪造的节能产品认证标志或者冒用节能产品认证标志。取得节能产品认证标志不仅标识产品质量合格，而且表明该产品能耗性能已经达到国家节能产品标准。

【例 11-7】　根据 2010 年监督工作计划，全国人大常委会组成执法检查组，对《中华人民共和国节约能源法》(以下简称《节能法》)的实施情况进行了检查。《节能法》是指导节能工作的基础性法律。国务院及其有关部门、各地和用能单位对贯彻实施《节能法》高度重视，并做了大量工作。"十一五"以来，节能工作取得明显成效，单位国内生产总值能耗、单位工业增加值能耗和主要高耗能产品单位产品综合能耗均不断下降，能源利用效率总体不断提高。节能对保持经济平稳较快发展、调整经济结构、转变发展方式、促进产业优化升级、积极应对气候变化，发挥了重要的促进作用。我国《节能法》实施中存在的问题主要是什么？

【分析】 我国各地区节能工作进展还不平衡,《节能法》贯彻实施和节能工作中还存在一些亟待解决的问题, 表现在: 相关配套法规和标准体系还不够健全, 影响了节能工作的全面推进。产业结构调整进展缓慢, 给节能工作带来很大压力。体制机制不完善, 难以适应节能工作的需要。技术支撑能力不强, 节能技术和产品推广应用亟待加强。新建建筑执行节能标准不到位, 既有建筑节能改造任务艰巨。

三、用能单位节能义务

(一) 一般义务

用能单位应当按照合理用能的原则, 加强节能管理, 制定并实施节能计划和节能技术措施, 降低能源消耗; 建立节能目标责任制, 对节能工作取得成绩的集体、个人给予奖励; 定期开展节能教育和岗位节能培训; 加强能源计量管理, 按照规定配备和使用经依法检定合格的能源计量器具; 建立能源消费统计和能源利用状况分析制度, 对各类能源的消费实行分类计量和统计, 并确保能源消费统计数据真实、完整; 不得向本单位职工无偿提供能源。任何单位不得对能源消费实行包费制。

(二) 工业节能

国务院和省、自治区、直辖市人民政府推进能源资源优化开发利用和合理配置, 推进有利于节能的行业结构调整, 优化用能结构和企业布局。国务院管理节能工作的部门会同国务院有关部门制定电力、钢铁、有色金属、建材、石油加工、化工、煤炭等主要耗能行业的节能技术政策, 推动企业节能技术改造。国家鼓励工业企业采用高效、节能的电动机、锅炉、窑炉、风机、泵类等设备, 采用热电联产、余热余压利用、洁净煤以及先进的用能监测和控制等技术。

电网企业应当按照规定安排清洁、高效和符合规定的热电联产、利用余热余压发电的机组以及其他符合资源综合利用规定的发电机组与电网并网运行, 上网电价执行国家有关规定。禁止新建不符合国家规定的燃煤发电机组、燃油发电机组和燃煤热电机组。

(三) 建筑节能

1. 监管体制

国务院建设主管部门负责全国建筑节能的监督管理工作。县级以上地方各级人民政府建设主管部门负责本行政区域内建筑节能的监督管理工作。县级以上地方各级人民政府建设主管部门会同同级管理节能工作的部门编制本行政区域内的建筑节能规划。建筑节能规划应当包括既有建筑节能改造计划。

2. 建筑节能标准的实施

建筑工程的建设、设计、施工和监理单位应当遵守建筑节能标准。不符合建筑节能标准的建筑工程, 建设主管部门不得批准开工建设; 已经开工建设的, 应当责令停止施工、限期改正; 已经建成的, 不得销售或者使用。建设主管部门加强对在建建筑工程执行建筑节能标准情况的监督检查。

3. 告知义务

房地产开发企业在销售房屋时，应当向购买人明示所售房屋的节能措施、保温工程保修期等信息，在房屋买卖合同、质量保证书和使用说明书中载明，并对其真实性、准确性负责。

4. 集中供热建筑计量收费制度

国家采取措施，对实行集中供热的建筑分步骤实行供热分户计量、按照用热量收费的制度。新建建筑或者对既有建筑进行节能改造，应当按照规定安装用热计量装置、室内温度调控装置和供热系统调控装置。

（四）交通运输节能

1. 监管体制

国务院有关交通运输主管部门按照各自职责负责全国交通运输相关领域的节能监督管理工作，会同国务院管理节能工作的部门分别制定相关领域节能规划，加强交通运输组织管理，引导道路、水路、航空运输企业提高运输组织化程度和集约化水平，提高能源利用效率，加强对交通运输营运车船燃料消耗检测的监督管理。

2. 优先发展公共交通

县级以上地方各级人民政府应当优先发展公共交通，加大对公共交通的投入，完善公共交通服务体系，鼓励利用公共交通工具出行；鼓励使用非机动交通工具出行。

3. 鼓励节能环保型交通运输工具和燃料

国家鼓励开发、生产、使用节能环保型汽车、摩托车、铁路机车车辆、船舶和其他交通运输工具，实行老旧交通运输工具的报废、更新制度，鼓励开发和推广应用交通运输工具使用的清洁燃料、石油替代燃料。国务院有关部门制定交通运输营运车船的燃料消耗量限值标准；不符合标准的，不得用于营运。

（五）公共机构节能

1. 编制节能规划

国务院和县级以上地方各级人民政府管理机关事务工作的机构会同同级有关部门制定和组织实施本级公共机构节能规划。公共机构节能规划应当包括公共机构既有建筑节能改造计划。

2. 能源消费管理

公共机构应当制定年度节能目标和实施方案，加强能源消费计量和监测管理，向本级人民政府管理机关事务工作的机构报送上年度的能源消费状况报告。国务院和县级以上地方各级人民政府管理机关事务工作的机构会同同级有关部门按照管理权限，制定本级公共机构的能源消耗定额，财政部门根据该定额制定能源消耗支出标准。

3. 节能产品采购

公共机构采购用能产品、设备，应当优先采购列入节能产品、设备政府采购名录中的产品、设备。禁止采购国家明令淘汰的用能产品、设备。节能产品、设备政府采购名录由省级以上人民政府的政府采购监督管理部门会同同级有关部门制定并公布。

（六）重点用能单位节能

1．重点用能单位的界定

下列用能单位为重点用能单位：① 年综合能源消费总量 1 万吨标准煤以上的用能单位；② 国务院有关部门或者省、自治区、直辖市人民政府管理节能工作部门指定的年综合能源消费总量 5000 吨以上不满 1 万吨标准煤的用能单位。

2．能源利用状况报告

重点用能单位应当每年向管理节能工作的部门报送上年度的能源利用状况报告。能源利用状况包括能源消费情况、能源利用效率、节能目标完成情况和节能效益分析、节能措施等内容。

管理节能工作的部门应当对重点用能单位报送的能源利用状况报告进行审查。对节能管理制度不健全、节能措施不落实、能源利用效率低的重点用能单位，管理节能工作的部门应当开展现场调查，组织实施用能设备能源效率检测，责令实施能源审计，并提出书面整改要求，限期整改。

3．能源管理负责人制度

重点用能单位应当设立能源管理岗位，在具有节能专业知识、实际经验以及中级以上技术职称的人员中聘任能源管理负责人，并报管理节能工作的部门和有关部门备案。能源管理负责人应当接受节能培训，负责组织对本单位用能状况进行分析、评价，组织编写本单位能源利用状况报告，提出本单位节能工作的改进措施并组织实施。

四、节能技术进步

（一）节能技术研究开发

县级以上各级人民政府应当把节能技术研究开发作为政府科技投入的重点领域，支持科研单位和企业开展节能技术应用研究，制定节能标准，开发节能共性和关键技术，促进节能技术创新与成果转化。

（二）节能技术和产品推广

国务院管理节能工作的部门会同国务院有关部门制定并公布节能技术、节能产品的推广目录，引导用能单位和个人使用先进的节能技术、节能产品，组织实施重大节能科研项目、节能示范项目、重点节能工程。

（三）农业和农村节能

县级以上各级人民政府应当按照因地制宜、多能互补、综合利用、讲求效益的原则，加强农业和农村节能工作，增加对农业和农村节能技术、节能产品推广应用的资金投入。农业、科技等有关主管部门应当支持、推广在农业生产、农产品加工储运等方面应用节能技术和节能产品，鼓励更新和淘汰高耗能的农业机械和渔业船舶。

鼓励、支持在农村大力发展沼气，推广生物质能、太阳能和风能等可再生能源利用技术，按照科学规划、有序开发的原则发展小型水力发电，推广节能型农村住宅和炉灶等，鼓励利用非耕地种植能源植物，大力发展薪炭林等能源林。

五、激励措施

（一）节能专项资金

中央财政和省级地方财政安排节能专项资金，支持节能技术研究开发、节能技术和产品的示范与推广、重点节能工程的实施、节能宣传培训、信息服务、表彰奖励等。

（二）税收政策

国家对生产、使用列入推广目录需要支持的节能技术、节能产品，实行税收优惠等扶持政策，通过财政补贴支持节能照明器具等节能产品的推广和使用。实行有利于节约能源资源的税收政策，健全能源矿产资源有偿使用制度，促进能源资源的节约及其开采利用水平的提高。运用税收等政策，鼓励先进节能技术、设备的进口，控制在生产过程中耗能高、污染重产品的出口。

（三）节能资金支持

国家引导金融机构增加对节能项目的信贷支持，为符合条件的节能技术研究开发、节能产品生产以及节能技术改造等项目提供优惠贷款。推动和引导社会有关方面加大对节能资金投入，加快节能技术改造。

（四）节能价格政策

国家实行有利于节能的价格政策，引导用能单位和个人节能。运用财税、价格等政策，支持推广电力需求侧管理、合同能源管理、节能自愿协议等节能办法。

实行峰谷分时电价、季节性电价、可中断负荷电价制度，鼓励电力用户合理调整用电负荷；对钢铁、有色金属、建材、化工和其他主要耗能行业的企业，分淘汰、限制、允许和鼓励类实行差别电价政策。

第六节　可再生能源法

一、可再生能源概念与特征

可再生能源是指风能、太阳能、水能、生物质能、地热能、海洋能等非化石能源，是不会随其自身转化或人类开发利用而递减的能源。当前，开发利用可再生能源已成为世界各国保障能源安全、加强环境保护、应对气候变化的重要措施。随着经济社会的发展，我国能源需求持续增长，能源资源和环境问题日益突出，加快开发利用可再生能源已成为我国应对日益严峻的能源环境问题的必由之路。

可再生能源的共同特征有：一是资源丰富、可再生，可供人类永续利用。二是能量密度低，开发利用通常需要较大空间。三是不含碳或含碳量很少，对环境影响小。四是分布广泛，有利于小规模分散式利用。五是间断式，波动性大，对连续性应用不利。

【例11-8】 下列哪项不属于可再生能源利用？

　　A. 羊八井地热能发电站　　　　　B. 边远地区的户用光伏发电
　　C. 利用燃气轮机进行天然气发电　D. 大中型畜禽养殖场的沼气发电

【分析】 天然气属于不可再生的化石能源，"利用燃气轮机进行天然气发电"不属于可再生能源利用，应选C项。地热能发电、光伏发电、沼气发电属于可再生能源利用。

二、资源调查与发展规划

（一）可再生能源资源调查

国务院能源主管部门负责组织和协调全国可再生能源资源的调查，并会同国务院有关部门组织制定资源调查的技术规范。国务院有关部门在各自职责范围内负责相关可再生能源资源的调查，调查结果报国务院能源主管部门汇总，调查结果应该公布。

（二）总量目标制度

总量目标的核心是国家根据替代能源开发利用的资源条件、经济承受能力、能源需求状况等诸多因素，提出在一定阶段的发展目标，并制定保证总量目标实现的具体措施。

国务院能源主管部门根据全国能源需求与可再生能源资源实际状况制定全国可再生能源开发利用中长期总量目标，根据中长期总量目标和省、自治区、直辖市经济发展与可再生能源资源实际状况，会同省、自治区、直辖市人民政府确定各行政区域可再生能源开发利用中长期目标，并予以公布。

（三）可再生能源开发利用规划

国务院能源主管部门根据全国可再生能源开发利用中长期总量目标，会同国务院有关部门，编制全国可再生能源开发利用规划。省、自治区、直辖市人民政府管理能源工作部门根据本行政区域可再生能源开发利用中长期目标，会同本级人民政府有关部门编制本行政区域可再生能源开发利用规划。

【例11-9】 为了促进可再生能源的利用，《中华人民共和国可再生能源法》(以下简称《可再生能源法》)规定，国家制定可再生能源发展的中长期目标与规划，以下法律含义表述正确的是哪些？

　　A. 国家制定可再生能源开发利用中长期总量目标
　　B. 省、自治区、直辖市独立制定可再生能源利用中长期总量目标
　　C. 国家编制全国可再生能源开发利用规划
　　D. 省、自治区、直辖市制定本行政区的可再生能源开发利用规划

【分析】　省、自治区、直辖市可再生能源利用中长期总量目标由国务院能源主管部门会同省、自治区、直辖市人民政府确定，并予公布。故 B 项错误，A、C、D 三项正确。

【例 11-10】　我国制定《可再生能源发展"十三五"规划》依据是什么？有何意义？

【分析】　"十三五"是我国全面建成小康社会的决胜阶段，也是全面深化改革的攻坚期，更是落实"四个革命、一个合作"能源发展战略的关键时期。为实现 2020 年和 2030 年非化石能源分别占一次能源消费比重 15% 和 20% 的目标，加快建立清洁低碳的现代能源体系，促进可再生能源产业持续健康发展，按照《可再生能源法》要求，根据《国民经济和社会发展第十三个五年规划纲要》、《能源发展"十三五"规划》，制定《可再生能源发展"十三五"规划》(以下简称《规划》)。《规划》包括了水能、风能、太阳能、生物质能、地热能和海洋能，明确了 2016 年至 2020 年我国可再生能源发展的指导思想、基本原则、发展目标、主要任务、优化资源配置、创新发展方式、完善产业体系及保障措施，是"十三五"时期我国可再生能源发展的重要指南。

三、强制上网制度

(一) 强制上网制度内涵

可再生能源与常规能源的一个重大差异在于，可再生能源发电存在不稳定，因而电网企业天然地排斥可再生能源电力入网。强制上网制度实质是对电网企业做出指标性安排，对电力企业明确了发展可再生能源的法定义务，解决可再生能源发电"上网难"问题，有利于可再生能源快速发展。

(二) 强制上网的实施

国家鼓励和支持可再生能源并网发电。建设可再生能源并网发电项目，应当依照法律和国务院规定取得行政许可或者报送备案。建设应当取得行政许可的可再生能源并网发电项目，有多人申请同一项目许可的，应当依法通过招标确定被许可人。

电网企业应当与依法取得行政许可或者报送备案的可再生能源发电企业签订并网协议，全额收购其电网覆盖范围内可再生能源并网发电项目的上网电量，并为可再生能源发电提供上网服务。

电网企业未全额收购可再生能源电量，造成可再生能源发电企业经济损失的，应当承担赔偿责任，并由国家电力监管机构责令限期改正；拒不改正的，处以可再生能源发电企业经济损失额 1 倍以下的罚款。

四、上网电价费用分摊制度

(一) 费用分摊的意义

可再生能源的开发利用由于受技术和成本制约，难以与煤炭等常规能源发电技术相竞争。总体上看，可再生能源发电上网电价要高出常规化石能源上网平均电价。但是，可再生能源具有良好的生态效益和社会效益，具有很大正外部性。可再生能源上网电价高出常规化石能源上网平均电价的差额部分需要在销售电价中分摊。费用分摊是解决可再生能源发电额外成本的有效措施。

（二）上网电价的确定

可再生能源发电项目的上网电价，由国务院价格主管部门根据不同类型可再生能源发电的特点和不同地区的情况，按照有利于促进可再生能源开发利用和经济合理的原则确定，并根据可再生能源开发利用技术的发展适时调整。上网电价应当公布。实行招标的可再生能源发电项目的上网电价，按照中标确定的价格执行并不得高于依照规定确定的同类可再生能源发电项目的上网电价水平。

（三）费用分摊的实施

电网企业依照确定的上网电价收购可再生能源电量所发生的费用，高于按照常规能源发电平均上网电价计算所发生费用之间的差额，附加在销售电价中分摊，具体分摊办法由国务院价格主管部门制定。电网企业为收购可再生能源电量而支付的合理的接网费用以及其他合理的相关费用，可以计入电网企业输电成本，并从销售电价中回收。国家投资或者补贴建设的公共可再生能源独立电力系统的销售电价，执行同一地区分类销售电价，其合理的运行和管理费用超出销售电价的部分，依照规定的办法分摊。

【例 11-11】 可再生能源上网电价高于下列哪项发电平均上网电价的部分可以分摊？

A. 煤炭　　　B. 天然气　　　C. 石油　　　D. 常规能源

【分析】 常规能源包括煤炭、石油、天然气等不可再生能源。可再生能源发电上网电价通常要高出常规化石能源上网平均电价。应选 D。

五、经济激励

（一）财政专项资金制度

国家财政设立可再生能源发展专项资金，用于支持以下活动：① 可再生能源开发利用的科学技术研究、标准制定和示范工程；② 农村、牧区生活用能的可再生能源利用项目；③ 偏远地区和海岛可再生能源独立电力系统建设；④ 可再生能源的资源勘查、评价和相关信息系统建设；⑤ 促进可再生能源开发利用设备的本地化生产。

（二）优惠贷款制度

对列入国家可再生能源产业发展指导目录、符合信贷条件的可再生能源开发利用项目，金融机构可以提供有财政贴息的优惠贷款。

（三）税收优惠制度

国家对列入可再生能源产业发展指导目录的项目给予税收优惠。

【例 11-12】 下列哪一项目可以获得可再生能源发展专项资金支持？

A. 某企业建设热电联产项目

B. 某可再生能源研究所开发新型太阳能利用技术

C. 某县新建一座 10MW 天然气发电厂

D. 某地建立超临界发电厂的示范工程

【分析】　热电联产项目属于节能项目，是节能专项资金支持对象。新型太阳能利用技术是可再生能源发展专项资金支持活动范围。天然气发电厂所使用天然气不是可再生能源。超临界发电厂一般使用煤炭、石油及其制品和天然气作为燃料发电，均不属于可再生能源利用。应选 B。

思考与练习

一、思考题

1. 能源法律关系的表现形式有哪些？其特征是什么？

2. 简述我国煤炭工业环境保护的主要任务。

3. 电力企业哪些情况下可以中断供电？中断供电应遵守什么规则？

4. 简述重点用能单位节能管理应遵守的特定义务。

5. 管道运行保护主要内容有哪些？管道建设工程与其他建设工程相遇时如何处理？

6. 简述可再生能源发电强制上网制度内涵及其实施保障。

二、单项选择题

1. 国家对家用电器等使用面广、耗能量大的用能产品，实行下列(　　)制度。

    A. 能源效率标识管理   B. 单位产品耗能限额标准

    C. 能源之星认证   D. 节能产品认证

2. 用能单位应当建立下列(　　)制度，对节能工作取得成绩的集体、个人给予奖励。

    A. 目标考核制   B. 节能目标责任制

    C. 节能领导小组   D. 节能办公室

3. 根据《可再生能源法》，对于可再生能源开发利用的科学技术研究，国家将实施的措施是(　　)。

    A. 将其列为科技发展的优先领域

    B. 将其列为高技术产业发展的优先领域

    C. 将其纳入国家科技发展规划和高技术产业发展规划

    D. 以上三项都正确

4. 生物质发电上网电价中高于电网平均上网电价的部分，可以在(　　)部分分摊。

    A. 发电成本   B. 销售电价   C. 平均电价   D. 收购电价

5. 如果某生物质能发电项目符合国家可再生能源产业发展指导目录，并按规定核准验收，可以享受的经济激励是(　　)。

    A. 享受国家规定的税收优惠政策   B. 享受国家规定的上网电价

    C. 享受电网公司提供的上网服务   D. 以上都是

三、多项选择题

1.《能源法》调整范围的确定应遵循(　　)的标准。

    A．覆盖所有能源问题

    B．解决我国目前较为突出的能源问题

    C．解决能源领域战略性的、根本性的、长远性的问题

    D．对具体的能源问题作出规定

2．《能源法》与《石油法》等尚未出台的能源单行法关系处理正确的是(   )。

    A．有了《能源法》之后，其他能源单行法的出台就不是那么紧迫了

    B．尽管有了《能源法》，其他能源单行法仍应加快立法的步伐

    C．《能源法》是能源单行法的基本法，尚未出台的能源单行法应根据《能源法》
       制定

    D．由于不同的能源类型立法面对的具体问题不同，对于尚未出台的能源单行法
       要灵活对待

3．煤矿企业的安全生产管理，实行(   )负责制。

    A．监管部门   B．矿务局长   C．矿长   D．广大干部、职工

4．以下制度中属于《煤炭法》规定的法律制度是(   )。

    A．生产许可制度   B．采矿许可制度

    C．安全管理制度   D．质量标准化制度

5．因高压电引起的人身损害，在(   )情况下，电力设施产权人不承担责任。

    A．受害人有过失   B．受害人故意造成损害

    C．受害人以触电的方式自杀   D．受害人以触电的方式自伤

6．《节约能源法》所称能源，包括下列(   )能源资源。

    A．煤炭、石油、天然气、生物质能   B．太阳能、风能

    C．煤炭、水电、核能   D．可再生能源和新能源

7．节约资源是我国的基本国策。国家实施的能源发展战略是(   )。

    A．开发为主，合理利用   B．利用为主，加强开发

    C．开发与节约并举，把开发放在首位   D．节约与开发并举，把节约放在首位

8．重点用能单位应当每年向管理节能工作的部门报送上年度的能源利用状况报告，其主要内容包括(   )。

    A．能源消费情况   B．能源利用效率、节能目标完成情况

    C．节能效益分析   D．节能措施

9．《中华人民共和国可再生能源法》规定，为发展可再生能源，国务院教育行政部门应当将可再生能源知识和技术纳入下列(   )课程。

    A．中、小学教育课   B．大学教育课程

    C．普通教育   D．职业教育课程

10．为了促进太阳能的利用，《可再生能源法》规定，国家鼓励单位和个人安装和使用的系统是(   )。

    A．太阳能热水系统   B．太阳能供热采暖系统

    C．太阳能制冷系统   D．太阳能光伏发电系统

11．下面的可再生能源开发利用工作，下列(   )可以得到国家财政设立的可再生能源发展专项资金的支持。

A．科学技术研究　　　　　　　　B．产品和技术标准的制定

C．产品销售　　　　　　　　　　D．示范工程

四、案例分析题

1．被告刘某经镇人民政府批准，在镇西大街兴建住宅，并将工程发包给张某承建。2007年11月23日，镇供电所发现建房的阳台距10 KV高压线过近，遂向房主及承包人送交《隐患通知书》，但均遭拒收。供电所再将情况汇报镇政府，仍无果。27日傍晚，张某在阳台干活时，钢筋不慎触及高压线而触电坠地，造成脊椎损伤导致瘫痪。该线路于2007年9月建成，产权属县供电公司。经现场勘察，该线距房屋水平距离2.9 m，距阳台水平距离14 m。房屋阳台为房主擅自扩建。

张某向法院起诉，要求房主刘某、镇政府、县供电公司赔偿医疗、误工、住院、住院伙食、营养、住院期间护理、出院后期护理、残疾人生活补助、被扶养人生活、交通、住宿、精神损害赔偿等多项费用共计23万多元。

问题：

(1) 三个被告各应承担什么责任？为什么？

(2) 原告自己有没有过错？为什么？应当如何处理？

2．蓬莱19-3油田以对外合作方式由中国海洋石油总公司(以下简称中海油)与康菲石油中国有限公司(以下简称康菲公司)合作勘探开发，中海油拥有51%的权益，康菲公司拥有49%的权益。双方组成联合管理委员会，审查批准该油田开发中的重要事项。油田现有生产井193口、注水井53口、岩屑回注井6口，2010年石油产量778万吨，2011年5月份日产原油2.3万吨。

2011年6月4日和17日，该油田先后发生两起溢油事故。溢油事故造成油田周边及其西北部面积约6200平方公里的海域海水污染，其中870平方公里海水受到严重污染。造成油田周边及其西北部海底沉积物受到污染。2011年6月下旬至7月底，沉积物污染面积为1600平方公里，其中严重污染面积为20平方公里。事故致使蓬莱19-3油田周边及其西北部受污染海域的海洋浮游生物种类和多样性明显降低，生物群落结构受到影响。浮游幼虫幼体密度在溢油后一个月内下降了69%，对浮游幼虫幼体的发育、成活与生长造成了严重损害。

溢油事故发生后，党中央、国务院高度重视。成立了由国家海洋局牵头，国土资源部、环境保护部、交通运输部、农业部、安监总局和能源局参加的蓬莱19-3油田溢油事故联合调查组。经联合调查组调查认定，康菲公司在作业过程中违反了油田总体开发方案，在制度和管理上存在缺失，对应当预见到的风险没有采取必要的防范措施，最终导致溢油。油田溢油事故是造成重大海洋溢油污染的责任事故。按照签订的对外合作合同，康菲公司作为该油田的作业者，应承担溢油事故的全部责任。

问题：

(1) 在中海油和康菲公司合作开采海洋石油资源期间中，合作方应承担哪些义务？

(2) 结合溢油事故对海水环境、沉积物、海洋生物和渔业造成的影响，分析康菲公司应承担的法律责任。

(3) 作为一起重大能源开发污染事故，该案对完善我国相关立法有哪些启示？

第十二章

劳动与社会保障法律制度

本章教学要点：

(1) 描述劳动和社会保障法的立法概况。

(2) 掌握劳动者的权利和义务。

(3) 通过正确的途径解决劳动争议。

导入案例

刘先生于 2008 年 1 月 1 日入职婚纱摄影公司，未与公司签订劳动合同。刘先生于 2008 年元旦、春节加班，但公司未支付任何的加班费用。刘先生遂于 2008 年 3 月向北京市劳动争议仲裁委员会提出申诉，要求某婚纱摄影公司支付 2008 年 2 月、3 月双倍工资及 2008 年元旦、春节加班费、解除劳动合同经济补偿金。

对此，婚纱摄影公司辩称，加班费已支付刘先生，但未就此提供证据予以证明。

北京市劳动争议仲裁委员会查明，婚纱摄影公司未与刘先生签订劳动合同，且刘先生确于 2008 年元旦、春节加班。于 2008 年 4 月裁决婚纱摄影公司支付刘先生 2008 年 2 月至 3 月的双倍工资以及元旦、春节加班费。

婚纱摄影公司不服上述裁决，向二中院提出撤销北京市劳动争议仲裁委员会仲裁裁决的申请。

二中院经审理认为，婚纱摄影公司认可刘先生所述 2008 年元旦加班 1 天、春节加班 4 天的事实且没有证据证明其已支付了加班费的情况下，北京市劳动争议仲裁委员会裁决婚纱摄影公司支付刘先生 2008 年元旦、春节加班费是正确的。婚纱摄影公司要求撤销裁决的理由不成立。

本案是自 2008 年 5 月 1 日《中华人民共和国劳动争议调解仲裁法》施行以来，北京市法院受理的首例用人单位申请撤销劳动争议仲裁裁决的案件。对于《劳动争议调解仲裁法》新规定的一裁终局的案件，法律赋予用人单位另外一种全新司法救济的途径，即用人单位可以向劳动争议仲裁委员会所在地的中级人民法院申请撤销裁决。

与以前对仲裁结果不服可以向法院提起民事诉讼的程序相比，部分案件"一裁终局"、对结果不满意的只能向中院申请撤销裁决的新程序降低了劳动者维权的成本，提高了劳动者维权的效率，也节约了国家的司法资源。

本案中，用人单位积极寻求法律程序维护自己的合法权益，是值得肯定的，但用人单位未与劳动者签订合同在先，同时，不能提交员工未加班或单位已支付加班工资的证据。因此，法院驳回婚纱摄影公司撤销劳动争议仲裁裁决的申请合法亦合理。《中华人民共和国劳动法》和《中华人民共和国劳动合同法》正是为了规范劳动秩序、保护劳动者合法权益而制定的两部法律。

第一节 概　　述

一、劳动和社会保障法的概念和适用范围

(一) 劳动和社会保障法的概念和调整对象

劳动和社会保障法有广义和狭义之分，狭义的劳动和社会保障法指《中华人民共和国劳动法》(以下简称《劳动法》)和《中华人民共和国劳动合同法》(以下简称《劳合法》)。《劳动法》于 1994 年 7 月 5 日由第八届全国人民代表大会常务委员会第八次会议通过，自 1995 年 1 月 1 日开始实施。它是新中国第一部调整劳动关系、确定劳动标准的基本法。《劳合法》是为了完善劳动合同制度、构建和发展和谐稳定的劳动关系而制定的。它于 2007 年 6 月 29 日由第十届全国人民代表大会常务委员会第二十八次会议通过，自 2008 年 1 月 1 日起施行。此外，为了贯彻实施《劳合法》，2008 年 9 月 18 日《中华人民共和国劳动合同法实施条例》(以下简称《劳合法实施条例》)开始施行。广义的劳动和社会保障法是指调整劳动和社会保障关系以及与劳动和社会保障关系密切联系的其他社会关系(如社会保险关系)的法律规范的总称，包括《劳动法》、《劳合法》和其他有关调整劳动和社会保障关系的行政法规、地方性法规和规章等。这些法律法规对劳动者基本权利义务、劳动合同制度、工资制度、劳保制度、劳动争议处理等都作了明确的规定。

劳动和社会保障法的调整对象与劳动和社会保障法的概念相联系，是劳动关系以及与劳动关系有密切联系的其他关系。这里的劳动关系是指劳动者与他所在的用人单位之间的关系，即劳动者与用人单位在运用劳动能力、实现社会劳动过程中形成的社会劳动关系。《劳动法》还调整管理劳动力方面、社会保险方面、处理劳动争议所发生的某些关系，以及工会组织与单位行政之间的关系、有关国家机关对执行《劳动法》进行监督检查而发生的关系等。

(二) 劳动和社会保障法的适用范围

《劳合法》第 2 条规定：中华人民共和国境内的企业、个体经济组织、民办非企业单位等组织(以下统称用人单位)与劳动者建立劳动关系订立、履行、变更、解除或终止劳动合同，适用本法。国家机关、事业单位、社会团体和与其建立劳动关系的劳动者，订立、履行、变更、解除或终止劳动合同依照本法执行。由此可见，我国《劳合法》适用于中华人民共和国领域内的企业、个体经济组织、民办非企业单位和与之形成劳动关系的劳动者和与国家机关、事业单位、社会团体已建立劳动合同关系的劳动者。同时，《劳合法》附则中规定，事业单位与实行聘用制的工作人员订立、履行、变更或解除或终止劳动合同，法

律、行政法规或国务院另有规定，依照其规定，未作规定的依照本法有关规定执行。

实践中由于事业单位的人员构成比较复杂，具体包括：公务员或参照公务员管理的人员、实行聘用制的人员和一般劳动者。从上面的规定中可以看出：对于公务员或参照公务员管理的人员不适用《劳合法》，一般劳动者适用《劳合法》，实行聘用制的人员部分适用《劳合法》。

另外，由于我国的具体国情和劳动领域的复杂因素，不同主体之间有一定差别和特殊内容，难以用《劳动法》来规范所有的劳动者。除了前面提到的公务员或参照公务员管理的人员不适用《劳合法》以外，农村劳动者(乡镇企业职工和进城务工、经商的农民除外)以及在中国境内享有外交特权和豁免权的外国人等也不适用《劳合法》。

特别需要指出的是，当前社会上大量存在着未毕业的在校学生课外打工兼职和毕业前一段时间(半年或一年)顶岗实习的情况，对于这种情况，现行的劳动和社会保障方面的法律法规没有明确的规定。一般认为，未毕业的学生不是适格的劳动者，学生毕业前的实习是学校课堂教学内容的延伸。这部分人群也在我国现行劳动和社会保障法的调整之外。所以，对于这样一部分人群的法律保障还显得亟待加强，立法明显滞后。

【例 12-1】 陈某系某大学在校学生，2008 年 4 月 1 日，经学校安排推荐到深圳市一家公司参加实习。同年 5 月的一天，陈某在实习单位上班工作时，左手受伤被送往医院救治。2008 年 8 月 5 日，陈某经住院治疗后，申请市劳动能力鉴定委员会评定伤残等级为七级。同年 9 月 8 日，陈某以工伤待遇争议为由，向劳动争议仲裁委员会申请仲裁。

【分析】 根据《劳动法》规定，实习生不是劳动法意义上的劳动者，他们和用人单位之间没有建立事实或者法律上的劳动关系；《工伤保险条例》第 29 条规定：职工因工作遭受事故伤害或者患职业病进行治疗，享受工伤医疗待遇。据此，只有属于工伤事故范围的职工，才能向用人单位提出工伤损害的赔偿请求。在校学生与实习单位之间建立的不是劳动关系，实习生的身份仍是学生，不是劳动者，不具备工伤保险赔偿的主体资格，在实习过程中受伤不享受工伤保险待遇。因此，劳动争议仲裁委员会将以双方未形成劳动关系、该争议不属于劳动争议为由决定不予受理。

该类案件虽不属于《劳动法》调整的劳动争议案件，但应属于《民法总则》、《侵权责任法》调整的一般的民事人身损害赔偿案件。因此，本案陈某因实习过程中受伤，可以向人民法院起诉请求人身损害赔偿。

在校学生实习期间，与实习单位形成的用工关系，不属于劳动争议案件；实习单位应与学校、实习生订立三方协议，明确各自的权利与义务；必要时可考虑购买商业保险转移风险。

二、我国劳动和社会保障法的基本原则

劳动法的基本原则是对实现劳动法任务起指导作用的立法依据和实施准则，是调整劳动关系以及与劳动关系有密切联系的社会关系时所必须遵循的基本准则。根据我国宪法和劳动法的有关规定，劳动法的基本原则主要有：

(1) 公民享有劳动权利和承担劳动义务原则。

我国法律明确规定了劳动者应享有的基本权利和在各个劳动环节中的具体权利，同时，也规定了劳动者应承担的劳动义务。

（2）维护劳动者合法权益的原则。

我国《劳动法》明确规定了劳动者应享有的基本权利和在节假日期间休息的权利。同时，还具体规定了用人单位必须履行的劳动义务，如遵守工时制度，提供劳动安全卫生保护、支付劳动保险费用、不得低于当地最低工资标准支付工资等。这些规定，都体现了维护劳动者合法权益这一原则。

（3）保障劳动者参加民主管理原则。

（4）实行按劳分配与公平救助相结合的原则。

按劳分配是我国经济制度的一项重要内容，也是我国《劳动法》的一项基本原则。我国《劳动法》第 46 条规定：工资分配应当遵循按劳分配原则，实行同工同酬。在贯彻按劳分配原则的同时，要兼顾公平救助原则。公平救助原则主要体现于社会保障制度上。

（5）劳动者平等竞争与特殊劳动保护相结合的原则。

我国《劳动法》首先明确规定了劳动者不论性别、民族、出身及财产状况等，有权就业，并通过劳动获取劳动报酬；《劳动法》还注重对女职工、未成年工、残疾劳动者、少数民族劳动者及退役军人劳动者的劳动保护。

三、劳动者的基本权利与义务

（一）劳动者的基本权利与义务

根据保护劳动者合法权益的基本宗旨，《劳动法》对劳动者的基本权利作了以下具体的规定。

1．平等就业和选择职业权

这里实际包含两个权利：平等就业权和选择职业权。凡具有劳动能力和劳动愿望的劳动者，不分民族、性别、宗教信仰等，享有平等的就业权，而且劳动者在实现就业权利、取得劳动报酬及劳动者的劳动权受到保护上，都是平等的。劳动者有权根据自己的专业特长和兴趣爱好自愿参加用人单位的招聘，并且自愿协商确定劳动合同的内容。目前，人才市场上经常采取的"双向选择"就是劳动者选择职业权的表现。

【例 12-2】　常见的招聘广告"我公司因生产经营的需要，欲招聘 3 名管理人员。应聘者必须满足以下条件：① 男性；② 大学本科以上学历；③ 本地户口；④ 具有两年以上管理经验；⑤ 年龄 30 岁以下"。单从字面上看就明显违反了劳动法中的"不得以性别为由拒绝录用妇女"的规定。关于对应聘者年龄、户口的要求，虽然在《劳动法》中没有文明规定，但这也是一种歧视，应在相关法律中完善这方面的内容。否则，对那些年龄大的下岗工人来说找工作就更难了，对地方保护主义也是一种纵容。

2．取得劳动报酬权

劳动者履行了劳动义务之后，就有权获得劳动报酬，劳动者取得劳动报酬的权利能否得到保障，直接关系到劳动者的生存和生活质量。

【例 12-3】　目前存在的拖欠劳动者特别是拖欠建筑施工企业和餐饮服务等企业进城务工人员工资现象，工资低于最低工资标准及不依法支付加班费等现象都是典型的侵犯劳动者取得劳动报酬权的事例。比如，深圳某服装厂，其内部的计时工资平时每小时 2 元，每加班一小时 1.5 元。这种加班计时工资比正常工作计时工资少的现象，并不少出现。不少用人单位自认支付加班费用由其自己决定，想支付就支付，而劳动者往往不了解法律的规定或种种原因不敢主张权利。这也反映了部分劳资双方不懂法的客观现实。

3. 休息休假权

休息休假权是为了保护劳动者身心健康和提高劳动效率而赋予劳动者的一项基本权利。《劳动法》第 36 条规定：劳动者每日工作时间不得超过 8 小时，平均每周工作时间不超过 44 小时。1995 年 3 月 25 日，国务院又发布命令，自 1995 年 5 月 1 日起实行每日工作 8 小时，每周工作 40 小时工作制度。因工作性质或者生产特点的限制，不能实行上述标准工作制度的，按照国家有关规定，可以实行其他工作和休息办法。

【例 12-4】 当前侵害劳动者休息权的主要表现在长时间加班。某公司生产线上的劳动者实行两班制，每天工作 12 小时，而且一个月下来一天休息的时间都没有，这严重侵害了劳动者休息的权利。公司在半年内出现两起劳动者手指被压断的工伤事故，这与劳动者长时间加班意志力下降有很大关系。其实，劳动者休息既是劳动者的权利，也是用人单位的一项义务。

4. 获得劳动安全卫生保护权

《劳动法》赋予劳动者这一权利，目的主要在于保护劳动者的生命安全和健康。《劳动法》规定：用人单位必须建立、健全劳动安全卫生制度，严格执行国家安全卫生规程和标准，对劳动者进行安全卫生教育，防止劳动过程中的事故，减少职业危害。劳动安全卫生设施必须符合国家规定的标准。用人单位必须为劳动者提供国家规定的劳动安全条件和必要的劳动防护用品，对从事有职业危害作业的劳动者应当定期进行健康检查。劳动者对用人单位管理人员违章指挥、强令冒险作业，有权拒绝执行，对危害生命安全和健康的行为，有权提出批评、检举和控告。

【例 12-5】 工厂内可能发生机械绞碾、电击伤、锅炉爆炸以及各种有毒有害物质的危害，建筑施工工地可能发生高空坠落、物体打击和碰撞事故，交通运输可能发生瓦斯爆炸、冒顶、水火灾害事故……所有这些都会危害劳动者的安全与健康，给国家和人民带来严重损失，妨碍生产的正常运行。作为用人单位，为了保障劳动者的这一基本权利的实现，就有采取相应措施防止事故发生的义务。

5. 接受职业技能培训权

《劳动法》规定：国家通过各种途径，采取各种措施，发展职业培训事业，开发劳动者的职业技能，提高劳动者素质，增强劳动者的就业能力和工作能力。用人单位应当建立职业培训制度，按照国家规定提取和使用培训经费，根据本单位实际，有计划地对劳动者进行职业培训。从事技术工种的劳动者，上岗前必须经过培训。国家确定职业分类，对规定的职业制定技能标准，实行职业资格证书保证制度，由经过政府批准的考核鉴定机构负责对劳动者实行职业技能考核鉴定。

【例 12-6】 学化工的小王 2014 年 7 月大学毕业后，与某中外合资化妆品制造公司签订了为期 1 年的劳动合同，合同期自 2014 年 8 月至 2015 年 8 月，试用期 2 个月。试用期内享受工资 4500 元，转正后工资为 5000 元。在试用期的第 1 个月，公司人事部统一安排对 11 名新员工进行入职培训，内容包括公司的文化和理念、规章制度、车间行为规范、操作规程等，并一一进行考核，考核合格后小王被留用。2015年2月，小王提出辞职，公司要求他支付培训费4500元，小王拒绝支付。双方发生纠纷，公司向劳动争议仲裁委员会申诉，要求小王返还培训费4500元。仲裁委员会受理该案后，裁定公司要求返还4500元培训费没有法律依据，小王辞职无需支付培训费。

【分析】　小王与公司没有签订培训协议，单位要求员工支付培训费没有依据，更为重要的是，接受职业技能培训作为劳动者的权利，就要求公司有义务确保对劳动者进行职业培训。所以，用人单位不应该就培训收费。

6. 享有社会保障权和生活福利权

劳动者一生之中不可避免会遇到疾病、伤害、年老等风险，这些都会使劳动者丧失劳动能力或劳动机会。为了保障劳动者的基本生存权利，《劳动法》规定，国家发展社会保险事业，建立社会保险制度，设立社会保险基金，使劳动者在年老、疾病、工伤、失业、生育情况下，获得帮助和补偿。

7. 依法参加工会和职工民主管理的权利

劳动者享有依法参加工会的权利及参加企业民主管理的权利。对此，用人单位有保障的义务。

【例12-7】　浙江某集团公司是一个非公有制企业，有职工1800多名。1995年以来，该企业建立了以职工代表大会为基本形式的各项民主管理制度。10多年来，坚持每年召开职工代表大会，听取和审议集团公司董事长关于企业经营情况的工作报告、企业发展战略、技术项目方案等，审议决定涉及职工切身利益的重大事项和重要的规章制度，如接续和增强医疗保险、养老保险、住房公积金，建立困难帮扶基金，企业薪酬激励等制度，推荐劳动模范，民主评议管理人员等。

【分析】　职工行使民主管理权利的基本形式是职工代表大会，该企业通过职工代表大会以及厂务公开等形式开展民主管理，有效地保障了职工的民主权利，构建了和谐的劳动关系，增强了企业的凝聚力和向心力。

8. 提起劳动争议处理权

劳动者与用人单位因劳动权利和义务发生纠纷后，劳动者有权依法将争议提请有关机关(主要是劳动争议仲裁机构和人民法院)要求解决。

9. 法律规定的其他权利

这些权利主要有就保护劳动者合法权益与用人单位进行平等协商的权利；提合理化建议的权利；进行科学研究、技术革新和发明创造的权利；依法解除劳动合同的权利等。

另外，《劳动法》还规定了对女员工和未成年工的特殊劳动保护，这对女职工和未成年工等特殊劳动者来说，也是他们的权利。此部分规定，将在后面的"劳动保护"部分中详细论述。

(二) 劳动者的基本义务

根据我国《宪法》的规定，劳动既是公民的基本权利，也是公民的基本义务。劳动者既有广泛的权利，同时也负有相应的义务。权利和义务总是相一致的，既不允许劳动者只尽义务不享有权利，也不允许劳动者只享有权利而不尽义务。根据《劳动法》的规定，劳动者应承担以下义务。

1. 完成劳动任务的义务

完成劳动任务是《劳动法》规定的劳动者应履行的首要任务。劳动者只有完成劳动任务，才能使整个劳动过程得以延续，才能获得相应的劳动报酬。劳动者要亲自完成、全面完成才是履行了自己应尽的义务，否则就是违反了劳动法的义务，就要承担相应的法律责任。

2. 提高职业技能的义务

职业技能是劳动者从事劳动必须掌握的专业技术知识和实际操作技能。为了适应社会主义现代化建设的要求及自身发展的需要，每一个劳动者都要自觉地学习和在实践中不断接受新的业务知识，提高劳动能力和操作技能。

3. 执行劳动安全卫生规程的义务

劳动安全卫生规程是国家制定的保护劳动者在劳动过程中生命安全和健康的规章制度，认真执行安全卫生规程，能减少或避免工伤事故和职业病的发生，保证安全生产，这是劳动者必须履行的义务。

4. 遵守劳动规章制度和职业道德的义务

劳动规章制度是组织社会劳动的基础，是保证劳动得以正常有序进行的必要条件。《劳合法》第 4 条规定：用人单位应当依法建立和完善劳动规章制度，保障劳动者享有劳动权利，履行劳动义务。用人单位在制定、修改或者决定有关劳动报酬、工作时间、休息休假、劳动安全卫生、保险福利、职工培训、劳动纪律以及劳动定额管理等直接涉及劳动者切身利益的规章制度或者重大事项时，应当经职工代表大会或者全体职工讨论，提出方案和意见，与工会或者职工代表平等协商确定。在实施过程中工会或职工认为不适应的，有权向用人单位提出，通过协商予以修改完善。同时，用人单位应当将上述规章制度或重大事项决定公示，或者告知劳动者。职业道德是社会道德的重要组成部分，是从事各种职业活动的劳动者应当遵守的行为规范。严格遵守劳动规章制度和牢固树立职业道德观念是现代劳动者的必备素质，劳动者在劳动过程中要自觉遵守劳动规章制度，讲求职业道德，忠于职守，否则，要承担法律责任。

【例 12-8】 李某是某建筑公司的吊车安全检查员。一日，李某在做例行检查时自认为吊车刚刚使用完完全没有问题，于是就只做了一般检查，没按规定对吊车钢丝绳做疲劳检查。第二天吊车安装完毕，按正常负荷起吊两块水泥预制板，当吊到离地面 20 米时，钢丝绳突然断裂，水泥板坠向地面将正在干活的工人砸伤，后经鉴定此次事故时由于钢丝绳使用时间过长，没有及时更换所致。

【分析】 本案中，由于李某违反劳动安全检查制度，不认真履行自己的职责，给事故发生留下隐患，违反了劳动者应尽的劳动义务，故李某应承担法律责任。

第二节　促 进 就 业

一、促进就业的概念和措施

促进就业是指国家为保障公民实现劳动权所采取的创造就业条件，扩大就业机会的各种措施的总称。促进就业的义务主要在国家，它是国家的职责。当然，各用人单位也有相应的责任。

《劳动法》第 10 条规定：国家通过促进经济和社会发展，创造就业条件，扩大就业机会；国家鼓励企业、事业组织和社会团体在法律、法规规定的范围内兴办产业或者扩展经营，增加就业；国家支持劳动者自愿组织起来就业和从事个体经营实现就业。《劳动法》第 11 条规定：地方各级人民政府应当采取措施，发展多种类型的职业介绍机构，提供就业服务。

所以，国家和地方各级人民政府在促进就业方面主要采取以下措施，创造就业条件，扩大就业机会：① 促进经济和社会发展，创造就业条件；② 兴办产业，拓展经营，增加就业岗位；③ 组织起来就业和从事个体经营；④ 发展职业介绍机构，提供就业服务。

二、劳动就业的概念和原则

劳动就业是指具有劳动能力的公民在法定劳动年龄内从事某种有一定劳动报酬或经营收入的社会职业。根据《劳动法》的规定，劳动就业原则有以下几项。

（一）平等就业原则

平等就业是指在就业机会均等和录用标准相同的条件下，求职者以平等的身份相互竞争实现就业。《劳动法》第 3 条、第 12 条、第 13 条分别规定：劳动者享有平等就业的权利；劳动者就业，不因民族、种族、性别、宗教信仰不同而受歧视；妇女享有与男子平等的就业权利。在录用职工时，除国家规定的不适合妇女的工种或者岗位外，不得以性别为由拒绝录用妇女或者提高妇女的录用标准。

（二）双向选择原则

双向选择即求职者与用人单位双向选择，是指求职者自由选择用人单位，用人单位自主择优录用求职者。求职者享有选择职业的权利，即求职者可以根据自身的素质、意愿和劳动力市场价格信息，选择用人单位；用人单位享有用人自主权，即用人单位可以根据生产经营需要和工作岗位特点，按照面向社会、公开招用、全面考核、择优录取的原则，选择必要数量、相应质量的求职者，求职者与用人单位在平等自愿、协商一致的基础上通过签订劳动合同实现求职者就业和用人单位使用劳动力。

（三）照顾特殊群体人员就业原则

特殊群体人员是指谋求职业有困难或处境不利的人员的统称。包括残疾人、少数民族人员、退出现役的军人、两劳释放人员等。《劳动法》第 14 条规定：残疾人、少数民族人员、退出现役的军人的就业，法律、法规有特别规定的，从其规定。《中华人民共和国残疾人保障法》规定：国家推动各单位吸收残疾人就业，机关、团体、企业事业组织、城乡集体经济组织，应当按一定比例安排残疾人就业，并为其选择适当的工种和岗位。《中华人民共和国民族区域自治法》规定：在同等条件下优先招收录用当地少数民族人员。《中华人民共和国兵役法》和《退伍义务兵安置条例》规定：符合安排工作条件的义务兵退出现役后，由当地政府负责安排工作。同时，在依法保障退伍义务兵的第一次安置就业的同时，对自愿到劳动力市场竞争就业和自谋职业的应予支持和鼓励。

(四) 禁止使用童工原则

童工是指未满 16 周岁,与用人单位或者个人发生劳动关系,从事有经济收入的劳动或者从事个体劳动的少年、儿童。法律规定禁止使用童工。《劳动法》第 15 条规定:禁止用人单位招用未满 16 周岁的未成年人。文艺、体育和特种工艺单位招用未满 16 周岁未成年人,必须依照国家有关规定,履行遵守国家有关规定,并保障其接受义务教育的权利。1991年 4 月 15 日国务院发布的《禁止使用童工规定》第 4 条、第 5 条、第 6 条、第 7 条分别规定:禁止国家机关、社会团体、企业事业单位和个体工商户、农户、城镇居民使用童工;禁止各种职业介绍机构以及其他单位和个人为未满 16 周岁的少年、儿童介绍职业;禁止各级工商行政管理部门为未满 16 周岁的少年、儿童核发个体营业执照;父母或其他监护人不得允许未满 16 周岁的子女或被监护人做童工。

第三节 劳 动 合 同

一、劳动合同的概念、形式和种类

劳动合同是指劳动者与用人单位确立劳动关系,明确双方权利与义务的协议,也是劳动者与用人单位发生劳动关系的一个重要凭证。《劳动合同法》规定:建立劳动关系,应当订立书面劳动合同。要求劳动合同以书面形式订立,这既有利于劳动合同的履行,又有利于避免和解决合同纠纷。

劳动合同分三种:固定期限劳动合同,即约定了终止时间的合同;无固定期限劳动合同,即无确定终止时间的劳动合同;以完成一定工作任务为期限的劳动合同。用人单位和劳动者可以协商订立合适类型的合同,但《劳动合同法》规定有下列情形之一的,劳动者提出或同意续订、订立劳动合同的,除劳动者提出订立固定期限劳动合同外,应当订立无固定期限劳动合同:① 劳动者在该用人单位连续工作满 10 年的(起始时间自用人单位用工之日算起);② 用人单位初次实行劳动合同制度或者国有企业改制重新订立劳动合同时,劳动者在该用人单位连续工作满 10 年且距法定退休年龄不足 10 年的;③ 连续订立两次固定期限劳动合同,且劳动者符合要求,续订劳动合同的。

用人单位自用工之日起满 1 年不与劳动者订立书面劳动合同的,视为已订立无固定期限劳动合同。

二、劳动合同的订立

(一) 劳动合同的订立原则

劳动合同的订立是指劳动者与用人单位之间,为确定劳动关系,依法就双方权利义务协商一致,设立劳动合同关系的法律行为。订立劳动合同应当遵循两项原则:

(1) 合法与公平原则。劳动合同当事人资格合法、合同内容和合同形式合法,并且双方的权利、义务应大致相等。

(2) 平等、自愿、协商一致、诚实信用原则。劳动者和用人单位必须在平等自愿的基础上，就劳动合同的内容协商一致、达成一致的意见。同时《劳动合同法》第 8 条还特别强调：用人单位招用劳动者时，应当如实告知劳动者工作内容、工作条件、工作地点、职业危害、安全生产状况、劳动报酬以及劳动者要求了解的其他情况；用人单位有权了解劳动者与劳动合同直接相关的基本情况，劳动者应当如实说明以上情况。

(二) 劳动合同的订立要求

1．劳动合同的主体

劳动合同主体必须具有合法资格，只有具有劳动权利能力和劳动行为能力的劳动者和具有使用劳动者的权利能力和行为能力的用人单位，才具有订立劳动合同的主体资格。具体而言，订立合同的劳动者应当符合法定就业年龄和就业条件，并具有履行劳动合同的相应能力；使用劳动者的用人单位应当依法成立，能够依法支付劳动报酬、缴纳社会保险费、提供劳动保护条件，并能够承担相应的民事责任。此外，《劳合法实施条例》对用人单位还作了一些解释。其中第 3 条规定：依法成立的会计师事务所、律师事务所等合伙组织和基金会，属于劳合法规定的用人单位。第 4 条规定：劳合法规定的用人单位设立的分支机构，依法取得营业执照或者登记证书，可以作为用人单位与劳动者订立劳动合同；未依法取得营业执照或者登记证书的，受用人单位委托可以与劳动者订立劳动合同。

劳动者必须亲自同用人单位签订劳动合同，任何单位(包括工会)和个人无权代表劳动者同用人单位签订合同。用人单位应当由单位法定代表人、负责人或者其委托的代理人与劳动者签订合同，劳动合同要双方签字，加盖用人单位印章，注明签字、盖章日期。劳动合同文本由用人单位和劳动者各执一份。

2．劳动合同的内容

劳动合同的内容表现为劳动合同的条款，它分为法定条款和约定条款两种。

(1) 法定条款。法定条款也称必要内容，缺少了它劳动合同就不能成立。《劳动合同法》第 17 条规定劳动合同应当具备以下条款：用人单位的名称、住所和法定代表人或主要负责人；劳动者的姓名、住址和居民身份证或其他有效身份证件号码；劳动合同期限；工作内容和工作地点；工作时间和休息休假；劳动报酬；社会保险；劳动保护，劳动条件和职业危害防护；法律法规规定应当纳入劳动合同的其他事项。上述这些条款就是法定条款。如果劳动合同对劳动报酬和劳动条件等标准约定不明确引发争议的，用人单位与劳动者可以重新协商；协商不成的，适用集体合同规定；没有集体合同或集体合同未规定劳动报酬的，实行同工同酬，没有集体合同或者集体合同未规定劳动条件等标准的，适用国家有关规定。

(2) 约定条款。劳动合同除上面规定的必要条款外，当事人还可以协商约定其他内容，这些约定的内容就称为约定条款。它并非劳动合同成立必须具备的内容，缺少了它劳动合同依然成立。一般包括试用期、培训、保守秘密、补充保险、福利待遇等。商定内容不得违反劳动法律、法规的规定，否则一律无效。

关于试用期的问题，由于实践中有的单位滥用试用期，严重侵害了劳动者的合法权益。所以，《劳动合同法》对试用期作了非常详细的规定，具体包括以下内容：劳动合同期限 3个月以上不满 1 年的，试用期不得超过 1 个月；劳动合同期限 1 年以上不满 3 年的，试用期不得超过 2 个月；3 年以上固定期限和无固定期限的劳动合同，试用期不得超过 6 个月。同一个用人单位与同一劳动者只能约定一次试用期。以完成一定工作任务为期限的劳动合同或劳动合同期限不满 3 个月的，不得约定试用期。而且试用期应包含在劳动合同期限内。劳动合同仅约定试用期的，该试用期不成立，该期限为劳动合同期限。另外，劳动者在试用期的工资不得低于本单位相同岗位最低档工资的 80%或劳动合同约定工资的 80%，并不得低于用人单位所在地的最低工资标准。同时，在试用期中用人单位非依法定情形不得解除劳动合同，依法解除劳动合同的，应当向劳动者说明理由。

关于培训的问题，《劳动合同法》第 22 条作了明确规定：用人单位为劳动者提供专项培训费用，对其进行专业技术培训，可以与该劳动者订立协议，约定服务期。劳动者违反服务期约定的，应当按约定向用人单位支付违约金。违约金的数额不得超过用人单位提供的培训费用。用人单位要求劳动者支付的违约金不得超过服务期的尚未履行部分所应分摊的培训费用。用人单位与劳动者约定服务期，不影响按照正常的工资调整机制提高劳动者在服务期期间的劳动报酬。就上述的培训费用，《劳动合同法实施条例》作了解释，具体包括用人单位为了对劳动者进行专业技术培训而支付的有凭证的培训费用、培训期间的差旅费用以及因培训产生的用于该劳动者的其他直接费用。

关于保守秘密的问题，实践中有大量劳动者跳槽而泄露原单位的秘密，从而给单位造成损失的案例。对此，《劳动合同法》也作了相应的规定，具体包括：用人单位与劳动者可以在劳动合同中约定保守用人单位的商业秘密和与知识产权相关的保密事项。对负有保密义务的劳动者，用人单位可以与其约定竞业限制的条款，即劳动者在与原单位解除或终止劳动关系后最长两年内不得从事与原单位相竞争的业务。当然，竞业限制的人员仅限于用人单位的高级管理人员、高级技术人员和其他负有保密义务的人员。对于竞业限制的范围、地域、期限等则由用人单位与劳动者约定，但该约定不得违法。

另外，为了防止用人单位侵害劳动者的合法权益，法律上还规定，劳动合同不得约定以下的内容：不得约定扣押劳动者的居民身份证及其他合法证件，不得强迫劳动者集资、入股，不得以任何理由和形式收取劳动者抵押金、抵押物、保证金、定金等。用人单位违反规定，扣押劳动者居民身份证等证件的，由劳动行政部门责令限期退还劳动者本人，并给予相应处罚。用人单位违反规定以担保或其他名义向劳动者收取财物的，由劳动行政部门责令限期退还劳动者本人，并以每人 500 元以上 2000 元以下的标准处以罚款，给劳动者造成损害的，应承担赔偿责任。

3. 劳动合同的订立时间

用人单位应当自用工之日起 1 个月内与劳动者订立书面劳动合同。用人单位与劳动者在用工前订立劳动合同的，劳动关系自用工之日起建立。自用工之日起 1 个月内，经用人单位书面通知后，劳动者不与用人单位订立书面劳动合同，用人单位应当书面通知劳动者终止劳动关系，无需向劳动者支付经济补偿，但是应当依法向劳动者支付其实际工作时间的劳动报酬。

用人单位自用工之日起超过 1 个月不满 1 年未与劳动者订立书面劳动合同的，应当依照《劳动合同法》第 82 条的规定向劳动者每月支付两倍的工资，并与劳动者补订书面劳动合同；劳动者不与用人单位订立书面劳动合同的，用人单位应当书面通知劳动者终止劳动关系，并依照《劳动合同法》第 47 条的规定支付经济补偿。

用人单位自用工之日起满 1 年未与劳动者订立书面劳动合同的，自用工之日起满 1 个月的次日至满 1 年的前 1 日应当依照《劳动合同法》第 82 条的规定向劳动者每月支付两倍的工资，并视为自用工之日起满 1 年的当日已经与劳动者订立无固定期限劳动合同，应当立即与劳动者补订书面劳动合同。

（三）劳动合同的效力

依法成立并生效的劳动合同对当事人产生相应的法律约束力。当事人如果违反劳动合同的约定，就应当承担相应的责任。

【例 12-9】 小王大学毕业后到一家科研所工作，双方于 2000 年 8 月 2 日订立劳动合同。在合同中约定：小王向科研所保证 6 年内不离开科研所，如调动则需要支付科研所违约金 2 万元；科研所分配给小王住房一套。2 年后小张赴国外自费留学，答应科研所学习后再回来。科研所提出小王如果回来保证接受，但小王学成后却不愿意继续回科研所工作，打算提前解除合同。为此，科研所要求小王支付违约金并退还房屋。小王不同意，双方遂起纠纷。

【分析】 本案中，小王与科研所依法签订劳动合同，而依法成立并生效的劳动合同对双方具有约束力。同时，由于合同中约定有违约金条款，一方违约(提前解除劳动合同)，当然要承担违约责任。另外，住房是在劳动合同存续期间用人单位提供给劳动者的待遇，劳动合同解除后，劳动者就不再享受此待遇。需要注意的是，本案发生在《劳动合同法》施行之前，所以，此时双方约定的违约金条款应当有效。而《劳动合同法》施行以后，用人单位只有在对劳动者提供了培训或者与劳动者有保守秘密的约定时才可以与劳动者订立违约金条款，其他情况下都不可以约定由劳动者支付违约金。这也是为了防止用人单位动辄以"违约金"来限制劳动者跳槽。

三、劳动合同的履行

劳动合同的履行是指劳动合同双方当事人按照劳动合同规定履行自己所应承担义务的行为。履行劳动合同，必须遵循亲自履行、权利义务一致、诚实信用(协作履行)、全面履行等原则。《劳动合同法》第 30 条规定：用人单位应当按照劳动合同约定和国家规定，向劳动者及时足额支付劳动报酬。用人单位拖欠或未足额支付劳动报酬的，劳动者可以依法向当地人民法院申请支付令，人民法院应当发出支付令。《劳动合同法》第 31 条规定：用人单位应当严格执行劳动定额标准，不得强迫或者变相强迫劳动者加班。用人单位安排加班的，应当按照国家有关规定向劳动者支付加班费。

四、劳动合同的变更

劳动合同的变更是指劳动者与用人单位对依法成立、尚未完全履行的劳动合同条款所做的修改或增减的行为。有下列情形之一的，可以变更劳动合同，而且应采用书面形式：① 经双方当事人协商同意；② 订立劳动合同所依据的法律、规定已经修改或废止；③ 企业经上级主管批准或根据市场变化决定转产或调整生产任务；④ 劳动合同订立时所依据的客观情况发生重大变化，致使劳动合同无法履行；⑤ 劳动合同条款与集体合同规定不同的；⑥ 劳动者因健康状况而不能从事原工作的；⑦ 法律、法规允许的其他情况。

【例 12-10】 2012 年 8 月，小张应聘某公司会计职位，考试合格后小张正式被录用，双方签订了一份劳动合同。合同约定：小张月工资为 800 元，工种为会计，期限 3 年。合同签订后，小张立即投入工作。半年后，酒店突然将小张调至仓库工作，一位经理的亲戚顶替了小张的位置。小张多次与单位交涉无果，遂向劳动争议仲裁委员会申请仲裁。劳动争议仲裁委员会作出裁决：公司未经双方协商一致，单方面变更小张的工作岗位无效，应予更正。但公司对此裁决置之不理，小张又一纸诉状告到法院，要求公司给个"说法"。

【分析】 本案中，原、被告双方签订的劳动合同是双方当事人真实意思的表现，内容没有违反法律规定，该合同合法有效。而被告公司在未与原告协商一致有无其他法定条件的情况，单方面作出变更原告工作的决定，违反了《劳动法》的有关的规定。据此，法院作出判决，确认被告擅自变更原告工作岗位的行为无效。

在劳动合同没有变更的情况下，用人单位不得安排劳动者从事劳动合同规定以外的工作，但下列情况除外：① 发生事故或遇到灾害，需要及时抢修或救灾；② 发生短期停工；③ 劳动者违反劳动纪律而调动其从事其他工作；④ 法律、法规允许的其他情况。

变更劳动合同一般按下列程序进行：

(1) 及时提出变更合同的要求。劳动合同一方向对方提出变更合同的要求，说明变更合同的理由、内容、条件及请求对方答复的期限等内容。

(2) 按期作出答复。接受请求的一方，应在对方规定的期限内作出答复，可以是同意，不完全同意或不同意。

(3) 双方达成书面协议。当事人双方就变更劳动合同的内容经协商一致，达成新的劳动合同。变更后的劳动合同文本由用人单位和劳动者各执一份。

五、劳动合同的解除

劳动合同的解除是指在劳动合同期限届满之前终止合同关系的法律行为。解除劳动合同，有双方协商解除、单方面解除等几种情况。

(一) 双方协商解除劳动合同

《劳动合同法》第 36 条规定：用人单位与劳动者协商一致，可以解除劳动合同。这种解除，实际上是劳动合同双方再达成一个协议，比较理性、可取。而且用人单位提出协商解除的，应当向劳动者支付经济补偿。经济补偿按劳动者在本单位工作的年限，每满 1 年支付 1 个月工资的标准向劳动者支付。6 个月以上不满 1 年的，按 1 年计算；不满 6 个月的，向劳动者支付半个月工资的经济补偿。

(二) 用人单位单方面解除劳动合同

用人单位单方面解除劳动合同分以下三种情况：

(1) 劳动者出现下列情况的，用人单位可单方面解除劳动合同：① 在试用期间被证明不符合录用条件的；② 严重违反用人单位规章制度的；③ 严重失职，营私舞弊，给用人单位利益造成重大损害；④ 劳动者同时与其他用人单位建立劳动关系，对完成本单位的工作任务造成严重影响，或经用人单位提出，拒不改正的；⑤ 劳动者以欺诈、胁迫的手段或乘人之危，使用人单位在违背真实意思的情况下订立或变更劳动合同，致使劳动合同无效的；⑥ 被依法追究刑事责任的。

在这些情况下，因为劳动者一方存在过错，所以用人单位可以随时解除劳动合同，且无须征得劳动者的意见，履行特别的程序，也不存在经济补偿问题。

【例 12-11】 2001 年，小孙到广州一家显示器制造有限公司工作，任设备部工程师。2005 年 7 月 29 日，总经理梁某与安全员凌晨巡查时，发现小孙上夜班期间，与同事关了办公室门，熄了灯躺在椅子上、躲在柜子后面睡觉。几天后，总经理签发"纪律处罚通告"，以小孙关掉整个办公室灯、有组织地在岗位睡觉、骗取公司工时薪酬、情节严重为由，对小孙予以无偿解雇。

小孙不服公司的处罚，遂向广州经济技术开发区劳动争议仲裁委员会申请仲裁。他认为，公司解除劳动合同，没有依法定程序提前通知，也没有支付经济补偿金。仲裁委于 2006 年 9 月 29 日作出裁决：双方继续履行劳动合同，该公司支付相应工资。该公司不服仲裁裁决，诉至区法院。法院一审认为，小孙工作时间睡觉的行为，虽然违反了公司的规章制度，但其行为并未给公司造成严重后果，不至于被解雇。在解聘已成事实的情况下，法院支持小孙的申诉请求，判令公司向其支付相关金额。嗣后，广州市中院作出维持原判的二审判决。

【分析】 本案中，根据《劳动法》和《劳动合同法》的规定，只有员工在严重违反公司规章制度并造成公司重大损失时，用人单位方可依法单方解除劳动合同关系。本案争议的焦点在于小孙工作时间睡觉的行为的定性问题。根据事实认定，小孙在工作时间睡觉已是不争的事实，关键在于搞清其这种行为是否造成严重后果，也即这种行为有否造成公司的严重损失，如人员伤亡、重大经济损失等。法院在审理的过程中，对事实的认定比较清楚，依法作出的判决是正确的。

在公司治理中，企业内部往往制订包括单方解除劳动合同等较严厉的处罚规定，但这种规定不得与《劳动法》涉及的强制性规定相冲突。在司法实践中，一般重点审查用人单位方面解除劳动合同是否有合法依据，并据此依法作出判决。

(2) 有下列情形之一，用人单位可解除劳动合同，但应当提前 30 日以书面形式通知劳动者本人，并且要依法支付经济补偿金或者额外支付劳动者 1 个月工资：① 劳动者患病或非因工负伤，医疗期满后，不能从事原工作，也不能从事另行安排的工作的；② 劳动者不能胜任工作，经培训或调整工作岗位仍不能胜任工作的；③ 劳动合同订立时所依据的客观情况发生重大变化，致使原劳动合同无法履行，经当事人协商不能就变更劳动合同达成协议的。

【例 12-12】 孙某与某印刷厂于 2013 年 4 月签订了为期 5 年的劳动合同，双方约定孙某从事排字工作。2015 年 1 月以来，该厂领导发现孙某的视力明显下降，排字差错率超过规定，以至影响了工作的质量。领导多次与孙某协商将他调往其他的车间，但是孙某就是不同意。鉴于此，厂领导经研究决定，提前 30 天书面通知孙某于 2015 年 4 月 1 日与其解除劳动合同，并给予相应的补偿。孙某接到决定后不服，认为合同还没有到期，单位不应该解除合同，并以此为由，向仲裁委员会申请仲裁，请求撤销厂方的决定。

【分析】 本案中，孙某的理由不能成立。因为孙某在与单位签订合同时，视力是符合要求的。但是后来，他的视力下降，影响了工作的质量，单位要求他调换岗位，他又不愿意。这种情况就是"劳动合同订立时所依据的客观情况发生重大变化，致使原劳动合同无法履行，经当事人协商不能就变更劳动合同达成协议的"的表现形式。因此，单位的决定是正确的，仲裁委员会最终没有支持孙某的请求。

(3) 有下列情形之一，需要裁减 20 人以上或者裁减不足 20 人但占企业职工总数 10% 以上的，用人单位应当提前 30 日向工会或者全体职工说明情况，听取工会或者职工的意见，并向劳动行政部门报告后，可以裁减人员：① 依照企业破产法规定进行重整的；② 生产经营发生严重困难的；③ 企业转产、重大技术革新或经营方式调整，经变更劳动合同后，仍需裁减人员的；④ 其他因劳动合同订立时所依据的客观经济情况发生重大变化，致使劳动合同无法履行的。

这种情况下解除劳动合同，除了必须履行上述程序外，还要依法支付经济补偿金，同时，如果该用人单位在 6 个月内录用人员的，应当优先录用被裁减的人员。

另外，从保护弱势劳动者利益出发，《劳动合同法》第 42 条规定，用人单位在以下情况下不得单方解除劳动合同：① 从事接触职业病危害作业的劳动者未进行离岗前职业健康检查，或者疑似职业病病人在诊断或者医学观察期间的；② 在本单位患职业病或因工负伤并被确认丧失或部分丧失劳动能力的；③ 患病或者非因工负伤，在规定的医疗期内的；④ 女职工在孕期、产期、哺乳期内的；⑤ 在本单位连续工作满 15 年，且距法定退休年龄不足 5 年的；⑥ 法律、行政法规规定的其他情形。

【例 12-13】 几年前小许从上海某大学毕业后，通过社会招聘，进入本市一家私营企业从事销售工作，企业与小许签订了两年期的劳动合同，合同期满后又续签合同至 2007 年 2 月底止的劳动合同。2007 年 2 月中旬，企业人事部门口头通知小许月底合同期满不再与其续签合同。此时小许感到身体不适，去医院就诊发现自己身患慢性疾病，医生建议必须休息，小许于是请病假并将病假单交给企业。2007 年 3 月上旬，小许收到企业寄来的退工通知单，退工的原因是合同期满终止劳动关系，并要求小许尽快来企业办理离职手续。小许收到退工通知后即与企业联系，表示自己还在病休，企业不能与其终止劳动关系，并与企业理论。经过多次找企业交涉未果，小许无奈，只能求助劳动仲裁委员会申请劳动仲裁。

在劳动仲裁委开庭审理时小许认为，自己患病在规定的医疗期内，并有医院出具的病假证明，按照有关规定，即使合同期满，也理应顺延到医疗期满，企业才可以与其终止合同，现企业坚持要与他终止劳动合同的行为是违反国家规定的。所以，要求仲裁委员会撤销企业终止合同的决定，恢复劳动关系。企业则认为，企业已经事先通知其合同期满不再续签合同，他却去开病假，缺乏诚信，按照有关规定劳动合同期满即行终止。所以，小许与企业之间已经不再存在劳动关系，对小许提出的要求不予同意。

【分析】 本案中，小许在合同期满已经病假，且有医院出具的病假证明，按照《上海市劳动合同条例》第 39 条规定，劳动合同期满或者当事人约定的劳动合同终止条件出现，但劳动者患病或负伤且在规定的医疗期限内，同时不属于严重违反劳动纪律或者用人单位规章制度，不属于严重失职、营私舞弊，对用人单位利益造成重大损害，被依法追究刑事责任的，劳动合同期限顺延至所列情形消失。

也就是说，即使企业事先告诉职工合同期满不再续签合同，只要职工在规定的医疗期内，企业就不能与其终止劳动关系。除非职工严重违反用人单位规章制度的、严重失职、营私舞弊，给用人单位造成重大的损害的，被依法追究刑事责任的等，可以与其终止劳动合同。而小许没有上述的情形，所以虽然合同期满，但是其在医疗期内，企业应当顺延其劳动合同至上述情形消失，即继续与小许履行劳动合同至医疗期满。关于"规定的医疗期"，最短是 3 个月，最长是 24 个月。

(三) 劳动者单方解除劳动合同

劳动者单方解除劳动合同分为以下三种情况：

(1) 提前通知用人单位解除劳动合同。《劳动合同法》第 37 条规定：劳动者提前 30 日以书面形式通知用人单位可以解除合同。劳动者在试用期限内提前 3 日通知用人单位可以解除合同。该条规定说明，劳动者享有单方面解除劳动合同的权利，这一权利的行使，不以经过用人单位的同意为条件，只要劳动者按法定程序通知用人单位，承担劳动合同上约定的违约责任(当然是合法的约定)即可。

(2) 随时通知用人单位解除劳动合同。《劳动合同法》第 38 条规定，用人单位有下列情形之一的，劳动者可以随时通知用人单位解除劳动合同：① 未按照劳动合同约定提供劳动保护或劳动条件的；② 未及时足额支付劳动报酬的；③ 未依法为劳动者缴纳社会保险费的；④ 用人单位的规章制度违反法律、法规的规定损害劳动者权益的；⑤ 以欺诈、胁迫的手段或者乘人之危而订立、变更劳动合同或有其他违法行为导致劳动合同无效的；⑥ 法律、法规规定劳动者可以解除劳动合同的其他情形。

在这些情况下，主要是用人单位有过错。所以，对劳动者行使解除劳动合同的权利没有什么限制，并且用人单位还要承担支付经济补偿金等责任。

【例 12-14】 申诉人于 2016 年 12 月 1 日受聘在被诉人处担任生产管理工作，签订了为期 1 年的劳动合同，口头约定月工资 5000 元。2017 年 6 月，被诉人提出改变申诉人月工资为 4500 元。申诉人不同意，遂提出解除劳动合同要求，被诉人才答应作为补贴补足。此后，在 2017 年 7、8 两个月，被诉人拖欠工资未发，申诉人再次提出解除劳动合同，在被诉人不允许的情况下，申诉人于 9 月 28 日未经同意离开了被诉人公司。被诉人对此作为旷工处理，并以厂规"职工旷工倒扣 80 元/天"为由，拒发申诉人 7、8、9 三个月工资。

【分析】 本案中，争议的焦点是申诉人 9 月 28 日，未经同意离开公司的行为是否合法。据查，当事人双方签订的劳动合同约定：甲方(被诉人)应按月支付给乙方(申诉人)工资，不得克扣或无故拖欠。现被诉方拖欠 7、8 月份工资，既未征得本单位工会同意，又未报当地劳动部门审核同意，也无足够的理由，应属无故拖欠。根据《劳动法》第 32 条第 3 款的规定，用人单位未按照劳动合同约定支付劳动报酬，劳动者可以随时通知用人单位解除劳动合同，故申诉人于 9 月 28 日因 2 个月工资未发而提出解除劳动合同，离开了公司，虽未经同意，也是合法合理的。被诉人对此事做旷工处理，于法无据，应予纠正。经劳动仲裁委员会调解成功，双方达成如下协议：申诉人 2017 年 7、8、9 月份工资计 15000 元，被诉人在 7 日内按规定支付。

(3) 随时解除劳动合同。用人单位以暴力、威胁或者非法限制人身自由的手段强迫劳动者劳动的，或者用人单位违章指挥，强令冒险作业危及劳动者人身安全，劳动者可以立即解除合同不需事先告知用人单位。

六、劳动合同的终止

劳动合同的终止是指劳动合同期限届满或者劳动合同履行中发生某些特定情况，使合同双方当事人的权利与义务自行终结。根据《劳动合同法》第44条的规定，劳动合同终止的条件一般有：① 劳动合同期限届满；② 劳动者开始依法享受基本养老保险待遇；③ 劳动者死亡，或者被人民法院宣告死亡或宣告失踪；④ 用人单位被依法宣告破产的；⑤ 用人单位被吊销营业执照、责令关闭、撤销或者用人单位决定提前解散的；⑥ 法律、行政法规规定的其他情况。

此外，用人单位应当在解除或者终止劳动合同时出具解除或者终止劳动合同的证明，并在15日内为劳动者办理档案和社会保险关系转移手续。

七、无效劳动合同和可变更、可撤销劳动合同

(一) 无效劳动合同

无效劳动合同指违反法律规定，不具有法律效力的劳动合同。无效劳动合同从订立时起，就没有法律约束力。确认劳动合同部分无效的，如果不影响其余部分的效力，其余部分仍然有效。我国《劳动法》规定：违反法律、行政法规的劳动合同和采取欺诈、威胁等手段订立的劳动合同以及用人单位免除自己的法定责任、排除劳动者权利的劳动合同均属无效合同。劳动合同的无效，由劳动争议仲裁委员会或者人民法院确认。劳动合同被确认无效，劳动者已付出劳动的，用人单位应当向劳动者支付劳动报酬。劳动报酬的数额，参照本单位相同或相近岗位劳动者的劳动报酬确定。

【例 12-15】 高某系某市职业技术学院的毕业生，与一家用人单位签订了《就业协议书》，双方约定试用期为3个月，期满后签订劳动合同。试用期满，单位如约通知高某签订劳动合同，但高某因在试用期内发现该单位管理混乱，经济效益差，经常扣发、拖欠工资，故拒绝与对方签订劳动合同。

用人单位认为高某技术水平较高、试用期内表现也很好，想让他留下来充实有关技术岗位，于是多次对高某做思想工作，但高某坚持要离开该单位。后来企业主管找到高某，告知他如果拒绝签订劳动合同，用人单位将采取如下措施：① 扣押高某的毕业证和技术等级证；② 不转出高某的档案；③ 高某向用人单位方缴纳培训费6000元，因为用人单位曾与高某所在的职业技术学院签订合同，每年向技术学院提供3万元委托培训费，校方每年需安排5名毕业生到该企业工作。高某听后只好同意与对方签订劳动合同，合同期8年。不久，有一家机械制造公司招聘技术人员，高某经过考试后被聘用，于是便去该公司上班。为此，上述原单位要求高某赔偿培训费和违约金，高某遂向劳动争议仲裁委员会申请仲裁。

仲裁委员会经审理，以高某未履行提前通知义务及合同未到期擅自离职为由裁决：双方解除劳动合同，高某向对方赔偿3.5万元。裁决送达后高某不服，又向法院提起了诉讼，要求确认劳动合同无效，最终法院撤销了仲裁裁决，支持高某的请求。

【分析】 本案中，原用人单位以扣押毕业证、技术等级证书、档案和追索培训费方式迫使高某在违背自己真实意愿的情况下与其订立劳动合同，这显然属于采取胁迫手段订立劳动合同的情况，因此该合同无效，高某离开该单位也就不能算是违反劳动合同擅自离职。所以，法院的判决是正确的。

这里还有两个法律问题值得关注，一是劳动合同的法律效力只及于签订者双方，故本案中原用人单位与职业技术学院的签订的委托培训合同并不能对职业技术学院学生产生法律约束力，除非学生与上述单位也签订了委托培训合同。所以，原用人单位向高某要求退还培训费是没有法律依据的，更不能据此胁迫高某签订劳动合同。二是试用期应当包含在劳动合同之内，用人单位以试用期满后再签订劳动合同的做法不符合规定。

在就业道路上，碰到用人单位为了自身利益，扣押资历证明、不办理转档或是社会保险转户、不退不还就业保险金，迫使毕业生签订劳动合同时，毕业生朋友完全可以通过法律途径维护自己的合法权益。

（二）可变更、可撤销劳动合同

可变更、可撤销劳动合同是指有瑕疵的劳动合同，主要是指因重大误解订立的和在订立劳动合同时显失公正的劳动合同。在这两种情况下，当事人一方可以请求劳动争议仲裁委员会或者人民法院变更或者撤销。劳动合同被劳动争议仲裁委员会或者人民法院确认无效或者被撤销，劳动者已经按照用人单位要求履行劳动义务的，用人单位应当依法向劳动者支付劳动报酬，提供相应的待遇，并按规定缴纳社会保险。

八、特别规定

（一）集体合同

集体合同是企业职工一方与用人单位的劳动报酬、工作时间、休息休假、保险福利等事项在平等协商一致基础上签订的书面协议。集体合同由工会代表企业职工一方与用人单位订立；尚未建立工会的用人单位，由上级工会指导劳动者推荐的代表与用人单位订立。集体合同属于特殊的劳动合同，但效力高于劳动合同，劳动合同规定的职工个人劳动条件和劳动报酬标准不得低于集体劳动合同的规定。而且，集体合同中劳动报酬和劳动条件等标准不得低于当地政府规定的最低标准。依法签订的集体合同对企业和企业全体职工具有约束力。

《劳动法》、《劳动合同法》和《集体合同规定》规定集体合同应当包括以下内容：劳动报酬，工作时间，休息休假，保险福利，劳动安全与卫生，合同期限，变更、解除、终止集体合同的协商程序，双方履行集体合同的权利和义务，履行集体合同发生争议时协商处理的约定，违反集体合同的责任以及双方认为应当协商约定的其他内容等。另外，《劳动合同法》第52条对企业职工一方与用人单位可以订立劳动安全卫生、女职工权益保护、工资调整机制等专项集体合同作了规定。

【例12-16】 2013年3月10日某单位工会代表全体职工与该厂签订了一份为期3年的集体合同。合同规定，每一工作日分早、中、晚三个工作班，早、中班工作时间为8

小时，晚班工作时间为 7 小时，周六、周日为休息日；在规定的工作时间内完成工作任务，每月劳动报酬不低于 3000 元；对连续两年内每月超额完成工作任务的职工，厂方按其工资 5%为其建立补充养老保险；每个工作班有两次工间操时间，每次为 15 分钟。同年 6 月 5 日，该单位又招 8 名农民合同制工人，在劳动合同中约定从事产品搬运及送货工作，每日工作 8 小时，每周日休息，每人每月工资不低于 3200 元。新招用的 8 名农民合同制工人上班后不久，发现劳动合同规定的工作时间、休息时间、劳动报酬标准等方面与集体合同的规定不符，于是派 2 人与厂方交涉。厂方认为新招 8 名工人不上夜班，每日工作 8 小时，每周休息 1 天，不违反《劳动法》的规定；搬运及送货本身就是体力劳动，无需安排工间操；搬运及送货工作属简单劳动，劳动报酬上低些也属合理；法律没有规定必须为农民合同制工人缴纳补充养老保险，况且签订集体合同时，新招的 8 名工人还不是单位的职工，所以集体合同不能适用。两名代表听了之后，无言以对。

【分析】 本案中，用人单位的说法是不正确的。因为《劳动法》规定：劳动合同规定的职工个人劳动条件和工资报酬标准不得低于集体合同的规定。依法签订的集体合同对企业和企业全体职工具有约束力。所以，最后，劳动争议仲裁委员会认定：① 该 8 名工人不上夜班，每日工作 8 小时符合法律规定，应当继续履行；② 其他关于休息日、工资报酬的标准、养老保险待遇等都应该按照集体合同约定履行。

（二）劳务派遣

劳务派遣一般在临时性、辅助性或代替性的工作岗位上实施。实践中，很多单位滥用"劳务派遣"。为此，《劳动合同法》作了以下规定：① 劳务派遣单位应当依照公司法的有关规定设立，注册资本不得少于 50 万元。② 劳务派遣单位作为用人单位，应当履行其对劳动者的义务。③ 接受派遣的单位应当履行提供劳动条件和劳动保护、支付劳动报酬等义务。

（三）非全日制用工

非全日制用工是指以小时计酬为主，劳动者在同一个用人单位一般平均每日工作时间不超过 4 小时，每周工作时间累计不超过 24 小时的用工形式。《劳动合同法》对它作了以下的规定：① 非全日制用工双方可以订立口头协议。② 非全日制用工双方当事人不得约定试用期。③ 非全日制用工双方当事人任何一方都可以随时通知对方终止用工，且不需要支付经济补偿。④ 非全日制日用工小时计酬标准不得低于当地政府规定的最低小时工资标准，报酬结算周期最长不得超过 15 日。

第四节　工作时间和休息休假

一、工作时间

工作时间又称劳动时间，是劳动者根据法律和法规的规定，在企业事业单位、国家机关、社会团体以及其他组织中用于完成本职工作的时间。一般以一昼夜或一周为期间。工作时间的主要表现形式是工作日，工作日是指法律法规规定的职工在一昼夜内的工作时间长度，是以日为计算单位的工作时间。

根据《劳动法》和有关规定的工时制，工作日分为定时工作日、综合计算工作日、不定时工作日和计件工作日。

（一）定时工作日

定时工作日是法律规定的，劳动者在每个工作日内固定的工作时间，是我国工时制度的主要形式，根据我国现行的工时制度，定时工作日可以分为标准工作日、缩短工作日和延长工作日。

1. 标准工作日

标准工作日是法律规定的国家机关、社会团体、企业、事业单位在正常情况下普遍实行的工作日制度。《劳动法》规定：国家实行劳动者每日工作时间不超过 8 小时、平均每周工作时间不超过 40 小时的工作制度。这一规定说明，我国普遍实行的是每日工作 8 小时的工作日制度。

2. 缩短工作日

缩短工作日是指劳动者在每个工作日的工作时间少于标准工作日时间长度的工作日制度，即少于 8 小时的工作日。缩短工作日主要适用于以下几种情况：① 特殊劳动岗位，从事矿山井下作业、高度作业、严重有毒有害作业、特别繁重或过度紧张的体力劳动等岗位的职工，其每日工作时间应少于 8 小时；② 夜班工作时间(晚上 10 时至次日 6 时之间)，其工作时间比标准工作日减少 1 小时，并按规定发给夜班津贴；③ 哺乳时间(哺乳时间是指有不满 1 周岁婴儿的女职工在工作时间内哺乳婴儿所占用的时间)。

3. 延长工作日

延长工作日是指劳动者在每个工作日的工作时间超过标准工作日时间长度的工作日制度，即超过 8 小时的工作日。它主要适用于那些生产受自然条件或技术限制的具有突击性、季节性特点的行业，如制盐业、制糖业、菜园、农场等。这些行业忙季可延长工作时间，闲季可缩工作时间。

延长工作日后，应该补休、无法补休时，可以补发工资。

（二）综合计算工作日

综合计算工作日是针对因工作性质特殊需连续作业，或受季节及自然条件限制的企业的部分职工，采用的以周、月、季、年等为周期，综合计算工作时间的一种工作日制度，但其平均日工作时间和平均周工作时间应与法定标准工作时间基本相同。这部分职工主要是指：交通、铁路、邮电、水运、航空、渔业等行业中因工作性质特殊，需要连续工作的职工；地质、石油及资源勘探、建筑、制盐、制糖、旅游业等受季节和自然条件限制的行业的部分职工；亦工亦农或由于受能源、原材料供应等条件限制难以均衡生产的乡镇企业的职工等。另外，对于那些在市场竞争中由于外界因素影响，生产任务不均衡的企业的部分职工，也可以参照综合计算工时工作制的办法实施。用人单位采用综合计算工作日制的，必须按规定报劳动主管部门审批。

【例 12-17】　前不久，徐师傅接到单位的通知，告之其第二天不用来上班了。徐师傅虽然心里觉得不舒服，但也无奈，随即向区劳动争议仲裁委员会申请仲裁，要求支付其四年来每周六上班的加班工资。

【分析】 本案中，劳动仲裁委员会经审理查明，徐师傅是单位食堂的厨师，工作岗位特殊，该单位对特殊岗位员工的工作时间向有关部门申请了综合工时制并得到批准，是以每周40小时工作制为计算单位，超过该工作时间即为超时加班。徐师傅周一至周六每天早7点上班准备员工的午餐，至下午1点整理完食堂就可以下班了，每周工作36小时，并没有超过法律规定的每周工作40小时的标准，因此，不存在加班问题。也就是说，对综合计时制加班看的是工时总量，以工时总量来判断是否属于加班。

（三）不定时工作日

不定时工作日是针对因生产特点、工作特殊需要或责任范围的关系，很难实行定时工作日的职工所实行的工作日制度。它适用于那些因工作职责范围和工作条件不受标准工作时间限制的工作，如企业中从事高级管理、推销、货运、装卸、长途运输驾驶、押运、非生产性值班及出租车驾驶等。企业依据上述原则结合企业的实际情况进行研究，并按规定报批。

（四）计件工作日

计件工作日是指职工以完成一定劳动定额为计酬标准的工作日制度。计件工作日实际上是定时工作日的一种特殊形式。对实行计件工作的劳动者，用人单位应当根据《劳动法》第36条规定的工时制度合理确定其劳动定额和计件报酬标准。一般要求确定、调整的劳动定额应当使本单位同岗位90%以上劳动者在法定工作时间内能够完成。

二、休息休假

休息休假也就是休息休假的时间，指劳动者根据法律规定，在企业、事业单位、机关团体以及其他组织任职期间内，不必从事生产和工作而自行支配的时间。休息时间的种类是随着社会经济状况的发展而变化，并且因产业、行业的不同而不同。根据我国《劳动法》和其他法规的规定，现行的休息时间的种类和内容如下。

（一）一个工作日内的休息时间

一个工作日内的休息时间是指职工在每日的工作岗位上生产或工作过程中的工间休息时间和用膳时间，又称间歇时间。工间休息时间和用膳时间因工作岗位和工作性质的不同而有不同，一般休息1～2小时，至少不能少于半小时。

（二）两个工作日之间的休息时间

两个工作日之间的休息时间是指职工在一个工作日结束后至下一个工作日开始的期间内所享有的休息时间。其长度应以保证劳动者的体力和工作能够得到恢复为标准，一般不少于16小时。实行轮班制，其班次必须平均调换，一般可在休息日之后调换，在调换班次时，不得让工人连续工作两班。

（三）休息日

休息日也称公休假日，是劳动者满 1 个工作周后的休息时间。《劳动法》第 38 条规定：用人单位应当保证劳动者每周要休息 1 日。之后，国家又推行双休日制，有条件的用人单位可实行双休日制，即周六、周日休息。凡因工作情况特殊，休息日必须轮流工作时，应给予相等时间的补休。定时或不定时工作日的职工，在休息日值班时，应在 1 周内补给与值班时间相等的休息时间，休息日工作的劳动者的工作时间每次不得超过 8 小时。

【例 12-18】　设计师小赵进入某装饰公司工作后，每周都工作 6 天，每天工作 8 小时，已超过《劳动法》所规定的每周工作 40 小时的规定。日前，小赵与公司的劳动合同到期，离职时，小赵要求公司支付他在职期间的加班工资，公司拒绝支付。

劳动仲裁委员会受理后，在开庭审理时公司认为，在公司与小赵签订的劳动合同中，双方约定小赵周六需值班，且每月工资中已包含周六值班的工资。所以，公司并不存在还需支付小赵的加班费。但小赵周六上班是加班还是值班？这是办案的焦点。值班是指用人单位安排有关人员在法定工作时间之外轮流值班，而不是直接完成生产任务安排的加班，用人单位可不支付值班工资；加班是指员工根据单位要求或者工作上的需要，在标准工作时间以外或者标准工作日以外继续从事生产和工作。

【分析】　本案中，虽然小赵与公司签订的劳动合同中约定，小赵周六上班属值班，但是，小赵在每周六所从事的工作内容是完成一定的生产任务，而并不是公司所称的值班。是否算加班，要根据劳动者具体的工作性质、时间来定，如果有生产任务就不算值班。劳动仲裁委员会因此根据《劳动法》第 36 条、第 44 条第 2 款规定，裁决公司应当支付小赵在职期间每周六的加班费。

（四）法定休假日

法定休假日是由国家法律、法规统一规定的用以开展纪念、庆祝活动的休息时间。《劳动法》第 40 条规定，用人单位在下列节日期间应当依法安排劳动者休假：① 元旦；② 春节；③ 国际劳动节；④ 国庆节；⑤ 法律、法规规定的其他休假节日。

（五）年休假

年休假是劳动者连续工作满 1 年后每年依法享有的保留职务和工资的一定期限连续休息的假期。《劳动法》第 45 条根据我国当前的情况和部分单位试行的情况，规定了这一制度，即国家实行带薪年休假制度。同时还规定了劳动者享有这一制度的条件，劳动者连续工作 1 年以上的，享受带薪年休假。带薪年休假制度的实行，将使职工得到更好的休息，这既有利于劳动者的身体，也有利于劳动者在经过充分的休息后以更充沛的精力投入生产和工作中。

三、加班加点

加班是用人单位经过一定的批准手续，要求劳动者在法定节日或休息日从事工作的时间。加点是用人单位经过一定的批准手续，要求劳动者在正常工作日之外延长工作时间。加班加点必然占有劳动者的休息时间，因此，应严格按照法律、法规的规定执行。《劳动法》

从保护劳动者身体健康，促进用人单位改善经营管理方面综合考虑，作了如下加班、加点的限制性规定。

（一）用人单位要与工会和劳动者协商

《劳动法》第 41 条规定：用人单位由于生产经营需要，经与工会和劳动者协商后可以延长工作时间，一般每日不得超过 1 小时；因特殊原因需要延长工作时间的，在保障劳动者身体条件下延长工作时间每日不得超过 3 小时，但是每月不得超过 36 小时。

（二）规定较高的加班加点的报酬

《劳动法》第 44 条规定，有下列情形之一的，用人单位应当按照下列标准支付高于劳动者正常工作时间工资的工资报酬：① 安排劳动者延长工作时间的，支付不低于工资的 150%的工资报酬；② 休息日安排劳动者工作又不能安排补休的，支付不低于工资的 200%的工资报酬；③ 法定休假日安排劳动者工作的，支付不低于工资的 300%的工资报酬。

【例 12-19】 某服装公司因为赶订单，安排职工在"十一"节日期间加班。张某等加班职工提出应当支付 300%的加班工资，该公司劳资部经理只同意给加班职工安排补休，不同意支付加班工资。张某为此向当地劳动保障局劳动保障监察大队举报，请求纠正该公司的错误行为，维护自己的权益。劳动保障监察大队接到张某的举报后，经调查取证，查明该公司安排职工法定休假日加班后以已安排补休为由拒绝支付加班工资，违反了《劳动法》，责令该公司限期改正。该公司在劳动保障监察大队规定的期限内补发张某等职工的加班工资。

【分析】 本案中，某服装公司以在事后安排了补休为借口拒绝支付法定休假日加班工资的做法是不正确的。《劳动法》对安排劳动者加班后的工资报酬问题规定的三种情形中，第二种情形(即在休息日安排劳动者工作的)，其待遇有两种选择，一是安排补休，二是支付不低于工资 200%的加班工资;而第一种和第三种情况下只能支付法律规定的加班工资报酬，不能以安排补休而不支付高于正常工作时间的加班工资。

因为标准工作时间以外让劳动者平日、休息日、法定休假日进行加班，虽然都是占用了劳动者的休息时间，但三种情况下组织劳动者劳动时间是不完全一样的，特别是法定休假日对劳动者来说，其休息有着比往常和休息日更为重要的意义，也影响劳动者的精神文体生活和其他社会活动，这是用补休的办法无法弥补的。因此，应当给予更高的工资报酬。可见，用人单位在遇到上述情况安排劳动者工作时，应当严格按照《劳动法》的规定办事。属于哪一种情况，就应执行法律对这种情况下所作出的规定，相互不能混淆，不能代替。凡不允许替代而替代的，不管什么原因、什么理由都是违法的，都是对劳动者权益的侵犯，都应当依法予以纠正。

第五节 工 资

一、工资的概念和分配原则

工资是指用人单位依据国家规定或集体和通用、劳动合同的约定，以货币形式直接支付给单位劳动者的劳动报酬。目前，工资一般包括计时工资、计件工资、奖金、津贴和补贴、延长工作时间的工资报酬以及特殊情况下支付的工资等。工资是人们主要的社会财富分配形式。根据《劳动法》第46条、第47条的规定，工资应遵循以下分配原则：① 工资总量宏观调控原则；② 用人单位自主分配原则；③ 按劳分配为主体、多种分配方式并存原则；④ 同工同酬原则；⑤ 效率优先，兼顾公平原则；⑥ 逐步提高工资水平原则。

二、最低工资制

《劳动法》第48条第1款规定：国家实行最低工资保障制度。最低工资是指劳动者在法定工作时间内提供了正常劳动的前提下，其所在企业应支付的最低劳动报酬。最低工资不包括加班加点工资、中班、夜班、高温、低温、井下、有毒有害等特殊工作环境下、条件下的津贴，国家法律、法规和政策规定的社会保险、福利待遇等。

确定和调整最低工资标准应当综合参考下列因素：① 劳动者本人及平均赡养人口的最低生活费用；② 社会平均工资水平；③ 劳动生产率；④ 就业状况；⑤ 地区之间经济发展水平的差异。

最低工资标准应当高于当地的社会救济金和失业保险金标准，低于平均工资。国家实行最低工资制的目的是确保劳动者的最低生活保障。

三、工资支付保障

工资支付保障是对劳动者应得工资的取得及其所得工资支配权的保障。《劳动法》第5条规定：工资应当以货币形式按月支付给劳动者本人。不得克扣或者无故拖欠劳动者的工资。根据这一规定，工资支付保障的法律规定如下。

(一) 严格执行工资支付规则

《工资支付暂行规定》对工资支付规则作了具体规定，主要规定包括：① 工资应以法定货币支付，不得以实物及有价证券替代货币支付；② 按约定的日期支付，至少每月支付一次，实行周、日、小时工资制的可按周、日、小时支付工资；③ 劳动者依法享受休假、探亲假、婚假、丧假期间，以及依法参加社会活动期间，应按劳动合同规定的标准支付劳动者工资；④ 工资应支付给劳动者本人，也可由劳动者家属或委托他人代领，用人单位可委托银行代发工资。

(二) 禁止克扣或无故拖欠工资

《劳动法》第50条规定：不得克扣或者无故拖欠劳动者的工资。为保证这一规定的执行，劳动法律、法规、规章对扣除工资作了限制性规定。

1. 对代扣工资的限制

《工资支付暂行规定》第15条规定：用人单位不得克扣劳动者工资。有下列情况之一的，用人单位可以代扣劳动者工资：① 用人单位代扣代缴的个人所得税；② 用人单位代扣代缴的应由劳动者个人负担的各种社会保险费用；③ 法院判决、裁定中要求代扣的抚养费、赡养费；④ 法律、法规规定可以从劳动者工资中扣除的其他费用。

2. 对扣除工资金额的限制

(1) 赔偿金。《工资支付暂行规定》第 16 条规定：因劳动者本人原因给用人单位造成经济损失的，用人单位可以按照劳动合同的约定要求其赔偿经济损失。经济损失的赔偿，可以从劳动者本人的工资中扣除。但每月扣除的部分不得超过劳动者当月工资的 20%，若扣除后的剩余工资部分低于当地月最低工资标准，则按最低工资标准支付。

(2) 罚款。《企业职工奖惩条例》第 12 条、第 16 条规定：在给予职工行政处分的同时，可以给予一次性罚款；对职工罚款的金额由企业决定，一般不超过本人月工资标准的 20%。

第六节　劳动保护和社会保障

一、劳动保护

劳动保护即劳动安全卫生保护，是指国家为了改善劳动条件，保护劳动者在劳动过程中的安全健康而制定的各种法律规范的总称。包括劳动安全、劳动卫生两类法律规范。前者是国家为了保障劳动者在劳动过程中的安全，防止和消除伤亡事故而制定的各种法律规范；后者是国家为了保护劳动者在劳动过程中的健康，预防和消除职业病、职业中毒和各种职业危害而制定的各种法律规范。

(一) 劳动安全卫生方针和制度

劳动安全卫生方针是：安全第一，预防为主。所谓安全第一，是指在劳动过程中，始终把劳动者的安全放在第一位，它是头等重要的大事。所谓预防为主，就是采取有效措施消除事故隐患和防止职业病的发生。安全与预防，是目的和手段的关系，二者密不可分。

劳动安全卫生制度，是国家、用人单位为贯彻劳动安全卫生法律、法规，有效地保护劳动者在劳动过程中的健康安全而制定的各种卫生管理制度。这些制度主要包括：安全生产责任制度、安全技术措施计划管理制度、劳动安全卫生教育制度、劳动安全卫生检查制度、劳动防护用品发放和管理制度、劳动安全卫生监察制度、伤亡事故和职业病统计报告和处理制度等。

(二) 女性特殊劳动保护

女职工特殊劳动保护是指根据女职工生理特点和抚育子女的需要，对其在劳动过程中的安全健康所采取的有别于男职工的特殊保护。包括禁止或限制女职工从事某些作业和女职工特殊生理期的保护。

1. 女职工禁忌劳动范围

根据《劳动法》第 59 条及相关规定，禁止安排女职工从事下列作业：① 矿山井下作业；② 森林伐木、归楞及流放作业；③《体力劳动强度分级》标准中第 4 级体力劳动强度的作业；④ 建筑业脚手架的组装和拆除作业，以及电力、电信行业的高处架线作业；

⑤ 连续负重(每小时负重次数在 6 次以上)，每次负重超过 20 公斤，间断负重每次超过 25 公斤的作业；⑥ 已婚待孕妇女禁止从事铅、苯、镉等作业场所属于《有毒作业分级》标准中第 3、4 级的作业。

2．女职工"四期"保护

女职工"四期"保护是《劳动法》第 60 条的规定，即月经期保护、怀孕期保护、生育期保护和哺乳期保护。用人单位不得安排女职工在经期、孕期和哺乳期从事超体力劳动强度的劳动，不得安排女职工在经期从事高处、低温、冷水作业，不得安排女职工在怀孕 7 个月以上和哺乳未满 1 周岁婴儿期间延长工作时间和夜班劳动，女职工生育享有不少于 90 天的产假。

【例 12-20】　某厂规定女工产假只有 45 天，且每月只发 1000 元生活费。该厂女工李某 2018 年 2 月 25 日生育一个女孩后在家休息，4 月 7 日接厂方通知要求李某回厂上班。但李某因身体恢复较慢，直到 5 月底才回厂上班。厂方以李某违反厂规为由，扣发李某部分工资。李某不服，向劳动争议仲裁委员会提出申诉。

【分析】　本案中，该厂的厂规明显违反了《女职工劳动保护规定》，侵犯了女职工的合法权益，是违法的。因此，该厂应按国家有关规定补发其所扣的李某的工资，并补足其产假期间的生育津贴；同时，应给予李某足够的产假时间，并按法律规定支付克扣李某工资的经济补偿金。

(三) 未成年工特殊劳动保护

未成年工指年满 16 周岁未满 18 周岁的劳动者。未成年工特殊劳动保护是指根据未成年工生长发育的特点和接受义务教育的需要，对其在劳动过程中的健康所采取的特殊保护。

未成年工特殊劳动保护的措施主要有：① 上岗前培训，即未成年工上岗前用人单位应对其进行有关的职业安全教育、培训。② 限制工作时间，即未成年工实行缩短工作时间。③ 禁止安排有害身体健康的工作，即用人单位不得安排未成年工从事矿山井下、有害有毒、第 4 级体力劳动强度的劳动和其他禁止从事的工作。④ 生产工具要适合未成年工身体发育的特点。⑤ 定期进行健康检查。定期进行健康检查的时间是：安排工作岗位之前；工作满 1 年；年满 18 周岁，距前一次体检时间已超过半年。

二、社会保障

社会保障是指国家通过立法和行政措施设立的，旨在保护社会成员基本经济生活安全的各种项目总和。社会保障是经济发展和社会进步的标志，是指维护社会安定团结、实现我国经济发展战略目标的重要保证。具有我国特色的社会保障体系由四部分组成：社会救助、社会保险、社会福利和社会优抚。

社会救助是一种最低层次社会保障，保障最低生活，其目标是克服贫困；社会救助是基本生活保障，保障劳动者在失去劳动能力、失去工资后仍维持基本生活。

社会福利是国家和社会为保障和维护社会成员一定的生活质量，满足其物质和精神的基本需要而采取的社会保障政策以及提供的设施和相应的服务，其目标是提高生活质量。

社会优抚是国家和社会按照规定，对法定的优抚对象提供一定的生活水平的资金和服务，带有褒扬和优待抚恤安置性质的特殊社会保障制度。我国社会优抚对象是法定范围的特殊待遇群体，包括中国人民解放军的现役军人、革命伤残军人、复员退伍军人、革命烈士家属、因公牺牲军人家属、病人军人家属、现役军人家属等。

社会保险是指国家通过设立社会保险基金，使劳动者因年老、患病、伤残、死亡、生育等原因造成劳动能力暂时或永久性丧失以及失业时获得物质帮助和补偿的一种社会保障制度。社会保险的特征是强制性、补偿性和互济性。国家通过立法强制实施社会保险，对劳动者所遇到的劳动风险予以补偿，通过统筹社会保险基金分散劳动风险。在整个社会保障体系中，社会保险是主体，以下重点论述。

（一）社会保险制度

我国社会保险制度是实行基本社会保险、单位补充保险、个人储蓄保险的多层次社会保险制度。

1．基本社会保险

基本社会保险是指国家立法强制实施的保障劳动者遇到劳动风险时最低生活需要的保险制度。它是第一层也是最主要的保险方式，其特点是：① 覆盖面广，适用于各类企业、个体经济组织和与之形成劳动关系的劳动者；② 标准统一，各地区、各类企业、各类人员，实行统一的保险项目缴费比例和统一的保险待遇标准；③ 强制程度高，基本社会保险是法定的强制保险，保险基金统一筹集和使用。

2．单位补充保险

单位补充保险是指在基本社会保险之外，用人单位根据自己的经济条件为劳动者投保高于基本保险标准的补充保险。这是第二层次的保险。补充保险以用人单位具有的经济能力为前提条件，由用人单位自愿投保，国家鼓励用人单位根据基本实际情况为劳动者建立补充保险。

3．个人储蓄保险

个人储蓄保险是指劳动者个人以储蓄形式参加社会保险，这是第三层次的保险。劳动者根据自己的经济能力和意愿决定是否投保，国家提倡劳动者个人投保储蓄性保险。

（二）社会保险的种类

我国现行社会保险项有：养老保险、失业保险、医疗保险、工伤保险和生育保险。

1．养老保险

养老保险是指劳动者在因年老或病残而丧失劳动能力的情况下依法领取一定数额生活费用的一种社会保险制度。根据我国现行法规的规定，养老保险待遇因退休、离休、退职而有所不同。企业缴费比例不超过企业工资总额的 20%，个人缴费为本人工资的 4%～8%。一般在个人缴费年限累计满 15 年后，退休后可按标准享受。

2．失业保险

失业保险是指劳动者在失业期间由国家支付一定的生活费用的保险制度。1999 年 1 月

22 日国务院发布实施了《失业保险条例》。该条例规定的主要内容有：① 失业保险的范围覆盖城镇各类企业事业单位的职工；② 失业保险费由单位、职工和国家三方共同负担：企业缴费比例按企业工资总额的 2%，个人缴费为本人工资的 1%；③ 失业保险首先用于保障失业人员的基本生活；④ 享受失业保险待遇必须具备一定的条件：包括按照规定参加失业保险，所在单位和本人已按照规定履行缴费义务满 1 年，非因本人意愿中断就业，已办理失业登记，并有求职要求的；⑤ 必须确保失业保险基金的安全与完整。

3. 医疗保险

医疗保险是指劳动者及其他家属在非因工患病时，依法得到物质帮助的一种社会保险制度。在我国，具体包括基本医疗保险制度、补充医疗保险制度和合作医疗保险制度。基本医疗保险是对患病劳动者的最低医疗保障，保险费是由用人单位和职工共同缴纳，用人单位缴费比例为职工工资比例总额的 6% 左右，个人为本人工资的 2%；补充医疗保险是对基本医疗保险的补助，以减轻参保职工的医疗费分担，保险费在工资总额 4% 以内的部分，企业可直接从成本中列支；合作医疗保险的对象是农民群体。在当前条件下，国家正在大力健全和完善农村合作医疗保险制度。

4. 工伤保险

工伤保险又称职业伤害保险，指劳动者在工作中或法定的特殊情况下发生意外事故，或因职业性有害因素危害而负伤(或患职业病)、致残、死亡时，对其本人或供养亲属给予物质帮助和经济补偿的一项社会保险制度。工伤保险费由用人单位按规定比例缴费，职工不缴纳。发生工伤后，需要按规定参加劳动鉴定和工伤评残，之后才能按规定标准享受工伤保险待遇。

5. 生育保险

生育保险是指女职员因怀孕和分娩所造成的暂时丧失劳动能力，中断正常收入来源时，从社会得到必要的经济补偿和医疗保健的一种社会制度。生育保险是对女职员专门建立的社会保险，是对女职员生育子女全过程的物质保障。生育保险费由企业按比例缴纳，职工个人不缴纳生育保险费。

【例 12-21】　2011 年，一从事计算机软件开发的外商独资公司，高薪聘请了一位博士毕业李某担任副总经理。当时，公司董事长在谈到工资待遇时，对李博士说："董事会给你定的工资为 12 000 元。不过，丑话说在前头，我们是一家外资公司，之所以工资定的这么高，是因为除了工资之外，再没有其他福利待遇了。像什么医药费用报销、养老等问题都得自己解决，公司概不负责。"李某转念一想："我刚 30 岁，一般也不会有什么大病，至于养老问题，现在考虑还为时过早。倒不如趁年轻多挣些钱，实惠。"工作以后，李博士为了解除自己的后顾之忧，每月从工资中拿出 1000 元，向保险公司投了一份养老保险。这样一来，他在这家公司工作，倒也觉得踏实很多了。几个月后，由于李博士与董事长在公司的经营管理等重大问题上产生了分歧，被董事长炒了"鱿鱼"。李博士不服，双方为此打到了劳动争议仲裁委员会。

【分析】　本案在劳动争议仲裁委员会审理的过程中，李博士同时又提出了公司未给他缴纳养老保险的问题，他认为，这也是侵犯他合法权益的行为。但公司董事长辩称："不为你缴纳养老保险，是事先跟你讲好的。你要是不同意，当时可以不干嘛。你既然干了，就说明咱们的协议已经达成，你现在无权反悔。再说，你不是自己已经向保险公司投了养老保险了吗？"劳动仲裁委根据《劳动法》第 72 条中的规定：用人单位和劳动者必须依法参加社会保险，缴纳社会保险费。裁决这家公司给李某补缴保险。

第七节 劳动争议的处理

一、劳动争议的概念

劳动争议又称劳动纠纷，是指劳动关系双方当事人因执行劳动法律、法规或履行劳动合同、集体合同发生的争执。2008 年 5 月 1 日施行的《中华人民共和国劳动争议调解仲裁法》规定，以下争议属于劳动争议：因确认劳动关系发生的争议；因订立、履行、变更、解除和终止劳动合同发生的争议；因除名、辞退和辞职、离职发生的争议；因工作时间、休息休假、社会保险、福利、培训以及劳动保护发生的争议；因劳动报酬、工伤医疗费、经济补偿或者赔偿金等发生的争议；法律、法规规定的其他劳动争议。

二、劳动争议处理机构

(一) 劳动争议调解组织

劳动争议调解组织包括企业劳动争议调解委员会、依法设立的基层人民调解组织以及在乡镇、街道设立的具有劳动争议调解职能的组织。

(二) 劳动争议仲裁委员会

劳动争议仲裁委员会是依法成立的行使劳动争议仲裁权的劳动争议处理机构。由劳动行政部门代表、同级工会代表和用人单位方面(指政府指定的经济综合管理部门或者有关社会团体即企业家协会的代表)的代表组成。现阶段，我国劳动行政部门的劳动争议处理机构为劳动仲裁委员会的办事机构，二者合署办公。仲裁委员会处理劳动争议，实行仲裁员、仲裁庭制度。

(三) 人民法院

劳动争议案件由人民法院的民事审判庭受理。

三、劳动争议处理程序

《劳动法》第 77 条规定：用人单位与劳动者发生劳动争议，当事人可以依法申请调解、仲裁、提起诉讼，也可以协商解决。《劳动法》第 79 条、《企业劳动争议处理条例》第 6 条都规定：劳动争议发生后，当事人应当协商解决，不愿协商或协商不成的，可以向本单位劳动争议调解委员会申请调解；调解不成，当事人一方要求仲裁的，可以向劳动争议仲裁委员会申请仲裁。当事人一方也可以直接向劳动争议仲裁委员会申请仲裁。对仲裁裁决不服的，可以向人民法院提起诉讼。由此可知，劳动争议可分为协商、调解、仲裁、诉讼四种程序，且仲裁是必经程序。

（一）协商

劳动争议发生后，当事人可以协商解决。但是，协商不是处理劳动争议的必经程序，不愿协商的，可以申请调解。

（二）调解

发生劳动争议，当事人可以向前面提到的三类调解组织申请调解。企业有劳动争议调解委员会的，劳动者可以向本企业调解委员会申请调解，也可以向其他调解组织申请调解。经调解达成协议的，调解组织应当制作调解协议书，调解协议书由双方当事人签名或者盖章，经调解员签名并加盖调解组织印章后生效，对双方当事人具有约束力，当事人应当履行。

自劳动争议调解组织收到调解申请之日起 15 日内未达成调解协议的，视为调解不成。

（三）仲裁

调解不成的，当事人可以依法申请仲裁。达成调解协议后，一方当事人在协议约定期限内不履行调解协议的，另一方当事人也可以依法申请仲裁。劳动争议申请仲裁的时效期间为 1 年。仲裁时效期间从当事人知道或者应当知道其权利被侵害之日起计算。此外，《中华人民共和国劳动争议调解仲裁法》第 47 条规定：对追索劳动报酬、工伤医疗费、经济补偿或者赔偿金，不超过当地月最低工资标准 12 个月金额的争议；以及因执行国家的劳动标准在工作时间、休息休假、社会保险等方面发生的争议，仲裁裁决为终局裁决。

（四）诉讼

劳动者对上述第 47 条规定的仲裁裁决不服的，可以自收到仲裁裁决书之日起 15 日内向人民法院提起诉讼。当事人对上述第 47 条规定以外的其他劳动争议案件的仲裁裁决不服的，可以自收到仲裁裁决书之日起 15 日内向人民法院提起诉讼；期满不诉讼的，裁决书发生法律效力。

思 考 与 练 习

一、思考题

1. 劳动和社会保障法的概念及其适用范围是什么？
2. 劳动者的基本权利和义务有哪些？
3. 劳动合同的内容有哪些？
4. 什么是劳动合同的解除？劳动合同的解除有哪些情况？
5. 劳动争议处理程序是怎样规定的？

二、案例分析题

1. 李某，2003 年 10 月 10 日出生，于 2017 年 11 月 10 日与某农药厂签订为期 5 年的劳动合同。合同约定李某试用期为 1 年，从事农药包装工作，每日工作 8 小时，必须遵守厂规厂纪，实行计件工资，若李某擅自解除劳动合同，应负违约赔偿责任，并且厂方不退还其签订劳动合同时缴纳的入厂押金。

问题：

(1) 按照《劳动法》的规定，这份劳动合同有哪些内容是违法的？

(2) 这份劳动合同缺少哪些必要条款？

(3) 如何认定这份劳动合同的效力？

2. 姜某于 2017 年 8 月 4 日进入某公司从事普工工作，2018 年 4 月 23 日姜某因违规操作发生工伤，经工伤鉴定为十级伤残。2019 年 1 月，公司以姜某消极怠工不能按时完成工作为由，连续三天记姜某三次大过，并以姜某严重违反公司规章制度为由与姜某解除劳动合同。而事实上公司并没有制定规章制度，其所能提供的证据仅有未经员工签字确认的三张记姜某大过的处罚单。

问题：

(1) 本案中，某公司未经员工签字确认姜某违纪的行为是否正确？为什么？

(2) 某公司决定与姜某解除劳动合同的做法是否正确？为什么？

(3) 针对上述情况，姜某应该怎么做？

3. 2018 年 7 月，某大型公司决定在成都设立子公司。设立子公司前期，公司派一位副总前往成都并拨给其一定的筹备经费。该副总到成都后，因为人手严重不足，在成都招聘了李某和另外一人负责子公司筹备工作。同年 10 月，子公司正式成立营业。子公司成立后，又招聘了不少工作人员，并一一签订劳动合同。但在与最初从事公司筹备工作的李某等两人签订合同时，对劳动关系的起始时间，双方发生了争议。公司认为应从子公司成立之日算起，李某两人则认为应从 7 月开始计算。于是，李某等两人就此事向劳动保障部门进行了反映。

问题：

(1) 该劳动关系应该从什么时候开始起算？

(2) 筹备期间的公司能否招聘员工？其性质是什么？

(3) 本案当事人如果对劳动保障部门的处理决定不满意，又应该怎样处理？

参 考 文 献

[1] 张文显. 法理学. 北京：高等教育出版社，2011.

[2] 朱力宇. 法理学原理与案例教程. 北京：中国人民大学出版社，2006.

[3] 杨紫烜，徐杰. 经济法学. 北京：北京大学出版社，2009.

[4] 康传娟. 经济法概论. 南京：南京大学出版社，2009.

[5] 孔喜梅. 经济法. 成都：西南财经大学出版社，2010.

[6] 高程德. 经济法. 上海：上海人民出版社，2009.

[7] 秦雷，陈元刚. 经济法. 北京：清华大学出版社，2010.

[8] 中国注册会计师协会编. 经济法. 北京：中国财政经济出版社，2011.

[9] 李昌麒. 经济法. 北京：清华大学出版社，2012.

[10] 秦雷，陈元刚. 经济法. 北京：清华大学出版社，2010.

[11] 曾咏梅，王峰. 经济法. 武汉：武汉大学出版社，2009.

[12] 杨映忠，孙顺强，刘新智. 经济法. 北京：清华大学出版社，2010.

[13] 荣凤英，蔡传柏. 经济法. 北京：北京科学技术出版社，2010.

[14] 谭伟君，郭锋. 经济法原理与实务. 哈尔滨：哈尔滨工业大学出版社，2011.

[15] 张长龙. 新编经济法教程. 武汉：武汉大学出版社，2011.

[16] 韩世远. 合同法学. 北京：高等教育出版社，2010.

[17] 张建华，徐斌，戚伟平. 经济法学习指导. 上海：华东师范大学出版社，2011.

[18] 李援. 中华人民共和国食品安全法解读与适用. 北京：人民出版社，2009.

[19] 于华江. 食品安全法. 北京：对外经济贸易大学出版社，2010.

[20] 朱羿锟. 商法学. 北京：北京大学出版社，2012.

[21] 王欣新. 破产法原理与案例教程. 北京：中国人民大学出版社，2010.

[22] 霍敏. 破产审判前沿问题研究. 北京：人民法院出版社，2012.

[23] 曲冬梅. 新企业破产法疑难问题与实务. 北京：法律出版社，2012.

[24] 王欣新，尹正友. 破产法论坛. 北京：法律出版社，2012.

[25] 王曙光. 知识产权法. 北京：中国政法大学出版社，2013.

[26] 许伟基. 著作权纠纷诉讼指引与实务解答. 北京：法律出版社，2013.

[27] 崔国斌. 专利法原理与案例. 北京：北京大学出版社，2012.

[28] 许伟基. 商标纠纷诉讼指引与实务解答. 北京：法律出版社，2013.

[29] 北京市高级人民法院知识产权庭编. 北京法院商标疑难案件法官评述. 北京：法律出版社，2012.

[30] 李俊峰，王仲颖. 中华人民共和国可再生能源法解读. 北京：化学工业出版社，2005.

[31] 黄振中，赵秋雁，谭柏平. 中国能源法学. 北京：法律出版社，2009.

[32] 叶荣泗，吴钟珊. 中国能源法律体系研究. 北京：中国电力出版社，2006.

[33] 吕振勇. 能源法简论. 北京：中国电力出版社，2008.

[34] 肖乾刚，肖国兴. 能源法. 北京：法律出版社，1996.

[35] 安建. 中华人民共和国节约能源法释义. 北京：法律出版社，2007.

[36] 赵旭东. 中华人民共和国电子商务法释义与原理. 北京：中国法制出版社，2018.

[37] 电子商务法起草组. 中华人民共和国电子商务法条文研析与适用指引. 北京：中国法制出版社，2018.

[38] 张楚. 电子商务法. 北京：中国人民大学出版社，2016.

[39] 张士元. 企业法. 北京：法律出版社，2015.

[40] 郑云瑞. 公司法学. 北京：北京大学出版社，2016.